高等学校物流管理与工程类专业系列教材

普通高等教育“十一五”国家级规划教材



MODERN LOGISTICS

# 现代物流学

## （第五版）

主　编　叶怀珍

副主编　李国旗

主　审　杜　文

中国教育出版传媒集团

高等教育出版社·北京

内容简介

本书是高等学校物流管理与工程专业的基础课程教材之一。全书共有3篇13章。主要内容包括:第1篇(第1~2章)介绍现代物流理念和国内外物流发展动态和趋势;第2篇(第3~9章)介绍物流系统各子系统的特点、作业流程与组织管理方法,运输、仓储、配送方案的优化求解,物流信息技术及物联网的应用;第3篇(第10~13章)介绍物流网络及构成的相关要素因子,物流节点、物流枢纽、物流园区及主要交通场站的选址及规划,同时介绍和分析了具有示范作用的国内外案例,并结合我国物流规划中的实例分析了物流枢纽规划流程与物流理论的应用。

本书可作为高等学校物流工程、物流管理、交通运输、交通工程、工业工程、电子商务、城市规划、工商管理等专业的本科教材和研究生参考教材,也可作为各类成人教育培训教材,还可作为从事物流工程与管理工作的相关人员的参考读物。

**图书在版编目(CIP)数据**

现代物流学/叶怀珍主编;李国旗副主编.
5版. --北京:高等教育出版社,2025.8. --ISBN
978-7-04-063433-4

Ⅰ. F252

中国国家版本馆CIP数据核字第2024X5N042号

XIANDAI WULIUXUE

策划编辑 张 欣　　责任编辑 张 欣　　封面设计 李小璐　　版式设计 明 艳
责任绘图 于 博　　责任校对 张 薇　　责任印制 刁 毅

出版发行 高等教育出版社
社　　址 北京市西城区德外大街4号
邮政编码 100120
印　　刷 北京市大天乐投资管理有限公司
开　　本 787mm×1092mm 1/16
印　　张 21.75
字　　数 530千字
购书热线 010-58581118
咨询电话 400-810-0598

网　　址 http://www.hep.edu.cn
http://www.hep.com.cn
网上订购 http://www.hepmall.com.cn
http://www.hepmall.com
http://www.hepmall.cn
版　　次 2003年6月第1版
2025年8月第5版
印　　次 2025年8月第1次印刷
定　　价 57.00元



物 料 号 63433-00

# 第五版前言

自人类有了生存与社会经济活动，物质资料的交换与流动就随之出现。随着时代的进步与经济的发展，物流的概念与理论逐步形成，且随着科技的日新月异而不断完善和深化。

《现代物流学》旨在研究和优化物流构成与各物流环节协调运作以取得最佳效益。我国的改革开放、经济发展促进了现代物流业迅速发展。物流、现代物流已经成为国民耳熟能详的名词，物流业作为融合了运输、仓储、配送、金融、地产、信息等产业的复合型服务业，成了支撑国民经济发展的基础性、战略性产业。无论在城市还是农村，无论在生活领域还是生产领域，在经济全球化进程中，现代物流起到了不可或缺的推进作用。现代物流在国际性和地区性商贸、流通活动中处于重要地位，物流业因而成为我国许多城市、地区经济发展的重要支柱产业之一。可以说，经济与物流是互为促进的联动体。现代物流理念指导并优化了现代物流业的发展；科学理论的发展与实践的结合，促进了现代物流学科理论的不断成熟和完善。

进入21世纪20年代，我国经济持续发展，物流业的发展更是呈现出需求多样化以及高水平物流服务的挑战。

我国对发展现代物流业作业战略部署，先后制定了一系列政策和指导性文件。党的二十大报告明确指出，“建设高效顺畅的流通体系，降低物流成本。”《中共中央关于进一步全面深化改革　推进中国式现代化的决定》指出，“完善流通体制，……，降低全社会物流成本。”在全球供应链与产业链分工深化、物流发展内外部环境发展显著变化的情况下，国务院及有关部委印发了《关于推动物流高质量发展促进形成强大国内市场的意见》等，要求以运输结构调整为抓手，实现各种交通合理分工和一体化发展，加强物流基础设施整合，布局建设和完善一批国家级物流枢纽，巩固物流降本增效成果，增强物流企业活力，提升行业效率效益水平，畅通物流全链条运行。

现代物流学科是一门涉及交通运输、仓储管理、流通加工、装卸搬运、包装、配送、信息技术等多学科和行业的交叉、联动和整合的学科，是研究物流系统及环境系统的系统优化理论和科学运作方法，综合性、应用性很强的应用学科。《现代物流学》把人们带进现代物流理念中，进而认识它、掌握它，用先进的理念和优化的物流活动挖掘第三利润源泉。

社会环境和需求是复杂而多变的。物流园区、物流枢纽、应急物流、农村物流、物流快递等都是应社会需要而诞生的，适时满足了生产和生活的需要。

《现代物流学》自第一版（2003年）、第二版（2006年）、第三版（2014年）、第四版（2019年）出版以来，得到许多读者的肯定和喜爱。为了跟上时代发展的步伐，体现现代物流学科和物流业实践的新趋势、新要求，也为了满足新时代物流工程、物流管理等相关学科、专业的教学需要和培养现代物流高级管理人才的需要，笔者经过多年的教学实践和科学研究，有一些典型的案例，愿与读者分享。特修订、出版第五版。

在前四版的基础上，第五版的特点在于：注重基本理论和发展理念及应用的更新；补充和完善了现代物流基本理论；根据物流枢纽的规划与实践，跟踪了国家物流枢纽的发展，并印证了物流网络和物流枢纽的相关概念及规划方法的正确性；增加了应急物流、农村物流的分析与应对措施；丰富了物流信息系统内容和仓库管理质量指标及配送管理指标体系；更新了交通运输、物流发展等相关数据和物流规划运作案例，结合物流发展的新要求、新模式，更新了综合应用习题内容；制作了完整的多媒体教学课件，丰富了教学内容。

本书由西南交通大学叶怀珍教授主编，副教授李国旗任副主编，杜文教授主审。

本教材历次修订和出版，都得到高等教育出版社和西南交通大学交通运输与物流学院的大力支持，在此表示衷心感谢。此外，感谢解放军后勤学院姜大立教授对本教材的贡献和西南交通大学张小强、崔异、刘思婧、崔建明、彭蓉、胡异杰、易海燕、周双贵、丁震、李冰、汪江洪、李阳珍、孙勤琴等所做的工作。在撰写过程中还参考了许多作者的文献，在此一并表示衷心感谢。

作者水平所限，不足之处，敬请读者批评指正。

叶怀珍

2024 年 12 月 20 日

# 第四版前言

我国改革开放的40年，也是现代物流业迅速发展的40年，物流、现代物流已经成为国民耳熟能详的名词，而物流业融合运输、仓储、配送、金融、地产、信息等产业形成了复合型服务业，成为支撑国民经济发展的基础性、战略性产业。无论在城市或农村，无论在生活领域或生产领域，在经济全球化进程中，现代物流起到了不可或缺的推进作用。现代物流在国际性和地区性商贸、流通活动中呈现了更为重要的地位，物流业因而成为我国许多城市、地区经济发展的重要支柱产业之一。可以说，经济与物流是互为促进的联动体，同时经济的发展又促进了现代物流理念渐趋成熟。科学理论的发展与实践的结合，促进了现代物流学科理论的不断发展和完善。

由于国家大力推进改革开放，经济得到迅速发展，市场经济体制逐步建立，物流需求凸显。21世纪初，中国加入WTO，物流及相关产业逐渐开放，具有先进水平的国际物流企业逐渐开始进入中国市场，同时国内外企业对物流服务社会化与专业化的需求迅速膨胀，中国传统物流业也受到国外高水平物流需求的冲击和国外高水平物流服务的挑战。国家领导高瞻远瞩，先后制定了一系列发展现代物流业的政策和指导意见，代表性的有：2009年国务院发布的《物流业调整和振兴规划》、2011年国务院发布的《关于促进物流业健康发展政策措施的意见》、2014年国务院发布的《物流业发展中长期规划（2014—2020年）》、2017年国务院办公厅发布的《关于进一步推进物流降本增效　促进实体经济发展的意见》和《关于积极推进供应链创新与应用的指导意见》，上述政策对指导和促进我国现代物流业的健康发展有着重要意义。

党的十九大以来，在全球供应链与产业链分工深化、物流发展内外部环境发展显著变化的情况下，国务院及有关部委又印发了《推进运输结构调整三年行动计划（2018—2020年）》《国家物流枢纽布局和建设规划》《国家物流枢纽网络建设实施方案（2019—2020年）》《关于推动物流高质量发展　促进形成强大国内市场的意见》等政策文件，要求以运输结构调整为抓手，实现各种交通合理分工和一体化发展，加强物流基础设施整合，布局建设和完善一批国家级物流枢纽，巩固物流降本增效成果，增强物流企业活力，提升行业效率效益水平，畅通物流全链条运行。

《现代物流学》自第一版（2003年）、第二版（2006年）、第三版（2014年）出版以来，一直受到许多读者的肯定和关爱。为了跟上时代发展的步伐，体现现代物流学科和物流业实践的新趋势、新要求，也为了满足新时代物流工程、物流管理等相关学科、专业的教学需要和培养现代物流高级管理人才的需要，特修订、出版第四版。

在前三版的基础上，第四版主要补充和完善了现代物流基本理论：根据物流枢纽的规划与实践,介绍了物流枢纽的发展,并以此说明了物流网络和物流枢纽的相关概念及规划方法的正确性;丰富了物流信息内容,介绍了国家交通运输物流公共信息平台基本功能,补充了铁路物流中心规划要点;更新了交通运输、物流发展等相关数据,增加了日本物流规划案例,较系统介绍了物流集群的概念;结合物流发展的新要求、新模式,新增了综合应用习题内容;制作较高质量的多媒体教学课件,丰富了教学内容。

本书可作为高等院校物流工程、物流管理、交通运输、交通工程、工业工程、电子商务、城市规划等专业的本科教材及研究生参考教材,也可作为从事物流工作相关人员的学习参考资料。

本书由西南交通大学博士生导师叶怀珍教授任主编,副教授李国旗博士任副主编,博士生导师杜文教授任主审。

本教材历次修订和出版,都得到高等教育出版社和西南交通大学交通运输与物流学院的大力支持,在此表示衷心感谢。此外,感谢解放军后勤学院姜大立教授对本教材的贡献和西南交通大学张小强、崔异、刘思婧以及崔建明、彭蓉、胡异杰、易海燕、周双贵、丁震、李冰、汪江洪、李阳珍、孙勤琴等所做的工作。在撰写过程中还参考了许多作者的文献,在此一并表示衷心感谢。

作者水平所限,不足之处,敬请读者批评指正。

叶怀珍

2019 年 5 月

# 第三版前言

无论在城市或农村，无论在生活领域或生产领域，“物流”活动随处可见，发展现代物流业已为政府高度重视和大力扶持。有识之士认识到，在经济全球化进程中，现代物流起到了不可或缺的推进作用。现代物流在国际性和地区性商贸、流通活动中呈现了更为重要的地位，物流业因而成为我国许多城市、地区经济发展的重要支柱产业之一。同时经济的发展又促进了现代物流理念逐趋成熟。科学理论的发展与实践的结合，促进了现代物流学科理论的不断发展和完善。

我国现代物流业经过 60 多年的发展，尤其是近 20 多年来，已经取得阶段性成果。自 20 世纪 80 年代中期以来，由于大力推进改革开放，经济得到迅速发展，市场经济体制逐渐建立，物流需求逐渐显现。一些经济发达地区，如深圳、北京、上海等地，率先发展了专业物流。21 世纪初，中国加入 WTO，物流及相关产业逐渐开放。具有先进水平的国际物流企业逐渐开始进入中国市场，同时国内外企业对物流服务社会化与专业化的需求迅速膨胀，中国传统物流业也受到国外高水平的物流需求的冲击和国外高水平物流服务的挑战。2006 年制定的《国民经济和社会发展第十一个五年计划纲要》第四篇的第十六章之第二节“大力发展现代物流业”中提到：推广现代物流管理技术，促进企业内部物流社会化，实现企业物资采购、生产组织、产品销售和再生资源回收的系列化运作。培育专业化物流企业，积极发展第三方物流。建立物流标准化体系，加强物流新技术开发利用，推进物流信息化。加强物流基础设施整合，建设大型物流枢纽，发展区域性物流中心。在 2009 年 3 月国务院发布的《物流业调整和振兴规划》，明确要培育一批具有国际竞争力的大型综合性物流企业集团；物流的社会化、专业化水平明显提高，第三方物流的比重有所增加，物流业规模进一步扩大，物流业增加值年均递增 10% 以上；物流整体运行效率显著提高，全社会物流总费用与 GDP 的比率比目前的水平有所下降的发展目标。2011 年国务院又发布《关于促进物流业健康发展政策措施的意见》，指导和促进了我国现代物流业的迅速健康发展。

现代物流学科是一门涉及交通运输、仓储管理、流通加工、装卸搬运、包装、配送、信息技术等多学科和行业的交叉、联动和整合的学科，是研究物流系统及环境系统的系统优化理论和科学运作方法，综合性、应用性很强的应用学科。《现代物流学》把人们带进现代物流理念中，进而认识它、掌握它，让先进的理念和优化的物流活动挖掘第三利润源泉。因此《现代物流学》自第一版（2003 年）、第二版（2006 年）出版以来，始终受到许多读者的肯定和关爱。为了跟上时代发展的步伐，为了适应现代物流学科和现代物流业的迅速发展，也为了适应教学需要和培养现代物流高级管理人才的需要，特修订、出版第三版。

在前两版的基础上，第三版的特点在于：补充和完善了现代物流基本理论；更新了国内外物流发展动态；细化了物流运作流程和信息技术，介绍了物联网技术及其在物流中的应用；拓宽了物流节点选址方法；调整了案例分析和算例；根据物流规划与实践，较为系统地介绍了物流网络和物流枢纽的相关概念及规划的基本方法；制作了精美的多媒体教学课件，丰富了教学内容。

本书可作为高等院校物流工程、物流管理、交通运输、交通工程、工业工程、电子商务、城市规划等专业的本科教材及研究生参考教材，也可作为从事物流工作的相关人员的学习参考资料。

本书共有三篇十二章和综合案例分析，由西南交通大学博士生导师叶怀珍教授主编，张小强副教授/博士和李国旗讲师/博士副主编，博士生导师杜文教授主审。本次修编团队增加了活跃在教学科研第一线的具有博士学位的青年教师：张小强、李国旗、崔异等。其中，叶怀珍编写第一、十二章；张小强编写第二、九章；李国旗编写第三、六、七、十章；崔异编写第四、五、八章；第十一章由李国旗、崔异共同编写；综合案例分析由杜文、崔异、李国旗共同编写。

本次修订和出版，得到了高等教育出版社和西南交通大学交通运输与物流学院的大力支持，成都市青白江区现代物流与商贸园区管理委员会提供了丰富的研究素材，在此一并表示衷心感谢。此外也要感谢在一、二版中做了大量工作的姜大立教授（解放军后勤工程学院）的贡献和崔建明、彭蓉、胡异杰、易海燕、周双贵、丁震、李冰、汪江洪、李阳珍等博士/硕士做的基础工作。本书的修订工作也得到刘思婧、陈亭廷、李静帆、马朗的帮助。在修订过程中还参考了许多作者的文献，在此也一并表示衷心感谢。

现代物流学科发展迅速，现代物流业发展呈现多层次性和综合性。作者水平所限，不足之处，敬请读者批评指正。

叶怀珍

2014 年 5 月

# 第二版前言

“物流”的名称从PD(physical distribution——简称“PD”)到logistics,经历了从第二次世界大战以来的半个多世纪的发展。经济全球化发展进程的加快和现代科技进步推动了现代物流的快速发展,促进了现代物流理论的发展和完善。各国经济在生产、流通、分配、消费各领域呈现一体化的发展趋势:国际大市场加速形成;生产要素全球化(包括金融、科技和劳动力全球化等);经济活动规则全球化。在此背景下,现代物流对经济全球化和区域经济一体化将具有更为重要的作用,现代物流在国际性和地区性商贸、流通活动中将呈现更为紧密互动的作用。我国许多城市、地区更是将现代物流列为经济发展的重要支柱产业之一。

《现代物流学》从2003年6月出版以来,以其理论性、实用性、适用性和学科的交叉性,受到读者肯定。为了适应物流学科和物流业的迅速发展,也为了适应教学需要,本书第二版适时补充和删减了部分内容。

本版对第一版《现代物流学》作了多处修改,包括更新了国内外物流发展动态;增加了关于物流园区、定制物流、虚拟物流、精益物流、物流一体化的内容;强化了第三方物流、供应链管理的概念;规范了物流术语;调整了案例分析,注重了中国第三方物流运作成功的经营分析,提供了如“蚂蚁物流”从小做起、整合发展而取胜的理念;每章增加了本章学习目的和本章小结;制作了配套的教师用课件,课件主题突出,更加方便教学。

本书可作为高等院校物流工程、交通工程、物流管理、物流规划、城市规划等专业的教材,也可作为物流工作者的学习参考资料。

本书由西南交通大学博士生导师叶怀珍教授主编。全书共有四篇十二章和附录,其中第一、二、三、四、十、十一章由叶怀珍编写,第五、六、七、八章和附录由西南交通大学博士生导师杜文教授编写,第九、十二章由后勤工程学院教授姜大立博士编写。

本书编写和再版过程中,得到了高等教育出版社的大力支持,在此表示感谢。此外,彭蓉、胡异杰、易海燕、周双贵、丁震、李冰、汪江洪、李阳珍等博士、硕士,协助做了工作,本书在写作过程中还参考了许多作者的文献,在此一并表示衷心感谢。

现代物流学科发展迅速,现代物流业发展呈现多层次性和综合性。作者水平所限,不足之处在所难免,敬请读者批评指正。

编　者

2006年5月

# 第一版前言

“物流”(physical distribution,PD)概念从第二次世界大战以来的半个多世纪,已在经济发达国家得到充分的发展和完善。从20世纪80年代中期以来,物流系统和物流工程的概念也逐步被我国学者和物资、运输、生产企业、销售等部门的有识之士认识,并付诸实践。

“物流”按照字面肤浅的解释即物质资料的流动,而实际的内涵很丰富。一般包括在生产、分配、流通和消费等领域的很广范围内的运动。它是物质资料从供给者向需要者的空间位移,是创造时间性、场所性价值的经济活动。由于实行物流系统化、合理化,创造了巨大的经济效益,是继由于原材料和活化劳动的节省而创造经济效益的又一途径,因此被称为“第三利润源泉”。

物流学在我国毕竟还是一门年轻的学科,又是一门集自然科学和社会科学于一体的交叉学科,也是一门应用科学,无论在生产领域、销售领域还是在交通运输领域,都有着极为广阔的应用前景。

物流过程涉及交通运输、包装、装卸搬运、储存、流通加工、配送、废品回收与废弃等环节,以及与之密切联系并支持其良性循环的物流信息。这些子系统各自独立运作又相互联系。物流管理从顾客需求出发,不仅对实物流动管理,也包括服务和信息;物流是供应链过程的一部分。交通运输作为一个运输产业,在物流系统中起着巨大的作用。随着我国市场经济的进一步发展和国际贸易的大幅度增加,交通运输在物流中的作用就愈显重要。本书的特色在于应用物流学原理,阐述了与物流过程相关环节的设备、流程和组织优化方法,特别是对交通运输这一子系统作了较为详细的研究和介绍;此外对于作为物流对象(货物)的初始集散点——货场的合理布局,也作了较为详细的论述;物流的现代化管理,离不开数学模型与计算机技术,本书较为详细地介绍了常用的物流运输控制模型;本书通过案例介绍与分析,提供了多种可资参考的物流成功运作经验。所有这些对于交通运输合理布局,促进物流合理化,起到重要作用;也为物流业发展和现代化管理,提供有效的理论和方法。本书可作为高等院校的教材,也可作为物流工作者的学习参考资料。

本书共有四篇十二章和附录,由叶怀珍主编。其中,第一、二、三、四、十、十一章由叶怀珍教授编写,第五、六、七、八章及附录部分由杜文教授编写,第九、十二章由姜大立博士编写。

本书编写和出版过程中,得到了高等教育出版社的大力支持,胡异杰、易海燕、周双贵、丁震、李冰、汪江洪和李阳珍等同志提供了有关资料,协助制图,在此表示感谢;同时对许多相识的和尚未相见的参考文献的作者，在此一并表示衷心感谢。

由于经济全球化发展迅速，现代物流发展呈现多层次性和综合性，作者水平有限，不足之处在所难免，敬请读者批评指正。

编　者

2003年1月

# 目　录

## 第1篇　现代物流学总论

## 第 2 篇 物流系统的作业与技术管理

# 第1篇

# 现代物流学总论

# 第 1 章 现代物流学概述

**本章学习目的**

了解物流和现代物流的基本概念、主要特征，掌握物流系统的分类、构成、功能和运作模式，理解现代物流学的研究内容及方法。

物流是国民经济的动脉系统，物流业正成为各企业、各地区乃至国家的新的经济增长点。理解现代物流的基本概念，是系统掌握现代物流理论、优化物流运作所必需的基础知识。

## 1.1 现代物流概念

### 1.1.1 物流的内涵

物流概念起源于美国。早在 1921 年，美国市场营销学者阿奇·萧（Arch W. Shaw）在《市场流通中的若干问题》（*Some Problems in Market Distribution*）中，从市场营销的角度提出"physical distribution"，简称"PD"，直译为"物资分配""货物配送"。第二次世界大战期间，美国在战时供应中提出"后勤管理"（logistics management），进行军事物资供应调度中的物流供应和配送。战后，"物流"在企业界得到应用和进一步发展，因此出现"物资管理"（materials management）、配送工程（distribution engineering）、"企业后勤"（enterprise logistics）、"市场供应"（market supply）、物流管理（logistics management）等词来表述物流的内涵，现在多以"logistics"表示。

尽管一般人们看到的"物流"大都在流通领域，其实质还包括在生产领域。

"物流"泛指物质资料实体在社会再生产过程中的有目的性的（从供应地向接收地）实体流动过程。它联结生产和消费，使货畅其流，物尽其用，促进生产不断发展，满足社会生产、消费的需要。也有文献将"物流"表述为"高效、低成本地将原材料、在制品、产成品等由其始发地至消费地的流动和储存，以及对与其有关的信息流进行计划、实施和控制的过程，以达到满足用户需求的目的"。"物流是物质资料从供给者到需求者的物理性运动（包括处在供给者内部的物理性运动），是创造时间价值和场所价值的活动（包括一定的加工附加值）"。

物流是由"物"和"流"两个基本要素组成的，物流中的"物"指一切可以进行物理性位置移动的物质资料，即"物"的一个重要特点是，必须可以发生物理性位移。物流中的"流"，指的是物理性运动。这种运动也称为“位移”。

对物流的定义，学者们出于不同的侧重点（企业、工程、管理）有各种不同的提法，一般来说归纳为狭义的和广义的两种。狭义的“物流”，仅指作为商品的物质资料的空间运动过程，属于流通领域的范畴。广义的“物流”，则还包括物质资料在生产过程中的运动过程，即物流既发生在流通领域，又发生在生产领域之内。本书研究的是广义的物流。

“物流”作为一个专用学科名词，它包含了物质资料在流动过程中的技术和管理活动。因此，“物流”的含义可以表述为：物质资料在生产过程中各个生产阶段之间的流动和从生产场所到消费场所之间的全部运动过程，包括运动过程中的空间位移及与之相关联的一系列生产技术性活动。这个技术包括自然科学技术和管理技术。由于物流技术的提高，降低了物质资料、产成品在流转过程中的费用，提高了经济效益和社会效益，因此被喻为“第三利润源泉”。

各国对物流的定义有多种表述，虽然表述文字不一，但内涵丰富，有很好的参考价值。

1935年美国销售协会（American Market Association，AMA）对“物流”的定义是：物流是包含于销售之中的物质资料和服务，以及从生产地到消费地流动过程中伴随的种种经济活动。1963年美国全国物流管理协会（National Council of Physical Distribution Management，NCPDM）对物流的定义是：物流是为了计划、执行和控制原材料、在制品及制成品从供应地到消费地的有效率的流动而进行的两种或多种活动的集成。这些活动可能包括：客户服务、需求预测、库存控制、物料搬运、订货处理、服务支持、工厂及仓库选址、采购、包装、退货处理、废弃物回收、运输、仓储管理。1985年美国物流管理协会（The Council of Logistics Management，CLM）将物流的定义更新为：物流是对货物、服务及相关信息从供应地到消费地的有效率、有效益的流动和储存进行计划、执行与控制，以满足客户需求的过程。该过程包括进向、去向、内部和外部的移动，以及以环境保护为目的的物料回收。对比NCPDM和CLM的这两个定义，前者强调了具体的物流活动，“有效率的流动”；后者突出了管理效益，强调“有效率、有效益的流动”，物流管理的战略导向是客户需求。2005年，CLM正式更名为美国供应链管理专业协会（Council of Supply Chain Management Professionals，CSCMP），其在2013年的物流术语手册中，继续沿用了1985年的定义，但对物流管理做了详细描述，认为物流管理是供应链管理的一部分，物流管理活动通常包括入厂和出厂运输管理、车队管理、仓储、装卸搬运、订单履行、物流网络设计、库存管理供需规划、第三方物流服务商的管理等。在不同程度上，物流功能也会包括采购与供应、生产计划和排程、包装和装配、客户管理，它涉及战略、战术和操作层面的规划、计划以及执行。物流管理是一个集成的功能，它除了要将物流与营销、制造、金融、信息技术整合以外，还要协调和优化所有的物流活动。

加拿大供应链与物流管理协会（The Canadian Association of Supply Chain & Logistics Management，CASCLM）在1985年对物流的定义是：物流是对原材料、在制品、产成品及相关信息从起运地到消费地的有效率、有效益的流动和储存进行计划、执行和控制，以满足客户需求的过程。该过程包括内向（inbound）、外向（outbound）和内部流动。到2000年基本上采用了美国物流管理协会1998年的定义，只是进一步做了综合。

欧洲物流协会（European Logistics Association，ELA）在1994年发表的《物流术语》（Terminology in Logistics）中定义物流为：物流是在一个系统内对人员或商品的运输、安排及与此相关的支持活动的计划、执行与控制，以达到特定的目的。

日本后勤系统协会（Japan Institute of Logistics Systems，JILS）在2006年对物流的定义为：物流

是使采购、生产、销售和分配等供货行为与需求同步的管理活动，其目的是通过实现客户满意度、削减不营利的库存和最大限度地减少其转移，以及减少供应成本来提高企业竞争力和增加企业价值。

我国台湾地区对物流的定义为：一种物的实体流通活动的行为，在流通过程中，通过管理程序有效结合运输、仓储、装卸搬运、包装、流通加工、咨询等相关物流功能性活动，以创造价值，满足顾客及社会性需求。

中国《物流术语》分别在 2001 年、2006 年和 2021 年经历了三次修订。《物流术语》(GB/T 18354—2021) 中对物流的定义是：根据实际需要，将运输、储存、装卸、搬运、包装、流通加工、配送、信息处理等基本功能实施有机结合，使物品从供应地向接收地进行实体流动的过程。

### 1.1.2 现代物流的主要特征

通常认为，传统物流指物品的运输与储存及一些附属业务而形成的功能单一的物流模式。现代物流与传统物流的根本区别在于：

现代物流强调系统整体优化，即以现代信息技术为基础，对物流系统内运输、包装、装卸搬运、流通加工、配送、存储等各子系统间进行优化整合，因此出现如供应链一体化管理、核心业务管理与协调，强调全程物流等；现代物流一定有完善的物流信息系统和信息网络的支持，其决策、运作过程与管理都离不开信息系统的支撑；现代物流具有先进的物流科学技术。

在现代物流业蓬勃发展的进程中，人们对现代物流也产生一些误解，认为现代物流就是送货物到门服务，就是建立那些拥有先进仓储设施的产品分销中心，就是对传统主要贸易方式的有形市场的进一步发展，因此纷纷建造仓储设施和商品分销中心、开发区域性和全球性有形市场、扩展并巩固现有分销网络。而真正的现代物流，除了以上的实体活动和设施建设，还要充分应用现代物流运作一体化理念，要充分应用计算机和网络技术，要以虚拟市场取代有形市场，要压缩有形的仓储设施和商品分销中心，要精简分销网络，以期取得最佳经济效益和社会效益。

物流是社会经济发展的产物，随着社会经济的发展，人们对市场的需求产生变化，表现为随着时间的推移，产品生命周期逐渐缩短、重复订购次数日益减少、订购批量缩小(见图 1-1)，致使生产模式、仓储模式、销售模式等发生根本变化，也促使现代物流在运作上呈现出多样化的特征，主要表现为以下几点。

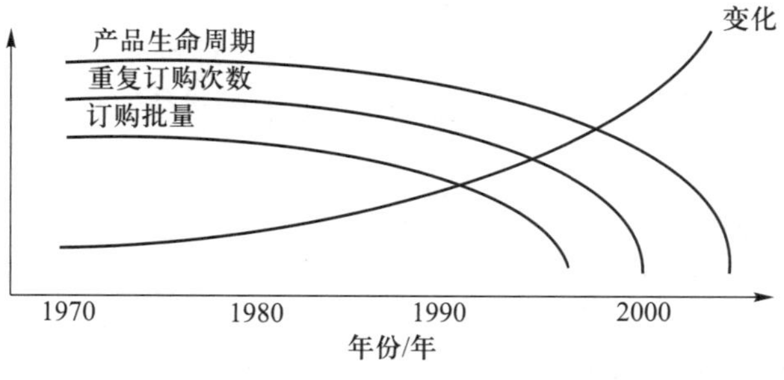


图 1-1 市场需求变化图

(1) 反应快速化。物流服务提供者对上游、下游的物流、配送需求的反应速度越来越快，配送间隔越来越短，商品周转次数越来越多。

(2) 功能集成化。现代物流着重于将物流与供应链的其他环节进行集成。

(3) 服务系列化。除了传统的储存、运输、包装、流通加工等服务外，现代物流服务在外延上向上扩展至市场调查与预测、采购及订单处理，向下延伸至配送、物流咨询、物流方案的选择与规划、库存控制策略建议、货款回收与结算、教育培训等增值服务。

(4) 作业规范化。规范的作业标准和服务标准。

(5) 目标系统化。现代物流从系统的角度统筹规划一个公司整体的各种物流活动，力求整体活动的最优化。

(6) 手段现代化。世界上最先进的物流系统已在运用全球卫星定位系统(global positioning system, GPS)、卫星通信、射频识别装置、机器人，实现了自动化、机械化、无纸化和智能化。同时，采用了ERP(enterprise resource planning，企业资源计划)系统支持，对库存与运输的控制大大加强。物联网、云计算、大数据等信息技术的快速发展，促进了仓储、配送、运输和流通加工等全过程物流透明化管理，提高了库存管理、路径优化和资源利用效率和水平，为物流业降本增效提供了技术支撑。

(7) 组织网络化。现代物流需要有完善、健全的物流网络体系，网络上点与点之间的物流活动保持系统性、一致性，这样可以保证整个物流网络有最优的库存总水平及库存分布，运输与配送结合，快速、灵活、高效。

(8) 经营市场化。现代物流的经营采用市场机制，无论是企业自营物流，还是委托社会化物流企业(第三方物流)承担物流任务，都以“服务—成本”的最佳组合为总目标，谁能提供最佳的“服务—成本”组合，就找谁服务。

### 1.1.3 物流的形成与发展

物流是随着一个国家或地区的经济发展而发展的，其中最为典型的例子是日本。

#### 1.1.3.1 日本物流的发展

日本物流的发展，经历了七个阶段。

1. 第一阶段——经济复兴阶段(1945—1953年)

第二次世界大战后，日本百废待兴，急需恢复经济。国内商品流通主要靠铁路运输，物流渠道尚未理顺，这时期的物流主要指运输。

2. 第二阶段——以生产为主导的阶段(1954—1963年)

随着经济高度增长，日本进入以生产为主导的时代。日本企业界真正引进了“物流”新概念，开始重视物流管理工作，强化了物流职能的作用，如加强运输、储存、包装、装卸搬运等物流过程各环节的协调管理工作。

3. 第三阶段——以流通为主导的阶段(1964—1973年)

这是日本物流业大发展的时代。从整个经济发展形势来看，商业、物流大发展，促使了物流基础设施的修建：世界上第一条高速铁路——东海道新干线1964年建成，并修建了高速公路、集装箱码头。汽车的普及化，也为物流事业的大发展创造了条件。此外，建设并形成了物流团体，开展了物流教育、物流咨询工作等。

4. 第四阶段——以消费(生活)为主导的阶段(1974—1983年)

日本经济发展突飞猛进，已经达到了成熟期。社会物流的发展，开始注意环境问题，特别提出了节省资源的问题，开发物流服务新项目，重点是为了方便居民生活。如开展城市之间和市内的送货、路线配送、集中配送、取送货到家等，大大提高了物流企业的服务水平，并使物流工作渗透到社会的各个方面。

5. 第五阶段——物流国际化时代（1984—2004 年）

随着经济和国际贸易的发展，日本国际物流量大幅度增加。商品生产向轻、薄、短、小开发，这就为物流业提出新的课题，必须用新的方法和手段。就配送作业活动来讲，它开始进入了以“多品种、多频度、数量少、时间快”为特点的物流时代。

6. 第六阶段——国际国内物流一体化和绿色物流时代（2005—2017 年）

在物流业经历高速增长之后，日本物流向构建低成本、快捷、无缝的国内国际一体化的物流系统转变。在国际上实现支撑全球供应链的高效物流运作机制，在国内为国民生活构建安全安定的物流体系。同时，对绿色物流越来越重视，要求建立绿色和环境融洽的环保型物流系统。

7. 第七阶段——数字化、标准化、智能化物流和可持续发展时代（2018 年至今）

新技术的发展为日本物流领域带来革命性的变化，通过推进物流数字化、标准化、智能化，有助于优化供应链全过程，减少物流活动的劳动力短缺，打造对从业人员友好的物流环境，实现物流简单流畅。同时，通过建立强大、可持续的物流网络，有助于实现适应可持续发展要求的柔韧物流体系。

#### 1.1.3.2 我国物流业的发展

我国物流业发展历程，可分为如下五个阶段，也充分反映了物流业与经济发展的密切联系。

1. 第一阶段——创建阶段（1949—1952 年）

这一阶段是中华人民共和国刚成立，国民经济恢复时期。物流业也刚开始创建，物流业的货物运输主要依靠铁路及公路。物流业的特点是：多数是商物合一型、兼营型的物流企业，附属于各专业公司或批发站（一些大城市除外）；在生产企业内部，物流问题还未提到日程上来。

2. 第二阶段——发展时期（1953—1977 年）

1953 年，我国国民经济建设开始了第一个五年计划，交通运输建设有了较大进展，通车里程大为增加，因此物流业也得到了相应的发展。在物资、商业、供销、粮食、外贸等流通部门相继成立了“商物分离”型、专业型的物流企业，如储运公司、仓储公司、中转站等，以及附属于各专业公司、批发站的“商物合一”型、兼营型的物流企业，初步形成了物流业。

3. 第三阶段——改革、开放阶段（1978—1998 年）

1978 年年底，中共中央十一届三中全会决定进行经济体制改革和对外开放，并推行了一系列政策和措施，中国的现代化建设得到了迅速发展，交通运输建设也加快了步伐，物流业有了很大发展；不仅流通领域的专业性、兼营性的物流企业增加，生产企业也开始重视物流合理化的研究；不仅建设和加强了国有物流企业，还建设和加强了集体和个体的物流企业或储运专业户；国内加强横向经济联合，物流打破了部门、地区的界限，物流更加专业化、社会化。

4. 第四阶段——快速发展阶段（1999—2011 年）

1999 年 11 月 25 日，时任国务院副总理吴邦国在现代物流发展国际研讨会上指出：现代物流是一项跨行业、跨部门、跨地区，甚至跨国界的系统工程，现代物流作为一种先进的组织方式和管理技术，被广泛认为是企业在降低物资消耗、提高劳动生产率以外的重要利润源泉，在国民经济和社会发展中发挥着越来越重要的作用。这一重要讲话标志着我国政府已经开始重视现代物流业的发展，并积极开展外贸物流业务，现代物流迈开了国际化的步伐。

2001 年,《国民经济和社会发展第十个五年计划纲要》进一步明确了“发展主要面向生产的服务业,积极引进新型业态和技术,推行连锁经营、物流配送、代理制、多式联运,改造提升传统流通业、运输业和邮政服务业”。2003 年 8 月,国家发改委等九部委联合印发了《关于促进我国现代物流业发展的意见》,标志着我国政府推进我国现代物流业开始进入理性、快速发展的新阶段。2006 年,《国民经济和社会发展第十一个五年计划纲要》再次提到“大力发展现代物流业”;提出了推广现代物流管理技术,促进企业内部物流社会化,实现企业物资采购、生产组织、产品销售和再生资源回收的系列化运作。培育专业化物流企业,积极发展第三方物流。建立物流标准化体系,加强物流新技术开发利用,推进物流信息化。加强物流基础设施整合,建设大型物流枢纽,发展区域性物流中心。

2009 年,国务院发布了《物流业调整和振兴规划》(国办发〔2009〕8 号),各地纷纷制定物流规划,发展物流企业,建设物流园区乃至物流枢纽。

2011 年,国务院办公厅印发了《关于促进物流业健康发展政策措施的意见》(国办发〔2011〕38 号)。

5. 第五阶段——高质量发展阶段(2012 年至今)

为积极承担解决气候变化问题的责任,推动我国生态文明建设与高质量发展,我国加速了物流绿色化发展进程。通过持续推进绿色科技在运输、仓储、流通加工、包装等主要物流环节的应用,积极推广电子面单、环保包装、新能源车,更好地促进了循环经济和物流活动的可持续发展。

中国物流与采购联合会、中国物流学会编制的《第七次全国物流园区(基地)调查报告(2024)》显示,全国符合《物流园区分类与规划基本要求》(GB/T 21334—2017)的各类物流园区共计 2 769 家,与 2022 年第六次调查相比,增长了 8.5%。其中,我国 19.6%的园区可提供国际运输服务,国内业务辐射全国 31 个省份的园区占比接近 30%;不少园区除提供存储、运输和配送、转运、贸易、信息、货代、流通加工、金融物流服务功能,还具备政务和商务服务功能,如金融、保险、税务、工商、海关等。

从技术演进视角看,我国物流业发展先后经历了人工、半机械化、机械化、自动化阶段,当前呈现出信息化、网络化、智能化等特征。在互联网、大数据、云计算、人工智能等技术共同推动下,仓储环节的自动分拣与识别系统、机器人搬运技术已发展成熟,在亚马逊、菜鸟、京东等仓库得到广泛应用;运输环节的新能源运输车辆正处于推广阶段,无人机处于初步应用阶段,无人驾驶技术处于研发关键阶段;配送环节的无人配送车、智能快递柜快速发展,为解决“最后一公里”配送难问题提供了技术装备支撑。

在网络化、智慧化、绿色物流建设方面,2016 年国家发展改革委印发了《“互联网+”高效物流实施意见》(发改经贸〔2016〕1647 号),2024 年发布了《第七次全国物流园区(基地)调查报告(2024)》,该报告显示,在物流园区中,约 67.1%的园区建立了公共信息平台,具备信息发布、货物跟踪、数据交换、物业管理等基本功能。2017 年,国务院办公厅印发了《国务院办公厅关于积极推进供应链创新与应用的指导意见》(国办发〔2017〕84 号),提出提高流通现代化水平,应用供应链理念和技术,大力发展智慧商店、智慧商圈、智慧物流,提升流通供应链智能化水平。2021 年,国务院印发《关于加快建立健全绿色低碳循环发展经济体系的指导意见》(国发〔2021〕4 号),提出健全绿色低碳循环发展的流通体系,打造绿色物流。积极调整运输结构,推进铁水、公铁、公水等多式联运。加快公共信息平台建设和信息共享,发展甩挂运输、共同配送,推广绿色低碳运输工具,优先使用新能源或清洁能源汽车。

各国物流业的发展史都说明了一个问题,即物流起源于物质资料的流动,而物流业的发展取决于一个国家和地区的经济发展程度,而发展了的物流业又进一步促进这个地区和国家的经济繁荣和发展。当然,经济体制的变革和科技进步、物流技术提高等都对物流业的发展起着重要作用。

### 1.1.4 物流系统的分类

物流系统分类方法很多,根据不同的分类依据有多种分类。最基本的分类是根据物流活动业务性质,分为以下五种类型(图 1-2)。

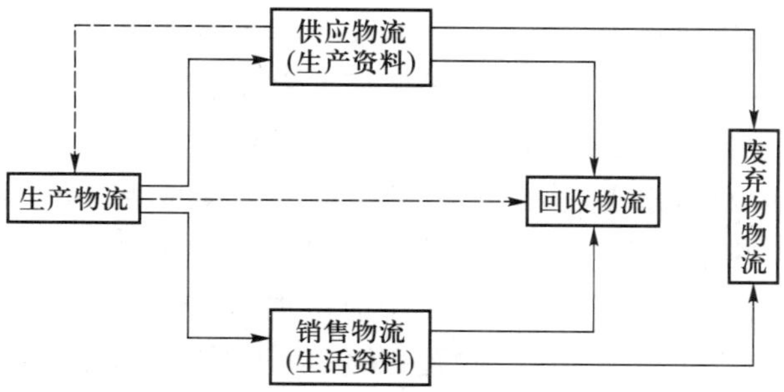


图 1-2 物流系统分类示意图

(1) 生产物流(production logistics),即生产过程中发生的涉及原材料、在制品、半成品、产成品等所进行的物流活动。流动过程中还包括分类拣选、包装,以及原材料的采购、运输、装卸搬运、储存及产成品出入库等物流环节。

(2) 供应物流(supply logistics),指提供原材料、零部件或其他物料时所发生的物流活动。即原材料、零部件或其他物料从其生产者或持有者,经过采购、运输、储存、装卸搬运、加工或包装、拣选、配送、供应,直到顾客接收到的流动过程。

(3) 销售物流(distribution logistics),即企业在出售商品过程中所发生的物流活动。它是指商品从供方至需方之间的实体流动过程,即商品经过采购、运输、储存、装卸搬运、加工或包装、拣选、配送、销售,到达顾客手中。

(4) 回收物流(returned logistics),是指不合格物品的返修、退货以及伴随货物运输或搬运中的包装容器、装卸工具及其他可再利用的旧杂物等,经过回收、分类、再加工使用的流动过程。

(5) 废弃物物流(waste material logistics),将经济活动或人们生活中失去原有使用价值的物品,根据实际需要进行收集、分类、加工、包装、搬运、储存等,分送到专门处理场所的物流活动。它具体是指对伴随某些厂矿的产品同时或共生的副产物(如钢渣、煤矸石等)、废弃物,以及生活消费品中的废弃物(如垃圾)等,进行收集、分类、加工、包装、搬运、处理的实体流动过程。

此外,根据物流活动涉及范围还可以分为社会物流和企业物流。

企业物流(enterprise logistics),是指生产和流通企业围绕其经营活动所发生的物流活动。就工业企业而言,相同于生产物流。

社会物流(external logistics),是企业外部的物流活动的总称,是指社会再生产总体的物流活动。

因为每一个企业作为社会经济的一个细胞，都要与外部社会发生联系。各有所需，各有所供。各生产企业之间构成彼此连接、不可分割的物流网络体系。企业是物流网络的结点，企业物流与社会物流相衔接，形成全社会的大物流。

此外，按照物流活动服务区域的不同可以分为城市物流、农村物流、区域物流和国际物流。

城市物流(city logistics)，指以城市为依托的区域物流活动，主要满足城市内部生产和生活，以及城市与外部联系过程的需要。

农村物流(rural logistics)，指以农村为发货地或接受地的物流活动，主要满足农产品进城、工业品下乡和农村内部生产和消费需要。在脱贫攻坚、乡村振兴等战略持续推动下，以县乡村三级物流体系、农村寄递物流体系建设为重点的农村物流服务体系加速建设。

区域物流(regional logistics)，指满足特定范围(城市、城市群、都市圈、大都市区等)区域经济社会活动需要所开展的物流活动的统称。

国际物流(international logistics)，是指跨越不同国家或地区之间的物流活动。国际贸易的发展，物流国际化越来越突出，“物流无国界”已被人们所共识。

随着物流理念的深入和运作实践的发展，为醒目起见，有的物流企业根据干线运输的主要方式将物流分为航空物流、铁路物流、公路物流等；也有把物流对象作为物流名称，如医药物流、农业物流、煤炭物流、机械物流、钢铁物流等；针对可能出现的突发事件已做好预案，并在事件发生时能够迅速付诸实施的物流活动称为应急物流；从供应链下游向上游的运动所引发的物流活动称为逆向物流，等等。

值得重视的是军事物流和军地物流一体化也是一个重要的研究分支。用于满足平时、战时军事行动物资需求的物流活动谓之军事物流；对军队物流与地方物流进行有效的整合，实现军地物流的高度统一、相互融合和协调发展，谓之军地物流一体化。

### 1.1.5 物流系统功能模式

物流系统与一般系统一样，具有输入、输出、处理(转化)、限制(制约)、反馈等功能(图 1-3)。

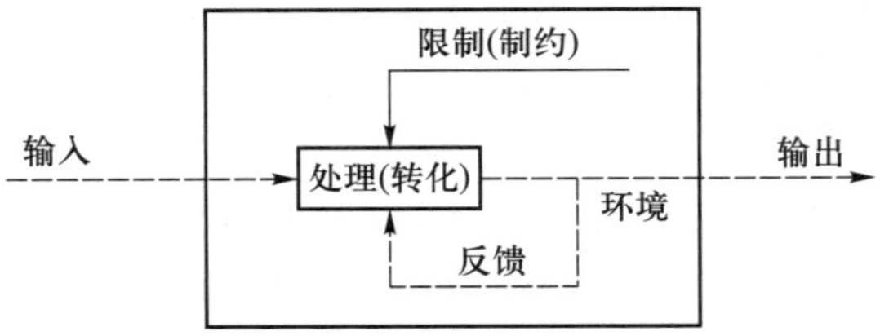


图 1-3 一般物流系统模式

1. 输入

输入即通过提供资源、能源、机具、劳动力、劳动手段等，对某一系统发生的作用，称这一作用为外部环境对系统的“输入”。输入的内容包括有形的和无形的，如各种原材料或产品、商品；生产或销售计划；需求或订货计划、资源、资金、劳力、合同、信息等。物流系统输入内容也如此。

2. 输出

输出包括各种物品的场所转移，各种报表的传递，各种合同的履行，各种良好优秀服务等。

物流系统的“输出”即指物流系统以其本身所具有的各种手段和功能，在外部环境一定的制约作用下，对环境的输入进行必要的处理（转化），使之成为有用（有价值）的产成品，或其位置的转移及提供其他服务等。

3. 处理（或转化）

处理指各种生产设备、设施（车间、机器、车辆、库房、货场等）的建设；各物流企业的物流业务活动（运输、储存、包装、装配搬运等）；各种物流信息的数据处理；各项物流管理工作。

物流系统本身的转化过程，即从“输入”到“输出”之间所进行的生产、供应、销售、服务等物流业务活动，称为物流系统的处理（或转化）。

4. 限制（或制约）

由于外部环境也因资源条件（包括资金力量、生产能力、仓库容量）、能源限制、需求变化、运输能力（包括政策性波动等）、价格影响、市场调节、技术进步以及其他各种变化因素的影响，而对物流系统施加一定的约束，称为外部环境对物流系统的限制（或干扰）。

5. 反馈

反馈，主要指信息反馈，如各种物流活动分析；各种统计报表数据、典型调查、工作总结、市场行情信息、国际物流动态等。

物流系统在把“输入”转化为“输出”的过程中，由于受系统内外环境的限制（干扰），有可能不会完全按原来的计划实现，而使系统的输出未达到预期的目标。所以，需要把“输出”结果返回给“输入”，称为“信息反馈”。

## 1.2 现代物流系统的构成与功能

从系统角度看，物流是一个大系统，也是一个过程，这个过程是物质资料流动的过程，是信息传递的过程，是满足客户需求的过程，是若干功能协调运作的过程。因此，从物流生产过程和生产活动环节分析，物流系统由以下各部分组成（图 1-4）。

- 物流系统
  - 实物流动
    - 物流基础设施的建设
    - 运输
    - 储存保管
    - 装卸搬运
    - 包装
    - 流通加工
    - 配送
  - 信息流动
    - 物流信息设施建立
    - 物流信息的收集
    - 物流信息的加工、更新和传输

图 1-4 物流系统的构成图

从物流的功能分析,物流系统由以下子系统构成。

### 1.2.1 运输子系统

运输是物流业务的中心活动。运输过程不改变产品的实物形态,也不增加其数量,物流部门通过运输解决物资在生产地点和消费地点之间的空间距离问题,创造商品的空间效用,实现其使用价值,满足社会需要。运输系统设计时,应根据其担负的业务范围、货运量的大小及与其他各子系统的协调关系,考虑以下各方面的问题:① 运输方式的选择;② 运输路径的确定;③ 运输工具的配备;④ 运输计划的制定;⑤ 运输环节的减少;⑥ 运输时间的缩短;⑦ 运输质量的提高;⑧ 运输费用的节约;⑨ 作业流程的连续性;⑩ 服务水平好。

### 1.2.2 储存子系统

储存保管是物流活动的一项重要业务,通过存储保管货物,解决生产与消费在时间、数量上的不同步性,以创造物品的时间效用。仓库是物流中心的组成部分,是物流活动的一个基地。对储存系统进行设计时,应根据仓库所处的地理位置、周围环境及物流量的多少、进出库频度,考虑以下几方面的问题:① 仓库布局合理;② 最大限度地利用仓库容积;③ 货物堆码、存放的科学性;④ 有利于在库物品的保养防护;⑤ 加强入库验收、出库复核;⑥ 加快出、入库时间;⑦ 降低保管费用;⑧ 加强库存管理,合理存储,防止缺货与积压;⑨ 进出库方便;⑩ 仓库安全。

### 1.2.3 装卸搬运子系统

装卸搬运是各项物流过程中不可缺少的一项业务活动。特别在运输和保管工作中,几乎都离不开装卸搬运。装卸搬运本身虽不产生价值,但在流通过程中,货物装卸工作质量的好坏对保护货物使用价值和节省物流费用有很大影响。装卸搬运系统的设计,应根据其作业场所、使用机具及物流量的多少,考虑以下几方面的问题:① 装卸搬运机械的选择;② 装卸搬运机械化程度的确定;③ 装卸搬运辅助器具的准备;④ 装卸搬运的省力化;⑤ 制定装卸搬运作业程序;⑥ 配合其他子系统协同作业;⑦ 节约费用;⑧ 操作安全。

### 1.2.4 包装子系统

在整个物流过程中,包装也是一个很重要的环节。包装分工业包装和商业包装,以及在运输、配送当中,为了保护商品所进行的拆包再包装和包装加固等业务活动(也称运输包装)。对包装系统进行设计时,应根据不同的商品,采用不同的包装机械、包装技术和方法,并考虑以下各方面的问题:① 包装机械的选择;② 包装技术的研究;③ 包装方法的改进;④ 包装标准化、系列化;⑤ 节约包装资材;⑥ 降低包装费用;⑦ 提高包装质量;⑧ 方便顾客使用。

### 1.2.5 配送子系统

配送是物流活动中接触千家万户的重要作业。配送是指从批发企业或物流中心、配送中心到零售商店或用户的配送服务，伴随配送还有许多备货、分拣货等工作。相对“运输”而言，它属于二次运输、终端运输。设计配送系统时，应根据其配送区域、服务对象和物流量的大小，考虑以下几方面的问题：① 配送中心地址的选择；② 配送中心作业区的合理布置，包括收货验收区、货物保管区、加工包装区、分货拣选区、备货配送区；③ 配送车辆的配置；④ 装卸搬运机械的选用；⑤ 配送路线的规划；⑥ 配送作业的合理化；⑦ 制定配送作业流程；⑧ 配送及时性；⑨ 收费的合理性；⑩ 高服务水平。

### 1.2.6 流通加工子系统

流通加工，主要是指在流通领域中，为了销售或运输需要，以及为提高物流效率而进行的加工。通过加工使物品更加适应消费者的需求，如大包装化为小包装，大件物品改为小件物品等。当然，在生产过程中也有一些外延加工，如钢材、木材等的剪断、切割等。流通加工系统的设计，应根据加工物品、销售对象和运输作业的要求，考虑以下各方面问题：① 加工场所的选定；② 加工机械的配置；③ 加工技术、方法的研究；④ 制定加工作业流程；⑤ 加工物料的节约；⑥ 降低加工费用；⑦ 提高加工质量；⑧ 加工产品适销情况的反馈。

### 1.2.7 物流信息子系统

物流信息系统既是一个独立的子系统，又是为物流大系统服务的一个辅助系统。它的功能贯穿于物流各子系统业务活动之中，物流信息系统支持着物流各项业务活动。通过信息传递，把运输、储存、包装、装卸搬运、配送、流通加工等业务活动联系起来，协调一致，以提高物流整体作业效率，取得最佳的经济效益。当然，物流信息系统又有一些分支系统，如运输信息系统、仓储管理信息系统、销售信息系统等，都分别配合该系统的业务活动，发挥其应有的作用。

在设计物流信息系统时，应考虑三方面的问题：系统的功能、系统的内容和系统的特点。为了组织好物流，必须采用一系列基础设施、技术装备、操作工艺和管理技术，并不断加以改造更新。也就是物流大系统的环境影响物流信息系统的功能、内容与特点。

## 1.3 现代物流学的研究对象

### 1.3.1 物流在国民经济中的地位与作用

物流的产生和发展是社会再生产的需要，是流通的主要要素。物流在国民经济中占有重要地位，主要表现在以下六方面。

1. 物流是国民经济的动脉系统，它联结社会生产各个部分使之成为一个有机整体

任何一个社会（或国家）的经济，都是由众多的产业、部门、企业组成的，这些企业又分布在不同的地区、城市和乡村，属于不同的所有者，它们之间相互供应其产品用于对方的生产性消费

和民众的生活消费，互相依赖而又互相竞争，形成极其错综复杂的关系。物流就是维系这些复杂关系的纽带。马克思对此曾有过论述："交换没有造成生产领域之间的差别，而是使不同的生产领域发生关系，从而使它们转化为社会总生产的多少互相依赖的部门。"①"商流"和"物流"一起，把各个生产部门变成社会总生产中互相依赖的部门。

2. 物流是社会再生产不断进行，以创造社会物质财富的前提条件

社会生产的重要特点是它的连续性，这是人类社会得以发展的重要保证。一个社会不能停止消费，同样也不能停止生产。而连续不断的再生产总是以获得必要的生产原材料并使之与劳动力结合而开始的。一个企业的生产要不间断地进行，必须保证原料、材料、燃料和工具、设备等生产资料不间断地流入生产企业，经过一定的生产加工后将成品又不间断地流出生产企业。同时，在生产企业内部，各种物质资料也需要在各个生产场所和工序间相继传送，使它们经过一步步的深加工后成为价值更高、使用价值更大的新产品。这些厂内物流和厂外物流如果出现故障，生产过程就必然要受到影响，甚至会使生产停滞。

3. 物流是保证商流顺畅进行，实现商品价值和使用价值的物质基础

在商品流通中，物流是伴随着商流而产生的，它又是商流的物质内容和物质基础保障。商流的目的在于变换商品的所有权（包括支配权和使用权），而物流才是商品交换过程所要解决的社会物质变换过程的具体体现。我国著名经济学家于光远同志为祝贺中国物流研究会成立的题词中写道："货币的运动只是实物运动的反映，后者是第一性的……""不仅要研究货币流通，还必须研究物资流通，把这两种流通科学地结合起来。"这些论述十分精辟，充分说明如果没有物流过程，就无法完成商品的流通过程，包含在商品中的价值和使用价值就不能实现。

4. 物流技术的发展是决定商品生产规模和产业结构变化的重要因素

商品生产的发展要求生产社会化、专业化和规范化，但是，没有物流的相应发展，这些要求是难以实现的。物流技术的发展，从根本上改变了产品的生产规模和消费水平，为经济的发展创造了重要的前提条件。而且，随着现代科学技术的发展，物流对生产发展的这种制约作用就越为明显。

5. 物流的优化是提高微观经济效益和宏观经济效益的重要源泉

这不仅由于物流组织水平的优劣直接决定着生产过程是否能够顺利进行，决定着产品的价值和使用价值能否得以实现，而且物流费用已成为生产成本和流通成本的重要组成部分。据国外资料分析，一般工厂每年花去的物流搬运费大约占工厂成本的1/4；通用电气公司的包装材料费用仅次于它的主要原材料铜和钢的支出（他们把包装看成发展市场的重要工具）。总的看来，在日本、欧洲和美国等经济发达国家中，由于劳动生产率的提高和原材料、燃料节约已经取得较大成果，而产品包装、储存、搬运、运输等方面的费用则在生产费用中仍占相当大的比重，因此，搞好物流，已被称为获取利润的第三源泉。特别是随着科学技术的进步，在工业发达国家通过降低物料消耗而获取利润（即第一利润源泉）和通过节约活劳动消耗而增加的利润（即第二利润源泉）的潜力已经越来越小，而降低物流费用以取得利润（即第三利润源泉）的潜力却很大。

---

① 资本论.1卷.北京：人民出版社，1975.390.

6. 物流是人民身体健康和医疗系统的重要保障

2020 年初,新冠疫情暴发,对全球社会经济运行造成巨大影响,同时对物流业造成严重冲击。依托专业化、现代化和富有弹性的网络体系,中国物流业充分发挥动员能力强、智能技术与装备应用领域广的优势,通过政府、企业和社会大众的共同参与和团结协作,为疫情紧急区域的应急医疗和生活物资提供了高效保障,也有效支撑了全国其他地区的物资采购、运输与配送任务。

物流业作为国际贸易和国家交流的重要环节,涉及海关、检验检疫等流程的协调工作,确保物流活动高效畅通,有助于产业链供应链有序运行。

### 1.3.2 现代物流学的特点

物流学是一门新兴学科,是自然科学与社会科学的交叉学科,也称为边缘科学。现代物流学更体现了高科技含量的物流技术,准确迅速的物流信息,高效的物流管理和物流控制,高服务质量和高物流效益。现代物流学的产生和发展是社会化大生产和科学技术迅速发展的必然结果,它具有以下几个方面的特点。

(1) 物流学是一门综合性的学科,主要表现在:它是自然科学与社会科学,即运输、装卸、包装、保管和加工的技术科学与经济学相结合的交叉科学,其理论与方法是在综合多学科的基本理论的基础上形成的;在进行物流组织管理时,必须进行全面的、综合的分析,既要考虑技术上的可行性、先进性,又要考虑经济效益。因此,物流工作人员必须掌握多方面的科学知识,除了要掌握自然科学、生产和运输等技术知识以及商品学知识外,还要掌握经济管理方面的知识,如对政治经济学、商品流通经济学、财政金融、统计学、经济地理等,都应有较好的理论基础和专业知识。

(2) 物流学是一门对物流过程进行系统分析的科学,具有很强的系统性。例如,要优选一个仓库的库址,不仅要考虑地质、场地等条件,还要考虑物资出入库的条件和对流通成本的影响,也要考虑产品的销售半径和用户的经济效益。

(3) 物流学是一门在定性分析基础上进行定量分析的科学,要有数量的结论。因此,物流学同数学以及电子计算技术有密切的关系。

(4) 物流学是一门应用科学,具有很强的实用性。它的研究课题、数据与资料来源于生产和流通实践,其研究成果又直接应用于生产和流通领域。它直接服务于制定长远发展规划、制定经济发展的方针政策、提高物流技术和改进物流的组织管理。因此,物流学与物资经济学、商业经济学、商品学、生产加工工艺学等学科有密切的关系。

### 1.3.3 现代物流学的主要研究内容

现代物流学主要研究社会经济中(包括生产性企业和非生产性企业)物质资料空间位移过程中的各种技术和经济问题,包括所涉及的运输、包装、储存、流通加工、配送信息等环节中的技术、经济与管理,即在一定社会条件下以系统优化理论为指导,研究物流的技术与经济管理的理论和方法。

现代物流系统中的“运输”要寻求物流过程中的合理运输方法,交通运输技术与管理,研究物流之“物”的集散地——各种货运站场的合理布局,以寻求运输与物流的最佳配合,寻求技术与经济的最佳结合,使物流的经济效果最好,从而更好地为国民经济服务。

技术进步是经济发展的重要条件和物质基础。技术一般包括自然技术和社会技术。自然技术是根据生产实践经验和自然科学原理而发展形成的各种工艺操作方法、技能和相应的生产工具及其他物质装备。社会技术是指组织、管理生产和流通的技术。技术进步会促进经济的发展,而经济发展则是技术进步的起因、归宿和基础。

经济发展的需要是推动技术进步的动力,任何一项新技术的产生都是经济发展的需要引起的。同时,技术发展是要受经济条件制约的。一项新技术的发展、应用和完善,主要取决于是否具备必要的经济条件,是否具备广泛使用的可能性。这种可能性包括与采用该项技术相适应的物质和经济条件。

为了充分发挥技术进步在物流中的作用,取得尽可能好的经济效果,必须认真研究物流技术与经济的关系,从技术的选择、定型、制造设备到引进技术和推广应用,都有一个使技术与经济最佳结合的问题,以保证取得最好的经济效果。

在一般情况下,技术的发展会带来经济效果的提高。随着技术的进步,人类能够用越来越少的人力、物力消耗获得越来越多的产品和效益,即技术的先进性和它的经济合理性是相一致的。但是,有时在一定的条件下技术和经济又是相互矛盾、相互对立的。因为任何技术的应用都必定要受当地当时具体自然条件和社会条件的约束,条件不同,技术带来的经济效果也就不同。随着条件的变化,技术的经济效果也会发生变化。技术经济学的主要任务,就是研究技术和经济之间的合理关系,找出它们协调发展的规律,促进技术的发展和经济效益的提高。现代物流学的研究对象就是物流技术、物流管理和经济管理的发展变化规律,其任务就是寻找物流与经济发展的最佳关系,降低物流成本,在降低成本的同时,提高产品的使用价值,提高经济效果,使物流技术和经济发展能互相促进。

现代物流学应用经济分析和现代数学方法,特别是线性规划、运筹学及其分支,如决策论、排队论、模糊数学,以及系统论、信息论、控制论等学科,应用计算机技术,寻求物流过程优化,特别是运输、仓储、配送子系统的过程优化并取得物流大系统优化的理想效果。

## 本章小结

物流是包括运输、储存、装卸搬运、包装、配送、流通加工、物流信息等子系统的一个功能齐全的大系统,它具有一般系统的共性,又有物流系统的特性。本章介绍了物流的形成与发展历程;详细阐述了现代物流的内涵及主要特征,物流系统的分类,现代物流各子系统的功能及物流系统模式;阐述了现代物流学研究的内容、对象和方法,为系统掌握现代物流理论、优化物流运作提供了必要的基础知识。

## 思考题

1. “物流”的内涵是什么？
2. 简述一般物流系统功能模式中每一功能的具体内容。
3. 物流系统由哪些子系统构成？简述各子系统的主要功能。
4. 现代物流的特点是什么？试举一例说明现代物流与传统物流的区别。
5. 综合分析题:2017 年,国务院办公厅印发了《国务院办公厅关于进一步推进物流降本增效促进实体经济发展的意见》(国办发〔2017〕73 号),提出深化“放管服”改革,激发物流运营主体活力,加强重点领域和薄弱环节建设,提升物流综合服务能力。请分析,哪些措施有利于提高物流综合服务能力？

即测即评

# 第 2 章　现代物流发展动态与趋势

**本章学习目的**

了解国内外物流发展的特点，在此基础上学习现代物流的运作模式，了解其发展动态，同时探讨现代物流发展的趋势。

自 20 世纪初物流概念提出以来，物流业在国外已有百余年的发展历程。我国是 20 世纪 80 年代才开始研究，90 年代中期才得到企业界的广泛重视。发达国家在物流理论和运作实践方面，都有一定的成效，尤其在第三方物流、第四方物流、供应链管理和物流信息系统建设等方面，对于我国的物流研究和物流业发展有积极借鉴作用。

## 2.1　国外物流的发展动态和特点

世界上一些发达国家和地区，如美国、欧洲和日本等，其生产资料市场经过充分发育，已经形成了适合本国国情的现代化流通体系，也成为本国经济的一个重要组成部分。我国经过 40 多年的改革开放，多元化的流通所有制结构已经形成；市场调节在商品流通中已占主导地位；较为完善的国家宏观调控体系和市场体系已建立。一个多种流通渠道、多种经济成分、多种经营方式相结合，少环节、开放式、可调控的物流新格局已基本形成。在这大好的新形势下，研究国外物流发展水平，学习先进的物流技术，吸收他国物流管理经验，对于发展我国物流现代化具有重要意义。

从发达国家的物流发展现状看，物流业已进入较为成熟的阶段，主要特点是现代化的物流管理、大规模的专业物流和共同配送、标准化的物流系统、强有力的政府支持和全球化的物流运作。

### 2.1.1　国外物流的发展动态

美国、欧洲和日本是目前世界上物流业发展比较领先的国家和地区，很多先进的物流理念和技术都是源于这些国家和地区，因此它们的物流发展情况可以作为当前国外物流的代表。

1. 欧洲物流发展动态

欧洲最早引入物流概念是在 20 世纪中期，20 世纪 70 年代开始真正发展起来，随着企业集团和大公司的出现，形成了基于工厂集成的物流。80 年代，欧洲探索出综合物流供应链管理物流新体系，并尝试物流与信息流的整合，第三方物流开始兴起。90 年代，信息技术更为发达，基于互联网和电子商务的电子物流正在不断兴起，欧洲一些跨国公司开始采用运输链组装等方式压缩库存量。到今天，欧洲的物流业走在了世界的最前沿。最近几年来，欧洲在物流产业上具有明显的特色。

以德国为例，德国物流业具备了集约化、信息化、专业化等产业化特征，行业规模紧跟贸易和汽车工业之后居第三位，德国的物流业已经初步形成了各方物流相互促进，专业化与多功能化相结合的有机整体，在欧洲乃至全世界处于领先地位。

德国将先进的技术和管理理念引进到物流业的发展中。德国的物流管理体系分为生产物流管理、供应物流管理、销售物流管理和分配物流管理四个方面，强调“系统、整体、服务、经济”四个观念，使其物流体系在协调、有序、低耗、高效的轨道上发展。德国的物流业基本上实现了城市内整体配送，还普遍采用了条形码技术、模拟技术、信息技术与通信传输技术。德国鼓励物流企业在生产过程中运用精细物流、闭环物流等先进技术和方法，在大型建筑等项目中创新和应用新的物流方法。

德国的货运中心是为了提高货物运输的经济性和合理性，以发展综合交通运输体系为主要目的。德国的货运中心建设遵循以下原则：① 联邦政府统筹规划。联邦政府在统筹考虑交通干线、主枢纽规划建设的基础上，通过广泛调查生产力布局、物流现状，根据各种运输方式衔接的可能，在全国范围内规划物流园区的空间布局、用地规模与未来发展。② 州政府扶持建设。州政府提供建设所需要的土地、公路、铁路、通信等交通设施，把物流园区场地出租给物流企业，与其按股份制形式共同出资，由企业自己选举产生咨询管理委员会。③ 企业自主经营。入驻企业自主经营、照章纳税，依据自身经营需要建设相应的库房、堆场、车间，配备相关的机械设备和辅助设施。

欧洲提出了一项整体运输安全计划，目的是监控船舶状态。通过测量船舶的运动、船体的变形情况和海水的状况，就可以得到足够的信息，避免发生事故，或者是在事故发生之后，确定造成事故的原因。为提高欧洲各国之间频繁的物流活动效率，欧盟各国采取了一系列协调政策与措施，大力促进物流体系的标准化、共享化和通用化。

欧盟运输政策的优先目标是提高效率并减少货运物流对环境的影响。2007 年，欧盟委员会推出了绿色运输走廊的概念，将欧盟货运物流的经济效率和环境可持续性结合起来。SuperGreen（“超绿色”）项目是由欧盟委员会在第七框架计划下提供支持的协调行动。该项目的目标是通过识别和评估欧洲具有代表性的地区和主要运输路线的绿色走廊，使用所有运输模式，促进发展绿色货运物流。实施重点包括开发和推出智能物流概念，特别是在城市地区，利用先进的信息和通信技术，促进货运的生态创新。2020 年，欧盟委员会颁布了《可持续与智能交通战略》，提出到 2025 年在欧洲主要陆地交通线路上建立不间断 5G 网络覆盖，力争到 2050 年交通运输行业减少 90%的碳排放，这将为智慧物流和低碳物流营造有利发展环境。

2. 美国物流发展动态

美国是物流概念的发源地，早在 20 世纪初，农产品流通和冷链仓储问题就受到广泛重视，并建立了定期统计报表制度。1960 年，美国的 Rsytheon 公司成立了世界上最早的配送中心，并结合航空运输系统为美国市场提供物流服务。1963 年，美国国家实物配送管理委员会成立。20 世纪 80 年代，物流管理的内容已经由企业内部延伸到企业外部，企业开始进行物流战略研究。20

世纪90年代,电子商务的快速发展促使现代物流得到前所未有的重视。20世纪90年代到21世纪初,美国的物流理论更加系统化、整合化。总的来说,美国的物流结构呈现多渠道、多形式的特征,现已拥有成熟的物流管理模式和发达的现代物流业。

一方面,美国政府鼓励物流企业自由竞争,通过制定并实施一系列的法规和制度,逐步放宽对公路、铁路、航空、航海等运输市场的管制,取消运输公司在进入市场、经营路线、联合承运、合同运输、运输费率、运输代理等方面的审批与限制,通过激烈的市场竞争使运输费率下降、服务水平提高。美国政府虽然放宽对物流市场准入的管制,但注重对物流企业的规范运作进行监管,例如运输价格虽由企业自定,但不得低于运输成本,否则视为不正当竞争,将受到严重处罚。并着力提高道路利用率,保证交通运输畅通,从而保证了物流的高效率。

完善的交通网络是美国物流发展的基础,美国的航空、公路、航运可以进行有效的衔接,从而使三者的优势得以充分发挥,尤其是公路运输。美国的公路运输与其他国家相比,拥有完善的设施,公路里程和高速公路的总长度均处于世界先进水平。截至2016年,美国的公路里程超过660万千米,同期中国公路里程为美国的70%左右。其中,美国高速公路里程达到10.75万千米,而中国的高速公路里程为美国的120%。

另一方面,注重发挥市场配置资源的作用,大力发展第三方物流。资料显示,美国第三方物流在整个物流总量中的比例为57%,在物流业中占据主导地位。美国的第三方物流公司从物流方案开始,到货物最终送达用户手中,实施全程无间隙服务。第三方物流的作用已从单纯的降低客户物流成本转变为多方面提升客户价值,已从简单的提供运输、仓储等功能性服务向提供咨询、信息和管理等服务延伸。同时,美国工商企业还通过增加企业核心竞争力、提高用户服务质量及减少物流成本消耗来使第三方物流更具信息化。物流企业通过使用信息技术来达成与供应链合作商之间的信息共享及沟通。为了实现多节点信息传输的通畅性和准确性,其供应链合作商也通常使用标准化命令。

此外,美国的行业学会、企业、学校及政府都重视对物流人才的培养,并形成一种多渠道、多层次的物流人才培养体系。其中FedEx和UPS都设立了专门的培训体系,培养与自身企业相匹配的专业物流人才。

目前,美国物流企业已经逐渐形成了仓储服务商、专业运输商、区域性配送服务商和第三方物流企业联合分工合作的行业形态模式,2017年,美国营收超过10亿美元的第三方物流企业超过30家,2019年美国仓库总量达到18 741个,同比增加570个,保持逐年递增趋势。2020年,在新冠疫情影响下,美国物流业的重要性提升。在疫情期间,美国每天运输的货物中有79%是通过卡车运输的。2020年,美国航空货运行业实现货运运输量2 853万吨,同比增长4.5%,成为疫情下为数不多实现正增长的运输子行业。在维持全球运输网络的同时,美国物流企业在本地配送中心和长途卡车的区域物流网络方面加大投入,以适应市场需求变化。美国卡车司机的平均每日行驶里程已从2000年的800英里①减少到2019年的505英里。美国在《国家运输科技发展战略》中提出,到2025年交通产业结构或交通科技进步的总目标是:“建立安全、高效、充足和可靠的运输系统”,其范围是国际性的,形式是综合性的,特点是智能性的,性质是环境友善的。

---

① 1英里=1.609千米。

3. 日本物流发展动态

日本物流结合日本企业本身的特点得到迅速的发展，形成其自身独特的管理方法。

日本物流业的基础设施比较完备。优良的物流基础设施为其物流业的发展提供了良好的外部条件。日本大多数生产企业、流通企业的物流业务大都采用外包方式进行社会化的运作，这样为企业节省大量成本的同时也提高了物流的专业化水平。为了满足用户的各种需求，还建立了国际机场和国际核心港口来提高空运和海运能力。

日本政府将物流信息技术管理作为物流行业的重点发展方向，并大力发展高附加值的服务项目，从而保证全部的物流企业均是使用管理信息系统（management information system，MIS）来控制和处理企业的物流信息，并通过多种物流增值业务，使用户享受到高品质的物流服务。同时，日本大型物流企业和从事长途运输的货运车辆都安装了 GPS，运送的每件货物、每个托盘、每个集装箱都有自己的电子条码，每个仓库和配送中心基本上都使用射频识别系统（radio frequency identification，RFID）。

日本的物流企业非常重视物流资源的优化整合，由于土地、运输工具和劳动力不足，物流共同化、混载化逐渐兴起，不同类别、不同销售对象的产品经常共用相同的配送车辆，无形中提高了车辆的利用效率，降低了物流总成本。日本各级政府对物流业的发展都很重视，对物流基础设施用地进行了合理规划，形成了数量众多、相对集中的物流集散地，这样便于对物流集散地的发展进行统一规划和合理布局。日本物流企业通过不断提升自身的物流管理水平，并使其能够与工业化生产更高效地融合在一起，如 JIT、精益物流、精益生产的推广使用，从而使物流配送体系和物流网络体系得到更广泛的应用，最终成为世界上工业化生产与物流管理方法融合最完善的国家之一。

近年来，日本从三方面推动物流业发展：一是推进物流数字化和标准化，优化整个供应链，实现“简单流畅的物流”；二是解决劳动力短缺问题和推进物流结构改革，实现“对承担者友好的物流”；三是建立有弹性和可持续的物流网络，实现“强大和灵活的物流”。

## 2.1.2　国外物流发展的特点

1. 现代化的物流管理

20 世纪 90 年代，美国、欧洲等国家和地区进入信息社会，电子商务如火如荼地发展起来，促使现代化物流上升到了前所未有的重要地位。企业通过电子网络与外界沟通，实现网上购物，这种网上直通的方式使企业能迅速、准确、全面地了解需求信息，进一步实现最优的生产模式和物流服务。

美国作为物流理念的发源地，其物流研究、设计和技术开发一直处于世界前沿，有十分成熟的物流管理经验和发达的现代物流系统。特别是商贸流通和生产制造企业十分重视现代物流能力的开发。

美国企业将物流信息化作为物流合理化的一个重要途径：① 普遍采用条形码技术（barcoding）和射频识别技术（RFID），提高信息采集效率和准确性；采用基于互联网的电子数据交换技术（web electronic data interchange，Web EDI）进行企业内外的信息传输，实现订单录入、处理、跟踪、结算等业务处理的无纸化。② 广泛应用仓库管理系统（warehouse management system，WMS）和运输管理系统（transportation management system，TMS）来提供运输与仓储效率。③ 通过与供应商和客户的信息共享，实现供应链的透明化，运用及时制（just in time，JIT）、协同规划、预测与补给（collaborative planning forecasting and replenishment，CPFR）、供应商管理库存（vendor managed inventory，VMI）等供应链管理技术，实现供应链伙伴之间的协同商务，以便“用信息替代库存”，降低供应链的物流总成本，提高供应链的竞争力。④ 借助网上采购辅助材料、网上销售多余库存等电子商务手段来降低物流成本。

欧洲各国和日本的现代化物流技术也毫不逊色，物流管理普遍运用计算机网络，除了装卸机械、仓库货架存取做到机械化、自动化以外，还做到了运输系统现代化，仓储系统现代化，包装标准化现代化，分拣系统现代化，报表处理现代化，因此保证了物流的高效率、高质量和高服务水平。

2. 大规模的专业物流和共同配送

国外专业物流企业是伴随着制造厂商经营取向的变革应运而生的。制造厂商为了迎合消费者日益精细和个性化的产品需求而采取多样、少量的生产方式，因而高频度、小批量的配送需求也随之产生。目前，在美国、日本和欧洲等发达国家和地区，专业化的物流服务已形成规模，它有利于制造商降低流通成本，提高运营效率，并将有限的资源和精力集中于自身的核心业务上。很多制造企业开始将物流职能从其生产职能中剥离出来，成立专业子公司或通过第三方物流企业来提供专门的物流服务。目前第三方物流已在物流市场中拥有显著地位。

共同配送（joint delivery），也称共享第三方物流服务，指多个客户联合起来共同由一个第三方物流服务公司来提供配送服务。它是在配送中心的统一计划、统一调度下展开的。共同配送是由多个企业联合组织实施的配送活动。共同配送的本质是通过作业活动的规模化降低作业成本，提高物流资源的利用效率。共同配送是经长期的发展和探索优化出的一种追求合理化配送的配送形式，在欧美一些国家已成为采用较广泛、影响面较大的一种先进的物流方式。

3. 标准化的物流系统

随着信息技术和电子商务、电子数据、供应链的快速发展，现代物流业对运输仓储资源进行高度的整合，所以标准化程度要求很高。而物流系统的标准化和规范化，已经成为发达国家提高物流运作效率和效益、提高竞争力的重要手段。如果没有各国统一的标准，国际物流水平很难提高。

美国国家标准协会积极推进运输、供应链、配送、仓储、EDI和进出口等方面的标准化工作。在参加国际标准化活动方面，美国积极加入国际标准化组织ISO（International Organization for Standardization）/TC（Technical Committee）104货运集装箱技术委员会，在国内设立了相应的分委会。同时，美国还加入了ISO/TC122包装技术委员会、ISO/TC154行政、商业和行业中的过程、数据元和文档委员会，参加了ISO/TC204智能运输系统技术委员会。

日本是对物流标准化比较重视的国家之一，日本在标准体系研究中注重与美国和欧洲进行合作，将重点放在标准的国际通用性上。日本工业标准中与物流相关的标准包括物流模数体系、集装的基本尺寸、物流用语、物流设施的设备基准、输送用包装的系列尺寸（包装模数）、包装用语、大型集装箱、塑料制通用箱、平托盘、卡车车厢内壁尺寸等。物流相关的标准化研究及普及主要由通产省及运输省的支持下成立的物流EDI推进委员会具体实施。该委员会制定了物流标准EDI，以此为基础又确立了“高度物流信息化系统开发事业”。

欧盟主要由1961年成立的欧洲标准化委员会推动标准化工作。该组织目前设立了第320

技术委员会，负责运输、物流和服务的标准化工作，第 278 技术委员会负责道路交通和运输的信息化。该组织分成 14 个工作组进行与 ISO/TC204 技术委员会内容大致相同的标准制定工作。这些技术委员会共同推动了物流标准化进程，并在标准制定过程中起到了联系与沟通的作用。

目前，美国、欧洲基本实现了物流工具和设施的统一标准，如托盘采用 1 000 mm × 1 200 mm 标准，集装箱为几种统一规格及条码技术等，大大降低了系统运转难度。在物流信息交换技术方面，欧洲各国不仅实现企业内部的标准化，而且实现了企业之间及欧洲统一市场的标准化，这就使各国之间的系统交流更简单，更具效率。

4. 强有力的政府支持

欧洲各国非常重视对大型货运枢纽、物流基地、物流中心和公共配送中心等物流基础设施的建设。如德国联邦政府在统筹考虑交通干线、运输枢纽规划的基础上，通过对经济布局、物流现状调查，根据各种运输方式衔接的可能性，在全国范围内对物流园区的布局、用地规模与未来发展进行总体规划。同时，联邦政府也参与重要物流节点设施的建设投资。截至 2018 年 4 月，德国规划建设并投入运营的物流园区为 35 个左右，其中 18 个为德国物流园区协会（Deutsche GVZ-Gesellschaft mbH，DGG）成员。德国物流园区开发的过程中地方政府通常发挥主导作用。一般在政府层面成立一个管理委员会，负责征地、规划等行政层面的工作以及项目的监督实施，同时成立一个政府控股或参股的发展公司（参股方有物流公司或物流基础设施投资商），负责项目的具体实施、招商和运营管理。两个组织相对独立，各有分工、并行运作，以保障项目顺利实施。

发达国家把物流和商贸流通基础设施作为市政基础设施来投资兴建。如日本不论是大型流通基础设施还是基地建设，都由政府直接给予资金支持。国家、都道府县、市町村按照 5∶2∶3 的比例来负担公共基础设施的建设资金，批发市场管理人员的费用也有一部分由中央政府补贴。政府对市场功能改善以及改建、扩建等项目也会给予资金扶持。

5. 全球化的物流运作

科学技术的日新月异和交通工具、信息系统的不断创新，使得物流业相应地扩大了自己的覆盖面。近年来，跨国家、跨地区、跨城市的物流服务都有了较快发展。

为了顺应经济全球化和市场一体化的发展趋势，大物流公司纷纷通过全球化并购和重组的方法，迅速建立起物流全球化运作的服务体系。德国、英国和荷兰的物流企业主要是向美国的市场扩张；日本力求向亚太地区提供最方便快捷、具有魅力的服务；而美国的第三方物流企业则将全球化的目标主要定位在欧洲、南美洲和亚洲。

纵观国外主要的物流企业，均不同程度地涉足了国际物流市场，具有明显的全球化特征。2017 年，美国联合包裹公司（United Parcel Service，UPS）营业额约 660 亿美元，国际收入占比约 21%，分支机构遍布全球 220 多个国家和地区；美国联邦快递公司（Federal Express，FedEx）2016 年并购荷兰天地快递公司（Thomas National Transport，TNT），2017 年营业额超过 600 亿美元，同比增长 20%，国际收入比重稳步提升，且实现了世界最大的空运网络与连接欧洲 45 个国家的 TNT 公路网络相结合。

截至 2023 年，顺丰国际快递服务已覆盖如美国、欧盟、日本、韩国、东盟、巴西、墨西哥、智利等多个国家和地区，其中，南亚片区网络覆盖范围已超过 90%；国际小包服务网络已覆盖全球 200 多个国家和地区，具备国际化运作的能力与基础。

物流行业国际化的趋势越来越明显，参与其中的物流企业越来越多，物流运作的全球化既是经济全球化的必然要求，也是物流企业实现客户服务全球化的必要条件。然而，要真正实现物流全球化运作还要经历艰难的历程，还有待企业、政府、学术界和有关组织的共同努力，物流运作全球化任重道远。

## 2.2 我国物流发展的现状、特征和问题

随着世界经济的快速发展和现代科学技术的进步，物流产业作为国民经济中一个新兴的服务门类，正在全球范围内迅速发展。在国际上，物流产业被认为是经济发展的动脉和“21 世纪最大的行业”，其发展水平成为衡量一个国家现代化程度和综合国力的重要标志之一。当前我国正处于现代化的中期阶段，现代物流发展呈现出明显的体制转型和现代化转型特征。

### 2.2.1 我国物流发展的现状

长期以来，由于受“重生产，轻流通”的思想观念影响和分割的流通体制的制约，我国物流一直没有得到应有的重视和发展，直到 2001 年，现代物流才算正式登上了中国的经济舞台。

目前，我国物流发展所处的环境主要包括以下几个方面。

1. 良好的国际环境

在经济全球化和信息化的形势下，近年来现代物流普遍受到各国的重视，进入了一个快速发展期。特别是我国周边的国家和地区，均把发展物流作为提高本国经济竞争力的重要举措来实施。例如，韩国产业资源部起草的物流发展五年规划中，要求将企业的物流开支占企业收入的比重下降到 9%。新加坡作为著名的港口城市正面临严峻的挑战，为确保其亚太地区最大物流枢纽的国际竞争力，正采取两项措施：① 开放港口，允许船舶公司以合资方式拥有自营码头，欢迎国际上的港口经营集团到新加坡投资发展码头；② 通过技术改造和增强办事效率，挖掘潜力来提高生产力。日本的现代物流体系是在制造业推行“准时制（JIT）”和对分销渠道实行整合的过程中形成并发展起来的，目前已成为世界上效率最高的体系之一。这些国家加快发展物流的政策和实践促进了国际物流市场的竞争，同时也为我国物流的发展提供了宝贵的经验。

2. 和谐的国内经济环境

市场需求是决定产业发展情况的最根本因素。根据我国历年资料，20 世纪 80 年代国民生产总值平均每增长 1 个百分点会带动货物周转量增长 0.995 个百分点，到 20 世纪 90 年代这个弹性系数平均为 0.981，呈稳中略降之势，这表明在工业化未完成之前，物流的需求将伴随经济的增长同步发展。2017 年，全年国内生产总值（GDP）现价总量为 82 万亿元，比上年增长 6.8%，其中第一、第二、第三产业增加值占国内生产总值的比重分别为 7.6%、40.5%和 51.9%。2017 年，我国物流市场规模加速扩张，全年物流业总收入为 8.8 万亿元，比上年增长 11.5%，物流总费用约为 12 万亿元，中国已成为具有全球影响力的物流大国和全球最大的物流市场。

3. 各级政府的大力推动

2002 年以来，我国政府开始重视物流的发展，主要表现为：① 中央领导的支持；② 国务院有关部门的重视；③ 各级地方政府制定物流发展规划、出台多项鼓励政策。无论是政策的制定，还

是基础设施的建设,各级政府都在积极投入。要求完善城市共同配送节点规划布局,鼓励商贸物流模式创新,加快物流新技术应用步伐和加大商贸物流设施改造力度。

4. 行业社团组织的促进

随着政府机构的改革,在我国物流领域已经形成十多个有一定规模和影响力的物流行业协会。其中中国物流与采购联合会是中国主要全国性物流行业协会,在其他专业物流领域还有许多行业协会,如中国交通运输协会、中国仓储与配送协会、中国连锁经营协会、中国国际货运代理协会等。这些行业协会在中国物流发展中正在发挥越来越大的作用,包括制定行业标准,开展信息交流,参与有关产业立法,帮助培训人才等作用。

### 2.2.2　我国物流业发展的主要特征

#### 2.2.2.1　物流细分市场各具特色

“十三五”期间,社会物流总额保持稳定增长,2020 年超过 300 万亿元,年均增速达 5.6%,公路、铁路、内河、民航、管道运营里程以及货运量、货物周转量、快递业务量均居世界前列,成为全球最大的物流市场。其中,工业品物流总额占社会物流总额的九成左右。

1. 公路货运市场日趋分化

我国公路货运业大致分为零担快运、专业物流、专线、合约物流、快递、配送六大业态,不同业态市场格局差异很大。其中,零担快运、快递、专业物流等高端市场发展较快,一批大型物流企业已经成长起来,市场集中度得到明显提升。除此之外,高端服务领域逐渐成为竞争的焦点,盈利能力较强的公路快运企业拥有着独特的高端服务能力。

零担专线市场逐步摆脱小而散乱的现状,依靠平台网络来整合运力资源成为发展趋势。平台品牌担保的标准化服务、平台信息系统支撑下的品质监控、平台与加盟专线公司的分工协作,将对货运市场产生深远影响。利润空间较大的专业化物流企业生存状况远远好于普货运输企业。汽车物流、钢铁物流、大件运输等虽然受制于货主行业的发展,业务受到影响,但凭借其专业服务能力,生存状况仍强于普货运输。从长远来看,我国的经济发展将进入规模扩张减缓、产业升级加速的阶段,对专业物流需求快于普货运输是必然趋势。另外,近年来,国家和地方政府相继出台政策措施支持城市配送发展,但对于共同配送、夜间配送等做法还缺乏政策引导。

2. 铁路货运市场稳定发展

铁路货运量扭转了 2012 年以来的负增长局面,进入了稳步增长阶段。2022 年,国家铁路完成货物发送量 39 亿吨,同比增长 4.7%,创下历史最高值。2017—2021 年国家铁路货运增量分别为 10.1%、9.3%、7.8%、4.07%和 4.0%。为提高铁路货运市场竞争力,铁路部门开发了更多适应市场需求的货运运输产品,完善运价机制;加强与港口、航运、物流、货运代理等市场主体的协作,形成以铁路运输为骨干的多式联运体系,实现铁路集装化运输大幅增长。

3. 航空货运开拓新市场

航空货运普货市场有所下降,而航空快递市场仍呈现出快速增长态势。传统的航空货运模式正在发生深刻转变,国有三大航空公司纷纷通过与快递公司结盟方式,加快进入快递市场。受疫情影响,占国际货运运力约 50%的国际客运航班停航导致货运运力的大幅短缺,航空公司纷纷实施客改货,全货机市场规模快速增长。在跨境电商推动下,邮政、顺丰、京东积极布局海外航线，拓展新市场。

4. 水运仍为大宗远程货物的适航首选

我国大宗散货、原材料的需求增速减弱，导致沿海干散货运量大幅回落，但是水运仍为大宗远程货物的适航首选。国际集装箱运输市场小幅增长，但航线间海运量增长不稳定，主干航线增幅不大，次干航线成为全球集装箱贸易增长的主要推动力，尤以亚洲区域内航线表现更佳。水运将为共建“一带一路”做出贡献。随着运力升级压力进一步加大，船舶大型化成为未来航运企业竞争的战略基点。

5. 多式联运创新发展

自 2011 年交通运输部和铁道部签署《关于共同推进铁水联运发展合作协议》，并联合发布《关于加快铁水联运发展的指导意见》以来，集装箱铁水联运发展成效显著。交通运输管理部门积极配合铁路部门，主动与海关、国检等口岸管理部门沟通协调，在示范项目基础上进一步试点“门—港”铁水联运一体化作业模式。据国务院办公厅印发的《推进多式联运发展优化调整运输结构工作方案（2021—2025 年）》提出，到 2025 年，多式联运发展水平明显提升，基本形成大宗货物及集装箱中长距离运输以铁路和水路为主的发展格局，全国铁路和水路货运量比 2020 年分别增长 10%和 12%左右，集装箱铁水联运量年均增长 15%以上。未来数年，多式联运将迎来较快发展。

6. 快递市场持续高速增长

在电子商务快速发展背景下，快递业务量从 2012 年的 57 亿件增长到 2021 年的超千亿件。党的十八大以来，我国快递业务量连续 5 年保持了平均 50%以上的增速，市场规模自 2014 年开始稳居世界第一。包裹快递量超过美国、日本、欧洲等发达经济体，对全球包裹快递量的增长贡献率超过 50%。随着业务规模的壮大，我国快递企业也迎来了上市高峰期，已经有 8 家企业陆续上市，2023 年，全国快递服务企业业务收入累计完成超过 1.2 万亿元。

以顺丰为例，截至 2021 年，公司国内外自营服务网点及其他营业分支超过 2.1 万个，快递中转场 324 个，其中枢纽级中转场 26 个；运营管理 2 119 座仓库，其中海外仓库 1 500 座。

#### 2.2.2.2 行业物流全面发展

1. 农产品物流积极推进

2012 年，中共中央、国务院印发《关于加快推进农业科技创新持续增强农产品供给保障能力的若干意见》发布以后，国家继续加大粮食物流、冷链物流、农村物流等资金支持力度，出台蔬菜、鲜活肉蛋产品流通税收优惠政策，并加入农产品流通追溯体系建设，监控和保障食品农产品安全。粮食物流的快速发展加快了其物流中心的建设，各地均加大物流建设的投资。除此之外，棉花物流还推动了疆棉外运，让本身因为运力不足和运价偏高制约的新疆棉花产业得到了很好的发展。同样，在农业农村部、财政部、国家税务总局等部门的大力支持下，农超对接也进入了快速发展的轨道，各地纷纷开始建立农超对接基地。在乡村振兴战略深入实施背景下，一系列促进农村物流体系的政策相继出台，农产品物流服务体系建设取得积极进展，有效支撑了农产品进城和市场竞争力提升。

2. 冷链物流较快发展

近年来，我国肉类、水果、蔬菜、水产品、乳品、速冻食品、疫苗、生物制剂以及药品等冷链产品市场需求快速增长，营商环境持续改善，推动冷链物流较快发展。据统计，2020 年，冷链物流市场规模超过 3 800 亿元，冷库库容近 1.8 亿立方米，冷藏车保有量约 28.7 万辆，分别是“十二五”

期末的2.4倍、2倍和2.6倍左右。冷链物流企业加速成长,网络化发展趋势明显,行业发展生态不断完善。市场集中度日益提高,冷链仓储、运输、配送、装备制造等领域形成一批龙头企业,不断延伸采购、分销、信息等供应链服务功能,资源整合能力和市场竞争力显著提升。数字化、标准化、绿色化冷链物流设施装备研发应用加快推进,新型保鲜制冷、节能环保等技术加速应用。冷链物流追溯监管平台功能持续完善。冷链快递、冷链共同配送、“生鲜电商+冷链宅配”“中央厨房+食材冷链配送”等新业态新模式日益普及,冷链物流跨界融合、集成创新能力显著提升。截至2022年,国家发展改革委共发布41个国家骨干冷链物流基地建设名单。

3. 电子商务物流持续高速增长

电子商务物流是主要服务于电子商务的各类物流活动,具有时效性强、服务空间广、供应链条长等特点。近年来,我国电商物流保持较快增长,企业主体多元发展,经营模式不断创新,服务能力显著提升,已成为现代物流业的重要组成部分和推动国民经济发展的新动力。以新零售为代表的新型消费市场给传统电商物流企业提供了更为广阔的市场空间和发展潜力。新冠疫情改变了人们的消费习惯,客观上加快了线上线下融合发展,提高了商品线上渗透的广度和深度,促进了电商物流规模增长。随着制造业数字化的深入发展,单一的电商物流服务已经很难满足一体化供应链的需求,电商供应链服务成为新趋势。中国物流与采购联合会发布中国电商物流运行指数显示,2021年全年电商物流指数平均值为110.3点,比2020年提高2.4个点,接近2019年疫情前均值,2021年全年电商物流需求保持较快增长,总业务量指数和农村业务量指数平均值分别为126.6和125.9分别比2020年提高3.4和7.6个点。

**2.2.2.3 区域物流整合发展**

产业转移加快推进,区域物流一体化向纵深发展。产业转移加快推进,区域物流一体化向纵深发展。《京津冀协同发展规划纲要》实施以来,北京非首都功能加快疏解,京津冀物流一体化取得重要突破。京津冀三地在标准制定、氢能源协作、机场枢纽协同以及海铁联运、口岸合作等方面取得了丰硕成果,三地共同组织制定冷链物流冷库技术规范、冷链食品协同追溯技术规范,共同申报国家氢能示范城市,津平物流枢纽协同天津港开通海铁联运班列,天津港推动与河北省各港口企业组建津冀港口联盟,2021年环渤海内支线突破130万标准箱,密切了京津冀区域海运货物和经贸往来。长三角区域物流一体化起步早,成效显著。早在2007年,苏浙沪联合发起建立长三角地区现代物流联动发展联席会议制,培育了一批三地制造业与物流业联动示范项目,区域物流一体化发展取得长足进步。2018年三省一市签署的《长三角地区打通省际断头路合作框架协议》设定目标已全部完成,陆域实现“县县通”。三省一市建立动态共享和发布实时路况信息的业务协作机制,提升高速路网疏堵保畅服务质量。2014年,广东省人民政府办公厅发布《推进珠江三角洲地区物流一体化行动计划(2014—2020年)》,以建设与港澳地区错位发展的国际物流中心为目标,从物流市场一体化、物流网络一体化、物流产业一体化、物流信息一体化、物流标准一体化、物流营商环境一体化等方面加快一体化进程。另外,成渝地区、长江中游城市群以及武汉、成都、南京、长株潭、西安等都市圈均在推动以同城化带动物流一体化发展,实现物流资源高效配置。

**2.2.2.4 物流基础设施建设稳步推进**

1. 综合交通运输体系加速形成

我国基础设施总规模位居世界前列,综合交通网突破600万千米,“6轴7廊8通道”(京津冀—长三角、京津冀—粤港澳、京津冀—成渝、长三角—粤港澳、长三角—成渝、粤港澳—成渝主轴，京哈、京藏、大陆桥、西部陆海、沪昆、成渝昆、广昆走廊，绥满、京延、沿边福银、二湛、川藏、湘桂、厦蓉通道）国家综合立体交通网主骨架空间格局基本形成，我国建成了全球最大的高速铁路网和高速公路网，机场港口等基础设施建设取得重大成就，航空航海通达全球，邮政快递通村畅乡，为物流通道和服务网络运营提供了有力的路网和场站支撑。当前，以联网、补网、强链为重点，我国正加快建设国家综合立体交通网，启动了首批15个国家综合货运枢纽补链强链城市建设，京哈高速改扩建、平陆运河等一批重大工程开工建设，安全、便捷、高效、绿色、经济的综合交通体系正在加快形成。

2. 物流园区均衡发展

据《第七次全国物流园区（基地）调查报告》（2024）统计，全国规模以上物流园区达2 769家，比2022年第六次调查的2 553家增长8.5%，增速总体上保持稳定态势。从物流园区的区域分布来看，物流园区布局发生结构性变化，东部地区物流需求较为旺盛，物流园区总数前四名分别为江苏、山东、河南和广东。中西部地区承接产业转移，物流园区建设速度明显加快，湖北、四川、安徽等省份园区总数分别排在第五、第七和第八。目前，我国物流园区建设呈现投资热情高、投资主体多元化的特点，且布局合理、产业集聚、功能集成的网络化物流服务体系在我国部分省市逐步形成。但由于土地资源日渐紧缺，物流园区用地问题是制约我国物流园区发展的瓶颈之一。

#### 2.2.2.5 物流信息化发展迅猛

1. 物流企业投资信息化

物流企业进一步加大信息化建设投资，信息化水平大幅提升，增强了网络管控能力和物流运行效益。物流企业依托信息化手段，更加关注最终客户的服务需求，加快向上下游延伸服务，物流服务的深度和广度日益拓展，增强了供应链一体化管理能力。

2. 企业物流信息化加速发展

制造业和商贸业等传统产业转型升级加快，以物流信息化改造重塑产业链成为重要途径。汽车、烟草、连锁零售、食品冷链、医药、服务、图书等产业是物流信息化投资最为活跃的领域，从流程再造延伸到相关设备集成，把物流信息化与机械化、自动化结合起来，加快推动产业链升级。

3. 公共信息平台取得实效

物流公共信息平台整合实体资源、统一标准、制定规则、搭建网络，取得了一定实效。在政务服务领域，交通、邮政、食品药品监管等电子政务系统加快物流信息资源开发利用。全国铁路还推出货运电子商务平台，货运业务实现网上办理。国家邮政局快递安监平台建设基本完成，实时监测和预警快递企业生产运作。交通运输部全国交通运输物流公共信息平台建设工作正式启动。

4. 物联网应用蓬勃发展

物流是物联网技术应用的主要领域。有大量物流设施设备利用物联网技术接入互联网，以信息互联、设施互联带动物流互联，“物流在线化”成为可能，为智慧物流发展提供了重要支撑。以物联网技术为基础，以信息化、智能化设备为载体，全面推动物流业与制造业、商贸业的融合，物流与商流、信息流、资金流的融合，互联网、移动互联网、物联网与车联网的融合，实现了物流过程透明化，促进物流业综合服务能力和整体发展水平全面提升。

5. 云计算和大数据技术助力物流业智能化、数字化转型

随着大数据时代的来临,数据中心的作用逐渐显现,数据处理技术快速发展,物流业是数据资源丰富的行业,数据挖掘潜力巨大。例如,科技型网络货运平台在大数据、云计算、人工智能等技术的驱动下,依托交易数据优化资源配置,进行智能定价、就近派车、路径优化并产生了良好的经济效益,有效实现企业降本增效。截至 2023 年末,全国共有 3 069 家网络货运企业,整合社会零散运力 798.9 万辆,全年完成运单 1.3 亿单,同比增长 40.9%,共享平台经济焕发新活力。

### 2.2.3 我国物流业发展存在的问题与发展对策

#### 2.2.3.1 我国物流发展中存在的问题

目前,我国物流面临着市场经济发展所带来的经济高速增长对城市物流提出新的更高要求的挑战。随着行业发展增速趋缓,长期掩盖在高速增长下的一系列问题日益突出。

1. 物流降本增效仍需深化

我国物流业规模连续多年位居世界第一,物流业收入增速也保持在相对较高的水平,但是我国社会物流成本占 GDP 的比例维持在 14.6%左右已经较长一段时期了,单纯依靠降低运输、仓储、配送等独立环节成本的空间较小,相较于美国、日本等国家仍有较大的缩减空间。物流业降本增效的难点主要表现为全国统一大市场尚不健全,物流资源要素配置不合理、利用不充分。多式联运体系不完善,跨运输方式、跨作业环节衔接转换效率较低,载运单元标准化程度不高。

2. 物流发展过程的不平衡不充分亟待破解

存量物流基础设施网络“东强西弱”“城强乡弱”“内强外弱”,对新发展格局下产业布局、内需消费的支撑引领能力不够。物流服务供给对需求的适配性不强,低端服务供给过剩、中高端服务供给不足。货物运输结构还需优化,大宗货物公路中长距离运输比重仍然较高。

3. 部分领域短板较为突出

大宗商品储备设施以及农村物流、冷链物流、应急物流、航空物流等专业物流和民生保障领域物流存在短板。现代物流嵌入产业链深度广度不足,供应链服务保障能力不够,对畅通国民经济循环的支撑能力有待增强。行业协同治理水平仍需提升。

4. 大而不强问题有待解决

物流产业规模大但规模经济效益释放不足,特别是公路货运市场同质化竞争、不正当竞争现象较为普遍,集约化程度有待提升。现代物流体系组织化、集约化、网络化、社会化程度不高,国家层面的骨干物流基础设施网络不健全,缺乏具有全球竞争力的现代物流企业,与世界物流强国相比仍存在差距。

#### 2.2.3.2 我国发展物流的对策

1. 优化营商环境,加快形成全国统一大市场

物流营商环境是实现物流降本增效和统一市场的基础。加快建设全国统一大市场,需要构建更加智慧畅通的物流体系,打通阻碍生产、分配、流通、消费各环节的堵点,完善国内物流网络,壮大现代物流企业,建设现代流通体系,打通产业间、区域间、城乡间的物流循环,促进形成强大国内市场。具体举措包括:第一,制定全国统一的贸易、运输管理政策,放宽政府的干预和管制,保障货物在全国范围内的自由流动。第二,要规范市场准入条件,鼓励物流企业进入不同细分服务领域,为物流产业发展创造公平的市场竞争环境。

2. 提高政府政策精准度,激发物流市场活力

物流产业是竞争性产业,政策支持要从市场的角度和地区实际情况出发,因地制宜地提出精准措施,重点要注意以下几点:① 要推动物流立法工作,把有关现代物流的一些法律法规明确起来,使整个物流产业的发展有所遵循。② 抓全国性的总体规划设计,促进各种交通工具之间,各种交通方式之间,各种物流方式之间,各个城市之间、区域之间的协调。③ 要在物流基础设施建设与物流装备更新的融资政策、物流节点的土地使用政策、物流服务及运输价格政策以及工商登记管理政策等方面,研究制定有利于物流产业发展的支持性措施。

3. 加快物流人才的培养和物流创新活动的力度

人才是推动物流创新发展和实现物流高质量发展的根本保障,物流人才培养既要加强高等院校物流学科和专业建设,培育复合型高端物流人才,又要加快物流现代职业教育体系建设,支持职业院校(含技工院校)开设物流相关专业。为了提高物流行业创新水平和能力,要注重依托国家企业技术中心、高等院校、科研院所等开展物流重大基础研究和示范应用,推动设立一批物流技术创新平台。建立以企业为主体的协同创新机制,鼓励企业与高等院校、科研院所联合设立产学研结合的物流科创中心,开展创新技术集中攻关、先进模式示范推广,建立成果转化工作机制。鼓励物流领域研究开发、创业孵化、技术转移、检验检测认证、科技咨询等创新服务机构发展,提升专业化服务能力。

4. 强化物流行业标准化建设,健全物流统计监测体系

标准化和统计工作是物流发展的基础条件。我国正处于物流发展的转型升级阶段,更要注重物流标准化和物流统计问题。要推动国际国内物流标准接轨,加大已发布物流标准宣传贯彻力度。推动基础通用和产业共性的物流技术标准优化升级,以标准提升促进物流科技成果转化。建立政府推动、行业协会和企业等共同参与的物流标准实施推广机制。要建立物流统计分类标准,加强社会物流统计和重点物流企业统计监测,开展企业物流成本统计调查试点。研究制定反映现代物流重点领域、关键环节高质量发展的监测指标体系,科学系统地反映现代物流发展质量效率,为政府宏观调控和企业经营决策提供参考依据。

5. 实行货物分流,合理确定道路功能,提高物流速度

道路交通在各项活动中,特别是在物流活动中起着先行的作用,没有一个高效益的道路系统,就不会有高效益的经济发展。我国道路面积小、空间容量不足、路网不成系统、干道功能不清,造成交通十分拥挤,交通事故增多,行车速度下降。以现代经济发展战略为着眼点,要改变物流中存在的交通拥挤问题,关键是要合理地确定道路的功能,实行货物的快慢分流、人车分流。快速干道具有车速快、通行能力大、运行安全的特点,是一种现代化、高效益的道路。从发展看,国家应规划和建设快速道路系统,并与对外交通(主要是指高速公路和一级公路)衔接,形成快速畅通的交通走廊,加速货物流通。

6. 打造现代物流"航母"

从改革开放初期第一家现代意义物流企业成立至今,全国物流相关法人单位已近40万家,从业人员超过5 000万人。一批综合实力强、引领作用大的龙头骨干企业加速成长。但与国际大型物流企业相比,我国物流企业的服务能力、专业化水平和创新能力仍有一定差距,在经济全球化背景下,急需培育一批具有国际竞争力的现代物流企业或企业集团。要鼓励物流企业通过兼并重组、联盟合作等方式进行资源优化整合,提升一体化供应链综合服务能力。引导中

小微物流企业发掘细分市场需求，做精做专、创新服务，增强专业化市场竞争力，提高规范化运作水平。深化物流领域国有企业改革，盘活国有企业存量物流资产，支持国有资本参与物流大通道建设。

## 2.3 现代物流运作模式

物流运作模式是各个企业物流战略的一项关键内容。随着现代物流的发展，物流的运作模式也趋于多样化。本节主要介绍第三方物流及其在电子商务中的应用和第四方物流，以及物流供应链一体化。

### 2.3.1 第三方物流

1. 第三方物流简介

第三方物流（third-party logistics，简称 3PL 或 TPL）的概念源自管理学中的外包（outsourcing），意指企业动态地配置自身和其他企业的功能和服务，利用外部的资源为企业内部的生产经营服务；将外包引入物流管理领域，就产生了第三方物流的概念。所谓第三方物流是指由独立于物流服务供需双方之外且以物流服务为主营业务的组织提供物流服务的模式。因此第三方物流又叫合同制物流。在现代电子信息技术的支持下，第三方物流正在逐步形成新的理论体系和运作方式，它可以看作是物流发展到高级阶段的理论和实践。第三方物流在发达国家处于迅速扩张之中，它通常包括外部采办和合同物流等服务方式。

2. 第三方物流的分类及特点

第三方物流的种类有明确的分类，分为：资产型第三方物流、管理型第三方物流和优化型第三方物流。

资产型第三方物流分为两种，第一种是实物物流功能的资产，是指用来做实物物流活动的，如运输工具、仓库、装备等；第二种是信息资产，指的是信息系统各方面的软硬件等。它和传统物流最大的区别就是它包含着全部两种种类，这是一种综合性的物流，质量和服务都做到一等。

管理型第三方物流实际走的是客户服务道路，是以本身的管理、信息、人才、知识作为核心竞争力，实物物流资产的手段作为辅助力量来为客户服务。这种物流通过核心竞争力的优化整合，利用社会的设施和装备最终向客户提供高端的服务。

优化型第三方物流，与管理型第三方物流一样也是走的信息、管理路线，它和管理型第三方物流的区别就是优化的深度更深，而且对于设施和装备系统只需要建造必要的即可。这种物流不需要过大的投资，系统和服务更加灵活，还能兼具上面两种物流的优点。

总体来讲，第三方物流实际上是相对于第一方物流和第二方物流而言的，它具有以下几个特点：① 关系合同化。首先，第三方物流是通过契约形式来规范物流经营者与物流消费者之间关系的。物流经营者根据契约规定的要求，提供多功能直至全方位一体化物流服务，并以契约来管理所有提供的物流服务活动及其过程。其次，第三方物流发展物流联盟也是通过契约的形式来明确各物流联盟参加者之间权责利相互关系的。② 服务个性化。首先,不同的物流消费者存在不同的物流服务要求,第三方物流需要根据不同物流消费者在企业形象、业务流程、产品特征、顾客需求特征、竞争需要等方面的不同要求,提供针对性强的个性化物流服务和增值服务。其次,从事第三方物流的物流经营者也因为市场竞争、物流资源、物流能力的影响需要形成核心业务,不断强化所提供物流服务的个性化和特色化,以增强物流市场竞争能力。③ 功能专业化。第三方物流所提供的是专业的物流服务。从物流设计、物流操作过程、物流技术工具、物流设施到物流管理都必须体现专门化和专业水平,这既是物流消费者的需要,也是第三方物流自身发展的基本要求。④ 管理系统化。第三方物流应具有系统的物流功能,这是第三方物流产生和发展的基本要求,第三方物流需要建立现代管理系统才能满足运行和发展的基本要求。⑤ 信息网络化。信息技术是第三方物流发展的基础。物流服务过程中,信息技术发展实现了信息实时共享,促进了物流管理的科学化,极大地提高了物流效率和物流效益。

3. 第三方物流在电子商务中的应用

电子商务已成为21世纪的主流商务模式,打破了传统贸易形式的时间和空间限制,使企业与消费者、合作伙伴及供应商之间的沟通和交流得到极大的增强,加速了全球信息经济一体化的进程。随着电子商务的进一步推广与应用,物流的重要性对电子商务活动的影响日益明显,特别是在电子商务交易活动中,物流是直接服务于最终顾客的,物流服务水平的高低决定了顾客的满意度,同时也就决定了电子商务能否成功实现。因此,现代物流成为电子商务成功的关键。

电商自有的物流网络体系不够健全也不够专业化,很大程度上要依靠第三方物流来为其完成物流环节,尤其是在快递行业。比如淘宝在其配送上依靠的主要是顺丰、"三通一达"(申通、圆通、中通、韵达)和邮政EMS。

2013年,阿里巴巴集团、银泰集团联合复星集团、富春集团、顺丰集团、"三通一达",以及相关金融机构共同宣布"中国智能物流骨干网"(简称CSN)项目正式启动,合作各方共同组建的"菜鸟网络科技有限公司"正式成立。"菜鸟"小名字大志向,其目标是通过5~8年的努力打造一个开放的社会化物流大平台,在全国任意一个地区做到24小时送达。"菜鸟"的诞生实质上就是淘宝大物流计划,不过这次是阿里借助第三方物流的模式来实现。这又再次搅动电商物流,将引发新一轮电商物流竞争,同时第三方物流对于电商的重要性也更加明显。

### 2.3.2 第四方物流

1. 第四方物流简介

第四方物流是1998年美国埃森哲咨询公司率先提出的,是专门为第一方、第二方和第三方提供物流规划、咨询、物流信息系统、供应链管理等活动。第四方并不实际承担具体的物流运作活动。

第四方物流(fourth party logistics,简称4PL或FPL)是一个供应链的集成商,一般情况下政府为促进地区物流产业发展领头搭建第四方物流平台提供信息共享及发布服务,是供需双方及第三方物流的领导力量。它可以通过拥有的信息技术、整合能力以及其他资源提供一套完整的供应链解决方案,以此获取一定的利润。

全球性供应链管理如果单靠第三方物流来组织和整合,不可能做到包罗万象,因此第四方物流负责第三方物流安排之外的功能整合,除了要保持速度及有效运作,它必须围绕本身性质和重整来经营,采用合作而不是直接控制的方法,来获得能力。为此,需将单个组织以外的知识与资源纳入第四方物流。

2. 第四方物流运作模式

第四方物流是一个提供全面供应链解决方案的供应链集成商。其运作模式主要有以下几个类型:① 协同运作模式。该运作模式下,第四方物流只与第三方物流有内部合作关系,即第四方物流服务供应商不直接与企业客户接触,而是通过第三方物流服务供应商将其提出的供应链解决方案、再造的物流运作流程等实施。这就意味着,第四方物流与第三方物流共同开发市场,在开发的过程中第四方物流向第三方物流提供技术支持、供应链管理决策、市场准入能力以及项目管理能力等,它们之间的合作关系可以采用合同方式绑定或采用战略联盟方式形成。② 方案集成商模式。该运作模式下,第四方物流作为企业客户与第三方物流的纽带,将企业客户与第三方物流连接起来,这样企业客户就不需要与众多第三方物流服务供应商进行接触,而是直接通过第四方物流服务供应商来实现复杂的物流运作的管理。在这种模式下,第四方物流作为方案集成商除了提出供应链管理的可行性解决方案外,还要对第三方物流资源进行整合,统一规划为企业客户服务。③ 行业创新者模式。行业创新者模式与方案集成商模式有相似之处,都是作为第三方物流和客户沟通的桥梁,将物流运作的两个端点连接起来。两者的不同之处在于,行业创新者模式的客户是同一行业的多个企业,而方案集成商模式只针对一个企业客户进行物流管理。这种模式下,第四方物流提供行业整体物流的解决方案,这样可以使第四方物流运作的规模更大限度地得到扩大,使整个行业在物流运作上获得收益。

第四方物流无论采取哪一种模式,都突破了单纯发展第三方物流的局限性,能真正地低成本运作,实现最大范围的资源整合。因为第三方物流缺乏跨越整个供应链运作以及真正整合供应链流程所需的战略专业技术,第四方物流则可以不受约束地将每一个领域的最佳物流提供商组合起来,为客户提供最佳物流服务,进而形成最优物流方案或供应链管理方案。而第三方物流要么独自,要么通过与自己有密切关系的转包商来为客户提供服务,它不太可能提供技术、仓储与运输服务的最佳结合。

3. 第四方物流与第三方物流的区别与联系

第三方物流是由物流劳务的供方、需方之外的第三方去完成物流服务的物流运作模式。“第三方物流供应商”为客户提供全部或部分供应链物流服务,以获取一定的利润。第三方物流公司提供的服务范围很广,它可以简单到只是帮助客户安排一批货物的运输,也可以复杂到设计、实施和运作一个公司的整个分销和物流系统。4PL 是以 3PL 为基础的,4PL 是供应链的集成者,整合了整个供应链的物流资源和技术,能够使企业更有效率地快速反应供应链的整体需求,最大限度地满足顾客的需求,从而提高客户满意度,提高供应链的竞争力。4PL 的思想必须依靠 3PL 的实际运作来实现并得到验证;3PL 又迫切希望得到 4PL 在优化供应链流程与方案方面的指导。要发展 4PL 就必须大力发展第三方物流企业,为 4PL 的发展作铺垫,提高物流产业水平。因此,只有二者结合起来,才能更好地、全面地提供完善的物流运作和服务。3PL 与 4PL 联合成为一体以后,将 3PL 与 4PL 的外部协调转化为内部协调,使得两个相对独立的业务环节能够更和谐、更一致地运作,物流运作效率会得到明显地改善,进而增大物流成本降低的幅度,扩大物流服务供应商的获利空间。

4PL 和 3PL 的显著区别在于,第四方物流偏重于通过对整个供应链的优化和集成来降低企业的运行成本,而3PL则是偏重于通过对物流运作和物流资产的外部化来降低企业的投资和成本。第四方物流具有很多的优势,能给客户提供最接近要求的完美服务;能提供一个综合性的供应链解决方案;能利用第四方的信息资源、管理资源和资本规模为企业打造一个低成本的信息应用平台;能为企业提供低成本的信息技术。3PL主要是为企业提供实质性的具体的物流运作服务,其主要的不足是本身的技术水平不高,能为客户提供的技术增值服务较少。4PL刚好相反,4PL的专长是物流供应链技术,它具有丰富的物流管理经验和供应链管理技术、信息技术等。它的不足在于自身不能提供具体的物流运输和仓储服务。

### 2.3.3 物流一体化与供应链管理

1. 物流一体化简介

物流一体化就是以物流系统为核心的由生产企业开始,经由物流企业、销售企业直至消费者供应链的整体化和系统化。它是指物流业发展的一个高级和成熟的阶段。只有当物流业高度发达,物流系统日趋完善,物流业成为社会生产链条的领导者和协调者时,才能够为社会提供全方位的物流服务。

物流一体化是物流产业化的发展形式,它必须以第三方物流充分发展和完善为基础。物流一体化的实质是一个物流管理的问题,即专业化物流管理人员和技术人员,充分利用专业化物流设备、设施,发挥专业化物流运作的管理经验,以取得整体最优的效果。同时,物流一体化的趋势为第三方物流的发展提供了良好的发展环境和巨大的市场需求。

物流一体化可分为三个层次:物流自身一体化、宏观物流一体化和微观物流一体化。物流自身一体化是指物流系统的观念逐渐确立,运输、仓储和其他物流要素趋向完备,子系统协调运作,系统化发展。微观物流一体化是指市场主体企业将物流提高到企业战略的地位,并且出现了以物流战略作为纽带的企业联盟。宏观物流一体化是指物流业发展到这样的水平:物流业占到国民生产总值的一定比例,处于社会经济生活的主导地位。它使跨国公司从内部职能专业化和国际分工程度的提高中获得规模经济效益。

2. 一体化的供应链管理

供应链管理的概念于20世纪80年代中期提出,它源于这样一种观点,即企业应该从总成本的角度考察企业的经营效果,而不是片面地追求诸如采购、生产和分销等功能的优化。供应链管理的目的是通过对供应链各个环节的活动的协调,实现最佳业务绩效,从而增强整个公司的业务表现。高效的供应链设计、供应链成员之间的信息共享、库存的可见性和生产的良好协调会使库存水平降低、运输作业更为有效,并改善订单实现率及其他一些关键的业务功能。当供应链的各个环节只是单独完善自己,而不是把它的目标和活动与其他部门整合在一起的时候,整个链条就会出现不尽如人意的表现。正如美国一位著名的管理学教授所言:供应链管理是一种基于协作的策略,它把跨企业的业务运作联合在一起,以期实现市场机会的一个共同远景。可见,供应链各个环节之间必须进行协作才能够实现供应链的最大优化。

供应链管理实际上是一种新的管理思想,强调核心企业与世界上最杰出的企业建立战略合作伙伴关系,委托这些企业完成一部分业务工作,自己集中精力和各种资源通过技术程序重新设计,做好本企业能创造特殊价值的、必须长期控制、比竞争对手更擅长的关键性业务工作。这样可以极大提高企业的竞争力和经济效益。基于这一思想,供应链管理应当是围绕着核心企业,供应链中其他企业与核心企业共同合作并参与共同管理的一种模式。核心企业要把供应链作为一个不可分割的整体，打破存在于采购、生产、分销和销售之间的障碍，做到供应链的统一和协调。供应链管理的内容主要包括：供应链的组织结构设计，如供应商、制造商、经销商、用户的选择；信息网络的设计；协调管理与控制；需求预测、计划与管理；生产计划、生产作业计划和跟踪控制、库存管理；供应商与采购管理；制造管理；分销（渠道）管理；用户管理与服务；物流管理；资金流管理；信息流管理等。

供应链管理是集管理科学与信息技术为一体的边缘科学，是以信息技术为支撑的流通一体化的商业战略联盟管理策略与方法体系。为适应经济全球化发展需求，自20世纪80年代开始，发达国家80%的企业放弃了以单个企业为核心的有效利用企业内部资源的“纵向一体化”的传统管理模式，转向以供应链上的有效客户服务为核心的延伸资源利用的“横向一体化”管理模式。从20世纪90年代开始供应链管理在欧美等发达国家日趋成熟。

供应链一体化管理是提高企业自身竞争优势和获利能力的驱动力，其优势在于：利用外部环境整合供应链，提高企业生产能力；适应经济全球化的趋势；适应企业业务要求的不断变化；可以有效提高客户服务水平；适应电子商务的发展。

在物流业发展的今天，针对企业对物流管理社会化的这种需求，物流企业不能仅仅停留在产业链的某个环节上，应努力实现自己产品的多元化，同时为每个产品扩大市场。这样，一个企业可以为多个企业提供服务，同时企业也需要从多个企业取得原材料。从整体上看，众多企业组成了一个纵横交错的交易网。企业组成自己的供应链，管理大量产品的输入输出，对每个单个企业来说，管理自己的供应链变得非常重要。对市场整体来说，建成实物产品高效流动的网络是社会运行机制的重要组成部分。全社会的物流观念逐步形成，为实现这些物流提供运输服务的运输中介行业也逐渐形成自己的行业体系，物流管理逐渐实现专业化、社会化，物流企业则通过业务电子化和网络化为更多企业的生产和销售活动提供运输服务。

## 2.4　现代物流的发展趋势

从许多国家的具体情况看，现代物流发展的趋势呈现出以下几个特征。

### 2.4.1　物流网络化和集群化发展

“通道+枢纽+网络”的现代物流运行体系形成的关键在于网络。加强以国家物流枢纽为中心，多种运输方式为通道，实现物流中心、配送设施、专业市场、末端网点等与物流枢纽功能对接、联动发展的物流网络，有助于补齐物流设施建设短板，推动枢纽互联成网，培育枢纽经济和通道经济。

物流集群以物流枢纽、货运场站等大型基础设施为载体，为物流、制造、贸易、金融、商务以及中介组织等相互竞争与合作提供多样化发展平台，有助于推动物流业与制造业、商贸业、农业深度融合创新发展。在全球供应链，产业链和价值交叉融合下，物流集群发展正重塑物流空间格局,并在提升产业链供应链竞争力、稳定和安全性,促进地区经济增长和产业转型升级等方面发挥重要作用。

### 2.4.2 物流数字化与智能化发展

现代信息技术、新型智慧装备广泛应用,现代产业体系质量、效率、动力变革深入推进,既为物流创新发展注入新活力,也要求加快现代物流数字化、智慧化赋能,打造科技含量高、创新能力强的智慧物流新模式。

数字化转型是未来较长一段时期里我国物流企业发展的必由之路。用现代信息技术推动物流要素在线化数据化,开发多样化应用场景,实现物流资源线上线下联动,培育物流数据要素市场,统筹数据交互和安全需要,完善市场交易规则,促进物流数据安全高效流通成为数字化建设的重点。深度应用第五代移动通信(5G)、北斗、移动互联网、大数据、人工智能等技术,分类推动物流基础设施改造升级,加快物联网相关设施建设,发展智慧物流枢纽、智慧物流园区、智慧仓储物流基地、智慧港口、数字仓库等新型物流基础设施。鼓励智慧物流技术与模式创新,促进创新成果转化,拓展智慧物流商业化应用场景,促进自动化、无人化、智慧化物流技术装备以及自动感知、自动控制、智慧决策等智慧管理技术应用。

### 2.4.3 物流绿色低碳和安全韧性发展

将绿色环保理念贯穿现代物流发展全链条,提升物流可持续发展能力。在“双碳”目标约束下,加强货运车辆适用的充电桩、加氢站及内河船舶适用的岸电设施、液化天然气(liquified natural gas,LNG)加注站等配套设施布局建设,加快新能源、符合“国六”排放标准的货运车辆在现代物流特别是城市配送领域应用,促进新能源叉车在仓储领域应用。持续推进运输结构调整,提高铁路、水路运输比重。推动物流企业强化绿色节能和低碳管理,推广合同能源管理模式,积极开展节能诊断。加强绿色物流新技术和设备研发应用,推广使用循环包装,减少过度包装和二次包装,促进包装减量化;支持国家物流枢纽率先开展逆向物流体系建设,针对产品包装、物流器具、汽车以及电商退换货等,建立线上线下融合的逆向物流服务平台和网络,创新服务模式和场景,促进产品回收和资源循环利用。

提高物流安全治理水平,完善应急物流体系,提高重大疫情等公共卫生事件、突发事件应对处置能力。强化重大物流基础设施安全和信息安全保护,提升战略物资、应急物流、国际供应链等保障水平,增强经济社会发展韧性。健全大宗商品物流体系,加快构建全球供应链物流服务网络,保持产业链供应链稳定。充分发挥社会物流作用,推动建立以企业为主体的应急物流队伍。在重大物流基础设施规划布局、设计建造阶段充分考虑平急两用需要,完善应急物流设施网络。

### 2.4.4 物流专业化和民生化发展

针对大宗商品储备设施以及农村物流、冷链物流、航空物流、特种物流等专业物流和民生保障领域物流存在的短板,一是要优化粮食、能源、矿产等大宗商品物流服务,提升沿海、内河水运通道大宗商品物流能力,扩大铁路货运班列、“点对点”货运列车、大宗货物直达列车开行范围,发展铁路散粮运输、棉花集装箱运输、能源和矿产重载运输。二是要补齐中西部地区、经济欠发达地区和偏远山区等农村物流基础设施短板，切实改善农村流通基础条件。统筹城乡物流发展，推动完善以县级物流节点为核心、乡镇服务网点为骨架、村级末端站点为延伸的县乡村三级物流服务设施体系。三是要发挥国家物流枢纽、国家骨干冷链物流基地的资源聚集优势，引导商贸流通、农产品加工等企业向枢纽、基地聚集或强化协同衔接；加强产销冷链集配中心建设，提高产地农产品产后集散和商品化处理效率，完善销地城市冷链物流系统。四是要提升现代物流对大型装备制造、大型工程项目建设的配套服务能力，加强大件物流跨区域通道线路设计，推动形成多种运输方式协调发展的大件物流综合网络。发展危化品罐箱多式联运，提高安全服务水平，推动危化品物流向专业化定制、高品质服务和全程供应链服务转型升级。

## 本章小结

本章主要介绍了以美国、德国、日本为典型的国外物流的发展概况；我国国内的现代物流的发展动态和特征，同时分析了我国现代物流的发展环境，并简要地介绍了现代物流的运作模式，包括第三方物流、第四方物流、电子商务物流等；通过分析我国现代物流的现状与存在的问题，借鉴发达国家在物流理论和运作实践方面的成效，预测了我国物流业的发展趋势。

## 思考题

1. 发达国家物流发展有哪些特征？
2. 我国物流业发展的特征主要有哪些？
3. 现代物流的运作模式有哪些？各自有什么特点？
4. 简述第四方物流的模式及其特点。
5. 我国物流业发展面临着什么样的问题？针对这些问题，你有什么看法？
6. 在物联网、云计算、大数据、人工智能等技术共同推动下，我国物流转型升级加快，智能化水平不断提高，这些将对现代物流业发展带来哪些重要影响？

即测即评

# 第 2 篇

# 物流系统的作业与技术管理

# 第3章 交通运输技术与组织管理

**本章学习目的**

☞ 了解交通运输体系的构成及运输方式的选择方法；掌握各种运输技术、合理化运输组织形式及集装箱运输的相关概念。

运输(transportation)是物流系统中最重要的子系统之一。运输是指利用运输工具、设施设备及人力等运力资源，使货物在较大空间上产生位置移动的活动。

运输解决了物资生产与消费在地域上的不同步性的矛盾，具有扩大市场、扩大流通范围、稳定价格、促进社会生产分工等经济功能，对拉动现代生产与消费、发展经济、提高国民生活水平起到积极作用。

## 3.1 货物运输方式及其运营特性

### 3.1.1 交通运输体系的构成及发展

铁路、公路、水路、航空和管道运输是现代社会中交通运输的主要方式。由多种运输形式共同组成的综合运输网络是现代经济和社会发展中不可缺少的重要组成部分，也是物流系统的重要环节，是物流业务的中心活动。

交通运输包括旅客运输和货物运输两大类，由于物流的对象是“物”，所以下面介绍的交通运输特性，均侧重于货物运输(本文也将之称为物流运输)。

我国交通运输发展迅速，表现在如下方面。

1. 运输线路增多，质量不断提高

交通运输是国民经济中战略性、引领性、基础性产业和服务性行业。经过改革开放40年的努力，我国综合交通运输体系逐步形成，正处于由交通大国向交通强国迈进的关键时期。截至2020年，各种运输方式的线路里程增长和变化情况见表3-1。

表 3-1 各种运输方式的线路里程增长和变化情况 单位:万 km

| 项目 | 1949 年 | 1978 年 | 2020 年 | | |
|---|---|---|---|---|---|
| | | | 里程数 | 为 1949 年的倍数 | 为 1978 年的倍数 |
| 铁路营业里程① | 2. 18 | 5. 17 | 14. 63 | 6. 71 | 2. 83 |
| 公路通车里程 | 8. 07 | 89. 02 | 519. 81 | 64. 41 | 5. 84 |
| 内河通航里程 | 7. 86 | 13. 60 | 12. 77 | 1. 62 | 0. 94 |
| 民用航空航线里程② | 1. 13③ | 14. 89 | 942. 63④ | 834. 19 | 63. 31 |
| 输油(气)管道里程 | — | 0. 83 | 13. 41 | — | 16. 16 |

注:数据摘自国家统计局以及相关年份民航统计报表。其中① 包括地方铁路里程;② 不包含国际航线线路长度(千米);③ 1950 年数据;④ 按不重复距离计算的航线里程,2011 年起民航线里程改为定期航班航线里程。

在运输线路不断延伸的同时,我国交通网络不断完善,运输能力不断增强,运输效率不断提高,有力地支撑了各项产业的发展。一些现代化交通运输设施从无到有,增长迅猛。截至 2023 年年底,我国高速公路里程达到约 18. 36 万千米,位居世界第一。高速铁路飞速发展,生产出具有完全自主知识产权的时速 350 千米的标准动车组,标志着我国铁路运输达到国际先进水平,到 2023 年年底,我国高铁运营里程超 4. 5 万千米,居世界第一位,占世界高铁总里程的 2/3 以上。

2. 运输布局显著改善

中华人民共和国成立初期,中国铁路、公路线路偏集于东北及东部沿海地区,占国土面积 56%的西北、西南地区交通十分闭塞。经过近 70 年的建设,改变了运输布局极不均衡的局面。至 2023 年年底,全国农村公路(含县道、乡道、村道)里程约为 460 万千米,其中:县道里程 69. 67 万千米、乡道里程 124. 28 万千米、村道里程 265. 91 万千米。

在改善西部地区交通运输状况的同时,东部和中部地区的交通运输也得到发展。新建了京九、京通、通让、京原、大秦、京秦、皖赣和杭甬、金温等铁路干线,广深、武广、哈大、京石、合蚌、京沪、沪宁、沪杭、福厦、宁杭、合福、成渝等高铁开通运营,大大增加了铁路客货运服务能力。

截至 2023 年年底,全国港口万吨级及以上泊位 2 878 个,比上年末增加 127 个。其中,沿海港口万吨级及以上泊位 2 409 个,增加 109 个;内河港口万吨级及以上泊位 469 个,增加 18 个。全国港口完成货物吞吐量 169. 73 亿吨,比上年增长 8. 2%。其中,内河港口完成 61. 39 亿吨,增长 10. 5%;沿海港口完成 108. 35 亿吨,增长 6. 9%。完成集装箱铁水联运量 1 018. 36 万标准箱,增长 15. 9%。

我国自 1993 年实施油气"走出去"战略,通过 20 多年发展,已在 5 大洲 41 个国家建立了五大油气合作区,初步构建了东北、西北、西南和海上四大油气进口战略通道。截至 2023 年年底,中国境内建成油气长输管道累计达到 14. 4 万千米,其中天然气管道约 12. 4 万千米,原油管道约 2. 8 万千米,成品油管道约 3. 2 万千米。按照《中长期油气管网规划》,到 2025 年,全国油气管网规模有望达到 24 万千米,网络覆盖进一步扩大,结构更加优化,储运能力大幅提升,全国省区市成品油、天然气主干管网全部连通,100 万人口以上的城市成品油管道基本接入,50 万人口以上的城市天然气管道基本接入。

截至2023年年底,我国民航业全年完成货邮运输量735.38万吨,比上年增长21.0%,完成货邮周转量283.62亿吨公里、增长11.6%。全年完成客运量6.20亿人次,比上年增长146.1%,完成旅客周转量10 309亿人公里、增长163.4%。国内航线完成客运量5.91亿人次、增长136.3%,其中港澳台航线完成668.45万人次、增长1 324.7%;国际航线完成2 905.95万人次、增长1 461.7%。全年民航运输机场完成货邮吞吐量1 683.31万吨,比上年增长15.8%,完成旅客吞吐量12.60亿人次、增长142.2%。

3. 运输装备水平明显提高

运输装备水平的提高是交通运输业逐步实现现代化的重要标志之一。新中国成立初期,中国交通运输业大量的货运量是靠人力、畜力车和木帆船运输,装卸作业主要是由肩挑人扛完成的,至2020年,已基本实现现代工具运输的机械化、自动化装卸作业,运输装备的智能化、无人化趋势日益显著。

1992年建成的长653千米的大秦线重载运煤双线电气化铁路,实现了万吨重载单元列车成套技术;1994年年底建成了我国第一条时速160千米的广深准高速铁路;1997年4月开始的京广、京哈、京沪等干线全面提速成功,标志着铁路运输装备水平全面向现代化进军。在引进消化吸收时速200~250千米高速列车、大功率机车技术基础上,自主研制生产并批量投入运营时速300~350千米的高速列车及大功率交流传动机车。截至2023年年底全国拥有铁路机车2.24万台,比上年增加0.02万台,其中内燃机车0.78万台、电力机车1.46万台。拥有铁路客车7.8万辆、增加0.1万辆,其中动车组4427标准组、35 416辆,分别增加209标准组、1 674辆。拥有铁路货车100.7万辆、增加1.1万辆。

全国民用载货汽车总量由1980年的约130万辆,截至2023年年底全国拥有公路营运汽车1 226.20万辆。分结构看,拥有载客汽车55.24万辆、1 638.29万客位,比上年末分别减少0.18万辆、8.95万客位;拥有载货汽车1 170.97万辆、17 216.71万吨位,分别增加4.30万辆、249.38万吨位,其中,普通货车358.71万辆、4 434.51万吨位,分别减少28.98万辆、281.68万吨位,专用货车68.68万辆、817.75万吨位,分别增加5.25万辆、64.03万吨位,牵引车370.37万辆、增加16.19万辆,挂车373.20万辆、增加11.84万辆。

水运中民用船舶结构有了根本性变化,大中型船舶大大增加,载重吨位大幅度提高,远洋运输由以散货船为主发展成为拥有集装箱船和各类型专用船舶。沿海港口发展了煤炭、原油、粮食、集装箱等专用码头和深水泊位,根本改变了装卸作业肩挑人扛的局面,实现了装卸作业机械化。截至2023年年底全国拥有水上运输船舶11.83万艘,比上年减少0.36万艘,净载重量3.01亿吨、增加0.03亿吨,载客量81.25万客位、减少4.93万客位,集装箱箱位304.24万标准箱、增加5.52万标准箱。

民用航空方面,运输机队不断更新,主要已由波音、空中客车等先进机型为主组成,通信、导航、气象、空中管制等设备不断更新完善。截至2023年年底颁证民用航空运输机场259个,比上年增加5个,其中定期航班通航机场259个,定期航班通航城市(或地区)255个。全年旅客吞吐量达到100万人次以上的运输机场102个,其中达到1 000万人次及以上的运输机场38个。全年货邮吞吐量达到10 000吨以上的运输机场63个。全国运输飞机在册架数4 270架,比上年末增加105架。其中,客运飞机4 013架,增加71架,货运飞机257架,增加34架。

管道运输的技术装备适应我国原油凝固点高、黏度大、含蜡多的特点。原油管道采用了螺纹双面焊接钢管,有不同管径系列产品。原油管道采用加热输送工艺,同时采用清管技术,提高了管道输送能力。天然气管道装备了净化装备。

4. 运输结构发生变化

随着各种运输方式的发展和经济结构的调整变化,运输结构也在发生变化,铁路运输的主导地位逐渐被公路运输所取代,但是在中长距离运输中铁路运输仍有一定优势,表3-2显示了不同运输方式在全社会运量和运输周转量中的比重变化情况。

**表3-2 各种运输方式货运量和货运周转量比重变化表** 单位:%

| 项目 | 年份 | 全国 | 铁路 | 公路 | 水路 | 民航 | 管道 |
|---|---|---|---|---|---|---|---|
| 货运量比重 | 1949 | 100 | 34.7 | 49.5 | 15.8 | 0.01 | — |
| | 1978 | 100 | 44.2 | 34.2 | 17.4 | 0.01 | 4.2 |
| | 1999 | 100 | 12.9 | 76.6 | 8.9 | 0.01 | 1.6 |
| | 2017 | 100 | — | 76.73 | 13.90 | 0.01 | 1.68 |
| | 2020 | 100 | 9.63 | 72.45 | 16.10 | 0.01 | 1.81 |
| 货物周转量比重 | 1949 | 100 | 72.0 | 3.2 | 24.7 | 0.1 | — |
| | 1978 | 100 | 54.3 | 2.8 | 38.5 | 0.1 | 4.4 |
| | 1999 | 100 | 31.8 | 14.1 | 52.5 | 0.1 | 1.5 |
| | 2017 | 100 | 13.66 | 33.83 | 49.96 | 0.13 | 2.42 |
| | 2020 | 100 | 15.09 | 29.76 | 52.34 | 0.12 | 2.70 |

数据来源:国家统计局。

这种变化,有利于发挥不同运输方式的经济技术特点和优势,促进其合理分工,是积极的、合理的。为了大力发展多式联运,推动各种交通运输方式深度融合,进一步优化调整运输结构,提升综合运输效率,降低社会物流成本,促进节能减排降碳,国务院办公厅印发了《推进多式联运发展优化调整运输结构工作方案(2021—2025年)》(国办发〔2021〕54号),提出到2025年,多式联运发展水平明显提升,基本形成大宗货物及集装箱中长距离运输以铁路和水路为主的发展格局,全国铁路和水路货运量比2020年分别增长10%和12%左右,集装箱铁水联运量年均增长15%以上。

### 3.1.2 五种交通运输方式的运营特性

铁路、公路、水路、航空和管道五种交通运输方式,各具运营特性和优势,在一定的地理环境和经济条件下有其各自的合理使用范围。

1. 铁路运输(railway transportation)

铁路是一种适宜于担负远距离的大宗客、货运输的重要运输方式。在我国这样一个幅员辽阔、人口众多、资源丰富的大国,铁路运输不论在目前甚至在可以预见的未来,都是综合运输网中的骨干和中坚。

优点:巨大的运送能力;廉价的大宗运输;全天候运输(较少受天气、季节等自然条件的影响),能保证运行的经常性和持续性;计划性强,安全,准时;运输总成本中固定费用所占的比重大(一般占60%),收益随运输业务量的增加而增长。

缺点：始建投资大，建设时间长；始发与终到作业时间长，不利于运距较短的运输业务；受轨道限制，灵活性较差；路基、站场等建筑工程投资大。

2. 公路运输（highway transportation）

公路运输点多、面广，公路运输最显著的运营特点是它的灵活性，表现在：空间上的灵活性，可以实现门到门运输；时间上的灵活性，可以实现即时运输，即根据货主的需求随时启运；批量上的灵活性，公路运输的起运批量最小；运行条件的灵活性，公路运输的服务范围不仅在等级公路上，还可延伸到等级外的公路，甚至许多乡村便道的辐射范围，普通货物装卸对场地、设备没有专门的要求；服务上的灵活性，能够根据货主的具体要求提供有针对性的服务，最大限度地满足不同性质的货物运送需求。

随着公路技术等级的不断改善，运输车辆及管理技术的进步，特别是高速公路的快速发展，公路运输已经成为我国陆上运输的主要力量，并在中短途运输中占据主导地位。

考虑到公路运输的技术经济特征及运输工具的特性，公路运输的发展尚面临运输成本较高、单次运输批量较小、对环境影响较大、资源消耗较多等问题。

3. 航空运输（airline transportation）

与其他运输方式相比，航空运输的主要优点是：

（1）速度快。“快”是航空运输的最大特点和优势。现代喷气式客机，巡航速度为 800~900 km/h，比汽车、火车快 5~10 倍，比轮船快 20~30 倍。距离越长，航空运输所能节约的时间越多，快速的特点也越显著。

（2）机动性大。飞机在空中飞行，受航线条件限制的程度比汽车、火车、轮船小得多。它可以将地面上任何距离的两个地方连接起来，可以定期或不定期飞行。尤其对灾区的救援、供应、边远地区的急救等紧急任务，航空运输已成为必不可少的手段。

（3）基本建设周期短、投资小。要发展航空运输，从设备条件上讲，只要添置飞机和修建机场。这与修建铁路和公路相比，一般说来建设周期短、占地少、投资省、收效快。据计算，在相距 1 000 km 的两个城市间建立交通线，若载客能力相同，修筑铁路的投资是开辟航线的 1.6 倍，开辟航线只需 2 年。

航空运输的主要缺点是飞机机舱容积和载重量都比较小，运载成本和运价比地面运输高。由于飞行一定程度上受气象条件限制，影响其正常、准点性。此外，航空运输速度快的优点在短途运输中难以充分发挥。因此，航空运输比较适宜于 500 km 以上的长途客运，以及时间性强的鲜活易腐和价值高的货物的中长途运输。

由于电子商务活动的迅猛发展，我国快递业务量从 2011 年的 36.7 亿件，增长到 2023 年的 1 320 亿件以上，日均快件量从约 1 000 万件增长到超过 3 亿件。航空运输在快递服务中的作用日益凸显。顺丰快递公司在湖北鄂州建设国际物流核心枢纽项目，2018 年 2 月 9 日，国务院、中央军委联合批复，同意新建鄂州民用机场项目。截至 2023 年，顺丰公司拥有全货机数量达到 87 架；中国邮政拥有 30 余架，圆通快递拥有 9 架，快递服务的时效性不断提高。

4. 水路运输（water transportation）

沿海、内河水运的投资省，运输能力大，占地少，干线运输成本和能耗低，因此运价便宜。在沿海和内河有水运条件的地方，应成为大宗和散装货物的主要运输方式，也可以承担沿海内河的客运任务，特别是旅游客运。而海洋运输，将内陆经济腹地与世界联通，对国际物流和国际贸易的发展具有重大作用,我国原油进口95%走海运。在国际货物贸易中,有80%的货物是通过海运完成的。

5. 管道运输(pipe transportation)

管道运输是一种现代化的运输方式,投资省,建设周期短,运输能力大,占地少,受自然条件影响小,一般适合天然气和流向较集中的原油和成品油运输,有些国家也开展煤浆管道运输。管道运输还具有速度快、流量大、环节少、运费低等优点。因此,国际贸易及国际物流中管道运输发展较快。

按照系统论与运输经济学的观点,建立合理的运输结构,不仅要科学地确定各种运输方式在综合运输系统中的地位和作用,而且必须在全国范围内根据运输方式的合理分工和社会经济发展对运输的需求,做到宜铁则铁、宜公则公、宜水则水、宜空则空,逐步建立一个经济协调、合理发展的综合运输体系。

### 3.1.3 各种运输方式的协同作业

不同运输方式的运输组织工作不尽相同,这影响到货主对运输方式的选择,影响到各种运输方式的分工和发展;而各种运输方式之间也必须协同作业,以适应现代物流的需求。

如铁路运输各作业环节的组织工作,包括旅客运输组织,货物运输组织,机车与车辆的配合与整备,列车运行指挥与控制等,部门繁多、技术性强。水运船舶运行组织要根据水上客货运输任务和船舶、港口、航道的技术运营条件,综合考虑水运生产的各个环节,以及同其他运输方式之间的配合,对船舶运行作出全面的组织和安排,包括规划航线系统,选取适当的船舶,拖船和驳船的配合和制定船舶运行时刻表。汽车运输生产过程中各个环节的组织工作,主要有规划和开辟公路营运路线,组织客货源,安排车辆班期,配置沿线运力。航空运输要做好航班计划、航线运输计划和作业计划等。这些分系统的组织工作是复杂的,要考虑各分系统之间的衔接更是庞大的系统工程,但却是物流运输所必需的。

物流过程经常需要联合运输,在联合运输中更要加强运输组织工作,在商务上和换装点技术作业衔接联合,既发挥各种运输方式的优势,又可方便货主,同时降低了物流成本,收到良好经济效益。

随着科学技术的进步和发展,运输业采用新技术装备日益增加,这对运输方式的分工有较大影响。我国铁路运输逐步向重载、高速等方面发展,新技术的应用,可以提高铁路运输的经济性能,降低运输成本和降低能源消耗,扩大运输能力。沿海运输发展大吨位、专业化、装备先进的适用船舶,如20~30万吨级的散装货船和运煤船和第四、五代的集装箱船,可以提高海运经济性能,节省能耗,降低运输成本,扩大运输能力。公路运输发展大吨位、柴油车、集装箱车、特种车,并与公路主干线相适应,尤其是要大力发展甩挂运输。航空运输将根据国际和国内航线客流量的迅速增长,发展大、中型客机,选用单位油耗省的客机,逐步淘汰耗油量大的陈旧客机,以充分发挥航空长途快速运输的优越性和经济性。

各种交通方式在运输指挥自动化、安全运输、管理信息系统等方面也都有长足的发展,这无疑将建成畅通的物流通道,为现代物流业的发展提供重要物质基础保障。

### 3.1.4 交通物流融合发展

1. 打通衔接一体的全链条交通物流体系

统筹综合交通枢纽与物流节点的布局，在明确功能定位的基础上达到精准衔接，尽快打通连接枢纽的“最后一公里”。依托综合运输大通道，做好骨干物流通道布局，有序推进面向全球、连接内陆的国际联运通道建设。注重国土空间及综合交通资源高效利用，系统整合存量交通设施和物流资源，提高现有物流枢纽资源集约利用水平，减少低水平重复建设和同质竞争。大力发展多式联运，构建以集装箱货物多式联运为试点，以强化多式联运服务为路径，以推行物流全程“一单制”为抓手，以一体化服务为保障的全链条交通物流体系。

2. 构建资源共享的交通物流平台

鼓励社会资本加入综合运输信息、物流资源交易、大宗商品交易服务等专业化经营平台的构建，培育交通物流设施对接融合、服务功能一体的运作平台。推进平台企业与金融机构合作提供担保结算、金融保险等服务，促进交通物流与商贸深度融合发展。

依托现有交通物流领域的共享平台和接口，构建包括“一单制”电子标签码赋码及其信息的共享公共服务平台，对接铁路、航运、航空等国有大型运输与物流企业平台，实现“一单一码、电子认证、绿色畅行”，促进“互联网+交通+物流”融合发展。

3. 创建协同联动的交通物流新模式

全面提升空港、海港、铁路港、公路港综合功能，加快建设功能明确、特色鲜明的空港型、港口型、生产服务型、商贸服务型、陆港型国家物流枢纽，拓展枢纽的保税物流、国际中转和分拨、通关结算口岸服务等功能，推动海关特殊监管区、口岸等协调发展，培育枢纽经济发展新业态。

通过农村客货运、快递、物流、电商等“一网多用、一站多能、多点合一、深度融合”，打通农产品进城“最初一公里”和工业品下乡“最后一公里”，打造农村客货邮融合新业态。

## 3.2 运输技术与管理

### 3.2.1 运输管理的意义

1. 运输管理能保证劳动过程顺利进行，从而提高劳动生产效率

一个规模较大的物流或运输企业，有几百人乃至几千人在一起共同劳动，这是一种协作性的劳动。凡是共同劳动都有程度不同的分工，而有分工就有协作，分工越细，各个部门、环节之间的联系性就越强，协作关系也越密切。为了保证劳动过程顺利进行，就必须有管理。这就是由共同劳动过程的性质产生出来的管理职能。马克思说：“一切规模较大的直接社会劳动或共同劳动，都或多或少地需要指挥，以协调个人的活动，并执行生产总体的运动——不同于这一总体的独立器官的运动——所产生的各种一般职能。”协作劳动需要管理，就像一个乐队就需要一个乐队指挥。

物流企业或运输企业的管理，就是对整个运输过程的各个环节——运输计划、发运、接运、中

转等活动中的人力、运力、财力和运输设备，进行合理组织，统一使用，调节平衡，监督完成。以求用同样的劳动消耗（活劳动和物化劳动），运输较多的货物，提高劳动效率，取得最好的经济效益。

2. 运输费占物流费的比重大，运输管理能降低物流费用

在物流业务活动过程中，直接耗费的活劳动和物化劳动，它所支付的直接费用，主要有：运输费、保管费、包装费、装卸搬运费、运输损耗费等。而其中运输费所占的比重最大，是影响物流费用的一项主要因素。根据美国和日本物流费用的统计，运费费用占 GDP 的比例一般在 6%。在物流各环节中，如何搞好运输工作，积极开展合理运输，不仅关系到物流时间问题，也影响到物流费用问题。物流企业只有千方百计节约运输费用，才能降低物流费用，以及整个商品流通费用，提高企业经济效益，增加利润。

### 3.2.2 运输管理工作的原则

就物流而言，组织运输工作，应贯彻执行“及时、准确、经济、安全”的原则。

1. 及时

及时原则，就是按照产、供、运、销情况，及时把货物从产地运到销地，尽量缩短货物在途时间，及时供应工农业生产和人民生活的需要。

2. 准确

准确原则是指在货物运输过程中，切实防止各种差错事故，做到不错不乱，准确无误地完成运输任务。

3. 经济

经济原则就是采取最经济、最合理的运输方案，有效地利用各种运输工具和运输设施，节约人力、物力和动力，提高运输经济效益，降低货物运输费用。

4. 安全

安全原则就是货物在运输过程中，不发生霉烂、残损、丢失、燃烧、爆炸等事故，保证货物安全地运达目的地。

“及时、准确、经济、安全”亦称物流运输的“四原则”，这四个方面是辩证的统一，必须进行综合考虑，忽视或片面强调任何一方面都是不行的。

### 3.2.3 运输方式选择的一般方法

运输方式的正确选择直接影响到物流成本和效率，根据各种运输方式的运营特征，常用的定性和定量方法有以下几种。

#### 3.2.3.1 定性的方法

定性方法主要是分析各种运输方式的技术经济特征，以此确定各种适用的运输对象。

1. 铁路运输

铁路运输适合大宗货物和一般货物的中长途运输、城市间运输。2020 年，我国铁路货运平均运距为 428 千米。2020 年，全国铁路重点运输物资的运量、运输周转量以及平均运距如表 3-3 所示。

表 3-3 2020 我国铁路主要货物运量、周转量及平均运距统计

| 货物品类 | 货运量（万吨） | 货运周转量（百万吨公里） | 平均运距（千米） |
| --- | --- | --- | --- |
| 煤 | 169 692 | 1 113 155 | 656 |
| 焦炭 | 8 956 | 88 815 | 992 |
| 石油 | 10 980 | 82 295 | 749 |
| 钢铁及有色金属 | 22 649 | 182 474 | 806 |
| 金属矿石 | 49 081 | 246 080 | 501 |
| 非金属矿石 | 8 330 | 44 511 | 534 |
| 磷矿石 | 1 401 | 11 438 | 816 |
| 矿建材料 | 12 545 | 41 082 | 327 |
| 水泥 | 2 052 | 7 358 | 359 |
| 木材 | 1 468 | 9 514 | 648 |
| 粮食 | 7 573 | 139 153 | 1 837 |
| 零担 | 2 | 13 | 882 |
| 集装箱 | 45 693 | 455 867 | 998 |

2. 公路运输

公路运输适合绝大多数货物的中短途运输，以及铁路和水运不发达的边远地区、山区的货物运输。在国外发达国家，高速公路路网比较完善，公路运输日渐成为中长距离运输的主要方式，并在运输体系中占据主导地位。近几年，随着我国公路汽车运输的发展，经济运距也不断延长，一般在 200 千米以上的大城市之间，也利用公路运输。特别对鲜活易腐货物如水果、蔬菜、鲜鱼、肉等，公路运输具有更大的优越性。高速公路的迅速发展，使公路运输的经济运距延长到 600 千米左右。2020 年，我国公路货物运输平均运距为 176 千米。

3. 水路运输

水路运输适合时效性要求不高的大宗低价货物的长距离运输。2020 年，我国沿海主要港口的重点运输物资为煤炭及制品、石油、天然气及制品、金属矿石、钢铁、矿建材料、水泥、木材、非金属矿石、化肥和农药、盐、粮食等。2020 年，我国水运货物运输平均运距为 1 390 千米。

4. 航空运输

航空运输适合单位体积价值含量高、时效性要求高的货物的中长距离运输。2020 年，我国民用航空货物运输平均运距为 3 550 千米。

5. 管道运输

管道运输适合原油和成品油、天然气等液态、气态物资的运输。2020 年我国管道货物运输平均运距为 637 千米。

6. 复合运输

复合运输包括驮背运输和联合运输。

由两种及以上的交通方式相互衔接、共同完成的运输过程统称复合运输。其中,将装有货物的道路运输车辆固定在铁路车辆上,并由铁路实现的运输活动叫驮背运输。如载货汽车开上轮船渡过江河后,载货汽车又独立继续运输;小汽车装运在火车上,通过干线运输后又独自运输。另外,由两种及以上的交通工具相互衔接、转运而共同完成的运输过程称为联合运输。

复合运输是通过各种运输方式之间的协作,合理安排运输计划,综合利用各种运输工具,充分发挥运输效率的比较好的组织货物运输形式。如铁水联运、铁公联运、公水联运、铁公水联运、江河联运、江海联运,以及地区与地区之间的联运等。我国习惯上也称多式联运。

联运工作加快了运输,方便了货主,所以,现在不仅在一国之内,而且国际联运也有了迅速发展。特别是随着集装箱的出现,它为国内、国际联运业务开拓了广阔的前景。

目前国际上采用的多式联运有下列几种。

(1) 公铁联运。使用最广泛的多式联运的系统是将卡车拖车或集装箱装在铁路平板车上的公铁联运或驮背式运输。由铁路完成城市间的长途运输,余下的城市间的运输由卡车来完成,这种运输方式非常适合城市间物品的配送,对于配送中心或供应商在另一个比较远的城市,可以采用这种运输方式,实现无中间环节的一次运输作业完成运输任务。

(2) 陆海联运。陆海联运是指陆路运输(铁路、公路)与海上运输一起组成一种新的联合运输方式。这也是中国近年来采用的运输新方式。先由内地起运地把货物用火车装运至空港,然后由海港代理机构联系第二程的船舶,将货物转运到外国目的地。发运后,内地有关公司可凭联运单据就地办理结汇。

(3) 陆空(海空)联运。陆空(海空)联运是一种陆(或海)路与航空两种运输方式相结合的联合运输方式。中国在1974年开始应用这种方式,而且发展速度很快。运输的商品也从单一的生丝发展到服装、药品、裘皮等多种商品。通常做法是先由内地起运地把货物用汽车装运至空港,然后从空港空运至国外的中转地,再装汽车陆运至目的地。采用陆空(海空)联运方式具有手续简便、速度快、费用少、收汇迅速等优点。

(4) 大陆桥运输。大陆桥运输是指使用铁路或公路系统作为桥梁,把大陆两端的海洋运输连接起来的多式联运方式。目前世界上主要的陆桥有:西伯利亚大陆桥,远东至北美东岸和墨西哥湾陆桥,北美西海岸至欧洲陆桥等。西伯利亚大陆桥是以国际标准集装箱为容器,以多种运输工具进行运输,由日本经俄罗斯至欧洲、伊朗、中东各地的多式联运方式,它具有提前结汇、手续简便、节约费用、安全可靠等优点。为适应中国对外贸易的需要,开辟和发展了新亚欧大陆桥运输。新亚欧大陆桥是指以我国东部的连云港为起点,经陇海铁路运输大动脉或连云港—霍尔果斯公路主干线出我国新疆伊宁的霍尔果斯口岸,进入哈萨克斯坦与新西伯利亚、阿拉图木铁路接轨抵达西欧,以荷兰的鹿特丹港为终点的一条大陆桥。新亚欧大陆桥通过国家、地区较多,路径较短,对发展我国对外贸易、促进内陆经济发展、缩小东西部差距起到积极作用,具有较高的社会效益和经济效益,同时对改变国际物流格局,发展国际经济合作也都有重大的意义。

综合上述单一、复合及多式联运的运输方式的技术经济特征,并结合运输距离、运输时间、运输成本、运输能力与运输对象的兼容性分析、运输服务通道与运输起讫点适应性分析，可定性选择合适的运输方式。

### 3.2.3.2 定量的方法

运输方式的选择应满足运输的基本要求，即经济性、迅速性、安全性和便利性。定量的方法可以有多种，但由于运输问题影响因素复杂，很难用一种计算结果来决定一切。计算结果可以作为决策的重要参考依据。

由于运输对象、运输距离和货主对运输时限要求不一样，对经济性、迅速性、安全性和便利性四方面的要求程度也不同，因此可采取综合评价的方法来确定运输方式。

设评价运输方式的重要度包括以下几方面。

(1) 经济性($F_1$)：主要表现为费用(运输费、装卸费、包装费、管理费等)的节省；在运输过程中，总费用支出越少，则经济性越好。其重要度，即权重系数为 $b_1$。

(2) 迅速性($F_2$)：指货物从发货地到收货地所需要的时间，即货物在途时间，其时间越少，迅速性越好。其权重系数为 $b_2$。

(3) 安全性($F_3$)：安全程度通常指货物的完整程度，以货物的破损率表示；破损率越小，安全性越好。其权重系数为 $b_3$。

(4) 便利性($F_4$)：各种运输方式的便利性的定量计算比较困难，在一般情况下，可以近似地利用发货人所在地至装车(船、飞机)地之间的距离来表示。其距离越近，便利性越好；其权重系数为 $b_4$。

则

$$F=b_1F_1+b_2F_2+b_3F_3+b_4F_4 \tag{3-1}$$

设：铁路以 T 表示，公路以 G 表示，水路以 S 表示，航空以 H 表示，则：

$$F(\mathrm{T})=b_1F_1(\mathrm{T})+b_2F_2(\mathrm{T})+b_3F_3(\mathrm{T})+b_4F_4(\mathrm{T}) \tag{3-2}$$

$$F(\mathrm{G})=b_1F_1(\mathrm{G})+b_2F_2(\mathrm{G})+b_3F_3(\mathrm{G})+b_4F_4(\mathrm{G}) \tag{3-3}$$

$$F(\mathrm{S})=b_1F_1(\mathrm{S})+b_2F_2(\mathrm{S})+b_3F_3(\mathrm{S})+b_4F_4(\mathrm{S}) \tag{3-4}$$

$$F(\mathrm{H})=b_1F_1(\mathrm{H})+b_2F_2(\mathrm{H})+b_3F_3(\mathrm{H})+b_4F_4(\mathrm{H}) \tag{3-5}$$

由于 $F_1,F_2,F_3,F_4$ 的数值难以确定，所以先分别计算出经济性、迅速性、安全性、便利性在各种运输方式中的平均值，再以某种运输方式的值与平均值比较，得到其相对值。

经济性：

$$\overline{C}=\frac{C(\mathrm{T})+C(\mathrm{G})+C(\mathrm{S})+C(\mathrm{H})}{4} \tag{3-6}$$

式中：$\overline{C}$——四种运输方式费用支出的平均值；

$C(\mathrm{T})$——铁路运输费用的支出；

$C(\mathrm{G})$——公路运输费用的支出；

$C(\mathrm{S})$——水路运输费用的支出；

$C(\mathrm{H})$——航空运输费用的支出。

各种运输方式的经济性，可用相对值表示如下：

$$F_1(\mathrm{T})=C(\mathrm{T})/\overline{C};\ F_1(\mathrm{G})=C(\mathrm{G})/\overline{C};$$
$$F_1(\mathrm{S})=C(\mathrm{S})/\overline{C};\ F_1(\mathrm{H})=C(\mathrm{H})/\overline{C}。 \tag{3-7}$$

依此类推,可以求出四种运输方式的迅速性、安全性、便利性评价指标及相对值。

迅速性:

$$\overline{D}=\frac{D(\mathrm{T})+D(\mathrm{G})+D(\mathrm{S})+D(\mathrm{H})}{4} \tag{3-8}$$

$$F_2(\mathrm{T})=D(\mathrm{T})/\overline{D};\ F_2(\mathrm{G})=D(\mathrm{G})/\overline{D};$$
$$F_2(\mathrm{S})=D(\mathrm{S})/\overline{D};\ F_2(\mathrm{H})=D(\mathrm{H})/\overline{D}。 \tag{3-9}$$

式中:$\overline{D}$——四种运输方式所需运输时间的平均值;

$D(\mathrm{T})$、$D(\mathrm{G})$、$D(\mathrm{S})$、$D(\mathrm{H})$——铁路、公路、水路、航空运输所需时间。

安全性:

$$\overline{E}=\frac{E(\mathrm{T})+E(\mathrm{G})+E(\mathrm{S})+E(\mathrm{H})}{4} \tag{3-10}$$

$$F_3(\mathrm{T})=E(\mathrm{T})/\overline{E};\ F_3(\mathrm{G})=E(\mathrm{G})/\overline{E};$$
$$F_3(\mathrm{S})=E(\mathrm{S})/\overline{E};\ F_3(\mathrm{H})=E(\mathrm{H})/\overline{E}。 \tag{3-11}$$

式中:$\overline{E}$——四种运输方式破损率的平均值;

$E(\mathrm{T})$、$E(\mathrm{G})$、$E(\mathrm{S})$、$E(\mathrm{H})$——铁路、公路、水路、航空运输破损率。

便利性:

$$\overline{L}=\frac{L(\mathrm{T})+L(\mathrm{G})+L(\mathrm{S})+L(\mathrm{H})}{4} \tag{3-12}$$

$$F_4(\mathrm{T})=L(\mathrm{T})/\overline{L};\ F_4(\mathrm{G})=L(\mathrm{G})/\overline{L};$$
$$F_4(\mathrm{S})=L(\mathrm{S})/\overline{L};\ F_4(\mathrm{H})=L(\mathrm{H})/\overline{L}。 \tag{3-13}$$

式中:$\overline{L}$——四种运输方式发(到)货地至装(卸)载地距离的平均值;

$L(\mathrm{T})$、$L(\mathrm{G})$、$L(\mathrm{S})$、$L(\mathrm{H})$——铁路、公路、水路航空运输发(到)货地至装(卸)载地距离。

在便利性计算中,实际影响因素很多,如换装次数、办理手续的方便与时间等,为简便计算,仅以发(到)货地至装(卸)载地距离为主要因素考虑。

根据以上计算结果,代入公式(3-2)—(3-5),可得到 $F(\mathrm{T})$、$F(\mathrm{G})$、$F(\mathrm{S})$、$F(\mathrm{H})$ 的值,其数值最小者为优。

$$F(\mathrm{T})=b_1\frac{C(\mathrm{T})}{\overline{C}}+b_2\frac{D(\mathrm{T})}{\overline{D}}+b_3\frac{E(\mathrm{T})}{\overline{E}}+b_4\frac{L(\mathrm{T})}{\overline{L}} \tag{3-14}$$

$$F(\mathrm{G})=b_1\frac{C(\mathrm{G})}{\overline{C}}+b_2\frac{D(\mathrm{G})}{\overline{D}}+b_3\frac{E(\mathrm{G})}{\overline{E}}+b_4\frac{L(\mathrm{G})}{\overline{L}} \tag{3-15}$$

$$F(\mathrm{S})=b_1\frac{C(\mathrm{S})}{\overline{C}}+b_2\frac{D(\mathrm{S})}{\overline{D}}+b_3\frac{E(\mathrm{S})}{\overline{E}}+b_4\frac{L(\mathrm{S})}{\overline{L}} \tag{3-16}$$

$$F(\mathrm{H})=b_1\frac{C(\mathrm{H})}{\overline{C}}+b_2\frac{D(\mathrm{H})}{\overline{D}}+b_3\frac{E(\mathrm{H})}{\overline{E}}+b_4\frac{L(\mathrm{H})}{\overline{L}} \tag{3-17}$$

当所运货物具有明显不适合某种运输方式时(比如,运煤不可能选用航空运输),可舍去该项,以简化计算。

选择运输方式对于具体的企业、物流中心来说,是一个多因素问题,如仓储费用、批量大小等,上述方法可以作为重要的参考依据,但不是唯一依据。

### 3.2.4 交通运输新技术

随着世界科技进步、现代物流技术的迅速发展和交通运输业现代化进程加快,出现了许多交通运输管理和控制的新技术,保障了运输速度的提高和运输过程的安全。应用比较多的交通运输新技术主要有如下几种。

1. 通信技术

通信技术可分为有线通信技术和无线通信技术。

2. 自动识别技术

条形码和电子扫描构成了自动识别技术的两大组件。产品条形码经过扫描仪扫描后,条形码上的数据进入信息系统,从而达到信息收集和交互、实现运输过程管理的目的。

条形码(bar code)是由一组规则排列的条、空及字符组成的,用以表示一定信息的代码,它是计算机可读码。一般标记在产品、包装盒、集装箱,甚至车辆上。通用产品标码(universal product code,UPC)于 1972 年首次使用,经过多年的发展,目前已经成为企业普遍采用的条形码技术。在条形码的研究和发展过程中,出现了两个最重要的物流应用发展:多维条形码和集装箱条形码。多维条形码比过去的一维线性条形码能够提供更大的信息存储空间,极大地提高了信息传输能力。例如,Code 49 和 Code 6K,它们的设计是将一个条形码"叠加"在另一个条形码的顶部。目前更为先进的条形码如 PDF417,利用叠加的矩形设计,每英寸能够储存 1 800 个字符。如今,二维码被广泛应用于电子商务、信息传播、资金支付等诸多领域,极大地方便了日常生活。

UCC128 系列航运集装箱条形码是国际上唯一用于识别集装箱的条形码,并且具有线路选择和跟踪能力。UCC128 使制造商和配送商可以提供从生产地到销售地都能识别的集装箱。UCC128 连同 EDI 提前装船通知(advance ship notice,ASN)一起使用,可以精确地识别箱内货物。

电子扫描是自动识别技术的另一个关键组件。通过电子扫描,可以把条形码数据转换成为可用的信息。扫描仪可分为手提和定位两种类型。每种类型又分为接触式和非接触式。手提扫描仪既可以是激光枪(非接触式),也可以是激光棒(接触式)。定位扫描仪既可以是自动扫描仪(非接触式),也可以是卡式阅读器(接触式)。接触式扫描仪可以减少扫描错误,但降低了灵活性。激光扫描技术是目前最为流行的扫描技术。

3. 电子数据交换

电子数据交换(electronic data interchange,EDI)指采用标准化的格式,利用计算机网络进行业务数据的传输和处理。

EDI是现代物流企业用于交换商业文件的标准形式。对于物流EDI,其功能是可以迅速实现承担运送货物的交通运输企业(如铁路企业、公路企业、水路运输企业、航空货运企业等)与货物业主(如生产工厂、贸易销售商等)、第三方物流企业、协助单位(如政府有关部门、金融保险等)以及其他的物流相关单位(如仓库业者、专业报关业者等)之间的信息交换和传输。现在,EDI的广泛使用对企业产生了许多直接的利益:提高内部生产率,改善渠道关系,提高外部生产率,提高国际竞争力,减少作业成本。例如,Texas Instruments公司在使用EDI后,装运差错减少95%,实地询问减少60%,数据登录的资源需求减少70%,全球采购的循环时间减少57%。

4. 射频识别

射频识别(radio frequency identification,RFID)是在频谱的射频部分,利用电磁耦合或感应耦合,通过各种调试和编码方案,与射频标签交互通信唯一读取射频标签身份的技术。RFID在物流领域主要应用包括:各类物品(包括托盘、集装箱等)在仓库、运输、配送过程中的定位、追踪与可视化、可追溯管理。

5. 地理信息系统

地理信息系统(geographic information system,GIS)指在计算机技术支持下,对整个或部分地球表层(包括大气层)空间中的有关地理分布数据进行采集、储存、管理、分析、显示和描述的系统。完整的GIS物流分析软件集成了车辆路线模型、最短路径模型、网络物流模型、分配集合模型和设施定位模型等。

6. 全球定位系统

全球定位系统(global positioning system,GPS)指以人造卫星为基础,24 h提供高精度的全球范围的定位和导航信息的系统。

GPS在物流领域中的应用主要有:① 用于汽车自定位、跟踪调度;② 用于铁路运输管理;③ 用于军事物流。

7. 智能运输系统

智能运输系统(intelligent transportation systems,ITS)是在较完善的交通基础设施上,将先进的科学技术(信息技术、计算机技术、数据通信技术、传感器技术、电子控制技术、自动控制理论、运筹学、人工智能等)有效地综合运用于交通运输、服务控制和车辆制造,加强车辆、道路、使用者三者之间的联系,从而形成一种保障安全、提高效率、改善环境、节约能源的综合运输系统。

ITS包含了许多技术,主要有:① 先进交通信息服务系统(advanced traffic information system,ATIS);② 先进交通管理系统(advanced traffic management system,ATMS);③ 先进公共交通系统(advanced public transportation system, APTS);④ 先进车辆控制系统(advanced vehicle control system,AVCS);⑤ 货运管理系统;⑥ 电子收费系统(electronic toll collection,ETC);⑦ 紧急救援系统(emergency management system,EMS)。

8. 自动驾驶技术

自动驾驶技术是一种通过车内的计算机系统(人工智能、视觉计算、雷达、监控装置等和全球定位系统中相关技术协调运作),实现无人驾驶的智能汽车运行技术。根据自动化的程度被分为6个等级,从L0升至L5。目前,多数企业的自动驾驶研究和测试集中在L3和L4级别。

以上技术也可以说是物流信息技术(logistics information techniques)在物流运输中的应用(详见第九章第二节物流信息技术),它对实现物流运输企业的现代化、规模化经营至关重要,保证了物流的可得性、精确性、及时性以及灵活性,同时,提高了效率,节约了成本,有利于物流业务模式的革新。

### 3.2.5 运输管理的内容

1. 运输计划管理

运输计划是国民经济计划的一个组成部分,即使在运输竞争市场初步形成的今天,加强运输计划管理,仍然是顺利完成运输任务的主要保障。

(1) 运输计划的种类。

按运输方式分有:① 铁路运输计划;② 公路运输计划;③ 水路运输计划;④ 航空运输计划;⑤ 联运运输计划;⑥ 集装箱运输计划。

按编制时间分有:① 年度运输计划;② 月度运输计划;③ 旬度运输计划。

(2) 编制运输计划的原则。

① 要保证重点,统筹安排。编制运输计划,必须有全局观点,正确处理全局与局部、重点与一般的关系。按照轻重缓急安排运输计划的先后次序。一般应先中央,后地方;先外运,后国内;先省外,后省内;先老、少、边、穷地区,后一般地区。对保证国家重点项目建设,抢险救灾和节日供应市场急需的货物运输计划,应予优先运输。

② 要组织均衡运输。"均衡运输"与市场对运输密集性、季节性需求常常是相互矛盾的。作为运输设备,在均衡使用的条件下,效率最高,但作为运输企业,要在满足市场需求的前提下,才有效益,所以"组织均衡运输"是指在组织货源、制订运输计划时,要寻找市场特点与规律,统筹兼顾,按照产销季节的要求,尽量组织均衡运输,以充分利用运输能力。

③ 做好运量预测。做好运量预测是准确编制运输计划的前提。要了解工业企业生产的品种、规格、数量、流向及其规律性;了解流通部门采购、调拨、销售商品的数量、时间和去向等。同时,还要掌握各类主要货物运输的历史资料,作为编制运输计划的依据。

④ 加强统计分析。统计作为对社会经济现象进行分析的一种科学方法,是认识社会经济活动的一个重要基础工作。运输统计为编制运输计划提供历史资料,也是对运输计划执行情况进行检查监督的重要手段。通过统计进行分析,才能找出运输计划中存在的问题和信息反馈,从而提高计划的准确性。运输统计的基本要求是及时性、准确性和全面性。

2. 发运管理

发运业务是物流企业按照交通运输部门规定,根据运输计划安排,把货物从产地或起运地运到销售地(或收货地)的第一道环节,是运输业务的开始。物流企业必须和交通运输部门紧密配合,协调行动,做好发运前的一切准备工作。如落实货源、组织配装、检查包装标记、安排短途搬运、办理托运手续,等等。特别应该强调发运时间,备货和调车要衔接一致,保证按时调车、按时装车、按时发运。有些物流企业和运输部门,采用"网络分析法"严密计算发运业务各项工序的时间,按繁简不同,先后次序组织工作,从而可以确定最佳的发运时间。

3. 接运管理

接运业务是指物流企业或运输部门,在接到交通运输部门的到货通知后,认真做好接运准备工作,把到达的货物完整无损地接运进来的业务活动。它关系到运输时间、货物质量和能否及时入库和出售。接运要做好以下工作。

(1) 接运单位必须与交通运输部门办好交接手续,根据有关货物运输凭证及数量和质量的要求,接收、清点货物,要手续清楚,责任分明。

(2) 接卸货物,必须注意安全,保证质量,严禁“野蛮装卸”,损伤货物,导致货损、货差、带来经济损失。

(3) 提前准备仓位,货物接卸以后,应该入库保管的立即进入库房保管。

(4) 能组织直拨的货物,物流企业在接到到货通知后,可事先与用户单位联系,在货物到达后,就车站、码头或专用线,直接把货物拨出,不入库保管,可减少一道中间环节。

4. 中转管理

凡是从起运地到收货地之间不能一次直达,须经过二次运输转换(或两种以上运输工具)的,就要进行中转。中转运输起着承前继后的作用。即一方面它要把发来的货物接运进来;另一方面,又要把接运的货物发运出去。加强中转管理,首先,要衔接运输计划,发货单位必须按有关规定,提前将需要中转的运输计划通知中转单位;其次,要事先做好接运和中转准备工作,货物到达后,及时接卸,及时转出;再次,检查并进行加固包装,对中转的货物包装要认真检查,凡是发现已经破损的,应该进行加固或更换,不能破来破转,造成货物损失;最后,物流企业在货物到达后,要及时理货,分批进行,以利中转,避免前后混淆,批次不清,造成错乱,影响中转时间。

5. 运输安全管理

运输安全管理也是运输管理的一项重要工作。货物通过运输后,经过发运、接运、中转等多次装卸搬运和几道手续环节,容易发生这样那样的事故。物流企业和交通运输部门,必须加强运输安全管理,减少货损货差。第一,建立健全各项运输安全制度,特别是运输安全岗位责任制,并严格执行,努力防止运输事故的发生。第二,要及时处理运输事故,一旦发生运输事故,有关各方面立即进行协商,按照规章制度或合同规定,分清责任,及时进行处理。第三,要划清事故责任。发生运输事故的原因是多方面的,有的是属于包装环节、运输环节、装卸搬运或其他环节的,也有的是属于自然灾害的,等等。必须实事求是,划清责任,分别记载货运记录和普通记录,作为查询和索赔的依据。

### 3.2.6 运输质量及其评价指标

运输质量包括三个相互联系的方面,即运输产品质量、运输服务质量和运输工作质量。运输产品质量是指满足货主对货物位移特定需求的一种特性,它反映了顾客在物质方面的需求;运输服务质量是指在实现运输对象位移过程中,运输生产应能满足顾客精神、文化需求方面的一种特性,它反映了顾客在精神方面的需求;运输工作质量是指运输生产过程中,所涉及各种设施、设备、制度、规范、文化等符合有关质量要求的特性,它是运输产品质量和运输服务质量的保障(见图3-1)。上述三者之间互为补充,缺一不可。

运输质量的特性是指运输服务在满足用户运输及延伸服务需求等方面所达到的程度。运输质量的特性主要表现在安全性、及时性、完整性、经济性和服务性五个方面。

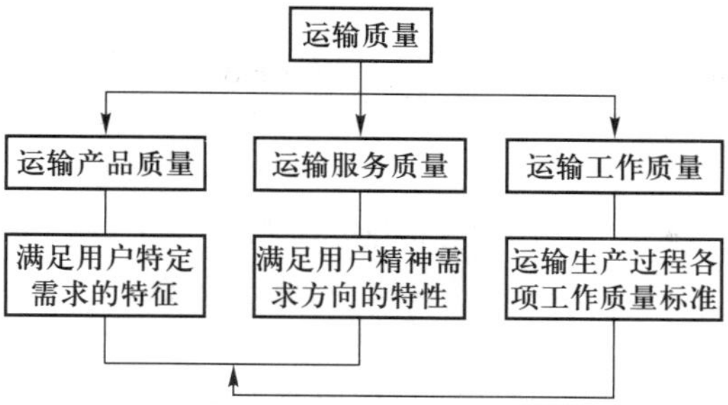


图 3-1 运输质量主要构成要素

1. 安全性

安全性是运输质量的首要特性,它包括人、机(运输工具与设备)、货三个方面的安全。在实践中,由于货物安全性一般通过完整性指标来衡量,因此,通常所说的安全性主要是指运输工具及人员安全。它可用责任事故次数、安全运输间隔里程、责任事故死亡率等指标来衡量。

由于安全的重要性以及影响运输安全因素的复杂性,无论是企业还是政府都设置专门的安全管理机构来共同确保交通运输的安全。

2. 及时性

及时性是运输质量的时间特性。它包括三个方面:"及时",即在货物需要的时刻能很快提供运输服务,使客户感到方便;"准时",即按准确的时间为货主提供运输服务;"省时",即在保证运输安全的前提下,提高运送速度,以缩短(节省)运输时间。及时性可用货运及时率、货运合同履约率等指标来衡量。

3. 完整性

即使发生运输事故也并非一定导致货损货差,因此,通常还需要专门反映货物质量的指标——完整性。完整性包括质与量两个方面。完整性可用货损率、货差率、货运事故赔偿率、行包赔偿率等指标来衡量。

4. 经济性

经济性是运输质量的经济特性。它有两方面的含义:一是对企业而言,运输企业必须追求自身的经济效益,降低运输成本,提高效率,获得利润,以求企业的生存与发展;二是对用户而言,用户要求运输企业提供的运输服务,不但要安全、及时、完整,而且在费用方面也要合理。

5. 服务性

服务性是运输质量的综合特性。一般包括满足用户物质和精神两个方面的需求,换句话说,服务性包括运输企业的服务条件和服务态度两个方面。由于一般无法使用量化指标来直接衡量服务性的程度,通常通过货主的投诉情况来反映,即可用客户满意率和客户意见处理率来衡量。

运输服务质量衡量的指标很多,其中较为重要的评价指标有:

(1) 正点运输率($Z$)。

$$Z=\frac{\text{正点运输次数}}{\text{运输总次数}}\times 100\%$$

(2) 满载率,用装载率表示($M_{运}$)。

$$M_{运}=\frac{车辆实际装载量}{车辆装载能力}\times 100\%$$

(3) 运力利用率($Y$)。

$$Y=\frac{实际完成吨公里数}{运力往返运输总能力(吨公里数)}\times 100\%$$

(4) 货差量。

货差量指报告期内货物运输中出现运输货物差错的实际数量。计算单位:吨。

统计范围:货差事故主要包括票货分离(有货物无运送票据或有运送票据无货物,但已查明货物下落者)、误运送(误装卸、漏装卸、错运和部分货件与全批货物分离)、误交付、件数不符、重量不符等。

计算方法:货差量按发生货差事故的货物总吨数计算。

(5) 货损量。

货损量指报告期内货物运输中出现运输货物损坏或丢失的实际数量。计算单位:吨。

统计范围:货损事故主要包括火灾、被盗、丢失、损坏、货物腐坏、货物被污染和货物湿损等。

计算方法:不论何种情况,货损数量均按发生货损事故的该批货物总吨数计算。

## 3.3 合理运输

### 3.3.1 合理运输的概念

在物流过程中的合理运输(reasonable transportation),是指按照商品流通规律,交通运输条件,货物合理流向,市场供需情况,走最少的里程,经最少的环节,用最少的运力,花最少的费用,以最快的时间,把货物从生产地运到消费地。也就是用最少的劳动消耗,运输更多的货物,取得最佳的经济效益。因为在运输生产活动中,需要一定的劳动消耗(活劳动和物化劳动)。衡量运输的合理与否,是从技术经济角度,看消耗在运输上的社会劳动量,来评价运输的经济效益。

### 3.3.2 组织合理运输的意义

组织合理运输,对于国民经济发展和改善物流工作,都有重大意义。体现在如下五方面。

(1) 可加快货物调运时间,有利于国民经济的发展,特别是促进工农业生产的发展,积极扩大社会再生产。

(2) 有利于扩大商品流通,繁荣城乡市场,发展商品经济,及时供应生产和人民生活的需要。

(3) 能改善流通部门特别是物流企业的经营管理,减少货物在途资金的占压,加速资金周转。

(4) 可降低运输成本,减少货物运输中的损失、损耗,提高货物运输质量,节约运输费用,提高经济效益。

(5) 可提高车船装载量,合理使用运输工具,充分发挥运输工具的效率,节约运输力和社会劳力。

我国社会主义制度的优越性,为组织合理运输提供了有利条件。随着社会生产的发展和商品流通量的不断增加,使有计划地组织合理运输成为可能。这也是生产部门、交通运输和流通部门的一项日常任务,是社会节约的一个重要源泉。

### 3.3.3 合理运输的组成要素

组织合理运输工作,涉及面广而复杂,影响因素也很多。要实现运输合理化,起决定作用的主要有以下五个主要因素,又称为合理运输“五要素”。

1. 运输距离

运输是商品在空间的移动,或称“位移”,因此移动的距离,即运输里程的远近,是决定其合理与否诸因素中一个最基本的因素。物流部门在组织货物运输时,首先要考虑运输距离,应尽可能实行近产近销,就近运输,尽可能避免舍近求远,尽量避免过远运输与迂回运输。

2. 运输时间

对物流业来说,为了更好地服务顾客,及时满足顾客的需要,时间是一个决定性的因素。运输不及时,容易失去销售机会,造成货物脱销或积压。尤其在市场变化很大的情况下,时间问题更为突出。人们常说“时间就是金钱,速度就是效益”,运输工作也不例外。所以,在物流过程中,必须特别强调运输时间,要想方设法加快货物运输,尽量压缩待运期,减少货物在途运输时间。

3. 运输费用

运输费用是衡量运输经济效益的一项重要指标,也是组织合理运输的主要目的之一。运输费用的高低,不仅关系到物流企业或运输部门的经济核算,而且影响商品销售成本。如果组织不当,使有些商品的运输费用超过了商品价格本身(如煤炭),这是不合理的。由于运费偏高,往往会使采购者不愿订货,失去商品销售机会。为此,在组织合理运输工作中,积极节约运输费用,是物流企业的一项重要任务。

4. 运输方式

在交通运输日益发展,各种运输工具并存的情况下,必须注意选择有利的运输方式(工具)和运输路线,合理使用运力。要根据不同货物的特点,并综合考虑库存包装等因素,选择铁路、水运或公路运输,并确定最佳的运输径路。要积极改进车船的装载技术和装载方法,提高技术装载量,使用最少的运力,运输更多的货物,提高运输生产效率。

5. 运输环节

在物流过程诸环节中,“流”是根本,所以运输是一个很重要的环节,也是决定物流合理化的一个根本性因素。因为,围绕着运输业务活动,还要进行装卸、搬运、包装等工作,多一道环节,须多花很多劳动,所以,物流部门在调运物资时,要对所运物资去向、到站、类别及数量作明细分类,尽可能组织直达、直拨运输,使物资不进入中转仓库,越过一切不必要的中间环节,由产地直运销地或用户,减少二次运输。

上述这些因素既互相联系,又互有影响,有时甚至是矛盾的。如运输费用省了,而时间却慢了,而有时,运输距离虽然稍远,但由于路段通过能力的影响,运输时间反而短了。这就要求进行综合比较分析,制订最佳运输方案。在一般情况下,运输时间快、运输费用省,仍然是考虑合理运输的两个主要因素,它们集中体现了在物流过程中的运输经济效益。

在物流过程中要尽量避免不合理运输,常见的不合理运输有以下几种。

(1)对流运输。也称相向运输,是指同一种货物或两种可以互相代用的物资,在一条运输路线或平行线上运输,与相对方向的路线全部或部分发生对流,即称对流运输。对流运输又可分为明显的对流运输和隐形的对流运输。

(2)迂回运输。指运输货物不是最短路径,绕道迂回而行,浪费运输吨公里的不合理运输现象。

(3)重复运输。又称二次运输,是指某种货物本来可以从起运地一次直运到目的地,但由于某种人为的因素,运到中途地点卸下后,不久,又二次装车发运,增加不必要的运输环节。

(4)倒流运输。指货物从销地或中转地向产地或起运地回流的一种运输现象,主要是由采购或调拨不当造成的。

(5)过远运输。即销地本来可以由距离较近的产地调进所需要的物资,却从远地采购进来;或有两个产地都生产同品种、同品类的物资,但没有采取就近供应,而调运给较远的销地的不合理运输现象。

(6)运力选择不当。指不能正确选择运输方式。如弃水走陆,从甲地到乙地的货物运输,有水运和铁路、公路两种以上运输方式可供选择,而把适合走水运或水陆联运的货物却用铁路或公路运输,既不符合各种运输方式的合理分工,又增加了运输费用。铁路、大型船舶的过近运输、运输工具承载能力选择不当等也属于运力选择不当。

上述不合理运输现象,在市场经济条件下,有些情况又受诸如运到时间的紧迫要求或路段运行能力紧张等限制而不得已为之,当属于合理运输组织范围。

### 3.3.4 组织合理运输的主要形式

1. 分区产销合理运输

分区产销合理运输,就是在组织物流活动中,对某种货物,使其一定的生产区固定于一定的消费区。根据产销的分布情况和交通运输条件,在产销平衡的基础上,按照近产近销的原则,使货物走最少的里程,组织货物运输。它的适用范围,主要是对品种单一、规格简单、生产集中、消费分散,或生产分散、消费集中、调运量大的货物,如煤炭、木材、水泥、粮食、生猪、矿建材料或生产技术不很复杂,原材料不很短缺的低值产品,实行这一办法,对于加强产、供、运、销的计划性,消除过远、迂回、对流等不合理运输,充分利用地方资源,促进生产合理布局,降低物流费用,节约国家运输力,都有十分重要的意义。

实行分区产销平衡运输的步骤:

(1)摸清物资产销情况。即将供应区域、运输路线和运输方式作为制定合理调运方案的依据。

(2)划定物资调运区域。即将某种物资的生产区基本固定于一定的消费区。工业产品以生产地为中心,同靠近这一生产地的消费区的产销关系基本固定下来;农副产品以消费城市为中心,同附近的生产地的产销关系基本固定下来,形成一个合理的货物调运区域。

(3) 绘制合理运输流向图。就是在已确定的调运区域范围内,按照运程最近和产销平衡的原则,制定合理运输流向图,把产、供、运、销的关系固定下来,作为交通、商业、物资和生产部门执行物资调拨和运输计划的依据。

(4) 制定合理运输调运方案。即各有关部门参照上述各种情况,制定合理调运方案,共同遵照执行。当然,在实行分区产销平衡运输时,应根据市场变化情况,灵活掌握。

2. 直达运输

直达运输指在组织货物运输过程中,越过商业、物资仓库环节或运输中转环节,把货物从产地或起运地直接运到销地或用户,以减少中间环节。对生产资料来说,由于某些物资体积大或笨重,一般采取由生产厂矿直接供应消费单位(生产消费),实行直达运输,如煤炭、钢材、建材等。在商业部门,则根据不同的商品,采取不同的运输方法。有些商品规格简单,如纸张、肥皂等,可以由生产工厂直接供应到三级批发站、大型商店或用户,越过二级批发站环节;也有些商品规格、花色比较复杂,可由生产工厂供应到批发站,再由批发站配送到零售商店或用户。至于外贸部门,多采取直达运输,对出口商品实行由产地直达口岸的办法。

3. "四就"直拨运输

在国外,类似的运作方式被称为越库或直接转运物流(cross docking logistics,CDL)。CDL物流实质上是在收货和发货之间直接地运送商品,取消了商品储存和选择的步骤。在发货区域,商品经过一个传送带直接流向每个拖车;在收货区域,产品从卡车上直接移到 CDL 物流传送系统。

在 CDL 物流系统中,仓库充当库存的协调点而不是库存的储存点。在典型的 CDL 物流系统中,商品从制造商达到仓库,然后转移到零售商的车辆上,进而尽可能快地运送给零售商。商品在仓库中停留的时间很短,通常不超过 12 个小时。CDL 物流的主要特点有:① CDL 物流以"零库存"为最终目标,是一种基于 JIT 模式(just in time)的库存管理系统。② CDL 物流以更精确的顾客需求预测为基础,是一种需求驱动的"拉动"系统。③ CDL 物流以供应链上各方的积极参与为基础,旨在追求和提高供应链的整体系统性能和效率。④ CDL物流以成本—效益分析为基础,是一种先进的配送战略。⑤ CDL 物流是一个遵循 PDCA 循环(P——plan,计划;D——design,设计;C——check,检查;A——action,处理)的连续改进过程。

在我国,"四就"直拨运输,是指各商业、物资批发企业,在组织货物调运过程中,对当地生产或由外地到达的货物,不运进批发站仓库,采取直拨的办法,把货物直接分拨给市内基层批发、零售商店或用户,减少一道中间环节。其具体做法有:① 就厂直拨;② 就车站(码头)直拨;③ 就库直拨;④ 就车(船)过载等。

"四就"直拨和直达运输是两种不同的合理运输形式,它们既有区别又有联系。直达运输一般是指运输里程较远、批量较大、往省(区)外发运的货物;"四就"直拨运输一般是指运输里程较近、批量较小,在大中型城市批发站所在地办理的直拨运输业务。二者是相辅相成,往往又交错在一起的。如在实行直达运输的同时,再组织"就厂""就站"直拨,可以收到双重的经济效益。

4. 合装整车运输

合装整车运输，也称“零担拼整车中转分运”。它主要适用于商业、供销等部门的件杂货运输，即物流企业在组织铁路货运当中，由同一发货人将不同品种发往同一到站、同一收货人的零担托运货物，由物流企业自己组配在一个车辆内，以整车运输的方式，托运到目的地；或把同一方向不同到站的零担货物，集中组配在一个车辆内，运到一个适当的车站，然后再中转分运。这是因为，在铁路货运当中，有两种托运方式，一是整车，一是零担，二者之间的运价相差很大。采取合装整车的办法，可以减少一部分运输费用，并节约社会劳动力。

5. 提高技术装载量

提高技术装载量，是组织合理运输提高运输效率的重要内容。它一方面是最大限度地利用车船载重吨位；另一方面，是充分使用车船装载容积。其主要做法有以下几种。

（1）组织轻重配套装。即把实重货物和轻泡货物组装在一起，既可充分利用车船装载容积，又能达到装载重量，以提高运输工具的使用效率。

（2）实行解体运输。对一些体积大、笨重、不易装卸又容易碰撞致损的货物，如自行车、缝纫机和科学仪器、机械等，可将其拆卸装车，分别包装，以缩小所占空间，并易于装卸和搬运，提高运输装载效率。

（3）改进堆码方法。根据车船的货位情况和不同货物的包装形状，采取各种有效的堆码方法，如多层装载、骑缝装载和紧密装载等，以提高运输效率。当然，改进物品包装，逐步实行单元化、托盘化，是提高车船技术装载量的一个重要条件。

### 3.3.5 集装化运输

集装化（containerization）运输是将一定数量的货物，根据各种货物的性质、外部形态、包装等情况，利用特别的器具，把零散的货物集装起来，形成一个较大的集装单元的货物运输，以达到便于装卸、搬运、储存、运输和计量的目的。利用集装单元组织运输，称为集装化运输，集装化运输是运输合理化的重要手段与途径。

#### 3.3.5.1 集装化工具（技术）（containerization techniques or tools）的类型

集装化工具（技术）是组成集装单元的载体。常用的集装化工具有集装箱、集装盘、集装袋、集装笼、集装架和集装网等。

1. 集装箱

集装箱（container）是一种用以运输货物的大型容器，是一种综合性运输工具（这一术语不包括车辆和一般包装），凡具备下列条件的货物运输容器，都可称为集装箱。

（1）能长期反复使用，具有足够的强度；

（2）各种运输方式联运或中途中转时，箱内货物无须倒装；

（3）具有便于快速装卸和搬运的装置，可以从一种运输方式比较方便地直接换装到另一种运输方式；

（4）便于货物装满与卸空，能充分利用箱内容器；

（5）箱内几何容积在1立方米以上。

集装箱有多种类型。按集装箱的用途，可分为通用集装箱和专用集装箱；按照集装箱的结构，可分为封闭式集装箱和折叠式集装箱；按集装箱的结构材料，可分为钢制集装箱、铝合金集装箱和玻璃钢集装箱等;按照集装箱的大小,可分为大型箱(装载量20吨以上)、中型箱(装载量为5~20吨)和小型箱(装载量5吨以下)。

集装箱实现了产品的标准化,由此建立了一整套运输体系,以此为基础逐步实现全球范围内的船舶、港口、航线、公路、中转站、桥梁、隧道、多式联运相配套的物流系统。国际标准化组织ISO/TC104技术委员会自1961年成立,并于1973年完成了ISO668的雏形和第一稿,此后,国际标准组织对集装箱国际标准做过多次补充、增减和修改,并对角件、技术条件和试验方法等提出了相应的规范,为全球集装箱联运系统的发展奠定了重要基础。

1955年,铁道部成立了集装箱运输营业所,1973年,中国对外贸易运输总公司在中日海上航线启动了海运集装箱运输,1976年,我国成立了集装箱标准化委员会联合工作组,1978年发布了GB1413—1978四种集装箱重量系列,1980年成立全国集装箱标准化技术委员会(CSBTS/TS6),2008年,我国发布了最新的集装箱标准,还采用了国际标准ISO668:2020,又称系列1货运集装箱分类、尺寸和评级,如表3-4所示。

另外,对于内陆多式联运集装箱,还制定了系列2集装箱分类、尺寸和额定质量(GB/T35201—2017)国家标准。

**表3-4 集装箱分类、尺寸和额定质量(GB/T1413—2023)**

<table>
<tr><th rowspan="2">集装箱型号</th><th colspan="2">长度L</th><th colspan="2">宽度W</th><th colspan="2">高度H</th><th colspan="2">额定质量(总质量)</th></tr>
<tr><th>mm</th><th>ft in</th><th>mm</th><th>ft</th><th>mm</th><th>ft in</th><th>kg</th><th>lb</th></tr>
<tr><td>1EEE</td><td rowspan="2">13 716</td><td rowspan="2">45′</td><td rowspan="2">2 438</td><td rowspan="2">8′</td><td>2 896</td><td>9′6″</td><td rowspan="2">30 480</td><td rowspan="2">67 200</td></tr>
<tr><td>1EE</td><td>2 591</td><td>8′6″</td></tr>
<tr><td>1AAA</td><td rowspan="4">12 192</td><td rowspan="4">40′</td><td rowspan="4">2 438</td><td rowspan="4">8′</td><td>2 896</td><td>9′6″</td><td rowspan="4">30 480</td><td rowspan="4">67 200</td></tr>
<tr><td>1AA</td><td>2 591</td><td>8′6″</td></tr>
<tr><td>1A</td><td>2 438</td><td>8′</td></tr>
<tr><td>1AX</td><td><2 438</td><td><8′</td></tr>
<tr><td>1BBB</td><td rowspan="4">9 125</td><td rowspan="4">29′11″<br>1/4</td><td rowspan="4">2 438</td><td rowspan="4">8′</td><td>2 896</td><td>9′6″</td><td rowspan="4">30 480</td><td rowspan="4">67 200</td></tr>
<tr><td>1BB</td><td>2 591</td><td>8′6″</td></tr>
<tr><td>1B</td><td>2 438</td><td>8′</td></tr>
<tr><td>1BX</td><td><2 438</td><td><8′</td></tr>
<tr><td>1CCC</td><td rowspan="4">6 058</td><td rowspan="4">19′10″<br>1/2</td><td rowspan="4">2 438</td><td rowspan="4">8′</td><td></td><td></td><td rowspan="4">30 480</td><td rowspan="4">67 200</td></tr>
<tr><td>1CC</td><td>2 591</td><td>8′6″</td></tr>
<tr><td>1C</td><td>2 438</td><td>8′</td></tr>
<tr><td>1CX</td><td><2 438</td><td><8′</td></tr>
<tr><td>1D</td><td rowspan="2">2 991</td><td rowspan="2">9′9″<br>3/4</td><td rowspan="2">2 438</td><td rowspan="2">8′</td><td>2 438</td><td>8′</td><td rowspan="2">10 160</td><td rowspan="2">22 400</td></tr>
<tr><td>1DX</td><td><2 438</td><td><8′</td></tr>
</table>

2010 年，铁道部运输局对既有集装箱运输技术条件进行了清理完善，制定了《铁路集装箱运输相关技术条件》，使得我国大部分铁路集装箱与国际标准接轨（见表 3-5）。

**表 3-5 铁路集装箱有关技术参数表**

| 箱型 | 箱类 | 箱主代码 | 自重（t） | 箱体标记最大允许总重（t） | 外部尺寸长（mm）×宽（mm）×高（mm） |
|---|---|---|---|---|---|
| 20 英尺[①] | 通用集装箱 | TBJ | 2.13 | 30.48 | 6 058×2 438×2 591 |
| | | | 2.18 | 30.48 | 6 058×2 438×2 591 |
| | | | 2.21 | 30.48 | 6 058×2 438×2 591 |
| | | | 2.23 | 30.48 | 6 058×2 438×2 591 |
| | | | 2.24 | 30.48 | 6 058×2 438×2 591 |
| | | | 2.41 | 30.48 | 6 058×2 438×2 591 |
| | | | 2.52 | 30.48 | 6 058×2 438×2 896 |
| | | | 2.98 | 30.48 | 6 058×2 438×2 591 |
| | 弧型罐式集装箱 | TBG | 6.30 | 30.48 | 6 058×2 438×2 896 |
| | | | 6.30 | 30.48 | 6 058×2 438×2 896 |
| | 双层汽车集装箱 | TBQ | 3.70 | 15.00 | 6 058×2 438×3 200 |
| | 干散货集装箱 | TBB | 3.10 | 30.48 | 6 058×2 438×2 591 |
| | 散装水泥罐式集装箱 | TBG | 4.95 | 30.48 | 6 058×2 438×2 896 |
| | 水煤浆罐式集装箱 | TBG | 4.25 | 30.48 | 6 058×2 438×2 591 |
| | 折叠式台架集装箱 | TBP | 2.50 | 30.00 | 7 675×3 300×348 |

① 1 英尺 = 0.304 8 m。

续表

| 箱型 | 箱类 | 箱主代码 | 自重(t) | 箱体标记最大允许总重(t) | 外部尺寸长(mm)×宽(mm)×高(mm) |
|---|---|---|---|---|---|
| 20 英尺 | 框架罐式集装箱 | TBG | 4.64<br>4.46 | 30.48<br>30.48 | 6 058×2 438×2 591<br>6 058×2 438×2 591 |
| | 不锈钢框架罐式集装箱 | TBG | | 30.48 | 6 058×2 438×2 591 |
| | 框架罐式集装箱 | TBG | 4<br>4.66 | 30.48<br>30.48 | 6 058×2 438×2 591<br>6 058×2 438×2 591 |
| 25 英尺 | 板架式汽车集装箱 | TBP | 4.30 | 28.30 | 7 675×3 180×348<br>7 675×3 300×348 |
| 40 英尺 | 通用集装箱 | TBJ | 3.88 | 30.48 | 12 192×2 438×2 896 |
| 45 英尺 | 冷藏箱 | TBL | 3.88 | 30.48 | 12 192×2 438×2 896 |
| 48 英尺 | 通用集装箱 | TBJ | 4.65 | 30.48 | 14 630×2 438×2 438 |
| 50 英尺 | 双层汽车集装箱 | TBQ | 10.53<br>11.61 | 30.48<br>30.48 | 15 400×2 500×3 200<br>15 400×2 500×3 200 |
| | 板架式汽车集装箱 | TBQ | 10.9 | 60 | 15 400×3 300×270 |

2022 年 12 月 25 日国铁集团印发的《铁路集装箱运输规则(TG/HY2110—2022)进一步将铁路运输的集装箱按长度分为 20 英尺箱、40 英尺箱、45 英尺箱以及经国铁集团货运部批准运输的其他长度的集装箱。

2. 集装盘

集装盘亦称托盘式集装器具,简称托盘。托盘具有载货平面,并设有叉孔,便于叉车作业。按照托盘的使用情况,可分为通用托盘和专用托盘;按照托盘的上部构件的不同,可分为平托盘、柱式托盘、框架式托盘和箱式托盘;按照托盘各构件的连接方式,可分为固定式托盘、组合式托盘和折叠式托盘;按照托盘的结构材料不同,可分为木托盘、金属托盘、塑料式托盘和混合材质托盘;按照托盘的规格尺寸,可分为标准托盘和非标准托盘。

我国制定的联运平托盘外部尺寸系列国家标准如表 3-6 所列。

3. 集装袋

集装袋是由涂布橡胶或树脂的高强度化学纤维织物制成的柔性袋状集装容器。其特点是重量轻、可折叠、密封性好,适合盛装粉状、块粒状物。

4. 集装笼

集装笼亦称笼式集装器具,一般是用钢材焊接而成的笼形容器。有固定式、组合式和折叠式之分。常用的集装笼主要是矿建材料集装笼和杂货集装笼。

**表 3-6 联运平托盘外部尺寸系列(GB/T2934—2007)** 单位:mm

| 代号 | 公称尺寸 | 长度 | | 宽度 | | 叉孔高度 |
|---|---|---|---|---|---|---|
| | | 尺寸 | 公差 | 尺寸 | 公差 | 尺寸 |
| 1 | 1 000×1 200 | 1 000<br>1 200 | +3<br>−6 | 1 000<br>800 | +3<br>−6 | 高托盘 100(不小于)<br>一般托盘 95(不小于)<br>低托盘 89(不小于)<br>(使用托盘搬运车)<br>叉车用不小于 60 |
| 2 | 1 100×1 100 | 1 100<br>1 100 | | 1 200<br>1 000 | | |

5. 集装架

集装架亦称架式集装器具,它是由各种框架和加固构件构成的集装特种物料的专用集装器具。常用的集装架有玻璃集装架、石棉制品集装架和中小型机械集装架等。

6. 集装网

集装网是用绳索(棕绳、尼龙绳、钢丝绳、麻绳等)编制而成的网状集装器具。主要用于装载袋装货物和块状物料。

#### 3.3.5.2 集装化运输应注意的几个问题

为了有效地组织集装化运输,应注意以下几个问题。

1. 选择好集装器具

应根据待运货物形态、形状、体积、重量等特点,选用相应的集装器具。要求集装器具自重轻、强度高、易回送,所形成的集装单元有利于货物安全、便于堆码、能充分利用车船容积、便于机械化作业等。

2. 加强对集装单元的防护

由集装器具装载货物所形成的集装单元不同于集装箱,除集装袋外均无防护功能。因此,在运输和储存过程中,应采取有效的防护措施,加强苫垫或入库保管,以避免货物受损。

3. 集装单元应有适宜的尺寸

为了便于装卸和运输,集装单元应有适宜的尺寸。各种运输方式对集装单元的尺寸和重量要求不同。如铁路运输要求每个集装单元的体积不小于 0.5 立方米,或重量不小于 500 千克。棚车装运的集装货物,每件重量不得超过 1 吨,长度不得超过 1.5 米,体积不得超过 2 立方米。

4. 加快集装器具的回送

大部分集装器具是周转使用的。收到货物后应尽快返回生产厂或物资部门,收货人应按运输部门的有关规定办理集装器具的回送。

#### 3.3.5.3 集装箱运输的优越性

集装箱运输是一种现代化的先进运输方式。它促进了货物流通过程中各个环节的变革,提高了物流质量和效率。其优越性主要体现在如下 6 个方面。

1. 保证货物运输安全,减少货物损失

由于一般集装箱多为钢质集装箱,有足够的强度和密封性,防护性能好,可避免人为和自然因素的不良影响和破坏,能防水、防潮、防丢失、防盗、防破坏,可基本上消灭货物运输中的破损和短少事故。

2. 节省包装材料，降低包装费用

由于集装箱本身就是一个比较理想的包装箱，具有很好的保护功能，又可实现“门到门”运输，因此装入集装箱的货物可以简化包装甚至取消包装，从而节省大量的包装材料，减少包装费用的支出。

3. 简化运输手续，提高工作效率

货物利用集装箱运输，有的是一箱一票，有的是一票多箱。在承运、装车、卸车、交接等作业中，箱内货物无须清点、检斤。特别是集装箱联运，托运人一次托运，一票到底。和零担运输相比较，可大大简化托运、承运手续，提高工作效率。

4. 提高装卸效率，加速车船周转

由于货物的装卸搬运是以集装箱为单元进行的，而且采用机械化作业，所以大大缩短装卸作业时间，提高作业效率，而且缩短运输工具的待装待卸时间，加速车船周转，还有利于及时疏港疏站。

5. 可以露天存放，减少仓库占用

由于集装箱具有良好的防水防潮性能，所以可放置在露天货场，不需要入库保管，从而能节省仓库面积的占用，节省建设仓库的投资，降低仓储成本。

6. 便于利用计算机进行现代化管理

集装箱体规格标准，便于储存、运输和装卸作业机械化，计量、查点、统计比较容易，收发手续简便，最适合利用计算机进行管理，以提高科学管理水平。

由于集装箱具有以上这些优越性，所以近几十年来，我国集装箱运输有了突破性的发展，无论是国内集装箱运输还是国际集装箱运输，都已初具规模。原铁道部提出要逐步建立集装箱运输“门到门”运输网络，制定服务标准，基本实现零担适箱货物运输集装箱化，以适应国民经济发展和进出口贸易的需要。

#### 3.3.5.4 集装箱运输组织

1. 适箱货物的确定

由于集装箱本身容积、装载量和保管条件等方面的限制，不是任何货物都能利用集装箱运输，只有适合利用集装箱运输的货物（即适箱货物），才能利用集装箱运输。所以组织集装箱运输首先必须明确哪些是适箱货物。

2015 年，中国铁路总公司在新修订的《铁路集装箱运输规则》中提出：根据货物性质和物流市场需求，积极发展通用箱、特种集装箱、专用箱等，形成完善的集装箱装备系列。铁路部门对 152 类白货推出批量零散货物入箱业务，吸引高附加值货物回归铁路；积极发展煤、焦炭、矿石、粮食等货物的散改集业务；大力发展化工品入箱业务，对氰化钠、硫黄、氢氧化钠、黄磷、八氧化三铀等危险货物办理集装箱运输业务。

2. 集装箱“门到门”运输

集装箱“门到门”运输是指适箱货物从托运人的车间、仓库或基地装箱、装车，直达运送到收货人的车间、仓库或基地卸箱的一种运输方式。“门到门”运输可缩短货物在途时间，加速货物周转，为用户提供最大的方便。

“门到门”运输有多种方式，可以由某一种运输方式独立完成，也可以几种运输方式联合完成。如汽车运输均能实现“门到门”运输。铁路运输在收货、发货单位有铁路专用线的情况下，通过铁路车站取送车,也可直接实现"门到门"运输。若收货单位没有铁路专用线,就要通过铁路、公路联运,实现"门到门"运输。集装箱的水路运输和航空运输,一般都要与公路运输联运,方能实现"门到门"运输。公路运输在"门到门"运输中发挥着主要作用。

"门到门"运输对于托运人和收货人来说,是比较理想的一种运输方式。但"门到门"运输的顺利实现又必须有各方面的协作、协调与配合。

3. 集装箱货物的托运

承运部门对集装箱货物的托运有一定的要求,货主要了解,如铁路对使用集装箱运输的货物,要求每批必须使用同一吨位的集装箱。托运人在装箱前应检查箱体状态。装箱时在不超过集装箱容许载重量的情况下,应充分利用集装箱容积,并码放稳固。装箱后应将集装箱锁闭装置拧固,同时在门锁处拴挂货签。托运人负责集装箱的施封。

## 3.4 货物运输问题的求解算法

### 3.4.1 产销平衡的运输问题

#### 3.4.1.1 模型分析

产销平衡的运输问题一般可表述为:某种物资有 $m$ 个产地 $A_1, A_2, \cdots, A_m$,其供应量分为 $a_1, a_2, \cdots, a_m$;有 $n$ 个销地 $B_1, B_2, \cdots, B_n$,其销量分为 $b_1, b_2, \cdots, b_n$;产地物资供应量总合等于销地物资销量(需求量)总合;从产地 $\mathrm{A}_i$ 到销地 $\mathrm{B}_j$ 的物资量和单位物资运价分别为 $x_{ij}, c_{ij}$,求此时调运物资最佳方案。

对此问题可有下述线性规划模型:

$$
\begin{aligned}
&\min z = \sum_{i=1}^{m} \sum_{j=1}^{n} c_{ij} x_{ij} \\
&s.t. \\
&\sum_{j=1}^{n} x_{ij} = a_i \qquad (i = 1, \cdots, m) \\
&\sum_{i=1}^{m} x_{ij} = b_j \qquad (j = 1, \cdots, n) \\
&\sum_{j=1}^{n} b_j = \sum_{i=1}^{m} a_i \\
&x_{ij} \geqslant 0 \quad (i=1, \cdots, m; j=1, \cdots, n)
\end{aligned}
\tag{3-18}
$$

#### 3.4.1.2 表上作业法求解

上述模型是一种线性规划模型,自然可以用单纯形法求解,但是根据其特殊结构而建立的表上作业法比起用单纯形法要简单得多。其思路为:由初始运输方案开始,通过检验、改进,最后获得最优运输方案。

下面结合例 3-1 具体说明表上作业法的步骤和方法。

**例 3-1** 设有两个煤矿供应三个城市用煤，煤矿 $A_1$ 和 $A_2$ 的日产量分别为 $a_1=200$ 吨，$a_2=250$ 吨。三城市($B_1,B_2,B_3$)的日销量分别为 $b_1=100$ 吨，$b_2=150$ 吨，$b_3=200$ 吨。假定每吨货物的社会运输费与出行公里线性有关，取 $c_{ij}$ 代表煤矿 $i$ 至城市 $j$ 的最短距离。已知 $c_{11}=90$ 千米，$c_{12}=70$ 千米，$c_{13}=100$ 千米，$c_{21}=80$ 千米，$c_{22}=65$ 千米，$c_{23}=80$ 千米。问如何安排运输使运输费用最省？

**解**：设 $x_{ij}$ 为煤矿 $i$ 运往城市 $j$ 的煤量，根据每个煤矿产煤总量和城市的用煤总量，$x_{ij}(i=1,2;j=1,2,3)$ 必须满足下列条件：

$$x_{11}+x_{12}+x_{13}=200$$
$$x_{21}+x_{22}+x_{23}=250$$
$$x_{11}+x_{21}=100$$
$$x_{12}+x_{22}=150$$
$$x_{13}+x_{23}=200$$

目标函数为：

$$\min z=90x_{11}+70x_{12}+100x_{13}+80x_{21}+65x_{22}+80x_{23}$$

1. 列运输平衡表

列表时要求表内供销平衡，并将运费标入表内空格，如表 3-7 所示。

**表 3-7 运输平衡表**

| 供 | 需 | | | 供应量 |
|---|---|---|---|---|
| | $B_1$ | $B_2$ | $B_3$ | |
| $A_1$ | $X_{11}$ 90 | $X_{12}$ 70 | $X_1$ 100 | 200 |
| $A_2$ | $X_{21}$ 80 | $X_{22}$ 65 | $X_2$ 80 | 250 |
| 需求量 | 100 | 150 | 200 | 450 |

2. 建立初始调运方案

鉴于最好运输方案是使总运费最小，采用最小元素法，即在平衡表中挑取运价最小或较小的供需点格子尽量优先分配的调运方法。一行（或一列）满足了，就划去一行（或一列），如果运费相等时可任选一个，直到全部分配完为止。分配时注意一个问题，即分配数字的格数要为“行数+列数-1”，若分配完时出现规定数时，应在适当的空格补零，这个补零的格子在数量上是零，但要当成非零数字格对待，如表 3-8 所示。

表 3-8 先从 $A_2$，$B_2$（$c_{22}$最小）开始，确定 $c_{22}=150$，划去余下的 $B_2$列，然后确定 $x_{21}=100$（$c_{21}$为剩下方格中最小运价），划去余下的 $B_1$ 列，$A_2$ 的供应量也同时得到满足，故此时余下的 $A_2$ 也被划去，最后确定 $x_{13}$为 200，形成初始调运方案。

**表 3-8　初始调运方案表**

| 供 | 需 | | | 供应量 |
|---|---|---|---|---|
| | $B_1$ | $B_2$ | $B_3$ | |
| $A_1$ | 90<br>0 | 70 | 100<br>200 | 200 |
| $A_2$ | 80<br>100 | 65<br>150 | 80 | 250 |
| 需求量 | 100 | 150 | 200 | 450 |

3. 方案的检验和调整

（1）闭回路。从调运方案的任意空格出发，沿水平方向或垂直方向前进，而遇到填有数字的方格，折转 90 度前进，当然可以直接穿过数字格和空格，但只能遇有数字的格才能折转，只能水平、垂直方向前进，不能对角线移动，这样经过多次折转直到回到原来出发的空格，形成一条闭回路。

（2）位势法检验。第一，由方案表列出检验表。表中行列数与方案表一样，运价在每个格的右上角，原方案表中的空格填写检验数，原方案表中的数字格为检验表中的空格，原方案表中的供应量、需求量格填写行与列的位势，称为行或列位势格。

第二，求位势。记第 $i$ 行位势为 $u_i$，第 $j$ 列位势为 $v_j$，可任选一个位势格填任意数，通常取 0 作为该格的位势，其他位势格的位势由下列法则求出：每个空格右上角的运价 $c_{ij}$等于该行位势与该列位势之和，即 $c_{ij}=u_i+v_j$。例如在表 3-8 中，任取左下端的位势格为 0，由上述法则求出其他 4 个位势格的位势，如表 3-9 所示。

**表 3-9　位　势　表**

| 供 | 需 | | | |
|---|---|---|---|---|
| | $B_1$ | $B_2$ | $B_3$ | $V_j$ |
| $A_1$ | 90<br>0 | 70 | 100<br>200 | 90 |
| $A_2$ | 80<br>100 | 65<br>150 | 80 | 80 |
| $u_i$ | 0 | −15 | 10 | |

第三，求检验数。若空格位于第 $i$ 行第 $j$ 列，则其检验数 $\sigma_{ij}$按下式求出：

$$\sigma_{ij}=c_{ij}-u_i-v_j$$

例如由表 3-9 可求出 1 行 2 列空格的检验数 $\sigma_{12}=70+15-90=-5$，其他如检验数表 3-10 所示。

**表 3-10 检验数表**

| 供 | 需 | | | |
|---|---|---|---|---|
| | $B_1$ | $B_2$ | $B_3$ | $v_j$ |
| $A_1$ | 90 | 70<br>-5 | 100 | 90 |
| $A_2$ | 80 | 65 | 80<br>-10 | 80 |
| $u_i$ | 0 | -15 | 10 | |

由表 3-10 知，有负的检验数存在，这表明表 3-8 所给的运输方案不是最优的，需要进行调整。

(3) 调整运输方案。当运输表对应的检验表中有负的检验数时，需在运输方案表上对运输方案进行调整。

第一，确定闭回路。在需调整的运输方案表上选取对应的检验数为负的格作为调整格，若有两个以上格的检验数为负，选其中检验数绝对值最大的格为检验格，从检验格出发在运输方案表上做闭回路。

例如在表 3-10 中，$A_2B_3$ 格的检验数是-10，为绝对值最大的负检验格，故选取此格为调整格，并用虚线在运输方案表上做闭回路，如表 3-11 所示。

**表 3-11 闭回路表**

| 供 | 需 | | | 供应量 |
|---|---|---|---|---|
| | $B_1$ | $B_2$ | $B_3$ | |
| $A_1$ | 90<br>0 | 70 | 100<br>200 | 200 |
| $A_2$ | 80<br>100 | 65<br>150 | 80 | 250 |
| 需求量 | 100 | 150 | 200 | 450 |

第二，在闭回路上做运输量最大的调整，得出新的运输方案。从空格开始，沿闭回路在各偶数格中挑选运量最小的作为调整量，调整闭回路各点的运输量。

例如在表 3-11 中，闭回路上偶数格最小运输量为 min(200,100)= 100，调整闭回路各点运输量，得表 3-12。

从(4)返回(2),对新运输方案进行位势法检验。若无负检验数,则此方案为最优方案,否则继续进行调整。

例如对于表 3-12,得检验表 3-13。

**表 3-12 新运输方案 1 表**

| 供 | 需 | | | 供应量 |
| --- | --- | --- | --- | --- |
| | $B_1$ | $B_2$ | $B_3$ | |
| $A_1$ | 90<br>100 | 70 | 100<br>100 | 200 |
| $A_2$ | 80 | 65<br>150 | 80<br>100 | 250 |
| 需求量 | 100 | 150 | 200 | 450 |

**表 3-13 新运输方案 1 检验表**

| 供 | 需 | | | |
| --- | --- | --- | --- | --- |
| | $B_1$ | $B_2$ | $B_3$ | $v_j$ |
| $A_1$ | 90 | 70<br>-15 | 100 | 90 |
| $A_2$ | 80<br>10 | 65 | 80 | 70 |
| $u_i$ | 0 | -5 | 10 | |

表 3-13 中有负检验数,故需继续进行调整,得新运输方案表 3-14。

**表 3-14 新运输方案 2 表**

| 供 | 需 | | | 供应量 |
| --- | --- | --- | --- | --- |
| | $B_1$ | $B_2$ | $B_3$ | |
| $A_1$ | 90<br>100 | 70<br>100 | 100 | 200 |
| $A_2$ | 80 | 65<br>50 | 80<br>200 | 250 |
| 需求量 | 100 | 150 | 200 | 450 |

对表 3-14 进行检验，得检验表 3-15。

**表 3-15　新运输方案 2 检验表**

| 供 | 需 | | | |
|---|---|---|---|---|
| | $B_1$ | $B_2$ | $B_3$ | $V_j$ |
| $A_1$ | 90 | 70 | 15 100 | 90 |
| $A_2$ | −5 80 | 65 | 80 | 85 |
| $u_i$ | 0 | −20 | −5 | |

表中有负检验数，继续进行调整，得新运输方案表 3-16。

**表 3-16　新运输方案 3 表**

| 供 | 需 | | | 供应量 |
|---|---|---|---|---|
| | $B_1$ | $B_2$ | $B_3$ | |
| $A_1$ | 50 90 | 150 70 | 100 | 200 |
| $A_2$ | 50 80 | 65 | 20 80 | 250 |
| 需求量 | 100 | 150 | 200 | 450 |

对此运输方案进行检验，得检验表 3-17。

**表 3-17　新运输方案 3 检验表**

| 供 | 需 | | | |
|---|---|---|---|---|
| | $B_1$ | $B_2$ | $B_3$ | $v_j$ |
| $A_1$ | 90 | 70 | 10 100 | 90 |
| $A_2$ | 80 | 5 65 | 80 | 80 |
| $u_i$ | 0 | −20 | 0 | |

从表 3-17 中可以看到，检验数全是正数，因此表 3-16 中的运输方案为最优方案，即应确定 $A_1$ 向 $B_1$、$B_2$ 调运煤数量分别为 50、150；$A_2$ 向 $B_1$、$B_3$ 调运数量分别为 50、200。

### 3.4.2 产销不平衡时的运输问题

1. 产大于销的运输问题

对于产量大于销量即 $\sum_{j=1}^{n} b_j < \sum_{i=1}^{m} a_i$ 的运输问题，必然有些产地的产品不能安排运输，此时引入虚拟需求点，令其需量等于总供量与总需量之差，并设其相应运价为 0。这样，就可以用上面介绍的表上作业法求解产大于销的运输问题。

2. 销大于产的运输问题

对于销量大于产量即 $\sum_{j=1}^{n} b_j > \sum_{i=1}^{m} a_i$ 的运输问题，必然有一些销地不能得到满足，发生缺货，此时引入虚拟供应点，并设其相应运价为 0。这样，就可以用产销平衡的表上作业法求解销大于产的运输问题。

### 3.4.3 分配运输问题

在运输过程中经常遇到这样的问题，需完成几条运输线路的任务，恰好有几个运输单位可承担这些任务。由于每个单位的情况各不相同，其完成各项任务的效率（或效益）也不同，如何安排这些运输单位去完成任务，使效率（或效益）也最高，这一类问题统称为分配问题。

1. 模型分析

**例 3-2**　某材料厂有 $B_1$、$B_2$、$B_3$ 三台叉车可分配给 $A_1$、$A_2$、$A_3$ 三个仓库进行搬运作业，其中任一叉车都可以在任一仓库中进行搬运工作，只是搬运作业费不同，各台叉车相应作业费 $C_{ij}$ 如表 3-18 所示，要求一台叉车只分配给一个仓库使用，试求搬运作业费用最小的分配方案。

**表 3-18　效率矩阵表**

| 叉车 | 仓库 | | |
| --- | --- | --- | --- |
| | $B_1$ | $B_2$ | $B_3$ |
| $A_1$ | 25 | 15 | 22 |
| $A_2$ | 31 | 20 | 19 |
| $A_3$ | 35 | 24 | 17 |

对应于每个分配问题，都有类似于表 3-18 的数字表，称之为效率矩阵，其元素 $c_{ij}>0(i,j=1,2,\cdots,n)$ 表示分配第 $i$ 个单位去完成第 $j$ 项任务时的效率（时间、成本等）。根据问题引入变量 $x_{ij}$，并按以下规定取值：

$$x_{ij}=\begin{cases}1 & \text{第 } i \text{ 个单位被分配去完成第 } j \text{ 项任务} \\ 0 & \text{第 } i \text{ 个单位不去完成第 } j \text{ 项任务}\end{cases}$$

其中 $i=1,2,\cdots,n;j=1,2,\cdots,n$

当问题要求极小时，有数学模型：

$$\min z = \sum_{i=1}^{n}\sum_{j=1}^{n} c_{ij}x_{ij}$$

st.

$$\begin{cases} \sum_{i=1}^{n} x_{ij} = 1 & j = 1,2,\cdots,n \\ \sum_{j=1}^{n} x_{ij} = 1 & i = 1,2,\cdots,n \end{cases} \tag{3-19}$$

上述模型中,约束条件 1 表明第 $j$ 项任务只能由 1 个单位去完成;约束条件 2 则说明第 $i$ 个单位只能完成 1 项任务。对于求极大问题时,可转化 $c_{ij}$ 为 $c'_{ij}$,即令 $c'_{ij}=c_{ij}-\max\{c_{ij}\}$,将原 $\max z=\sum\sum c_{ij}x_{ij}$ 转化为 $\min z'= c'_{ij}x_{ij}$ 求解。

2. 匈牙利算法

可以看到,分配问题是 0~1 规划问题,对于 $n$ 单位分配 $n$ 任务的分配问题,总共有 $n!$ 种可能的分配方案,若用枚举法求解,当 $n$ 较大时,计算量是很大的。由匈牙利数学家考尼格给出的匈牙利算法,是一种求解分配问题最简单、最有效的方法。

匈牙利算法的主要依据是,在效率矩阵的任何行或列中,加上或减去同一常数,并不改变最优分配。利用此性质,可使原效率矩阵变换为含有很多 0 元素的新效率矩阵,找出在其中的位于不同行、不同列的 $n$ 个独立的 0 元素,将其取值为 1,其他元素取值为 0,即得原分配问题的最优解。

以下通过求解例 3-2 的分配问题,介绍匈牙利算法。

已知其效率矩阵为:

$$\begin{bmatrix} 25 & 15 & 22 \\ 31 & 20 & 19 \\ 35 & 24 & 17 \end{bmatrix}$$

第一步:变换效率矩阵,使其每一行和每一列都至少有一个 0 元素,具体通过减去每行、每列的最小元素,如下:

$$\begin{bmatrix} 25 & 15 & 22 \\ 31 & 20 & 19 \\ 35 & 24 & 17 \end{bmatrix}\begin{matrix} -15 \\ -19 \\ -17 \end{matrix}\rightarrow\begin{bmatrix} 10 & 0 & 7 \\ 12 & 1 & 0 \\ 18 & 7 & 0 \end{bmatrix}\rightarrow\begin{bmatrix} 0 & 0 & 7 \\ 2 & 1 & 0 \\ 8 & 7 & 0 \end{bmatrix}$$

$$-10$$

第二步:试求最优分配方案。

(1) 从 1 行开始,依次检查各行,找出只有一个未标记的 0 元素的行,并将该元素用“$\boxed{0}$”表示,与该元素同行同列的其他 0 元素用“$\Phi$”表示,其含义为,$\boxed{0}$元素对应的任务仅由所对应的单位去完成,此单位不再去完成其他任务,这项任务也不再由其他单位完成。$\boxed{0}$和 $\Phi$ 称为已标记的 0 元素。重复此过程,直到每一行没有一个尚未标记的 0 元素,或至少有两个未标记的 0 元素。

(2) 依次检查各列,找出只有一个未标记的 0 元素的列,将该元素标以$\boxed{0}$,并与该元素同行同列的其他未标记 0 元素标以 $\Phi$,直到每列没有一个尚未标记的 0 元素,或至少有两个未标记的

0 元素。

（3）重复上述步骤，直到效率矩阵中没有未标记的 0 元素为止，若 $n$ 行 $n$ 列效率矩阵中恰有 $n$ 个 $\boxed{0}$ 元素，就得到最优分配方案，否则，仍需进行效率矩阵调整，本例中为：

$$\begin{bmatrix} \boxed{0} & \Phi & 7 \\ 2 & 1 & \boxed{0} \\ 8 & 7 & \Phi \end{bmatrix}$$

第三步：继续调整效率矩阵。

（1）对每个 $\boxed{0}$ 元素画一条水平线或垂直线，使这些线覆盖所有 0 元素。直线个数与 $\boxed{0}$ 元素个数相同。本例中为：

$$\begin{bmatrix} \boxed{0} & \Phi & 7 \\ 2 & 1 & \boxed{0} \\ 8 & 7 & \Phi \end{bmatrix}$$

（2）在直线不穿过的所有元素中找出最小元素。

（3）在没有水平线的各行减去此最小元素，有垂直线的各列加上此最小元素，得新的效率矩阵。

本例中，所求最小元素为 1，计算过程为：

$$\begin{bmatrix} \boxed{0} & \Phi & 7 \\ 2 & 1 & \boxed{0} \\ 8 & 7 & 0 \end{bmatrix}\begin{matrix} \\ -1 \\ -1 \end{matrix} \longrightarrow \begin{bmatrix} 0 & 0 & 8 \\ 1 & 0 & 0 \\ 7 & 6 & 0 \end{bmatrix}$$
$$\qquad\qquad\quad +1$$

第四步：回第二步，直到求出最优分配方案。

本例中，对修改后的效率矩阵重复第二步得：

$$\begin{bmatrix} \boxed{0} & \Phi & 8 \\ 1 & \boxed{0} & \Phi \\ 7 & 6 & \boxed{0} \end{bmatrix}$$

已经得 3 个 $\boxed{0}$ 元素，故得最优分配方案为：

$$A_1 \rightarrow B_1, A_2 \rightarrow B_2, A_3 \rightarrow B_3$$

根据原效率矩阵，3 台叉车总搬运作业费为：

$$25+20+17=62 \text{ 元}$$

3. 巡回运输问题（旅行商问题）

在单网点配送中，物流网点向所属用户送货，各用户的需求量 $b_i(i=1,2,\cdots,n)$，货车载重量为 $Q$，若满足 $\sum b_i \leqslant Q$，则该网点只需一辆货车巡回送货即可。显然，在这种情况下使费用最省的方案就是合理安排货车访问各用户的顺序，使货车的巡回线路的总距离最短，这也就是旅行商问题。

**例 3-3** 已知 5 个用户间距离如表 3-19 所示，其中 $d(i,j)=\propto$ 表示从第 $i$ 个用户到第 $j$ 个用户是没有意义的，用户 1 为物流网点所在位置，如果只考虑将每个用户都当作一个出发用户，每个用户都当作一个到达用户，则对每个出发用户都要选择一个到达用户，而每个到达用户只能有一个出发用户到达该地，将问题变成了一个分配问题，可用匈牙利算法求解。

**表 3-19 用户间距表**

| 出发 | 到达 | | | | |
|---|---|---|---|---|---|
| | 1 | 2 | 3 | 4 | 5 |
| 1 | ∝ | 1 | 7 | 4 | 3 |
| 2 | 2 | ∝ | 6 | 3 | 4 |
| 3 | 1 | 6 | ∝ | 2 | 1 |
| 4 | 1 | 5 | 4 | ∝ | 6 |
| 5 | 7 | 5 | 4 | 5 | ∝ |

以例 3-3 说明求解步骤。

第一步：令 $d(i,i)=\propto$，不存在通路的也记为∝，得距离阵，通常 $d(i,j)$ 与 $d(j,i)$ 不一定相同，即矩阵不一定对称。

第二步：对距离矩阵用匈牙利算法求解，若得到无环路的路线，则就是最优路线；若路线有环路，就不是最优路线，但所走总距离给出了旅行商问题总距离的下界。

在本例中，匈牙利算法求解过程为：

$$\begin{bmatrix} \infty & 1 & 7 & 4 & 3 \\ 2 & \infty & 6 & 3 & 4 \\ 1 & 6 & \infty & 2 & 1 \\ 1 & 5 & 4 & \infty & 6 \\ 7 & 5 & 4 & 5 & \infty \end{bmatrix} \begin{matrix} -1 \\ -2 \\ -1 \\ -1 \\ -4 \end{matrix} \rightarrow \begin{bmatrix} \infty & 0 & 6 & 3 & 2 \\ 0 & \infty & 4 & 1 & 2 \\ 0 & 5 & \infty & 1 & 0 \\ 0 & 4 & 3 & \infty & 5 \\ 3 & 1 & 0 & 1 & \infty \end{bmatrix} \rightarrow$$

$$\begin{matrix} & & & -1 & \end{matrix}$$

$$\begin{bmatrix} \infty & \boxed{0} & 6 & 2 & 2 \\ \Phi & \infty & 4 & \boxed{0} & 2 \\ \Phi & 5 & \infty & \Phi & \boxed{0} \\ \boxed{0} & 4 & 3 & \infty & 5 \\ 3 & 1 & \boxed{0} & \Phi & \infty \end{bmatrix}$$

得不考虑环路下的最优方案：

$$1\to2,2\to4,4\to1,3\to5,5\to3$$

所走总距离为：

$$1+3+1+1+4=10$$

可以看出上述路线存在环路，不是原问题的最优路线，但给出了原问题的下界 10。

第三步：出现环路时，打开节点个数最少的环路。即在此环路上考虑某段路线不通的各种情况，分别用匈牙利算法求解，其中距离最短又无环路的路线即为最优路线。

本例中，出现两个环路，1→2→4→1 和 3→5→3，打开节点数少的环路，分别令 $d(3,5)=\propto$ 和 $d(5,3)=\propto$ 求解。

当 $d(3,5)=\propto$ 时，用匈牙利算法求解。

$$\begin{bmatrix} \infty & 1 & 7 & 4 & 3 \\ 2 & \infty & 6 & 3 & 4 \\ 1 & 6 & \infty & 2 & \infty \\ 1 & 5 & 4 & \infty & 6 \\ 7 & 5 & 4 & 5 & \infty \end{bmatrix}\begin{matrix} -1 \\ -2 \\ -1 \\ -1 \\ -4 \end{matrix}\rightarrow \begin{bmatrix} \infty & 0 & 6 & 3 & 2 \\ 0 & \infty & 4 & 1 & 2 \\ 0 & 5 & \infty & 1 & \infty \\ 0 & 4 & 3 & \infty & 5 \\ 3 & 1 & 0 & 1 & \infty \end{bmatrix}\rightarrow$$

$$-1 \quad -2$$

$$\begin{bmatrix} \infty & \boxed{0} & 6 & 2 & \Phi \\ \Phi & \infty & 4 & \Phi & \boxed{0} \\ \Phi & 5 & \infty & \boxed{0} & \infty \\ \boxed{0} & 4 & 3 & \infty & 3 \\ 3 & 1 & \boxed{0} & \Phi & \infty \end{bmatrix}$$

可得无环路的最优方案：

$$5\rightarrow3\rightarrow4\rightarrow1\rightarrow2\rightarrow5$$

所走总距离为：

$$1+4+2+1+4=12$$

当 $d(5,3)=\propto$ 时，用匈牙利算法求解：

$$\begin{bmatrix} \infty & 1 & 7 & 4 & 3 \\ 2 & \infty & 6 & 3 & 4 \\ 1 & 6 & \infty & 2 & 1 \\ 1 & 5 & 4 & \infty & 6 \\ 7 & 5 & \infty & 5 & \infty \end{bmatrix}\begin{matrix} -1 \\ -2 \\ -1 \\ -1 \\ -5 \end{matrix}\rightarrow \begin{bmatrix} \infty & 0 & 6 & 3 & 2 \\ 0 & \infty & 4 & 1 & 2 \\ 0 & 5 & \infty & 1 & 0 \\ 0 & 4 & 3 & \infty & 5 \\ 2 & 0 & \infty & 0 & \infty \end{bmatrix}\rightarrow$$

$$-3$$

$$\begin{bmatrix} \infty & \boxed{0} & 3 & 3 & 2 \\ \boxed{0} & \infty & 1 & 1 & 2 \\ \Phi & 4 & \infty & 1 & \boxed{0} \\ \Phi & 4 & \boxed{0} & \infty & 5 \\ 2 & 0 & \infty & \boxed{0} & \infty \end{bmatrix}$$

得路线的最优方案：

$$1\rightarrow2,2\rightarrow1,3\rightarrow5,4\rightarrow3,5\rightarrow4$$

总距离为：

$$1+2+1+4+5=13$$

可以看到：上述方案出现环路 1→2→1 和 3→5→4→3，如果打开环路求解，其总距离一定不小于 13，而已经得到总距离为 12 的路线，故不必再作计算。

因此得上述旅行商的最优路线为：5→3→4→1→2→5，总距离为 12。

4. 旅行商问题的神经网络求解

虽然可以应用匈牙利算法求解旅行商问题，但是该方法需要进行多次试探，只适用于小规模的问题，而随着距离矩阵维数的增加，求解的时间将大量增长，求解的复杂度也急剧增加，该方法变得不再适用，此时可采用人工智能的方法——神经网络方法进行求解。

（1）连续 Hopfield 神经网络模型。

连续 Hopfield 神经网络模型如图 3-2 所示。第 $i$ 个神经元的输入为 $u_i$，输出状态为 $v_i$；运算放大器模拟神经元的转移函数 $g$（其中 $g$ 为 sigmoid 函数），跨导 $T_{ij}$模拟神经元之间互连的突触特性，电容 $c_i$及电阻 $R_i$ 用来模拟生物神经元的输出时间常数。设有 $n$ 个神经元互连，则可用下述非线性微分方程描述：

$$\begin{cases} c_i \dfrac{\mathrm{d}u_i(t)}{\mathrm{d}t} = \sum\limits_{i=1}^{n} T_{ij} v_j(t) - \dfrac{u_i(t)}{R_i} + I_i \\ v_i(t) = g(u_i) \end{cases} \tag{3-20}$$

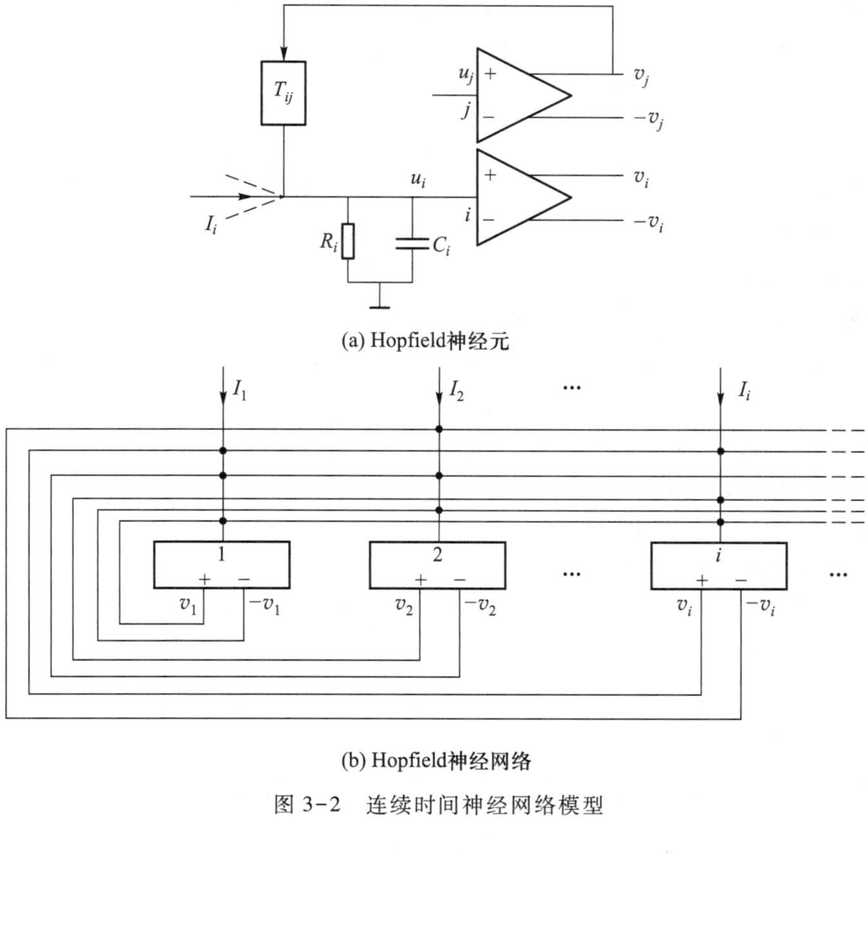


图 3-2 连续时间神经网络模型

对式(3-20)可以定义系统的能量函数为:

$$E = -\frac{1}{2}\sum_{i=1}^{n}\sum_{j=1}^{n}T_{ij}v_iv_j - \sum_{i=1}^{n}v_iI_i + \sum_{i=1}^{n}\frac{1}{R_i}\int_0^{v_i}g^{-1}(v)\mathrm{d}v \tag{3-21}$$

可以证明,对于该能量函数,恒有$\frac{\mathrm{d}E}{\mathrm{d}t}\leqslant 0$,即当 $t\to\infty$,网络达到稳态。显然应用网络的这一特性,可以进行优化问题的求解。求解时,只需将优化问题的目标函数转化成(3-21)式的形式,然后应用式(3-22)运算到网络收敛即可。通常在用 Hopfield 神经网络求解实际问题时,一般忽略能量式中的积分项,将能量函数简化为下式(3-22),以便目标函数的映射。

$$E = -\frac{1}{2}\sum_{i=1}^{n}\sum_{j=1}^{n}T_{ij}v_iv_j - \sum_{i=1}^{n}v_iI_i \tag{3-22}$$

(2) 神经网络求解旅行商问题。

对于 $n$ 个用户的 TSP 问题,任何一个用户在最终访问路径上的访问次序可用一个 $n$ 维向量表示,因此每一个用户可用 $n$ 个神经元表示。下面仍以例 3-3为例说明,如果用户 1 第 3 个被访问,则表示为 00100,即第三个神经元输出为 1,其余为 0。为了表示 $n$ 个用户,可简单地用 $n\times n$ 换位矩阵表示,如表 3-20 所示。

**表 3-20 换位矩阵**

| 用户 | 次序 | | | | |
|---|---|---|---|---|---|
| | 1 | 2 | 3 | 4 | 5 |
| 1 | 0 | 0 | 1 | 0 | 0 |
| 2 | 0 | 1 | 0 | 0 | 0 |
| 3 | 1 | 0 | 0 | 0 | 0 |
| 4 | 0 | 0 | 0 | 1 | 0 |
| 5 | 0 | 0 | 0 | 0 | 1 |

上述换位矩阵表示巡回线路为:3→2→1→4→5

巡回距离为:distance = d(3,2) +d(2,1) +d(1,4) +d(4,5)

显然,一条换位矩阵可表示一条有效路径,如果要构成一条有效的最短巡回路线,必然要求满足下列条件:

① 换位矩阵中每行只能有一个为“1”;

② 换位矩阵中每列只能有一个为“1”;

③ 换位矩阵中元素“1”之和应为 $n$;

④ 所构造的函数的极小值对应。

用 $n\times n=25$ 个神经元的输出 $v_{xi}(1\leqslant x\leqslant n,1\leqslant i\leqslant n)$ 表示换位矩阵中的某一元素(取值为“0”或“1”),其中 $x$ 表示用户,$i$ 表示访问次序,则可以写出与本问题对应的计算能量函数为:

$$E = \frac{A}{2}\sum_{x=1}^{n}\sum_{i=1}^{n}\sum_{j\neq i}^{n}v_{xi}v_{xj} + \frac{B}{2}\sum_{i=1}^{n}\sum_{x=1}^{n}\sum_{y\neq x}^{n}v_{xi}v_{yi} + \frac{C}{2}\left(\sum_{x=1}^{n}\sum_{i=1}^{n}v_{xi} - n\right)^2 + \frac{D}{2}\sum_{x=1}^{n}\sum_{y\neq x}^{n}\sum_{i=1}^{n}\mathrm{d}(x,y)v_{xi}(v_{y,i+1} + v_{y,i-1}) \tag{3-23}$$

式(3-23)中第1、2、3项对应于换位矩阵的条件①、②、③,第4项对应于条件④,即使路径最短的目标要求。$A$、$B$、$C$、$D$为4个正常系数,将式(3-23)写成如(3-22)所表示的Hopfield能量函数标准形式,得$T_{xi,yi}$的表达式和$I_{xi}$的值如下:

$$\begin{cases}T_{xi,yi}=-A\delta_{xy}(1-\delta_{ij})-B\delta_{ij}(1-\delta_{xy})-C-Dd(x,y)(\delta_{j,i+1}+\delta_{j,i-1})(1-\delta_{xy})\\ I_{xi}=CN\end{cases} \tag{3-24}$$

其中 $\delta_{xy}=\begin{cases}1 & if \quad x=y\\ 0\end{cases}$

由(3-23)得Hopfiled网络运行方程式如式(3-25):

$$\begin{cases}\dfrac{\mathrm{d}u_{xi}}{\mathrm{d}t}=-\dfrac{u_{xi}}{\tau}-C\left(\sum\limits_{x=1}^{n}\sum\limits_{j=1}^{n}v_{xj}-n\right)-A\sum\limits_{j\neq i}^{n}v_{xj}-B\sum\limits_{y\neq x}^{n}v_{yi}-\\ \qquad D\sum\limits_{y\neq x}^{n}d(x,y)(v_{y,i+1}+v_{y,i-1})\\ v_{xi}=g(u_{xi}),x=1,2,\cdots,n;i=1,2,\cdots,n\end{cases} \tag{3-25}$$

作用函数$g$选用sigmoid函数$g(u_{xi})=\dfrac{1}{2}[1+th(u_{xi}/u_0)]$,网络初始值可置为$u_{xi}=\dfrac{1}{n}$,在选择适当的系数$A,B,C,D,\tau$,进行迭代运算,得网络收敛稳定输出$v_{xi}$,即可获得巡回配送的最短路径。

## 本章小结

本章介绍了货物运输的五种方式和运营特征,集装化运输的概念、优越性和注意事项;从经济性、迅速性、安全性和便利性等四个指标介绍了运输方式选择的定量方法;介绍了通信技术、条形码、电子数据交换等运输新技术,并且详细阐述了运输管理、合理运输的相关内容;最后,介绍了货物运输优化问题的主要求解算法。

## 思考题

1. 物流运输子系统包括哪些运输方式?
2. 铁路、公路、水运、航空、管道运输各有哪些优点和缺点?其适应范围如何?
3. 随着各种运输方式的发展和经济结构调整,各种运输方式在承担社会运量中的变化趋势如何?
4. 做好运输管理工作的意义是什么?
5. 运输管理工作的原则有哪些?
6. 直拨运输的内涵及特点是什么?
7. 编制运输计划的原则是什么?
8. 运输技术管理主要包括哪些内容?
9. 合理运输的内涵是什么?

10. 简述组织合理运输对物流业和国民经济发展的意义。
11. 合理运输的组成要素有哪些?
12. 分区产销平衡运输的实质是什么?
13. 组织合理运输有哪些主要形式?
14. 集装箱运输的优越性是什么?
15. 集装化运输的定义是什么?
16. 组织集装化运输应注意哪些问题?
17. 综合分析题:2022年,国务院办公厅印发的《推进多式联运发展优化调整运输结构工作方案(2021—2025年)》(国为发〔2021〕54号),提出与2020年相比,实现到2025年全国铁路和水路货运量分别增长10%和12%左右,集装箱铁水联运量年均增长15%以上,其中,京津冀及周边地区、长三角地区、粤港澳大湾区等沿海主要港口利用疏港铁路、水路、封闭式皮带廊道、新能源汽车运输大宗货物的比例力争达到80%;晋陕蒙煤炭主产区大型工矿企业中长距离运输(运距500千米以上)的煤炭和焦炭中,铁路运输比例力争达到90%。请结合各种运输方式技术经济特征,分析如何通过合理运输,促进上述目标的实现。

即测即评

# 第4章 仓储管理

**本章学习目的**

了解存储的内涵和仓库作业流程；了解各种仓库设施的种类及设置要求；理解存储合理化的内容、仓库管理质量指标；掌握合理化储存的基本方法及基本存储确定型模型。

仓储管理包含两个概念：一是储存（storing）与保管，指物品离开生产过程但尚未进入消费过程的间隔时间内在仓库（泛指包括堆场、料库等储存处所）中的储存、保养和维护管理，二是库存控制与管理，以备及时供应。“存储”作为物流大系统的一个子系统，是十分重要的环节，具有“物品银行”“物品转运站”及物品供应的作用。从现代物流的角度研究和经营仓储，要考虑仓储规划与设施，存储技术与方法，物资订购与存储数量的适度性，涉及范围与知识面广泛而有深度。

## 4.1 储存概述

### 4.1.1 储存的作用

根据《物流术语》（GB/T 18354—2021）的定义，储存是贮藏、保护、管理物品。储存对于调节生产、消费之间的矛盾，促进商品生产和物流发展都有十分重要的意义。

1. “蓄水池”作用

仓库是物流过程中的“蓄水池”。无论生产领域、流通领域，都离不开储存，有亿万吨的商品、物质财富，平时总是处在储存状态，保管在生产或流通各个环节的仓库里，成为大大小小的“蓄水池”，以保证生产和流通的正常运行。

2. 时间效用

储存的目的是消除物品生产与消费在时间上的差异。生产与消费不但在距离上存在不一致性，而且在数量上、时间上存在不同步性，因此在流通过程中，产品（包括供应物流中的生产原材料）从生产领域进入消费领域之前，往往要在流通领域中停留一段时间，形成商品储存。同样，在生产过程中，原材料、燃料和工具、设备等生产资料和在制品，在进入直接生产过程之前或在两个工序之间,也有一小段停留时间,形成生产储备。这种储备保障了消费需求的及时性。而有了商品储备必然要求相应的商品保管。

3. 保存商品(物品)的使用价值和价值

由于进行科学保管和养护,使商品或产品的使用价值和价值得到完好的保存,也才能实现及时供货的意义。

库存商品看上去好像是静止不变的,但实际上受内因和外因两方面的影响和作用,它每一瞬间都在运动着、变化着。但这种变化是从隐蔽到明显、从量变到质变的,所以只有经过一段时间,发展到一定程度才能被发现。

库存商品的变化是有规律的。商品保管就是在认识和掌握库存商品变化规律的基础上,灵活有效地运用这些规律,采取相应的技术和组织措施,削弱和抑制外界因素的影响,最大限度地减缓库存商品的变化,以保存商品的使用价值和价值。

### 4.1.2 保管的任务

#### 4.1.2.1 库存商品(物品)的变化及损耗

商品(物品)存储在仓库内,不可能不发生变化。库存商品变化的形式主要有物理变化、化学变化和生物变化等。

库存商品的物理变化,是指只改变商品本身的外部形态,而不改变其本质,不生成新的物质的变化,如挥发、溶化、熔化、干燥和变形等。

库存商品的化学变化不仅改变物质的外部形态,而且改变物质的性质,并生成新的物质。库存商品常见的化学变化主要有化合、水化、分解、水解、氧化、聚合、老化和风化等。

库存商品的生物变化,是指库存商品受到生物和微生物的作用所发生的变化,如虫蛀、鼠咬、霉变、腐朽和腐败等。

库存商品的损耗包括有形损耗与无形损耗。

有形损耗指库存商品不使用而产生的损耗。按其损耗的原因又分为异常损耗和自然损耗。由于非正常原因,如对商品保管不善、装卸搬运不当、管理制度不严所造成的锈蚀、变质、破损、丢失、燃烧等称为有形损耗。而自然损耗,是指商品在储存过程中,由于受自然因素的影响,本身发生物理或化学变化,所造成的不可避免的自然减量。其主要表现为干燥、风化、挥发、黏结、散失和破碎等。

库存商品的自然损耗是不可避免的,但其损耗量应控制在规定的标准之内,若超出规定的标准,则视为不合理的损耗。衡量商品的自然损耗是否合理的标准是自然损耗率。自然损耗率是指在一定时间内和一定条件下,某种商品的损耗量与该商品库存量的百分比。不同商品在不同时间、不同条件下的自然损耗率是不同的。

无形损耗指由于更新、更好、更廉价的同类产品进入市场,致使库存商品贬值而产生的损耗。如机电产品、电子器件、时尚消费品由于更新换代比较快,新的产品出现后,库存中同种类原产品就会贬值甚至报废,造成无形损耗。

库存商品的无形损耗所造成的损失是巨大的,从某种意义上讲,减少库存商品的无形损耗比减少其有形损耗更为重要。

#### 4.1.2.2 库存商品（物品）发生变化的因素

导致库存商品(物品)发生变化、损耗的原因,归纳起来有内因和外因两方面。

1. 内因

库存商品(物品)发生变化、损耗的内因主要指物品的化学成分、结构形态、物理化学性质、机械及工艺性质等。

物品的化学成分不同,或者相同成分但成分的含量不同,都会影响物品的基本性质及抵抗外因侵蚀的能力。如普通低碳素钢中加入适量的铜和磷的成分,就能提高其抗腐蚀性能。

物品的结构是指其原材料结构,通常分为晶体结构和非晶体结构;物品的形态主要分为固态、液态和气态。不同的结构形态的物品,产生的变化形式和程度都不相同。

物品的物理化学性质由其化学成分和结构决定,表现的物理性质有挥发性、吸湿性、水溶性、导热性等;表现的化学性质有结构稳定性、燃烧性、爆炸性、腐蚀性等。

物品的机械性质是指其强度、硬度、韧性、脆性、弹性等;物品的工艺性质是指其加工程度和加工精度。不同机械及工艺性质的物品,其变化程度不同。

2. 外因

库存商品(物品)发生变化、损耗的外因很多,主要指温度、湿度、日光、大气、生物与微生物。

适当的温度是物品发生物理变化、化学变化和生物变化的必要条件。对于易燃品、自燃品,温度过高容易引起燃烧;含有水分的物质,温度过低则会结冰等。

大气的湿度对物品的变化影响也很大。怕湿的物品受潮,如金属会生锈、水泥会结块硬化等;怕干的物品如果过于干燥会开裂、变形等。

日光实际上是太阳辐射的电磁波,按其波长有紫外线、可见光和红外线之分。紫外线能量最强,它可促使高分子材料老化、油脂酸败、褪色等;可见光和红外线能量较弱,能加速物品发生物理、化学变化。

大气由干洁空气、水气、固体杂质所组成。空气中的氧气、二氧化碳、二氧化硫等,大气中的水汽、固体杂质等,都对物品有很大危害作用。

致使物品发生生物变化的生物指白蚁、老鼠、鸟类等,微生物主要有霉菌、木腐菌、酵母菌、细菌等。它们使有机物质发霉、使木材及木制品腐朽等。

内因是库存商品发生变化的决定因素,但外因通过内因起作用,作为商品保管工作,就是要采取技术措施,抑制外因,以减少、减缓库存商品(物品)的变化与损耗。

#### 4.1.2.3 商品（物品）保管的任务

商品保管的基本任务是,根据商品本身的特性及其变化规律,合理规划并有效利用现有仓储设施,采取各种行之有效的技术与组织措施,确保库存商品的质量与安全。其具体任务包括以下几方面。

1. 规划与配备仓储设施

仓储设施主要包括仓库建筑物和有关保管设备。对仓储设施要有全面规划,包括库区的平面布局、仓库建筑物的结构特点和保管设备类型等的确定。

2. 制定商品储存规划

商品储存规划是根据现有仓储设施和储存任务,对各类、各种商品的储存在空间和时间上作出全面安排,如分配保管场所、布置保管场所、建立良好的保管秩序等。合理的储存规划是进行科学养护的前提。

3. 提供良好的保管条件

各种商品具有不同的物理化学性质,要求相应的、良好的保管条件和保管环境,即要为商品保管创造一个温度和湿度适宜,有利于防锈、防腐、防霉、防虫、防老化、防火和防爆的小气候。

4. 进行科学的保养与维护

根据不同的库存商品,采取一定的防治措施,抑制其变化,减少损失。如金属涂油防锈、有机物的防霉与救治、仓库害虫的杀灭、机电设备的检测与保养等。

5. 掌握库存商品信息

商品保管,除了对商品实体的保管,还要对商品信息进行管理。信息流和物流是密不可分的,信息流是物流的前提。在商品保管中,实物和信息两者必须一致。库存商品信息管理,主要包括各种原始单据、凭证、报表、技术证件、账卡、图纸、资料的填制、整理、保存、传递、分析和运用。

6. 建立健全必要的规章制度

建立健全有关商品保管的规章制度是做好商品保管的一个重要方面,如岗位责任制、经济责任制、盘点制、奖惩制等。

### 4.1.3 仓库

《物流术语》(GB/T 18354—2021)对仓库的表述是:仓库是指用于储存、保管物品的建筑物和场所的总称。

仓库是以库房、货场及其他设施、装置为劳动手段,对商品、货物、物资进行收进、整理、储存、保管和分发的场所,在工业中则是指储存各种生产需用的原材料、零部件、设备、机具和半成品、产品的场所。

#### 4.1.3.1 仓库分类

(1) 按使用对象及权限分为:自备仓库、营业仓库、公共仓库。

(2) 按所属的职能分为:生产仓库、流通仓库。

(3) 按结构和构造分为:平房仓库、楼房仓库、高层货架仓库、罐式仓库。

(4) 按技术处理方式及保管方式分为:普通仓库、冷藏仓库、恒温仓库、露天仓库、水上仓库、危险品仓库、散装仓库、地下仓库。

(5) 特种仓库:移动仓库、保税仓库、战略储备仓库。

按照《通用仓库等级》(GB/T 21072—2021),中国仓储与配送协会从仓库设施条件、从业人员素质、服务功能、管理水平四个方面对不同等级的仓库提出划分条件,将通用仓库划分为一星至五星5个等级。截至2023年底,通过《通用仓库等级》(GB/T 21072—2021)认证的星级仓库面积约6 000万平方米。

#### 4.1.3.2 仓库设施

不同功能的仓库需要配备不同的与其功能相适应的设备和设施,此处所述的是一般应具备的基本设施。

1. 计量装置

仓库中使用的计量装置种类很多,主要有以下几种。

（1）重量计量设备，如各种磅秤和电子秤等。

（2）流体容积计量设备，如流量计量仪和液面液位计量仪等。

（3）长度计量设备，如检尺器和自动长度计量仪等。

（4）个数计量装置，如自动计数器及自动计数显示装置等。

（5）还有综合的多功能计量设备和计量装置等。常用的有如下几种。

① 轨道衡。这是对地面车辆、铁道车辆载货计重的衡器，常用的有机械式及电子式的两类。

② 电子秤。这是电子衡器之一，按用途不同有吊秤、配料秤、皮带秤、台秤等。在物流领域中，配合起重机具在起吊货物时同时计重的吊钩秤使用较多，在工厂物流中，配料秤使用较多。

③ 核探测仪（核子秤）。这是利用核辐射的射线对物料进行探测，电离室将透过的射线转换为电信号，由微机进行处理，可以显示、打印，用以计量重量及容积的装置。

④ 出库数量显示装置。这是一种计数的计量装置，安装于多品种、少批量、多批次的拣选式货架上，每当取出一件，相应的显示装置上就显示出数量指示，可观察显示装置确认拣选数量、库存数量，如果和电子计算机联机，则可由计算机立即汇总、记录。用这种装置可以防止计数的混乱及差错，所以应用很广泛。

2. 货架

货架是仓库中常用的装置，是由立柱、隔板或横梁等结构组成的储物设施。货架是仓库面积的扩大和延伸，与货物直接置于地面存放相比，货架可以成倍或几十倍扩大实际的储存面积。因此，在仓库中采用货架这种设施，可提高仓库能力。货架主要有以下类型。

（1）固定式货架。固定式货架主要包括：① 通用货架。分为层架、层格架、抽屉架等；② 专用货架。分为悬臂架、栅型架、格架等；③ 双层棚架。可分为立柱支撑和料架支撑；④ 高层货架。可分为整体式和分立式。

（2）移动式货架。移动式货架主要包括水平直线式移动货架、水平旋转式移动货架和垂直旋转式移动货架。

3. 料棚（货棚）

料棚是供存储某些物品的简单建筑物，一般没有或者只有部分围墙。

料棚是一种半封闭式的建筑或装置。其造价低、建造方便、建造速度快，适于某些对环境条件要求不高的物资的存放或适于一些物资的临时存放。

料棚按其结构特点和工作方式，主要有以下两类：

（1）固定式料棚。建造成不可移动的半永久性建筑，立柱、棚顶都是不可移动的，进出货从料棚侧部进行。

（2）活动料棚，没有固定的基础和立柱，棚顶及围护结构组成一个圆弧形或 II 字形的整体，围护结构安装滚动或滑动装置，可沿轨道或按一定线路运动。一定尺寸的料棚成为一节，使用时，许多节料棚互相搭接在一起。装货、取货时，只需将料棚移开，就能方便地作业了。作业时可用机械进行货物垂直移动，所以，活动料棚之间的通道可以较窄，料场利用率较高。

4. 线路和站台

货场内的线路、站台是仓库进发货的必经之路，也是仓库运行的基本保证条件。

(1) 线路。线路要能满足进出货运量的要求,不造成拥挤阻塞。线路形式主要有两种。

① 铁道专用线。简称专用线,与铁路网相接直接连接仓库。

② 汽车线。和公路干线相接的汽车线路,可以伸入到仓库内部甚至库房中。

(2) 站台。站台是指线路与仓库之间用于进出车辆、装卸货物的衔接设施。货运站台主要有两种形式。

① 高站台。站台面与车辆内底板等高,便于人工装卸。

② 低站台。站台面低于车辆内底板,便于散货卸车。

5. 储存容器

(1) 储仓。又称料仓,是专门用于存放粉状、颗粒状、块状等散状非包装物品的刚性容器。它是一种密存型存储设施,全部仓容都可用于储存物资。由于采用全封闭结构,储仓的防护、保护效果非常好。粮食、水泥、化肥等常采用这种存储设施。

(2) 储罐。是专门用于存放液体、气体物品的刚性容器。这里所说的储罐也是一种密存型存储设施,全部仓容都可用于存储,储罐大多采用全封闭结构,隔绝效果及防护效果都很好。储罐用于储存油料、液体化工材料、煤气等。

#### 4.1.3.3 自动化立体仓库

自动化立体仓库,是当前技术水平较高的形式。自动化立体仓库的主体由货架,巷道式堆垛起重机、入(出)库工作台和自动运进(出)的操作控制系统组成。货架是钢结构或钢筋混凝土结构的建筑物或结构体,货架内是标准尺寸的货位空间,巷道堆垛起重机穿行于货架之间的巷道中,完成存、取货的工作。管理上采用计算机及条形码技术。

自动化立体仓库大大提高了仓储管理、物资调动和作业的准确率,同时提高了物流速度。大量的管理信息由计算机数据库系统存储,计算机控制自动设备连续作业,并由计算机的逻辑判断进行合理的货位选择,保证了仓储管理的高效率。

自动化立体仓库一般由高层货架、起重运输设备、土建公用设施以及控制和管理设施等部分组成,示意图见图 4-1。

1. 自动化立体仓库的分类

(1) 按照建筑形式,自动化立体仓库可分为整体式和分离式。

整体式立体仓库高度在 12 m 以上,其仓库货架与仓库建筑物构成一个不可分割的整体,外墙既是货架,又是库房屋顶的支撑,如图 4-2(a)所示。

分离式立体仓库高度在 12 m 以下,但也有 15 m~20 m 的。分离式仓库的货架是独立的,主要用于高度不大或已经有建筑物的情况,如图 4-2(b)所示。

(2) 按照库房高度,自动化立体仓库可分为高层、中层和低层。5 m 以下为低层,5~15 m 为中层,15 m 以上为高层。

(3) 按照库存容量,自动化立体仓库可分为大、中、小型。库存容量在 2 000 托盘(货箱)以下的为小型,2 000~5 000 托盘的为中型,5 000 托盘以上的为大型。

(4) 按照控制方法,自动化立体仓库可分为手动控制、自动控制和遥控。

(5) 按照仓库在生产和流通中作用分类,自动化立体仓库分为单纯储存用的仓库和储存兼选配的仓库。

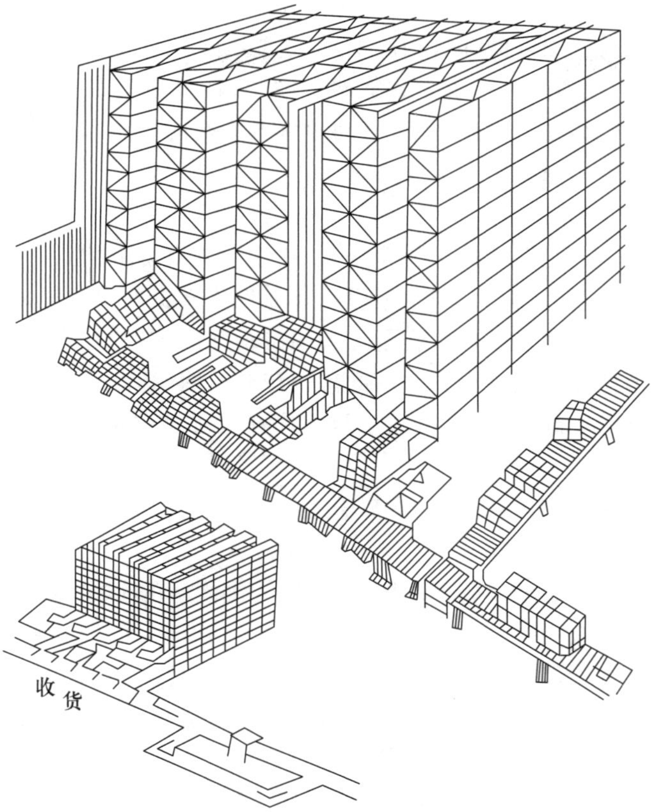


图 4-1 自动化立体仓库构成

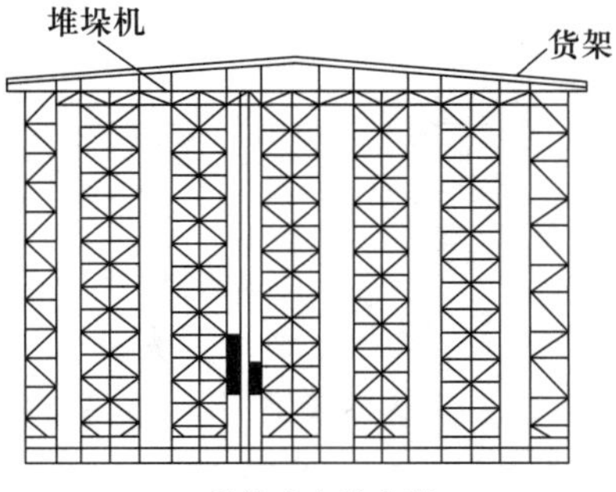


(a) 整体式立体仓库

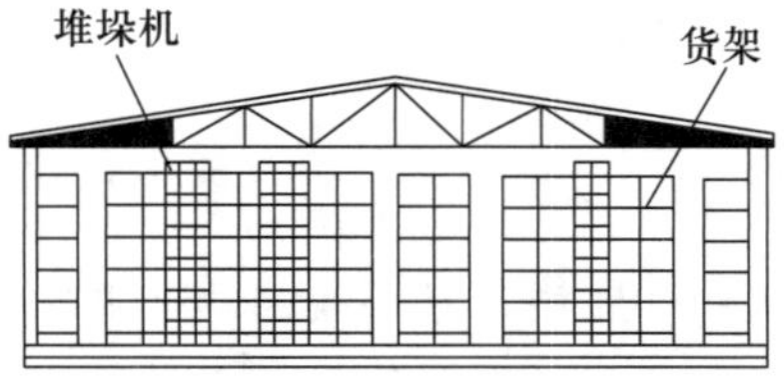


(b) 分离式立体仓库

图 4-2 立体仓库的建筑形式

单纯储存用的仓库中的货物以单元形式在货架上储存一定的时间,需要时便出库,主要应用于生产和储备。储备兼选配的仓库一般用于流通领域中的商品配送。

(6) 按照货架的形式,自动化立体仓库可分为单元式货架仓库、活动式货架仓库、重力式货架仓库和拣选式货架仓库等。

单元式货架仓库特点是货架沿仓库的宽度方向分成若干排,每两排货架为一组,其间有一条巷道,供堆垛起重机或其他起重机械作业。每排货架沿仓库长度方向分为若干列,沿垂直又分为若干层,从而形成大量货格,用以储存货物。活动式货架仓库的货架是可动的,其货架可在轨道上移动,使仓库面积利用率提高。在重力式货架仓库中,存货通道带有一定的坡度,由入库起重机装入通道的货物单元能够在自重作用下,自动地从入库端向出库端移动,直至通道的出库端或者碰到已有的货物单元停住为止。

2. 自动化立体仓库的优点

自动化立体仓库得以迅速发展的主要原因,就在于它具有如下优点。

(1) 货物存放集中化、立体化、减少占地面积。在地价昂贵的国家里,其效果尤为显著。

(2) 仓库作业的机械化和自动化减轻了工人的劳动强度,节约劳力,缩短作业时间。

(3) 物品出入库迅速、准确、减少了车辆的待装待卸时间,提高了仓库的存储周转能力。

(4) 采用电子计算机控制与管理,有利于压缩库存和加速物品的周转,降低了储存费用,从而降低了产品成本。

(5) 可以适应特殊环境下的作业,如高温、低温作业,剧毒、放射性和腐蚀性等物资的储存等。

(6) 提高仓库的安全可靠性,便于进行合理储存和科学的养护,提高保管质量,确保仓库安全。

(7) 由于采用计算机管理,加快了处理各种业务活动的速度,缩短了交货时间。

总之,由于自动化立体仓库这一新技术的出现,使原来那种固定货位、人工搬运和码放、人工管理、以储存为主的仓储作业,改变为自由选择货位、可按需要实现先进先出的机械化与自动化仓储作业。在储存同时,可以对货物进行必要的拣选、组配,并根据整个企业生产的需要,有计划地将库存物按指定的数量和时间要求送到恰当地点,满足均衡生产的需要,可以说自动化立体仓库的出现使“静态仓库”变成了“动态仓库”。

## 小资料

### 蒙牛乳业公司自动化立体仓库

内蒙古蒙牛乳制品自动化立体仓库由 2004 年验收通过,是蒙牛乳业公司委托太原刚玉物流工程有限公司设计制造的第三座自动化立体仓库。根据用户存储温度的不同要求,该库划分为常温和低温两个区域。常温区保存鲜奶成品,低温区配置制冷设备,恒温 4℃,存储瓶酸奶。按照生产—存储—配送的工艺流程及奶制品的工艺要求,最终确定库区划分为入库区、储存区、托盘(外调)回流区、出库区、维修区和计算机管理控制室 6 个区域。入库区由 66 台链式输送机、3 台双工位高速穿梭车组成;储存区包括高层货架和 17 台巷道堆垛机;托盘(外调)回流区分别设在常温储存区和低温储存区内部,由 12 台出库口输送机、14 台入库口输送机、巷道堆垛机和货架组成;出库区设置在出库口外端,分为货物暂存区和装车区,由 34 台出库输送机、叉车和运输车辆组成;维修区设在穿梭车轨道外一侧,在某台穿梭车更换配件或处理故障时,其他穿梭车仍旧可以正常工作;计算机控制室设在二楼,用于出入库登记、出入库调度、管理和联机控制。库区面积 8 232 平方米,货架最大高度 21 米,托盘尺寸 1 200 毫米×1 000 毫米,库内货位总数 19 632

个。其中,常温区货位数 14 964 个;低温区货位数 4 668 个。入库能力 150 盘/小时,出库能力 300 盘/小时。出入库采用联机自动。

## 4.2 仓库管理

### 4.2.1 仓库作业流程

仓库的技术作业过程,大体上可分为收货→保管→发货三个阶段。按其作业顺序可具体分为:物资提运(或接运)、卸车、搬运、检验、入库、保管保养、备货、包装、出库集中、装车、发运等作业环节。按其作业性质可归纳为:货物检验、保管保养、装卸搬运、流通加工、包装和运输等内容。上述作业阶段或作业环节,相互联系相互制约,形成一个完整的仓储作业系统(见图 4-3)。

科学技术的不断发展,促使仓库机能也不断发展和完善。仓库在各个领域的作用越来越重要,"仓库"和"保管"的含义也正在逐步改变,从而对仓库管理提出了更高的要求:根据生产和流通的客观规律,合理地组织各种物料的储存;准确迅速地组织好产品的入库、出库业务,努力提高仓库的利用率;提高库存物质的保管和养护、维修、配送;确保安全,提高效率;加速周转,提高经济效益。

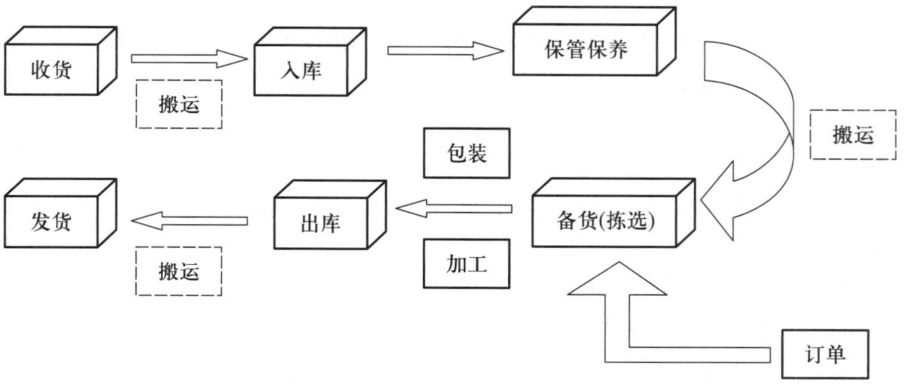


图 4-3 仓库作业流程图

### 4.2.2 物资维护保养

货物维护保养是通过一定的环境条件及具体技术措施,保持使用价值。维护保养工作主要有以下几项。

1. 创造适合于物资储存的环境条件

(1) 温度条件。温度升高会促进各种类型的化学反应,也会影响形态变化(如软化),造成储存物资的变化。根据不同物资确定不同的限制温度。

(2) 湿度条件。各种物资在一定含水率范围内能安全储存,控制储存环境湿度,使物资处于安全水分范围内,起到保护作用。

(3) 密封隔离条件。储存物资与其他外界物资的接触,是物资在储存期间劣化的因素之一,有的储存物需要在一定密封条件下才能保证质量。密封也能有效地创造一个适宜的湿度条件,对物资起到保护作用。

2. 对部分所存物资进行个别技术处置

(1) 个别物品的封装。需要特殊防护的物资,当环境条件不能满足要求时,可以进行个别封装,为其单独创造条件。

(2) 物资表面的喷涂防护。在物资表面涂油及喷施一层隔绝性物质,可以有效地将所存物资与环境条件隔离开来,起到维护作用。

(3) 物资表面施以化学药剂。化学药剂的种类不同,可以起到防霉、防虫、防鼠作用。

(4) 气相防锈保护。在金属表面或四周施以挥发性缓蚀剂,由其在金属制品周围挥发出缓蚀气体,达到防锈目的。

(5) 喷水增湿降温。在环境湿度或温度失控状况下,可以小面积个别喷水或浸水,以迅速防止化学反应的激烈进行,达到维护保养目的。

3. 进行救治防护

对已经发生变质损坏的物资,采取各种救治措施,以防止损失的放大,救治措施有除锈、破损修复、霉变的晾晒等。

### 4.2.3 合理化储存

储存合理化的含义是用最经济的办法实现储存的功能。但是,储存的不合理又往往表现在对储存功能实现的过分强调,因而过分投入储存力量和其他储存劳动,所以,合理储存的实质是在保证储存功能实现的前提下尽量少投入。

#### 4.2.3.1 储存合理化的主要标志

(1) 质量标志。保证被储存物的质量,是完成储存功能的根本要求,只有这样商品的使用价值才能得以最终实现。

(2) 数量标志。在保证功能实现前提下有一个合理的数量范围。目前管理科学的方法已能在各种约束条件下,对合理数量范围做出决策。

(3) 时间标志。在保证功能实现前提下,寻求一个合理的储存时间,往往用周转速度指标来反映时间标志,如周转天数、周转次数等。

(4) 结构标志。从被储物不同品种、不同规格、不同花色的储存数量比例关系对储存合理性的判断。尤其是相关性很强的各种物资之间的比例关系更能反映储存合理与否。

(5) 分布标志。指不同地区储存的数量与当地需求比来判断对需求的保障程度。

(6) 费用标志。仓租费、维护费、保管费、损失费、资金占用、利息支出等,都能从实际费用上判断储存合理与否。

#### 4.2.3.2 储存合理化的实施

ABC 分析法是储存合理化的基础分析方法,在此基础上可以进一步解决各类的结构关系、储存量、重点管理、技术措施等合理化问题;ABC 分析法的应用,在储存管理中比较容易取得以下成效:第一,压缩总库存量;第二,解放被占压的资金;第三,使库存结构合理化;第四,节约管理力量。

1. ABC 分析法的一般步骤

(1) 收集数据。按分析对象和分析内容收集有关数据。例如,要分析产品成本,则应收集产品成本因素、产品成本构成等方面的数据;要分析针对某一系统的价值工程,则应收集系统中各局部功能、各局部成本等数据。

本例(表 4-1 和表 4-2)拟对库存物品的平均资金占用额进行分析,以了解哪些物品占用资金多,以便实行重点管理。应收集的数据为:每种库存物资的平均库存量、每种物资的单价等。

(2) 处理数据。对收集来的数据资料进行整理,按要求计算和汇总。本例以平均库存乘以单价,求算各种物品和平均资金占用额。

(3) 制作 ABC 分析表。ABC 分析表(表 4-1)栏目构成如下:第一栏为物品名称;第二栏为品目数累计,即每一种物品皆为一个品目数,品目数累计实际就是序号;第三栏为品目数累计百分数,即累计品目数对总品目数的百分比;第四栏为物品单价;第五栏为平均库存;第六栏是第四栏单价乘以第五栏平均库存,为各种物品平均资金占用额;第七栏为平均资金占用额累计;第八栏为平均资金占用额累计百分数;第九栏为分类结果。

**表 4-1 储存物为 36 种的 ABC 分析表**

| 一栏 | 二栏 | 三栏 | 四栏 | 五栏 | 六栏 | 七栏 | 八栏 | 九栏 |
|---|---|---|---|---|---|---|---|---|
| 物品名称 | 品目数累计 | 品目数累计(%) | 单价(元/千克) | 平均库存(千克) | 平均资金占用额(元) | 平均资金占用额累计(元) | 平均资金占用额累计(%) | 分类结果 |
| ×× | 1 | 2.78 | 480 | 3 820 | 1 833 600 | 1 833 600 | 60.5 | A |
| ×× | 2 | 5.55 | 200 | 1 060 | 212 000 | 2 045 600 | 67.4 | A |
| ×× | 3 | 8.33 | 45 | 3 820 | 171 900 | 2 217 500 | 73.1 | A |
| ×× | 4 | 11.11 | 35 | 3 020 | 105 700 | 2 323 200 | 76.6 | A |
| ×× | 5 | 13.89 | 30.5 | 3 410 | 104 005 | 2 427 205 | 80.0 | B |
| ×× | 6 | 16.67 | 46.7 | 1 470 | 68 649 | 2 495 854 | 82.3 | B |
| ×× | 7 | 19.44 | 14 | 4 880 | 68 320 | 2 564 174 | 84.5 | B |
| ×× | 8 | 22.22 | 13 | 5 220 | 67 860 | 2 632 034 | 86.8 | B |
| ×× | 9 | 25.00 | 10.2 | 4 880 | 49 776 | 2 681 810 | 88.4 | B |
| ×× | 10 | 27.78 | 38 | 1 060 | 40 280 | 2 722 090 | 89.7 | B |
| ×× | 11 | 30.55 | 10.1 | 3 820 | 38 582 | 2 760 672 | 91.0 | B |
| ×× | 12 | 33.33 | 7.0 | 4 880 | 34 160 | 27 948 32 | 92.1 | B |
| ×× | 13 | 36.11 | 21.5 | 1 470 | 31 605 | 2 826 437 | 93.2 | C |
| ×× | 14 | 38.89 | 25 | 1 060 | 26 500 | 2 852 937 | 94.1 | C |
| ×× | 15 | 41.67 | 5.4 | 4 880 | 26 352 | 2 879 289 | 94.9 | C |
| ×× | 16 | 44.44 | 1.9 | 9 760 | 18 544 | 2 897 833 | 95.5 | C |
| ×× | 17 | 47.22 | 1.1 | 11 460 | 12 606 | 2 910 439 | 96.0 | C |
| ⋮ | ⋮ | ⋮ | ⋮ | ⋮ | ⋮ | ⋮ | ⋮ | C |
| ×× | 36 | 100 | | | | 3 033 000 | 100 | |

制表按下述步骤进行:将第 2 步已算出的平均资金占用额,以大排队方式,由高至低填入表中第六栏。以此栏为准,将相关物品名称填入第一栏、物品单价填入第四栏、平均库存填入第五栏,在第二栏中按 1、2、3、4……编号,则为品目累计;然后,计算品目数累计百分数,填入第三栏;计算平均资金占用额累计,填入第七栏;计算平均资金占用额累计百分数,填入第八栏。

(4) 根据 ABC 分析表确定分类。按 ABC 分析表,观察第三栏累计品目百分数和第八栏平均资金占用额累计百分数,将累计品目百分数为 5%~15%而平均资金占用额累计百分数为 60%~80%的前几个物品,确定为 A 类;将累计品目百分数为 20%~30%,而平均资金占用额累计百分数也为 20%~30%的物品,确定为 B 类;其余为 C 类,C 类情况和 A 类相反,其累计品目百分数为 60%~80%,而平均资金占用额累计百分数仅为 5%~15%。

(5) 绘 ABC 分析图。以累计品目百分数为横坐标,以累计资金占用额百分数为纵坐标,按 ABC 分析表第三栏和第八栏所提供的数据,在坐标图上取点,并连接各点曲线,则绘成如图 4-4 所示的 ABC 曲线。

按 ABC 分析曲线对应的数据和 ABC 分析表确定 A、B、C 三个类别的方法,在图上标明 A、B、C 三类,则制成 ABC 分析图。在管理时,如果认为 ABC 分析图直观性不强,也可绘成如图 4-5 所示的直方图。

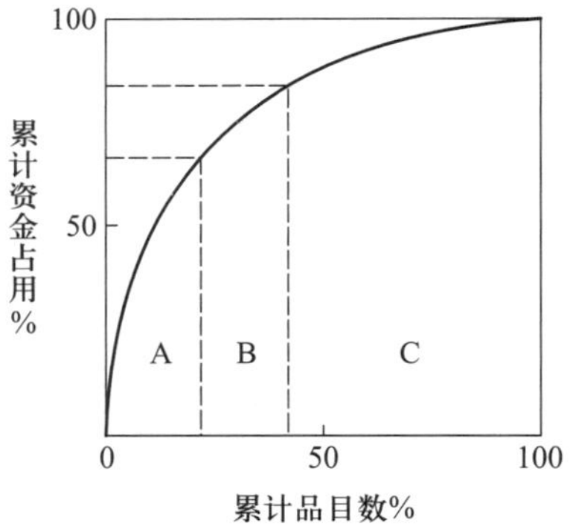


图 4-4 ABC 分析图

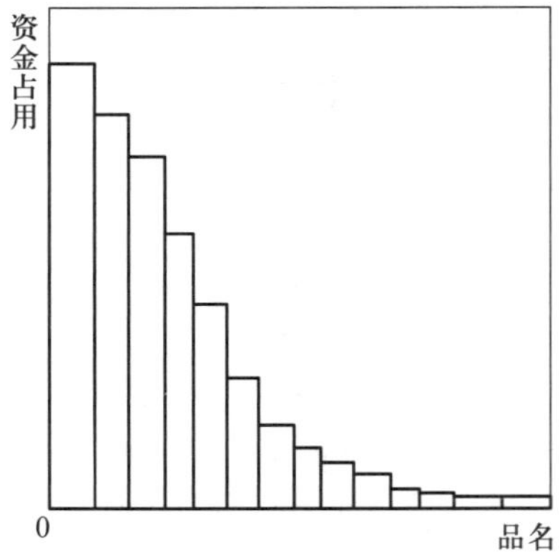


图 4-5 直方图

(6) 确定重点管理要求。ABC 分析结果,只是理顺了复杂事物,搞清了各局部的地位,明确了重点。但是,ABC 分析主要目的更在于解决困难,它是一种解决困难的技巧,因此,在分析的基础上必须提出解决的办法,才真正达到 ABC 分析的目的。目前,许多企业为了应付验收检查,形式上搞了 ABC 分析,虽对了解家底起了一些作用,但并未真正掌握这种方法的真谛,未能将分析转化为效益。

按 ABC 分析结果,再权衡管理力量与经济效果,对三类库存物品进行有区别的管理,表 4-2 为减少资金占用、依靠压缩库存方式所制定的管理标准,可供参考。

表 4-2 重点管理要求

| 分类结果 | 管理重点 | 订货方式 |
| --- | --- | --- |
| A 类 | 为了压缩库存,投入较大力量精心管理,将库存压到最低水平 | 计算每种物品的订货量,采用定期订货方式 |
| B 类 | 按经营方针调节库存水平,例如,要降低水平时,就减少订货量和库存 | 采用定量订货方式 |
| C 类 | 集中大量地订货,不费太多力量,增加库存储备 | 双仓法储存,采用订货点法进行订货 |

2. 多重与多标准 ABC 分析

目前,我国对 ABC 分析的原理、方法研究得尚不够透彻,在应用上也不甚灵活,有人甚至产生一些误解,认为 ABC 分析只能分成三类,只能按固定模式进行。其实,ABC 分析还有许多灵活、深入的方法。例如:

第一,分层的 ABC 分析。在物品种类较多,无法全部排列于表中,或即使可以排成大表,但必要性不大的情况下,也可以先进行品目的分层,以减少项数,再根据分层结果将 A 类品目逐一列出,进行个别的、重点管理。

以某仓库库存品目 3 439 种的 ABC 分析为例,用分层方法进行分层排列的 ABC 分析表,如表 4-3 所示。

第二,多种分类方法。除了按计算结果分成 ABC 三类外,在运用中也常根据对象事物的特点,采取分成三类和六类以上的方法。例如,分成五类、十类等。

以上方法都是一般 ABC 分析方法的简单延伸,实际上,在实际工作中常常遇到更复杂情况,例如,分类要满足这样的实际要求:不止一个目标,而是多个目标,只按库存金额这一个目标进行单重分类并不能解决其他管理问题。在这种情况下可以应用多标准分析,在品目太多时也可进行多重多标准 ABC 分析。

(1) 多重 ABC 分析。多重 ABC 分析是在第一次 ABC 分析基础上,再进行一次 ABC 分析。

仍以表 4-3 的分析为例,分层的 ABC 分析中 A 类的品目种类有 346 种,对于管理工作来讲,这仍然是一个庞大的数字,在这 346 种物品的集合中,仍然会遵循“关键的少数和一般的多数”的规律,因此,可以对这一集合群再做一次 ABC 分析(二重分析),其结果,原 A 类中又划分出 A、B、C 三类,分别冠以 A-A、A-B、A-C,以使管理者了解 A-A 为重中之重,在管理上确定对应的有效管理方法。同样,在 B 类中如果也需进行分区的话,可按同样道理,划分出 B-A、B-B、B-C 三类。C 类本来属于“一般多数”,在管理上往往不需细化,所以一般而言,C 类不再进行二重分析,但是如果管理者认为有必要进行这一分析,则也可分成 C-A、C-B、C-C 三类。

表 4-3 分层的 ABC 分析表

| 按平均资金占用额的分层范围(百元) | 品目数 | 品目累计数 | 品目累计(%) | 平均资金占用额(百元) | 平均资金占用额累计(百元) | 平均资金占用额累计(%) | 分类结果 |
|---|---|---|---|---|---|---|---|
| >6 | 260 | 260 | 7.5 | 5 800 | 5 800 | 69 | A |
| 5-6 | 86 | 346 | 9.9 | 500 | 6 300 | 75 | A |
| 4-5 | 55 | 401 | 11.7 | 250 | 6 550 | 78 | B |
| 3-4 | 95 | 496 | 14.4 | 340 | 6 890 | 82 | B |
| 2-3 | 170 | 666 | 19.4 | 420 | 7 310 | 87 | B |
| 1-2 | 352 | 1 018 | 29.6 | 410 | 7 720 | 92 | B |
| <1 | 2 421 | 3 439 | 100 | 670 | 8 390 | 100 | C |

于是,按二重 ABC 分析,实际形成了七类或九类的分类。

七类分类:A-A、A-B、A-C、B-A、B-B、B-C、C。

九类分类:A-A、A-B、A-C、B-A、B-B、B-C、C-A、C-B、C-C。

在品目种类非常多的情况下,还可以进行第三重、第四重分类。

(2) 多标准 ABC 分类。在实际工作中,管理目标往往不是一个,例如,一般管理,往往看重物品价值,按价值进行分类,但是,单价高的物品,可能数量并不大,因此按总价值为目标的分类就会有不同分类结果,还有更复杂的情况,在一个企业中,有的人关心价值;有的人或部门关心各种物品的供货保证程度,因为虽然物品价值可能不高,但一旦出现供应的中断会带来巨大损失,所以他们希望能按这种供应保证程度或供应中断的风险大小进行 ABC 分析,以正确地确定不同的管理方法;企业中的仓库管理人员还可能关注保管的难易程度或物品在仓库中可能损坏的程度,希望以此为目标进行分类,以分别制定管理办法。

不同的要求形成了不同的标准,如果分别按不同的标准分类,可能是同一集合的物品,处于若干不同的分类结果,这无疑会造成分类的混乱,反而会增加管理难度,违背了分类的初衷。多目标分析分类方法,就是针对这种情况的分类方法。

多标准 ABC 分类的基本原理可以双标准 ABC 分类为代表,其具体做法如下。

① 数列排列法。以表 4-1 所举 36 种物品分类为例,由于这一数列较大,在本书中不易表达,所以,此处将其缩合,即减少一半数量,序号 1 和 2 合为一种,3 与 4 合为一种,依此类推,数列元素由 36 个缩减为 18 个,并分别以 1~18 编号,根据表 4-1 以价值为标准的分类结果,形成以下数列相应的分类(表 4-4)。

表 4-4 单标准数列分类

| 物品编号 | 1 | 2 | 3 | 4 | 5 | 6 | 7 | 8 | 9 | 10 | 11 | 12 | 13 | 14 | 15 | 16 | 17 | 18 |
|---|---|---|---|---|---|---|---|---|---|---|---|---|---|---|---|---|---|---|
| 分类(价值标准) | A | A | B | B | B | B | C | C | C | C | C | C | C | C | C | C | C | C |

再按另一个标准对这 18 种物品进行 ABC 分析,如供应保证程度,并比较两个目标的轻重,以确定两个标准的优先序号(此外假定价值分类程度重要),仍以数列形式排列如表 4-5 所示。

**表 4-5 双标准数列分类**

| 物品编号 | 1 | 2 | 3 | 4 | 5 | 6 | 7 | 8 | 9 | 10 | 11 | 12 | 13 | 14 | 15 | 16 | 17 | 18 |
|---|---|---|---|---|---|---|---|---|---|---|---|---|---|---|---|---|---|---|
| 物品价值 | A | A | B | B | B | B | C | C | C | C | C | C | C | C | C | C | C | C |
| 保证程度分类 | B | B | A | C | B | C | A | B | C | C | C | C | C | C | C | C | C | C |
| 组合结果 | AB | AB | BA | BC | BB | BC | CA | CB | CC | CC | CC | CC | CC | CC | CC | CC | CC | CC |

双标准分类结果使物品重要性程度的组合结果出现新情况,需对分类结果进行调整,其中编号 9~18 的物品分类位置没有变化,皆为 CC 类,编号 1~8 的物品中,1、2 两序号为 AB 类,仍居最重要地位,3~8 编号中,第 3 号 BA 的地位为冠,也确认为原序号,在 4~8 五种物品中比较,CB(第 8 号)显然位置最低,排于第 8 位,其次是 BC(第 4 号和第 6 号),结合后的重要程度显然要低于第 5 号 BB 和第 7 号 CA,因而其排序后降至第 6 位和第 7 位。最后只剩下 BB 及 CA 的比较(第 5 号及第 7 号),两者的组合等级相近,关键要通过判断两个目标轻重,特别强调哪一个目标来最终确认其位置。假如价值目标重要性很高,则 BB 居于 CA 之前,假如保证程度标准与价值相差无几,也可将 CA 居于 BB 之前。两种物品序号相连,总的管理重点地位是相同的,具体管理措施可分别制定。调整后的组合分类前八种物品排序如表 4-6 所示。

**表 4-6 组合分类结果**

| 物品组合后编号 | ① | ② | ③ | ④ | ⑤ | ⑥ | ⑦ | ⑧ |
|---|---|---|---|---|---|---|---|---|
| 物品原编号 | 1 | 2 | 3 | 5 | 7 | 4 | 6 | 8 |
| 组合分类结果 | AB | AB | BA | BB | CA | BC | BC | CB |

② 坐标法。将横坐标与纵坐标分别表示不同标准的分类,其中,纵坐标较横坐标有较重要地位,其分类写于前,横坐标分类写于后,形成图 4-6 的坐标图,将表 4-6 的分类结果填于坐标图中,便可清晰地看出组合分类的结果。

用三向坐标体系,根据上述原理也可做出三标准分类。用数列方式也可以做出三标准以上的多标准分类。多标准分类会出现很复杂的分类情况,人工操作难度过大。因此,多标准分类结果可以形成物品的分类编码,采用光电识别或计算机识别方式进行更精细的管理。

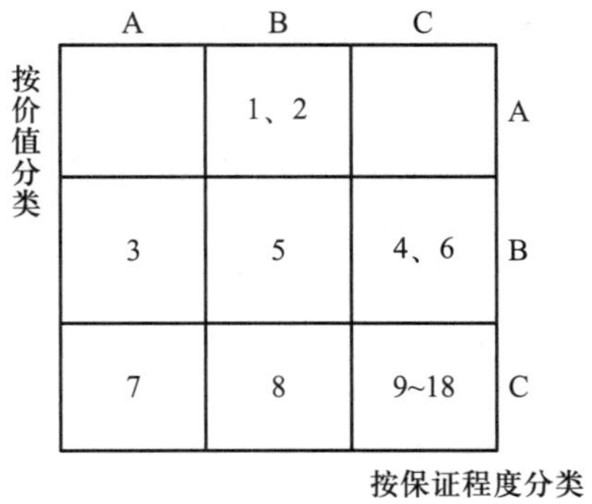


图 4-6 坐标法双标准分类

多标准的模糊分类。多标准分类就是对那些不明晰的物品(如表 4-5 中前 8 种)应进行一对一的强制性对比,排出重要性顺序。再根据 A、B、C 三类所占的比例关系圈定出 A、B、C 三类,这可以解决标准多、分类难度大、类别过多的弊病,把复杂的问题简化。

表 4-7 为按多标准强制对比方法确定组合分类的简化了的例子。在强制对比时,必须根据多标准,在两个对比元素中比较出一个较另一个重要,并以重要一方计 1 分、次要一方计 0 分列于此表,按统计的分值大小排列出重要性顺序,再按比例数决定 A、B、C 三类。

表 4-7 模糊方法的多标准强制对比分类

| 物品名称 | A B C D E F G H | 得分 | 排序 | 分类结果 |
|---|---|---|---|---|
| A | × 1 1 0 1 1 1 1 | 6 | ② | A |
| B | 0 × 1 0 1 1 1 1 | 5 | ③ | B |
| C | 0 0 × 0 1 1 1 0 | 3 | ⑤ | B |
| D | 1 1 1 × 1 1 1 1 | 7 | ① | A |
| E | 0 0 0 0 × 0 1 0 | 1 | ⑦ | C |
| F | 0 0 0 0 1 × 1 0 | 2 | ⑥ | C |
| G | 0 0 0 0 0 0 × 0 | 1 | ⑧ | C |
| H | 0 0 1 0 1 1 1 × | 4 | ④ | B |

# 4.3 库存控制策略

库存控制是物流系统优化的重要内容。把库存量控制到最佳数量，用尽量少的人力、物力、财力把库存管理好，获取最大的供给保障，是很多企业追求的目标，甚至是企业之间竞争生存的重要一环。

## 4.3.1 库存控制系统要素

1. 需求

存储是为了满足未来的需求，随着需求的被满足，存储量就减少，需求可能是间断的，也可能是连续发生的。需求可以是确定型的，也可以是随机型的。

2. 补充

由于需求的发生，库存物不断减少，为保证以后的需求，必须及时补充库存物品。补充相当于存储系统的输入。

3. 费用分析

在存储论中，一个存储策略，通常是指：决定在什么时候对存储系统进行补充，以及补充多少库存量。在众多的存储策略中，评价一项策略的优劣时，常用的标准是该策略所耗用的平均费用。

存储模型中经常考虑的费用是订货费、生产费、存储费和缺货损失费。

4. 存储策略

确定补充量以及补充时机的办法称为存储策略。最常见的策略形式有如下三种。

（1）$t_0$ 循环策略：每隔一个循环时间补充量 $Q$。

（2）$(s,S)$ 型策略：即经常检查库存量 $x$，当 $x>s$ 时不补充，当 $x\leqslant S$ 时补充。补充量 $Q=S-X$

(即把库存量提高到 $S$)。这里的 $s$ 是应达到的最低库存量,$S$ 是最大库存量。

(3) $(t,s,S)$型混合策略:每经过时间 $t$ 检查库存量 $X$,当 $X>s$ 时不补充,当 $X\leqslant S$ 时,补充存储量使之达到 $S$。

根据问题的实际背景和采取的策略形式,存储总是可以分成不同的类型。按照存储模型中量和期的参数性质,可分为确定型存储模型和随机型存储模型两大类。

### 4.3.2 确定型存储模型

这里所讨论的存储模型中的量和期的参数都是确定性的。而且,一种存储物的量和期与另一种存储物的量和期不发生相互影响关系。下面分别介绍不同情况下的确定型存储模型。

#### 4.3.2.1 瞬时进货,不许短缺

此类确定型存储模型又称经济订购批量(economic order quantity,EOQ),即通过平衡采购进货成本和保管仓储成本核算,以实现总库存最低的最佳订货量。

1. 假设条件

(1) 当存储降至零时,立即补充;

(2) 需求是连续均匀的,设需求速度 $R$ 为常数,则 $t$ 时间内的需求量为 $R_t$;

(3) 每次订购费不变,单位存储费不变;

(4) 每次订购量相同。

2. 存储状态图

存储状态变化情况如图 4-7 所示。

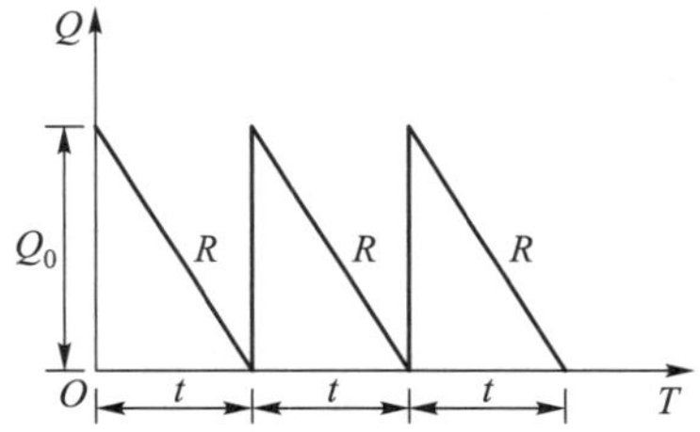

图 4-7 EOQ 模型的存储状态图

3. 建立模型

由图 4-7 可知,在 $t$ 内补充一次存储,订购量 $Q$ 必须满足这一时期内的需求,故得 $Q=R_t$,一次订购费为 $c_3$,货物单价为 $K$,则订货费为 $c_3+KR_t$。单位时间内的订货费为

$$(c_3/t)+KR$$

已知需求速度 $R$ 为常数,存储量由时刻零的 $Q$ 线性降至时刻 $t$ 的零,故在 $t$ 内的存储量为一个三角形的面积:$Q_t/2=R_t^2/2$。单位时间内的存储量为 $R_t/2$,单位时间内的存储费用为 $c_1R_t/2$。故得 $t$ 内总的平均费用为:

$$c(t)=c_1R_t/2+c_3/t+KR$$

这里的 $t$ 为所求的存储策略变量。根据微积分求最小值的方法,可求出一阶导数并令其等于零,得

$$\frac{\mathrm{d}c(t)}{\mathrm{d}t}=\frac{1}{2}c_1R-\frac{c_3}{t^2}=0$$

解上述方程可得

$$t_0=\sqrt{\frac{2c_3}{c_1R}} \qquad (4-1)$$

即每隔 $t_0$ 时间订货一次,可使 $c(t)$ 达到最小。其订购量为

$$Q_0=Rt_0=\sqrt{\frac{2c_3}{c_1R}}\cdot R=\sqrt{\frac{2c_3R}{c_1}} \tag{4-2}$$

由于货物单价 $K$ 与 $Q_0$、$t_0$ 无关，在费用函数中可以略去 $KR$ 这项费用。故可得

$$c(t)=\frac{c_3}{t}+\frac{1}{2}c_1Rt \tag{4-3}$$

将 $t_0$ 代入式(4-3)，可得

$$c(t_0)=c_3\sqrt{\frac{c_1R}{2c_3}}+\frac{1}{2}c_1R\sqrt{\frac{2c_3}{c_1R}}$$
$$=\sqrt{2c_1c_3R} \tag{4-4}$$

若将上述费用函数用曲线表示，同样可以得到与式(4-1)、(4-2)、(4-3)一致的结果，见图4-8。

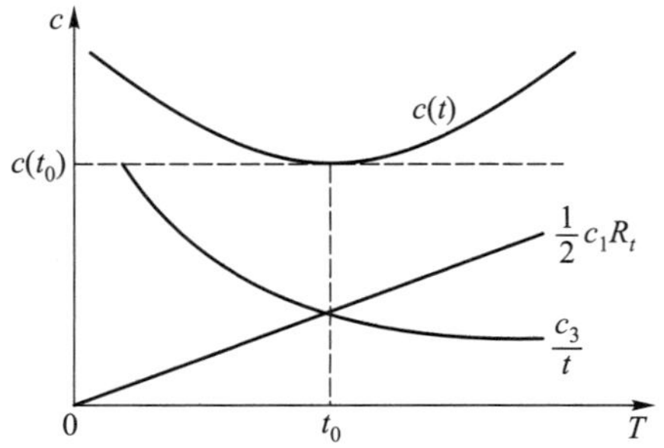

图4-8　费用函数曲线

订货费用曲线 $c_3/t$，存储费用线 $c_1R_t/2$，总费用曲线为

$$c(t)=(c_3/t)+(c_1Rt/2)$$

图4-8中，$c(t)$ 曲线的最低点 $c(t_0)$ 对应的横坐标 $t_0$ 正好与订购费用曲线和存储费用曲线的交点对应的横坐标一致，即有

$$c_3/t_0=c_1Rt_0/2$$

解出

$$t_0=\sqrt{\frac{2c_3}{c_1R}} \tag{4-5}$$

$$Q_0=\sqrt{\frac{2c_3R}{c_1}} \tag{4-6}$$

$$c(t_0)=\sqrt{2c_1c_3R} \tag{4-7}$$

**例4-1**　某单位每月需要某一产品200件，每批订购费为20元。若每次货物到达后先存入仓库，每月每件要付出0.8元的存储费。试计算其经济订购批量。

**解：**已知 $R=200$ 件/月，$c_3=20$ 元/批，$c_1=0.8$ 元/月·件。

根据上述模型，易算出：

最佳订购周期

$$t_0=\sqrt{\frac{2c_3}{c_1R}}=\sqrt{\frac{2\times20}{0.8\times200}}=\frac{1}{2}(\text{月})$$

最佳订购批量

$$Q_0=Rt_0=\frac{1}{2}\times200=100(\text{件})$$

平均最小费用

$$c(t_0)=\sqrt{2c_1c_3R}=\sqrt{2\times0.8\times20\times200}=80(\text{元/月})$$

即在一个月内订购两次，每次订购量为100件，在不致中断需求的前提下，每月付出的最小

费用为 80 元。

**例 4-2** 接例 4-1,若每月需量提高到 800 件,其他条件不变。试问最佳订购量是否也提高到 400 件(即原来的 4 倍)?

**解:**已知 $R=800$ 件/月,其他条件与例 4-1 相同。

求得

$$t_0=\sqrt{\frac{2c_3}{c_1R}}=\sqrt{\frac{2\times 20}{0.8\times 800}}=\frac{1}{4}(\text{月})$$

$$Q_0=Rt_0=800\times\frac{1}{4}=200(\text{件})$$

$$C(t_0)=\sqrt{2c_1c_3R}=\sqrt{2\times 0.8\times 20\times 800}=160(\text{元/月})$$

显而易见,需求速度与订购量并不是同倍增长的。这说明了建立存储模型的重要性。

#### 4.3.2.2 逐渐补充库存,不允许短缺

该模型假定库存的补充是逐渐进行的,而不是瞬时完成的,其他条件同模型一。

1. 存储状态图

(1) 一定时间 $t_p$ 内生产批量 $Q$,单位时间内的产量即生产速率以 $P$ 表示;

(2) 需求速度为 $R$,由于不允许缺货,故 $P>R$。存储状态变化如图 4-9 所示。

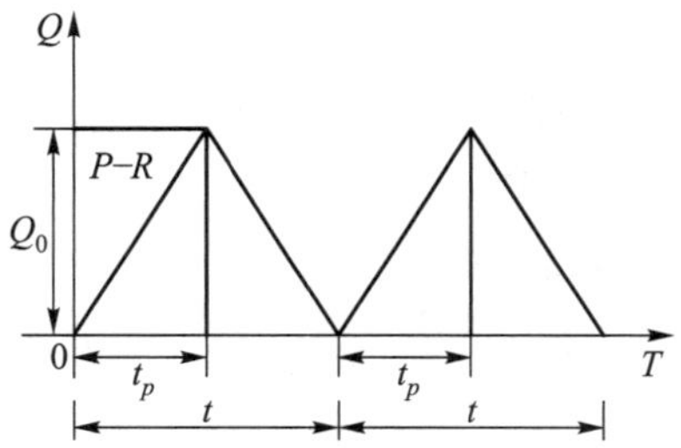


图 4-9 逐渐补货存储状态图

2. 建立存储模型

在上述假定下,$t_p$ 时间段内每单位时间生产了 $P$ 件产品,提取了 $R$ 件产品,所以单位时间内净增存储量为 $P-R$。到 $t_p$ 终止时,储存量为 $(P-R)t_p$。由前面模型一假定,有

$$P\cdot t_p=Q=R\cdot t$$

则

$$t_p=Rt/P$$

故时间段 $t$ 内平均存储量为

$$\frac{1}{2}(P-R)t_p=\frac{1}{2}\cdot\frac{P-R}{P}Rt$$

相应的单位时间存储费为

$$\frac{1}{2}c_1\frac{P-R}{P}Rt$$

而单位时间平均总费用为

$$c(t)=\frac{1}{2}\cdot\frac{P-R}{P}c_1Rt+\frac{c_3}{t}$$

令

$$\frac{\mathrm{d}c}{\mathrm{d}t}=0$$

得最佳生产循环时间

$$t_0=\sqrt{\frac{2c_3P}{c_1(P-R)R}}=\sqrt{\frac{2c_3}{c_1R}}\sqrt{\frac{P}{P-R}} \tag{4-8}$$

最佳生产批量

$$Q_0=Rt_0=\sqrt{\frac{2c_3PR}{c_1(P-R)}}=\sqrt{\frac{2c_3R}{c_1}}\sqrt{\frac{P}{P-R}} \tag{4-9}$$

最佳生产时间

$$t_p=\frac{Rt_0}{P}=\sqrt{\frac{2c_3R}{c_1(P-R)P}}=\sqrt{\frac{2c_3R}{c_1}}\sqrt{\frac{1}{P(P-R)}} \tag{4-10}$$

最小平均费用

$$c(t_0)=\frac{1}{2}\frac{P-R}{P}c_1Rt_0+\frac{c_3}{t_0}=\sqrt{\frac{2c_1c_3P(P-R)}{P}}=\sqrt{2c_1c_3R}\sqrt{\frac{P-R}{P}} \tag{4-11}$$

易见，当 $P\to\infty$（即 $t_p\to 0$ 时，亦即生产可在极短时间内完成），

$$\sqrt{\frac{P}{P-R}}\to 1,\sqrt{\frac{P-R}{P}}\to 1$$

即式(4-1)、(4-2)、(4-4)与式(4-8)、(4-9)、(4-11)相同。

**例 4-3** 某装配车间每月需零件 800 件，该零件由厂内生产，生产率为每月 1 600 件，每批生产准备费为 200 元，每月每件零件存储费为 1 元。试求最小费用与经济批量。

**解**：该问题符合模型二的假定条件，因此可直接运用式(4-9)至式(4-11)。

已知 $c_3=200$ 元，$c_1=1$ 元，$P=1\ 600$ 件/月，$R=800$ 件/月。

故

$$Q_0=\sqrt{\frac{2c_3P}{c_1}}\sqrt{\frac{P}{P-R}}=\sqrt{\frac{2\times200\times800}{1}}\sqrt{\frac{1\ 600}{1\ 600-800}}=800(\text{件})$$

$$C(t_0)=\sqrt{2c_1c_3R}\sqrt{\frac{P-R}{P}}=\sqrt{2\times1\times200\times800}\sqrt{\frac{1\ 600-800}{1\ 600}}=400(\text{元})$$

$$t_0=Q_0/R=800/800=1(\text{月})$$

$$t_p=Q_0/P=800/1\ 600=\frac{1}{2}(\text{月})$$

即每次经济批量为 800 件，这 800 件只需在 0.5 个月中生产，相隔 0.5 个月后，进行第二批量的生产，所以周期为 1 个月。最大存储水平为 $(P-R)t_p=(1\ 600-800)\times\frac{1}{2}=400$（件），最小费用为 400 元/月。

#### 4.3.2.3 提前期与安全库存

1. 提前期

在前两个模型假设中提到，当存储降至零时，立即补充，即库存的补充与下达需求订单是同时发生的，但这种情况在现实生活中不可能发生，上游供货商在接到订单后需要进行订单处理、生产和运输等一系列活动，而消耗一定的时间，因此必须保证一定的库存来满足这段时间内的顾客需求，这段时间通常被称作提前期。提前期(lead time)是指下达订单到收到货物之间的时间。

一般情况下，库存需要在没有用完时提前订货，此时提前的时间即为提前期，尚有的库存量称为再订货点。当下批订货到达时，原有库存恰好用完。需要注意的是，此时有关库存的订货批量、订货批次和订货周期均没有变化。简单来说，提前期对经济订货批量并没有影响，仍然可以按照瞬时补货的情况设置经济订货批量，只是需要在库存到达再订货点时下达订单即可。

2. 安全库存

安全库存（又称保险库存，safety stock）是指当不确定因素（订货期间需求增长、到货延期等）可能导致更高的预期需求或周期更长时的缓冲存货，安全库存用于满足提前期需求及防止缺货。

安全库存是由不确定因素导致的，一方面来自顾客需求的波动，另一方面来自供货商的延迟。当库存充足时，顾客需求的波动可以通过消耗更多的库存来弥补；但当库存到达再订货点时，剩余库存量仅能满足提前期内的正常需求，一旦需求发生波动或供应商在提前期内无法按时送到货品，都将造成缺货。安全库存即是为这种情况而设置的增量库存，其原理如图 4-10 所示。

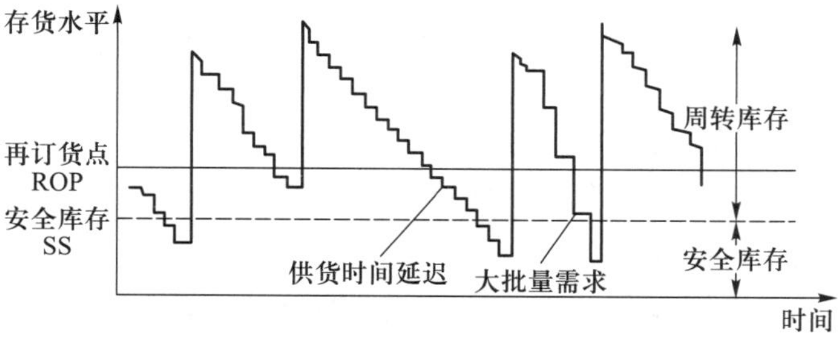


图 4-10 安全库存原理

安全库存设置需遵循以下原则。

（1）不会因为缺料而导致停产；

（2）在保证需求的基础上做最少量的库存；

（3）不呆料，即不产生周转率极低的库存。

安全库存的适用对象来自 ABC 分析法，运用 ABC 分析法确定了物料的 A、B、C 等级后根据 A、B、C 等级来制订库存。

A 类：一般属于成本较高，占整个货物成本的 65%左右，可采用定期定购法，尽量没有库存或只做少量的安全库存，但需在数量上做严格的控制。

B 类：属于成本中等，占整个货物成本的 25%左右，可采用经济批量采购的方法，可以做一定的安全库存。

C 类：其成本最少，占整个货物成本的 10%左右，可采用经济批量采购的方式，无须做安全库存，根据采购费用和库存维持费用之和的最低点，订出一次的采购量。

安全库存的计算：

假设单位时间内的需求 $d$ 为随机变量且服从均值为 $\mu$，方差为 $\sigma^2$ 的正态分布，提前期固定为 $L$，安全库存为 $SS$，若以提前期 $L$ 内不出现缺货的概率来表示服务水平 $\alpha$，则安全库存 $SS$ 应满足以下条件：

$$\alpha = P\{d_L \leqslant \mu L + SS\} \tag{4-12}$$

其中，$d_L$ 表示提前期 $L$ 内的市场需求。

由式(4-12)解得：

$$SS = z_\alpha \times \sigma \times \sqrt{L} \tag{4-13}$$

其中，$z_\alpha$ 为安全因子，数值上等于标准正态分布函数的 $\alpha$ 分位数，即 $z_\alpha = F^{-1}(\alpha)$，$F^{-1}$ 表示标准正态密度函数的反函数，可以通过查表获得，如表 4-8 所示。

**表 4-8 服务水平与安全因子关系表**

| 服务水平(%) | 99.9 | 99.00 | 98.00 | 97.00 | 96.00 | 95.00 | 94.00 | 93.00 | 92.00 | 91.00 | 90.00 | 85.00 |
|---|---|---|---|---|---|---|---|---|---|---|---|---|
| 安全因子 | 3.08 | 2.33 | 2.05 | 1.88 | 1.75 | 1.65 | 1.56 | 1.48 | 1.41 | 1.34 | 1.29 | 1.04 |

**例 4-4** 某单位每月对某一产品的需求量服从均值为 200，方差为 400 的正态分布，提前期固定为 1 周(可视为 1/4 个月)。若提前期内要保证服务水平不低于 95%，试计算该产品的安全库存。

**解**：该问题可直接运用式(4-12)至式(4-13)进行求解。

已知 $\mu = 200$ 件，$\sigma^2 = 400$，则 $\sigma = 20$；$L = 1/4$ 月，$\alpha = 95\%$，

查表 4-8 可知，$z_{95\%} = 1.65$，故

$$SS = z_{95\%} \times \sigma \times \sqrt{L} = 1.65 \times 20 \times 1/2 = 16.5$$

此时应向上取整，则该产品的安全库存应为 17 件。

## 4.4 仓库管理质量指标

仓库管理质量指标以及仓库资源利用指标很多，以下所列为常用指标。

### 4.4.1 效率类指标

效率类指标是指反映仓库使用效率与仓库设计能力的指标，帮助管理人员了解仓库的利用程度。

(1) 仓库吞吐能力实现率($T$)：

$$T = \frac{\text{期内实际吞吐量}}{\text{仓库设计吞吐量}} \times 100\%$$

(2) 仓库面积利用率($M$)：

$$M_{\text{总}} = \frac{\text{库房货棚货场占地面积之和}}{\text{仓库总面积}} \times 100\%$$

$$M_{\text{库}} = \frac{\text{库房内存储商品面积}}{\text{库房有效面积}} \times 100\%$$

（3）仓容利用率（$R$）：

$$R=\frac{\text{仓库商品实际数量或容积}}{\text{仓库应存数量或容积}}\times 100\%$$

（4）地产利用率（$A$）：

$$A=\frac{\text{仓库建筑面积}}{\text{地产面积}}\times 100\%$$

（5）设备利用率（$L$）：

$$L=\frac{\text{全部设备实际工作时数}}{\text{设备工作总能力(时数)}}\times 100\%$$

### 4.4.2 经济性指标

经济性指标是指直接或间接反映仓库消耗各种费用的指标，帮助管理人员了解费用消耗的来源。

（1）设备完好率（$W_{设}$）：

$$W_{设}=\frac{\text{期内设备完好台数}}{\text{同期设备总台数}}\times 100\%$$

（2）仓储吨成本（$C_{仓}$）：

$$C_{仓}=\frac{\text{仓储费用}}{\text{库存量}}(\text{元/吨})$$

（3）转运频率（$P$）：

$$P=\frac{\text{每年运出量}}{\text{平均库存}}\times 100\%$$

平均库存是指库存年初数与库存年末数的平均值。即：

平均库存=（库存年初数+库存年末数）/2

（4）仓库作业及时率（$W_{仓}$）：

$$W_{仓}=\frac{\text{计划期内及时完成的作业次数}}{\text{计划期内作业总次数}}\times 100\%$$

### 4.4.3 准确性指标

准确性指标反映仓储保管作业的准确性或正确性，帮助管理人员规范作业、考核绩效、降低差错。

（1）商品收发正确率（$S$）：

$$S=\frac{\text{某批吞吐量}-\text{出现差错总量}}{\text{同批吞吐量}}\times 100\%$$

（2）商品完好率（$W_{库}$）：

$$W_{库}=\frac{\text{某批商品库存量}-\text{出现缺损商品量}}{\text{某批商品库存量}}\times 100\%$$

（3）库存商品缺损率（$Q_{库}$）：

$$Q_{库}=\frac{某批商品缺损量}{该批商品总量}\times100\%$$

也可以“货损货差赔偿费率 $C_{库}$”表示：

$$C_{库}=\frac{货损货差赔偿费总额}{同期业务收入总额}\times100\%$$

（4）货账相符率（$W_{货账}$）：

$$W_{货账}=\frac{货账相符笔数}{储存物品总比数}\times100\%$$

以上是以用户为对象，确定每批商品的质量指标，如果是对仓库总工作质量评定，其指标的计算，应将“某批次”的数量改换为“期内”的数量。

在国家标准《仓储服务质量要求》（GB/T 27071—2021）中，主要从入库及时率、出库订单按时完成率、出库差错率三个方面考核仓储作业服务质量，低温仓储服务质量还应考核温度达标率。

## 本章小结

为了保证物流的不间断、延续性，仓储就成为物流大系统中一个必不可少的环节。本章在介绍存储的概念、作用、仓库设备、作业流程等知识的基础上又详细阐述了合理化储存、仓库管理质量的各项指标；深入分析了库存控制的要素和确定型存储模型，介绍了储存合理化的基础分析方法 ABC 分析法及其实施步骤，讲述了经济订购批量模型、算例与安全库存、提前期的概念、模型和案例，为从现代物流的角度研究和经营仓储提供了基础理论支持。

## 思考题

1. 仓储有哪些作用？
2. 仓库中主要有哪些计量装置？
3. 货架主要有哪些类型？
4. 简述仓库的作业流程。
5. 简述自动化立体仓库的优点。
6. 适合物资储存的环境条件有哪些？
7. 物资储存合理化的主要标志有哪些？
8. 简述 ABC 分析法的步骤。
9. 某单位采用无安全库存量的存储策略。每年使用某种零件 20 万件，每件每年的保管费为 4 元，每次订购费为 80 元。试问：(1) 经济订购批量；(2) 如每次订购费为 1 元，每次应订购多少件？
10. 某单位采用有安全库存量的存储策略。若每年对某种零件的使用量服从均值为 20 万件，方差为 100 万的正态分布，提前期固定为 2 个月。若提前期内要保证服务水平不低于 98%，试计算该产品的安全库存。

11. 试说明仓库管理质量指标中，仓库吞吐能力实现率、商品收发正确率、商品完好率、库存商品缺损率、仓库面积利用率、仓容利用率、设备完好率、设备利用率、仓储吨成本等指标的定义和算法。

12. 根据中国仓储与配送协会统计推算，截至2021年年底，我国营业性通用(常温)仓库面积约12亿平方米，同比增长4.8%，增幅较上年度降低1.2个百分点。其中，立体库约3.95亿平方米，同比增长14.5%，占设施总量比例达32.9%。立体库是投资建设的主要类型，其增速高于平方库和楼房库。我国仓储设施供给主体主要分为4类，一是第三方物流企业仓储设施，主要为满足自身业务发展；二是普洛斯、安博、宇培等仓储地产企业，已形成了覆盖全国物流主要城市的仓储设施网络；三是平安不动产、万科等由商业地产进入仓储地产业的企业；四是京东、苏宁等电商的自建物流企业，它们近年来将物流板块独立，且面向社会开放。

请结合中国物流市场需求环境变化、立体仓库的技术性能，分析立体库成为仓库投资建设重点的原因。随着仓储市场主体的不断细分，未来中国仓储设施供给主体将会呈现哪些特点？

即测即评

# 第5章 包装技术与管理

**本章学习目的**

☞ 了解各种包装材料及包装容器的特点；理解不同包装技法的使用范围和包装管理的内容；掌握包装和包装机械的功能、分类及包装机械的发展趋势以及包装标准化的具体内容。

包装(packaging)是物流系统中的一个子系统，是为在流通过程中保护产品、方便储运、促进销售，按一定技术方法采用的容器、材料及辅助物等的总体名称。产品生产过程的最后一道工序是包装，它是实现商品价值的重要手段之一，也是产品在流通过程中必须采用的技术措施。包装技术和管理内容十分丰富，包含材料、机械、工艺和管理等多个学科。

## 5.1 包装的功能与包装材料

### 5.1.1 包装的功能

包装的功能是指包装与产品组合时所具有的功能与作用。在商品的生产、流通和消费的各个领域，包装的功能有以下几个方面。

1. 保护功能

科学的包装可以保护商品在流通、储运过程中的完整性和不受损伤，如防止物品破损、变形，防止物品发生化学变化，防止有害生物如鼠咬、虫蛀等；同时也防止危害性内装物对接触的人、生物和环境造成伤害或污染，这也是包装的基本功能。

2. 便利功能

包装的便利功能指便于装卸、储存和销售，同时也便于消费者使用。

包装商品将按一定的数量(或重量)、形状、尺寸规格进行包装，并根据商品的性质，恰当地使用包装材料和容器，便于商品计量与清点，有利于合理地使用各种运输工具，提高运输、装卸和堆码效率，提高仓容利用率和储存效率，加速商品流转，降低产品的流通费用，提高商品在流通过程中的经济效益。

以满足消费者需求为主要目的的包装，有绘图、商标和用途用法说明等，便于消费者辨认、了解商品的成分、性质、用途和使用方法，对消费者起指导作用；同时包装有大小、单件、多件、各种规格配套组合之分，便于消费者携带、保存和使用。

3. 促销功能

良好的包装，能给人以美的享受，起到诱导和激发消费者购买欲望的作用。因此，包装在购买者与商品之间起着联结（媒介）作用，起着宣传、美化、促进销售商品的作用。

### 5.1.2 包装分类

包装类型很多，按不同包装目的、包装形态、包装方法、包装材料及使用次数可做如下分类。

1. 按包装目的分类

包装按包装目的可分为运输包装和销售包装两大类。

（1）运输包装（transport package）。运输包装是以满足运输、仓储要求为主要目的的包装，它具有保障产品的安全，方便运输、储存、装卸，加速交接、点验等作用。运输包装又称工业包装、外包装，它以保护功能为主，也具有便利功能。

（2）销售包装（promotion package）。销售包装以销售为主要目的，与内装物一起到达。它具有保护、美化、宣传商品的作用，对商品销售起促进作用。

2. 按形态不同分类

包装按形态不同可分为个包装、内包装、外包装三大类。

3. 按包装方法分类

包装按包装方法可分为缓冲包装、防锈包装、真空包装、充气包装、灭菌包装、贴体包装、组合包装等九大类。

4. 按包装材料分类

包装按包装材料可分为纸类包装、塑料类包装、金属类包装、玻璃和陶瓷类包装、木材和复合材料类包装五大类及其他。

5. 按包装使用次数分类

包装按包装使用次数可分为两大类：一是一次性包装，如纸盒、塑料袋；二是复用性包装，如能直接消毒、灭菌再使用的玻璃瓶，或回收再复用的，如纸、金属、玻璃容器等。

### 5.1.3 包装材料

常用的包装材料有纸、塑料、木材、金属、玻璃等。使用最为广泛的是纸及各种纸制品，其次是木材、塑料材料。

1. 包装用纸和纸制品

纸和纸板具有很多优良性能。如适宜的坚牢度、耐冲击性、耐摩擦性、易于消毒、易于成型、经济、重量轻、便于加工等。

（1）常用的包装用纸。

普通纸张：牛皮纸、纸袋纸、中性包装纸、玻璃纸、羊皮纸。

特种纸张：高级伸缩纸、湿强纸、保光泽纸、防油脂纸、袋泡茶滤纸。

装潢用纸：胶版纸、铜版纸、压花纸、表面涂层纸。

二次加工纸:石蜡纸、沥青纸、防锈纸、真空镀铝纸。

(2) 常用的包装用纸板。

普通纸板:箱纸板、黄板纸、白板纸。

二次加工纸板:瓦楞原纸、瓦楞纸板。

2. 塑料

塑料具有机械性能好、阻隔性好、化学稳定性好、加工成型简单、透明性好等优良性能。常用的塑料包装材料有以下几种。

(1) 聚乙烯塑料(PE)。按其密度分高、中、低三种。聚乙烯塑料已被广泛用来制造各种瓶、软管、壶、薄膜和黏合剂等。若加入发泡剂,还可以制成聚乙烯泡沫塑料。

(2) 聚氯乙烯塑料(PVC)。聚氯乙烯是由单体氯乙烯加聚而成的高分子聚合物。聚氯乙烯的可塑性强,具有良好的装饰和印刷性能。聚氯乙烯是用途非常广泛的通用热塑性材料,不仅可以制作软的、硬的包装容器,而且可以制作聚氯乙烯薄膜,更适合制作各种薄膜包装制品。

(3)聚丙烯塑料(PP)。聚丙烯是从丙烯为单体聚合而成的高分子化合物。聚丙烯和聚乙烯一样,属韧性塑料。聚丙烯塑料可用于吹塑和真空成型制造瓶子、器皿、包装薄膜以及打包带与编织袋。双向拉伸聚丙烯薄膜可用来代替玻璃纸,包装糖果和食品,成本低于玻璃纸。

(4) 聚苯乙烯塑料(PS)。聚苯乙烯塑料由乙烯加聚而成。在常温下,聚苯乙烯高聚物为无定形的玻璃态物质。聚苯乙烯可用作盛食品或盛装酸、碱的容器。聚苯乙烯泡沫塑料常用作仪器、仪表、电视机和高级电器产品的缓冲包装材料。

(5) 聚酯(PET)。聚酯是一种无色透明又有光泽的薄膜,它和其他薄膜比较,有着较好的韧性与弹性。聚酯薄膜的主要缺点是不耐碱,热封性和防止紫外线透过性较差。聚酯包装用薄膜,一般不使用单层薄膜,而是与聚乙烯、聚丙烯等热合性能较好的树脂共聚,或涂层复合薄膜,以便用于制作冷冻食品及需加热杀菌包装的材料。

(6)生物降解塑料。指在自然界可通过微生物(如细菌、霉菌和藻类等)的生命活动就能引起降解的塑料,主要包括聚乳酸(PLA)、聚羟基丁酸酯(PHB)、聚乙烯醇(PVA)、二氧化碳共聚物(PPC,PEC)、聚己内酯(PCL)、聚丁二酸丁二醇酯(PBS)及其共聚物等。生物降解塑料能够在生物化学或生物环境中发生完全降解,最终转化成二氧化碳和水等对环境无害的一类高分子。

3. 木材及木制品

木材是一种优良的包装材料,长期用于制作运输包装,有被取代的趋势,但仍在一定范围内使用,木材的种类繁多,其用途也各不相同,包装用木材一般分为天然木材和人造板材两大类。人造板材又有胶合板、纤维板等。

木材常用于那些批量小,或体积小、重量大,或体积大、重量大的产品,制作小批量、强度高的包装。

4. 金属材料

包装所用的金属材料主要有钢材和铝材,其形态为薄板和金属箔,前者为刚性材料,后者为软性材料。金属材料具有较强的塑性与韧性,光滑,延伸率均匀,有良好的机械强度和抗冲击力,不易破损。但金属材料具有导电、导热性,价格较高。

钢材中常用的有薄钢板(俗称“黑铁皮”)和镀锡低碳薄钢板(俗称“马口铁”)。薄钢板主要用于制作桶状容器。镀锡低碳薄钢板,是在薄钢板的两面镀上耐腐蚀的锡层而成。马口铁基本无毒、无害,主要用于食品包装。

铝材有纯铝板、合金铝板和铝箔。纯铝板用作制桶,具有重量轻、耐腐蚀性强的特点,一般用于盛装酒类。合金铝板作包装材料时要求其表面不能有粗糙、斑瘪、粗细划痕、裂缝、气泡和凹陷等质量缺陷。铝箔多用于复合软包装、硬包装及包装衬里等,也常用于食品、卷烟、药品、化妆品与化学品的包装,特别是广泛用于现代方便食品的包装。铝箔还可与上胶层复合(纸与铝箔胶黏合),可用作包装标签、包裹或包装。铝箔最大的缺点是不耐酸、不耐强碱、撕裂强度较低。

5. 玻璃

玻璃材料可用于运输包装和销售包装。用作运输包装时,主要是存装化工产品如强酸类;其次是玻璃纤维复合袋,存装化工产品和矿物粉料。用作销售包装时,主要是玻璃瓶和玻璃罐,用来存装酒、饮料、其他食品、药品、化学试剂、化妆品和文化用品等。

6. 生物材料

以秸秆淀粉、纤维素、蛋白质以及甲壳质等天然可降解材料作为原料生产的生物包装材料具有来源丰富、价格低廉、无污染和易分解等特点,具有广阔的应用前景。聚乳酸(PLA)是人工合成的可生物降解包装材料的范例。PLA 由乳酸单体聚合而成,在不同的食品包装领域提供不同的用途。还有一些可生物降解包装材料用微生物制成,包括多羟基链烷酸酯(PHAs),聚羟基丁酸酯(PHB)。PHAs 目前的价格比较高,用途广泛,吹塑、注塑、拉膜、涂层均可,也可与热塑性淀粉等可生物降解材料混合。PHAs 用于食品包装有个有趣的特性那就是水汽透过率非常低,与低密度聚乙烯接近。

亚洲是生物塑料的主要产地,目前占有超过 50%的市场份额,欧洲占产量的 20%。据测算,2020 年,我国各类快递包装产生总量合计为 1 576.8 万吨,碳排放总量为 2 395.84 万吨,绝大部分快递材料无法有效回收,特别是大部分胶带都是塑料材质,造成了巨大资源浪费和环境污染。通过使用生物材料,实现快递包装绿色化成为当前重要的应用方向。2018 年,新修订发布的《快递封装用品》(GB/T 16606—2018),根据减量化、绿色化、可循环的要求,快递包装袋宜采用生物降解塑料。

7. 复合材料

将几种材料复合在一起,使其兼具有不同材料的优良性能,正在被广泛地采用。现在使用较多的是薄膜复合材料。主要有纸基复合材料、塑料基复合材料和金属基复合材料等。

### 5.1.4 包装容器

包装容器是包装材料和造型结合的产物。现代运输包装容器有包装袋、包装盒、包装箱、包装瓶、包装罐(筒)五大类。

1. 包装袋

包装袋(packaging bag)按盛装重量分有:① 集装袋,盛装重量在 1 吨以上,一般用聚酯纤维编织而成,顶部一般装有金属吊架或吊环,便于起重机吊装、搬运,卸货时可打开袋底的卸货孔,即行卸货,非常方便。② 一般运输包装袋,盛装重量为 50~100 千克,大部分是由植物纤维或合成树脂纤维编织而成,或者由几层挠性材料构成的多层材料包装袋。③ 小型包装袋,也称普通包装袋,盛装重量较小,根据需要可用单层材料、多层材料或者多层不同材料复合而成。

2. 包装盒

包装盒(packaging box)是一种刚性或半刚性容器,呈规则几何形状,一般在10升以下,有关闭装置。包装盒通常用纸板、金属、硬质塑料以及复合材料制成。包装盒可以是外形固定的,在使用过程中不能折叠变形;也可以是折叠式,在未盛装物品时,可折叠存放。

3. 包装箱

包装箱(packaging case)是刚性或半刚性容器,一般呈长方体箱型,内部容量通常大于10升,其材料通常用纸板、木材、金属、硬质塑料或复合材料等制成。

包装箱的种类很多,常用的有如下几种,可根据实际需要合理地加以选用。

(1) 瓦楞纸箱。瓦楞纸箱是采用具有空心结构的瓦楞纸板,经成型工序制成的包装容器。按外形结构分,瓦楞纸箱大体有折叠式、固定式和异型类。瓦楞纸箱的应用范围广泛,几乎包括所有的日用消费品,如水果蔬菜、加工食品、针棉织品、玻璃陶瓷、化妆品、医疗药品等各种日常用品以及自行车、家用电器、精美家具等。

(2) 木箱。木箱作为传统的运输包装容器,虽然在很多情况下已逐渐被瓦楞纸箱所取代,但木箱与瓦楞纸箱相比,仍在某些方面有其优越性和不可取代性。常见的有木板箱、框板箱和框架箱三种。

(3) 托盘集合包装。托盘集合包装是为了满足装卸与搬运作业机械化的要求,把若干件货物集中在一起,堆叠在运载托盘上,构成一件大型货物的包装形式。托盘集合包装在任何时候都可以转入运动的准备状态,使静态的货物转变成动态的货物。托盘集合包装是更高层次的包装容器,又是运输工具。托盘按其结构形式,可分为平板式托盘、箱式托盘和立柱式托盘。

(4) 集装箱。集装箱是密封性好的大型铁制包装箱,属于大型集合包装,既是运输工具,又是包装容器。它更适合于现代化物流。

(5) 塑料箱。塑料箱自重轻,耐蚀性好,可装载多种商品和反复使用,适合短途运输。一些厂销挂钩、快进快出的商品都可采用,周转快。例如饮料、肉食、豆制品、牛奶、糕点、禽蛋等食品。

4. 包装瓶

包装瓶(packaging bottle)主要包装液体和粉状货物。包装瓶的包装量一般不大,适合美化装潢,主要做商业包装、内包装。包装瓶的材料要有较高的抗变形能力,刚性、韧性要求也较高。包装瓶按外形可分为圆瓶、方瓶、高瓶、矮瓶、异形瓶等若干种。瓶口与瓶盖的封盖方式有螺纹式、凸耳式、齿冠式、包封式等。

5. 包装罐(筒)

包装罐(筒)(packaging tin)的罐身各处横截面形状大致相同,罐颈短,罐颈内径比罐身内径稍小或无罐颈的一种包装容器,是刚性包装的一种。要求包装材料强度较高,罐体抗变形能力强。通常带有可密封的罐盖。包装罐是典型的运输包装,适合包装液体、粉状及颗粒状物品,也可做外包装、商业包装、内包装。

包装罐(筒)按容量分有小型包装罐、中型包装罐和集装罐三种,按制造材料分有金属罐和非金属罐两类。

# 5.2 包装技术和方法

包装作业时所采用的技术和方法简称包装技法，任何包装件操作时都有技术问题和方法问题，通过包装技法，才能将运输包装体和产品（包括小包装）形成一个有机的整体。

## 5.2.1 一般包装技法

1. 对内装物的合理置放、固定和加固

在包装容器中装进形状各异的产品（固体），必须要合理置放、固定和加固。置放、固定和加固得巧妙，就能缩小体积、节省材料、减少损失。

2. 对松泡产品进行压缩体积

对于松泡产品如羽绒服、枕芯、絮被、毛线等，包装时占用容器的容积太大，会增大运输、储存费用，所以对松泡产品需要压缩体积。其中有效的方法是真空包装，它可大大缩小松泡产品的体积，缩小率可达 50%~85%。

3. 合理选择外包装形状尺寸

在外包装形状尺寸的选择中，要避免过高、过扁、过大、过重等，过高会重心不稳，不易堆垛；过扁则标志刷字和辨认困难；过大则内装量太多，不易销售，且给流通带来困难；过重则纸箱易破损。

4. 合理选择内包装（盒）形状尺寸

内包装（盒）一般属于销售包装。在选择其形状尺寸时，要与外包装（箱）形态尺寸相配合，内包装（盒）的底面尺寸必须与包装模数协调，而且高度也应与外包装高度相匹配。

5. 包装外的捆扎

包装外捆扎对运输包装功能起着重要作用。捆扎的直接目的是将单个物件或数个物件捆紧，以便于运输、储存和装卸。而捆扎的功用远多于此，如能防止失窃、压缩容积和加固容器等。

## 5.2.2 特殊包装技法

1. 缓冲包装

缓冲包装主要是利用缓冲材料的缓冲作用，减少甚至避免被包装物品在装卸搬运、运输过程中受外界的冲击力、振动力等作用而造成损伤和损失。

对包装件来说，缓冲材料包括容器材料、固定材料、连接材料、封接材料等，主要指容器和产品之间的固定材料，但也不能忽视其他材料的缓冲作用。

各种物品因材质和结构不同，承受振动力、冲击力的能力也不一样。通常把物品承受外力的能力称为耐冲击度或易损性，它用物品能承受的最大冲击加速度的能力 $G$ 值表示。$G$ 值又称 $G$ 因数，它是物品允许的最大冲击加速度与重力加速度之比。物品的 $G$ 值小于等于 40 者为 A 级，耐冲击度最弱；物品的 $G$ 值为 41~90 者为 B 级，耐冲击度较好；物品的 $G$ 值大于 90 者为 C 级，耐冲击度最好。

缓冲包装的设计，要合理地选定缓冲材料并确定其衬垫厚度。

缓冲包装方法一般分为全面缓冲、部分缓冲和悬浮式缓冲三类。

（1）全面缓冲。全面缓冲是指产品或内包装的整个表面都用缓冲材料衬垫的包装方法（见图 5-1）。

（2）部分缓冲。部分缓冲是指仅在产品或内包装的拐角或局部地方使用缓冲材料衬垫。通常对整体性好的或有包装容器的产品特别适用，既能得到较好的效果，又能降低包装成本。

部分缓冲可以有天地盖、左右盖、四棱衬垫、八角衬垫（见图 5-2）和侧衬垫（见图 5-3）几种。

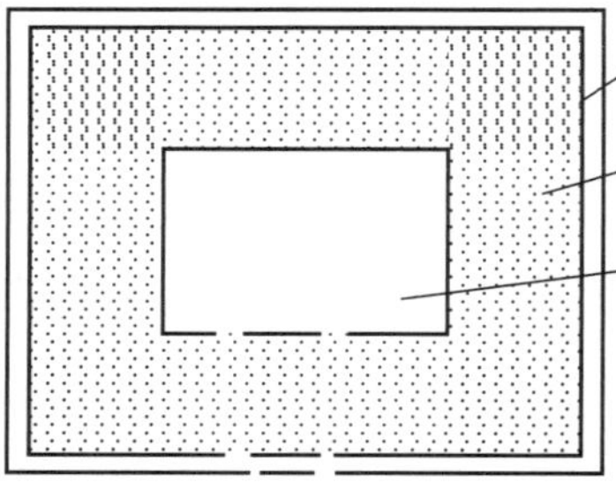


图 5-1 全面缓冲包装

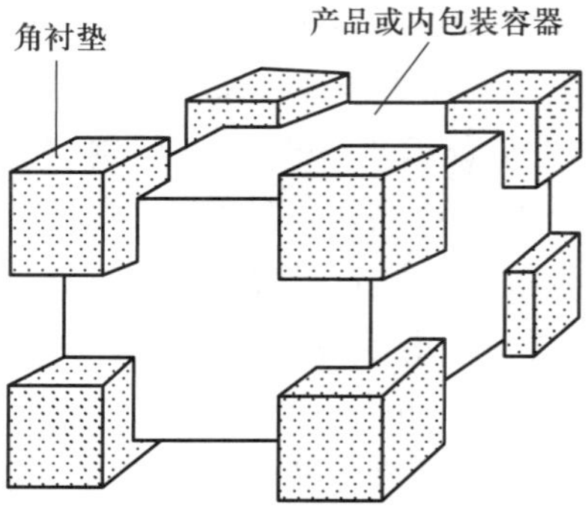


图 5-2 角衬垫包装

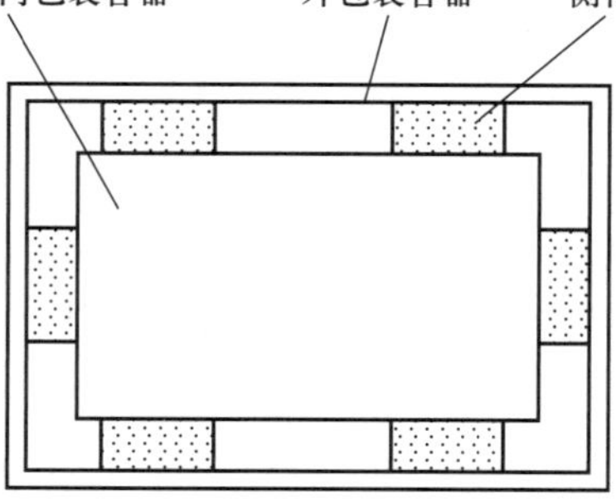


图 5-3 侧衬垫包装

（3）悬浮式缓冲。悬浮式缓冲是指先将产品置于纸盒中，产品与纸盒间各方面均用柔软的泡沫塑料衬垫妥当，盒外用帆布包缝或装入胶合板箱，然后用弹簧张吊在外包装箱内，使其悬浮吊起。这样通过弹簧和泡沫塑料同时起缓冲作用（见图 5-4）。这种方法适用于极易受损，且要求确保安全的产品，如精密机电设备、仪器、仪表等。

2. 防潮包装

防潮包装技法就是采用防潮材料对产品进行包封，以防止包装内部水分的增加，达到抑制微生物的生长和繁殖，延长内装物的存储期的目的。采取的基本措施是以防潮性能良好的密闭容器或薄膜包装材料将已干燥的物品密闭起来，以隔绝外部空气中潮气变化对内装物的影响。防潮包装常用的包装容器有陶瓷容器、金属罐、玻璃瓶等。它们的防潮性能良好，但又有质硬体重、易破损、装运和使用不便等缺点。因而目前较多地采用聚乙烯、聚丙烯等包装材料制成的容器进行包装。

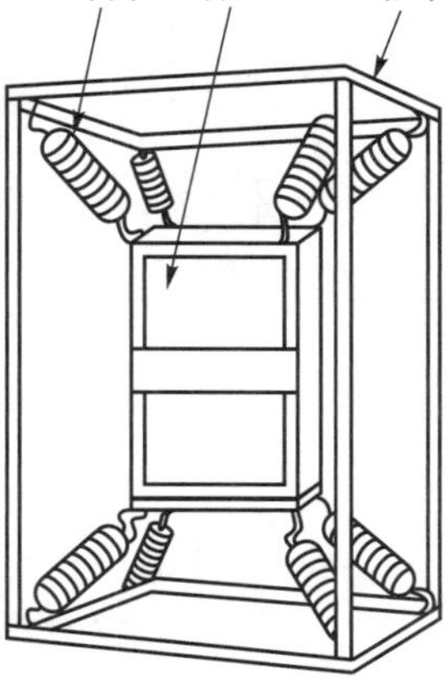

图 5-4　悬浮式缓冲包装

可选用的防潮包装类型见表 5-1。

3. 防锈包装

防锈包装技法是在运输储存金属制品与零部件时，为防止因锈蚀而降低价值或性能所采用的包装技术和方法。其目的是消除和减少致锈的各种因素，采取适当的防锈处理。防锈包装方法见表 5-2。

**表 5-1　防潮包装类型**

| 类型序号 | 名称 | 方法 |
| --- | --- | --- |
| 1 | 刚性容器密封包装 | 采用透湿度为零的金属和非金属的刚性容器，将干燥的被包装物置于其内，再将容器口焊封或用盖密封 |
| 1.1 | 加干燥剂的密封包装 | 将干燥的被包装物，连同适量干燥剂置于刚性容器内，再将容器口焊封或用盖密封 |
| 1.2.1 | 不加干燥剂的真空包装 | 将干燥的被包装物，装入气密性的刚性容器内，抽出包装体内残留潮湿空气，并加以密封，防止潮湿空气及凝露对内装物的侵蚀影响 |
| 1.2.2 | 不加干燥剂的充气包装 | 将干燥的被包装物，装入气密性的刚性容器内，抽出包装体内残留潮湿空气，再充入干燥清洁的空气或惰性气体（如氮气），并加以密封以避免潮湿空气对内装物的影响 |
| 2 | 柔性材料容器加干燥剂密封包装 | 采用低透湿度的柔性材料制成容器，将干燥的被包装物和适量干燥剂置于其中，然后将容器密封使包装内残留的潮气为干燥剂所吸收，从而保护内装物免受潮气影响 |
| 2.1 | 单层薄膜加干燥剂密封包装 | 采用的低透湿度的柔性材料为单一薄膜，然后加干燥剂并密封 |
| 2.2 | 复合薄膜加干燥剂密封包装 | 采用的低透湿度的柔性材料为复合薄膜，然后加干燥剂并密封 |
| 2.3 | 多层密封包装 | 采用塑料薄膜加干燥剂包装后再用蜡纸包装浸蜡，以提高防潮性或进行其他再次包装 |

续表

| 类型序号 | 名称 | 方法 |
| --- | --- | --- |
| 3 | 复合薄膜真空包装 | 将干燥的产品装入防透气性、防潮性较好的复合薄膜内，然后将容器空气抽出并加以密封，使内装物与外界大气层隔绝 |
| 4 | 复合薄膜充气包装 | 将干燥的产品装入透气性、防潮性较好的复合薄膜制成的软容器内，再将其内存空气抽出，并置换入等量干燥清洁的空气或氮气，或二氧化碳气体，然后给予密封 |
| 5 | 热收缩薄膜包装 | 采用热收缩薄膜，将干燥产品包装起来，然后通过热空气加热，使薄膜收缩，从而使包装体内部空气压力稍高于外部大气压，外部潮湿大气不易渗入其内部，减少外界潮湿大气的侵蚀作用 |

**表5-2 防锈包装方法**

| 代号 | 名称 | 方法 |
| --- | --- | --- |
| M-1 | 一般防潮、防水包装 | 制品经清洗、干燥后，直接采用防潮、防水材料进行包装 |
| M-2 | 防锈油脂的包装 | |
| M-2-1 | 涂覆防锈油脂 | 制品直接涂覆硬膜防锈油脂，不需采用内包装 |
| M-2-2 | 涂防锈油脂，包覆防锈纸 | 制品涂防锈油脂后，采用耐油性、无腐蚀内包装材料包装 |
| M-2-3 | 涂防锈油脂，塑料袋包装 | 制品涂防锈油脂后，装入塑料薄膜制作的袋中，根据需要用粘胶带密封或热压焊封 |
| M-2-4 | 涂防锈油脂，铝塑薄膜包装 | 制品涂防锈油脂后，装入铝塑料薄膜制作的容器中，热压焊封 |
| M-3 | 气相防锈材料包装 | |
| M-3-1 | 气相缓蚀剂包装 | 按制品的防锈要求，用粉剂、片剂或丸剂状气相缓蚀剂，散布或装入干净布袋或盒内；气相缓蚀剂用量每立方米包装空间不少于30 g，其离制品的防锈面不超过300 mm |
| M-3-2 | 气相防锈纸包装 | 制品的形状比较简单且容易包扎时，用标准方法包封后套塑料袋或容器密封；气相防锈纸包封制品时，要求接触或接近金属表面；离金属表面超过300 mm的部位，应与气相缓蚀剂并用；气相防锈纸与气相防锈油并用时根据需要在气相防锈纸外包覆耐油性包装材料，但具有耐油的气相防锈纸除外；形状复杂的大件制品，用气相缓蚀剂溶剂或悬浊液涂刷或喷涂后，再用气相防锈纸等材料包封 |
| M-3-3 | 气相塑料薄膜包装 | 制品要求包装外观透明时，采用气相防锈塑料薄膜袋热压焊封；涂布的气相防锈塑料薄膜，涂覆面应朝袋内，吹塑的气相防锈塑料薄膜可直接使用 |

续表

| 代号 | 名称 | 方法 |
|---|---|---|
| M-4 | 密封容器包装 | |
| M-4-1 | 金属刚性容器密封包装 | 制品涂防锈油脂后，用防锈耐油性包装材料包扎和充填缓冲材料；装入金属刚性容器密封，需要时可作减压处理 |
| M-4-2 | 非金属刚性容器密封包装 | 采用防潮包装材料制作的容器，将防锈后的制品装入，热压焊封或用其他方法密封 |
| M-4-3 | 刚性容器中防锈油浸泡的包装 | 制品装入刚性容器（金属或非金属）中，用防锈油完全浸渍，然后进行密封 |
| M-5 | 密封系统的防锈包装 | 制品内腔密封系统刷涂、喷涂或注入气相防锈油。气相防锈油的用量通常按内腔空间计算，以6 $kg/m^2$为宜 |
| M-6 | 可剥性塑料包装 | |
| M-6-1 | 涂覆热浸型可剥性塑料包装 | 制品长期封存或防止机械碰伤，采用浸涂热浸型可剥性塑料包装；需要时，在制品外按其形式包扎无腐蚀的纤维织物（布）或铝箔后，再涂覆热浸型可剥性塑料 |
| M-6-2 | 涂覆溶剂型可剥性塑料包装 | 制品的孔穴处填无腐蚀性材料后，在室温下一次涂覆或多次涂覆溶剂型可剥性塑料；多次涂覆时，每次涂覆后必须待溶剂完全挥发后，再进行下次涂覆 |
| M-7 | 贴体包装 | 制品进行防锈后，使用硝基纤维、醋酸纤维、乙基丁基纤维或其他塑料膜片作透明包装，真空成型 |
| M-8 | 充氮包装 | 制品装入密封性良好的金属容器、非金属容器或透湿度小、气密性好、无腐蚀性的包装材料制作的袋中，充氮密封包装；制品可密封内腔，经清洗干燥后直接充氮密封 |
| M-9 | 干燥空气封存包装 | |
| M-9-1 | 刚性容器干燥空气封存 | 制品进行防腐后，放入防潮包装材料制作的容器中，并在容器中放入细孔硅胶，然后密封；金属刚性容器按 M-4-1 方法进行，非金属刚性容器按M-4-2方法进行 |
| M-9-2 | 套封包装 | 制品进行防腐锈后，需要时进行包扎和缓冲，与干燥剂一并放入铝箔复合材料包装容器中密封；必要时可施行内部减压和充氮 |

4. 防霉腐包装

产品的发霉、腐烂变质是由真菌引起的。真菌从产品中吸取营养物质，产生生物酶，使产品变糟、牢度降低；有的产品发霉影响外观，还会引起机械、电子、仪器、仪表的机能故障；对有的金属产品还能引起腐蚀的加快，因此必须采取防霉包装。

为防止真菌侵袭而采取的包装方法称为防霉腐包装。防霉腐包装方法的实质是劣化某一环境因素,以达到抑制或杀灭微生物,防止内装物霉变、腐烂,保护物品质量的目的。

防霉真包装技法大致有防潮包装(上述)和耐低温包装两类。

耐低温包装一般是用耐冷耐潮的包装材料制成。使包装件能较长时间地存放在低温条件下,包装材料也不会变质,以抑制包装中微生物的生理活动,保护内装物不霉腐。如鲜肉、鲜鱼、鲜蛋、水果和蔬菜等要较长期储存,都必须采用耐低温包装。

防霉腐包装可根据具体物品采用密封包装和非密封包装。密封包装又可分为四种:① 抽真空置惰性气体密封包装;② 干燥空气封存包装;③ 防氧封存;④ 挥发性防霉剂防霉。非密封包装可采用两种:① 产品经有效处理;② 包装箱开通风窗。

## 5.3 常用包装机械

### 5.3.1 包装机械的概念

1. 包装机械的定义

根据《包装术语 第 2 部分:机械》(GB/T 4122.2—2010),包装机械是指完成全部或部分包装过程的机器。包装过程包括成型、充填、封口、裹包等主要包装工序,清洗、干燥、杀菌、贴标、捆扎、集装、拆卸等前后包装工序,以及转送、选别等其他辅助包装工序。

2. 包装机械的作用

(1) 提高劳动生产率。用机械包装代替手工包装,大大提高了劳动生产率。

(2) 确保包装质量。机械包装使产品不与人体直接接触,保证了诸如食品、药品的清洁卫生及金属制品防锈蚀的可靠性。机械包装计量准确,包装紧密,外形整齐美观,包装质量稳定。

(3) 降低劳动强度,改善劳动条件。机械包装使包装工人从繁重的体力劳动中解放出来,降低了劳动强度,改善了劳动条件。

(4) 降低包装成本,减少流通费用。包装规格化、标准化,能适应标准化的集装箱、托盘、火车、轮船等各种运输条件和装卸方法。有些松泡商品,例如棉花、羽绒和某些服装、针棉织品等,经采用压缩包装机预压包装可以大大缩小包装件的体积,节省包装材料,降低了包装成本;在运输时也缩小了运输空间,节省了运输费用;在储存时节省了仓容,减少了保管费用,还增加了仓库的储存量。

### 5.3.2 包装机械的分类

目前对包装机械的分类方法很多,常用的分类方法是按包装工序来进行分类。包装工序有裹包、灌装、充填等,完成这些包装工序的包装机械称为包装主机。另外还有完成洗涤、烘干、检测、输送和堆垛工作的辅助包装机械。

1. 裹包包装机械

裹包包装机械用于包装块状产品。按照裹包的不同工艺可分为扭结式包装机、端折式包装机、枕式包装机、信封式包装机、拉伸包装机等。

2. 充填包装机械

充填包装机械用于包装粉状、颗粒状的固态物品。充填包装机械包括直接充填包装机和制袋充填包装机两类。直接充填包装机是利用预先成型的纸袋或塑料袋进行充填,也可直接充填于其他容器。制袋充填包装机是既要完成袋容器的成型,又要完成将产品充填入容器内两道工序的包装机械。

3. 灌装包装机械

灌装包装机械用于包装流体和半流体物品。按照灌装产品的工艺可分为常压灌装机、真空灌装机、加压灌装机等。灌装包装机械通常与封口机、贴标机等连接起来成为一条机械化灌装流水线。

4. 封口机械

封口机械是用于各种包装容器的封口。按封口的不同工艺又可分为玻璃罐加盖机械(压盖、旋盖等)、布袋口缝纫机械、封箱机械、塑料袋和纸袋的各种封口机械。

5. 贴标机械

贴标机械是用于将商标纸或标签粘贴于包装件上的机械。

6. 捆扎机械

捆扎机械有带状捆扎机、线状或绳状捆扎材料的捆扎机等。

7. 热成型包装机械

热成型包装机械按加工工艺的不同分为泡罩包装机和贴体包装机。

8. 真空包装机械

真空包装机械按其抽真空后能否充入不活泼气体而分成真空包装机和充气包装机两种。

9. 收缩包装机械

收缩包装机械除了有可作单件产品或多件产品的销售包装的小型收缩包装机,还有可用于将托盘包装在内的运输包装的大型收缩包装机。

10. 其他包装机械

除以上几类包装机械外,还有洗瓶和烘干机,包装材料和规格的检测机、盖印机、计量机等,这些单机一般和其他包装机联合成包装机组。

### 5.3.3 常用包装机械

1. 制袋充填封口包装机械

制袋充填封口包装机的主要工序有包装袋成型、充填、封口、切断等。它所采用的包装材料主要是薄膜制品,如塑料薄膜、纸、铝箔和复合薄膜等。

2. 热成型包装机械。

热成型包装机根据包装容器成型工艺的不同分为泡罩包装机与贴体包装机。

泡罩包装是目前应用最广泛的一种包装。它是将产品封合在预成型的泡罩与底板之间的一种包装方式。

贴体包装与泡罩包装类同,两者的区别是贴体包装的产品作为成型模,泡罩包装由专用模具来成型。贴体包装可使产品固定不动,使产品质量在流通过程中不因相互碰撞而受损。

3. 收缩包装机械。

收缩包装机就是用经过拉伸定向的热收缩薄膜包装物品(或内包装件),然后对薄膜进行适当的加热处理,使薄膜收缩而紧裹物品(或内包装件)的包装机械,收缩薄膜由上下两个卷筒张紧,产品由机器部件推向薄膜,薄膜包裹产品后,由封口部件将薄膜的三面封合,随后由输送带输送,通过加热装置,紧裹产品,冷却形成收缩包装件。

### 5.3.4 包装机械发展趋势

#### 5.3.4.1 国外包装机械发展趋势

自20世纪末以来,包装机械市场竞争程度日趋激烈,欧盟、美国、日本等发达国家和地区不断改进科学技术和生产设备,占据主要的世界包装机械市场。随着人们对产品需求多样性的提高、产品生命周期的缩短,使包装机械呈以下几种发展趋势。

1. 工艺流程自动化程度越来越高

为了提高生产率、提高设备的柔性和灵活性、以机械手代替人工完成复杂的包装动作,在包装生产线中广泛使用电子设备,实现自动化控制技术。

2. 设备的柔性和灵活性不断增加

为了适应多样化的消费需求,机械产品的更新更加频繁快速,必须不断改善设备自身的柔性和灵活性,提高自动化程度,延长包装机械的使用寿命,改进产品构造,通过多种包装组合、多个进料口及不同包装形式来实现供货的灵活性与及时性,以及对于产品变化的适应性。

为了最大限度发挥包装机械的作用,各国的机械生产企业仔细研究包装机械设备的成套性和配套性,研究开发出整套完善的生产设备,为用户提供一系列的服务工作。

3. 生产效率和可靠性不断提高

随着科学技术的发展,包装机械设备将灵活机动、用途更加广泛、生产效率更加高效。同时,生产设备还沿着节约时间、降低成本,实现组合化和简洁化的趋势发展。目前,可编程控制器(programmable logic controller,简称PLC)、数据收集系统等程序已广泛应用于发达国家的包装机械工作中。发达国家均把提高机器生产率作为重要指标,进一步寻求提高生产率的方法和途径。提高机械设备的转速可以大大提高机器的生产效率。例如,德国目前饮料灌装速度可高达1 200瓶/h,香烟包装速度达12 000包/min,茶叶包装机速度达到了350袋/min。

#### 5.3.4.2 我国包装机械发展特征

包装机械行业全面推进智能制造、绿色制造和优质制造,体现自动化、全球化、网络化、虚拟化、绿色化的发展方向。在物流包装方面,未来的发展方向是标准化、智能化、绿色化、协同化和共享化。在碳达峰、碳中和背景下,推动物流包装的绿色低碳发展将成为我国物流包装机械的重要发展方向:以更经济环保的方式满足企业物流包装需求,促进物流包装绿色低碳发展,扩大包装机械的共享范围,构建物流包装运营服务体系,提高周转率,降低物流成本,促进物流包装全产业链转型升级。总体而言,我国包装机械行业的国际竞争力仍然处于劣势,技术装备水平与国外还存在一定差距,需在技术创新、智能化、信息化、绿色安全、高效节能及重要成套装备等方面重点突破。

# 5.4 包装管理

包装管理是随着经济发展而出现的一种经济管理。正如一切经济管理都具有两重性一样，包装管理也具有两重性。一方面表现为与生产力、生产技术、社会生产相联系的一般属性，另一方面则表现为与生产关系、社会制度相联系的特殊属性。包装管理的目的是使包装满足商品在流通领域有效、协调流转的需要，并且创造最佳的经济效益。

包装管理往往因企业性质及其规模大小等条件不同，其管理的侧重面也不一样。一般说来，以生产为主的生产企业，包装管理的重点应放在生产作业的连续性和便于生产方面，以销售为主的商业企业，包装管理的重点则放在包装单位、包装形体、包装装潢设计方面，使之获得最佳销售效果，物流运输、物资部门包装管理的重点是研究包装的强度、外径尺寸、包装材料、标志等，为科学合理地进行储存、运输、装卸提供有利条件，以减少流通费用。

包装管理是经济管理的一个部分，其重要内容之一是经济效益问题。经济效益取决于经济状况、科学技术、组织管理、自然条件、经济核算、政治工作等多种因素。因此这些都是包装管理研究的重要内容。

## 5.4.1 包装组织

世界包装组织（World Packaging Organization，WPO）成立于1968年，属联合国工发组织（UNIDO）的咨询机构，联合国经济与社会理事会成员，与联合国国际贸易中心（ITC）有着密切的业务合作关系。世界包装组织是为包装行业的共同利益提供服务的全球性组织。其推行的主要工作目标是促进包装技术、科学和工程的发展；促进包装技术和成果的发展；给对未来包装理念感兴趣的组织提供研讨论坛；与会员单位就包装业生产力、环境保护、消费者的安全与健康等相关问题进行监控与交流；协助创造食物或其他被包装物的最优化储藏、保存和运输条件；为国际贸易的发展作贡献；为各国包装组织机构的成立和运行提供咨询服务；提供包装知识、教育及培训资源信息等。世界包装组织的工作语言为英语，每年在世界各主要包装大国举办多次专业研讨会。另外，世界包装组织还通过互联网向所有成员国（地区）提供世界包装信息服务。世界包装组织设有一个教育委员会，为成员国提供有关包装专业人员培训。

每年一次的包装“世界之星”奖的评选，是世界包装组织的一项重要工作。我国现有两家世界包装组织的一级会员单位：中国出口商品包装研究所和中国包装技术协会。中国大部分送评的作品均需通过这两家机构参评这项大奖。

中国包装联合会是经国务院批准成立的国家级行业协会之一，其前身——中国包装技术协会成立于1980年，经民政部批准于2004年9月2日正式更名为“中国包装联合会”。联合会下设20个专业委员会，在全国各省、自治区、直辖市、计划单列市和中心城市均设有地方包协组织，拥有近6 000个各级会员。

中国包装联合会与世界上20多个国家和地区的包装组织建立了联系与合作关系，并代表中华人民共和国参加了世界包装组织、国际瓦楞纸箱协会、亚洲包装联合会、亚洲瓦楞纸箱协会、欧洲气雾剂联盟等国际包装组织。

中国包装联合会是中国包装行业的自律性行业组织,其宗旨是:在国务院国有资产监督管理委员会的直接领导下,围绕国家经济建设的中心,本着服务企业、服务行业、服务政府的“三服务”原则,依托全国地方包装技术协会和包装企业,促进中国包装行业的持续、快速、健康、协调发展。

中国食品和包装机械工业协会是经中华人民共和国民政部批准登记的国家级社团组织,协会是由跨部门、跨地区的食品机械和包装机械制造企业、零部件配套企业、自动化集成企业、科研院所、大专院校、新闻单位、地方社团自愿组织起来的全国性行业组织,具有社会团体法人资格。

### 5.4.2 包装的计划管理

产品包装的计划管理要在国家计划指导下,建立健全计划管理机构和制度,根据党的方针政策和国家计划组织产品包装的各个工作部门编制有关计划。

产品包装的计划工作和其他计划工作一样,包含着比例、平衡、速度三个要素和数量、质量、实物、货币四大指标。但产品包装工作不是一个独立的经济系统,而是体现在各个环节和部门,所以产品包装的计划应和其他各项计划配合制定。

产品包装计划工作的比例关系主要有两方面,一方面是根据商品性质、销售对象、运输路程远近来确定包装费用占商品价值的比例。另一方面根据各地商品包装实际使用包装材料的数量和种类来确定包装材料的生产与包装加工工业的规模、布局以及和其他部门的比例关系。如果包装材料与包装加工比例失调,就会出现包装材料供不应求或过剩,或者出现包装加工不能满足包装需要的现象。

综合平衡是编制计划的基本方法。产品包装计划的平衡工作,主要是指商品生产与包装物的供应;包装生产与包装材料的供应,产品包装的供应与社会需要之间的平衡。要达到包装与产、供、销的平衡,包装数量要“以产定包装”,根据销售计划制订生产计划,再根据生产计划制订包装计划。包装质量要求根据产品流通条件和市场的需要来制定相应的包装质量标准。包装材料供应要“以包装定供应”,根据产品包装所需要达到的质量要求来确定包装材料的种类,从而保证包装质量。

在计划工作中比例平衡是手段。只有速度才是计划工作的目的,因此在确定包装工作计划的每项目标时,都要规定达到目标的时间。包装工作的速度,应体现在包装质量提高和改善的进度以及包装产量提高的速度。

检查计划是计划管理的一个环节,检查计划是否符合实际,以便及时提出修改意见,检查计划指标的完成情况。

包装计划的指标,根据指标的性质和表现形式可分为数量指标、质量指标、实物指标和货币指标。

数量指标直接表示事物规模的大小或数量的多少,如包装数量,包装材料供应量,包装物料回收量等。这类指标一般用绝对数表示。

质量指标是从数量上反映经济管理水平和生产技术水平的高低,如包装材料耗用定额、包装成本、包装物料回收利用率等。这类指标一般用相对数表示。

实物指标反映产品的使用价值,主要指包装材料的种类,包装规格、体积、重量等,用相应的计量单位来表示。

货币指标是指包装成本、包装物料回收节约金额等,用货币计量。

计划指标是编制计划和检查计划的依据,评价企业的管理水平必须把上述四个指标综合起来分析。

包装各项计划指标实现的好坏,对企业主要经济指标有直接的影响,如包装质量直接影响产品质量,包装成本影响产品成本,包装物料的回收影响企业的利润等。

### 5.4.3 包装的费用管理

包装费用是指产品在运输保管过程中,为保护产品的使用价值进行包装所花费的必要费用。如果包装费用超过生产费用,这样的包装即使能够保护产品的使用价值,一般也是不可取的。一个最佳的包装设计,应该是用最少的费用获得最大的经济效益。因此加强包装的费用管理,实行经济核算,降低包装成本是很重要的。

1. 包装费用管理的内容

(1) 购进包装物的费用核算。购进包装物的费用核算有单独购进、随货购进两种情况。随货购进的包装物又有单独计价和不单独计价分别进行费用核算。单独购进的包装物要按品种计入包装物的进价成本。随货购进单独计价的包装物,应根据发货票所列的产品价格、包装物的价格分别列账。对随货购进单独计价的包装物应视同产品,作为库存产品的增加额。

(2) 包装物修理、报废和出售的核算。包装经过各流通环节会受到不同程度的损坏,需要及时修理加固,修理加固所需费用在包装费项列支。如包装损坏程度已不能修复使用时,则要申请报废。包装物的出售有单独出售和随货出售两种形式,分别进行费用核算。

对能够再次使用的包装容器要进行回收复用。对可留用的要加固、修补以作备用,不能用的要主动联系收购单位及时出售,做到物尽其用,增加收益。对加固整理复用的包装要严格执行包装质量标准。为了扩大包装的回收复用,各级物资流通部门必须贯彻旧包装回收复用的奖励办法,以促进包装的回收复用。

2. 降低包装费用的方法

(1) 用价值分析法降低包装费用。价值分析法就是在广泛搜集具有同样功能的包装材料或包装容器后,分别核算它们的成本,研究运用更为廉价的材料、容器及包装工艺,在保持同样包装功能的前提下进行包装。这种分析方法采用的是比较法,因此也称为比较分析法。

通过比较分析,可以发现包装工作中容易疏忽的问题和漏洞,一般可以降低15%左右的包装费用。

(2) 采用机械化包装降低包装费用。在劳动力不足,劳动费用高的情况下,广泛采用机械化包装代替手工包装,可以提高包装工作效率,降低包装费用。

(3) 通过包装标准化,降低包装费用。实现包装标准化,保证包装质量,并使包装的外径尺寸与运输工具、装卸机械相配合,方便产品堆码、装卸、储存,降低产品的运输费、装卸费和管理费,同时更有利于机械化生产,节省包装材料。

(4) 实行预算控制,降低包装费用。通过编制预算控制包装费用,降低包装费用。实行预算控制,首先要编制包装费用预算,包括直接包装材料费、直接包装人工费、间接包装费的预算编制。直接包装材料费的预算编制,其包装材料的价格要按三个因素来计:对今后价格的判断;当年购进的包装材料数量;当年购进的包装材料总额。直接包装人工费的预算编制,根据包装一个单位所需的平均标准时间计算包装费用。间接包装费的预算编制,要求对直接材料费和直接人工费以外的包装(间接包装费)有一恰当估计。

### 5.4.4 包装标准化的管理

包装标准化的管理对提高包装质量,降低包装成本,保护内装产品的固有性质,减少其在流通过程中的破损,节约运力,增加经济效益,方便销售,增强产品的竞争能力等都起着重要的作用,因此加强包装标准化管理是提高经济效益的一项重要措施。

包装标准就是对包装标志,包装所用的材料规格、质量,包装的技术要求,包装件的试验方法等的技术规定。

包装标准体系主要包括包装相关标准、综合基础包装标准、包装专业基础标准和产品包装标准等四大类。

(1) 包装相关标准主要包括集装箱、托盘、运输、储存条件的有关标准。

(2) 综合基础包装标准包括标准化工作守则、包装标志、包装通用术语、包装尺寸系列、运输包装件基本试验方法、包装技术与方法、包装管理等方面的标准。这是包装工业基础性的通用标准。

(3) 包装专业基础标准包括包装材料、包装容器和包装机械标准。是指包装工业产品的技术要求和规定,如《普通食品包装纸》《纸袋纸》《高压聚乙烯重包装袋》《塑料打包带》等。

(4) 产品包装标准是指对产品包装的技术要求或规定。包括建材、机械、轻工、电子、仪器仪表、电工、食品、农畜水产品、化工、医疗器械、中药材、西药、邮政和军工等 14 大类,每大类产品中又有许多种类的具体标准。例如,《日用安全火柴》产品质量规定,每盒应有商标和制造厂名,每十盒为一包,每一百包为一件,每件的包装必须严格牢固。又如《洗衣粉包装箱》《针织内衣包装与标志》《铝及铝合金加工产品的包装、标志、运输和贮存的规定》等单独制定的包装标准。

包装标准化是指对产品包装的类型、规格、容量、使用的包装材料、包装容器的结构造型、印刷标志及产品的盛放、衬垫、封装方式、名词术语、检验要求等加以统一规定,并贯彻实施。其中主要的是统一材料,统一规格,统一容量,统一标记和统一封装方法。

产品包装的质量必须用它的各项标准来衡量。产品没有包装,不能进入流通领域,有了包装而无标准就无法鉴别包装质量的优劣。

实现包装标准化,减少包装规格型号,同类产品可以通用,在包装生产过程中,减少了机器更换规格尺寸和印刷标志的时间,提高工效,节约工时费用。促进商品包装的回收复用,减少包装费用。而且对于保护产品质量,提高运输工具的装载量,加速物流都具有十分重要的意义。未来,绿色包装、快递电商包装、智能包装、军民融合包装等将成为包装标准化的重点工作。

## 本章小结

为了保证产品在流通、储存过程中不受损伤并且便于使用和促进销售,产品包装就成为物流过程中又一重要环节。本章从包装的功能、作用、材料、容器、托盘包装、集合包装、运输包装、销售包装等方面进行了介绍,并且详细阐述了捆扎、加固、压缩等一般包装技法和缓冲、防潮、防锈等几种特殊的包装技法,进而根据包装的要求分析了包装机械发展趋势和包装标准化等包装管理的相关内容。

## 思考题

1. 包装主要有哪些作用？
2. 包装按包装目的分哪几类？
3. 常用的包装材料有哪些？
4. 常用包装用纸及纸板主要有哪些？
5. 常用包装塑料的适用性是什么？
6. 常用的金属包装材料主要有哪些？
7. 常用的包装容器有哪些？
8. 简述一般包装技法的基本内容。
9. 简述特殊包装技法的种类及各自的作用。
10. 包装机械的作用有哪几方面？
11. 简述各类包装机械的功能。
12. 为什么要对包装进行组织管理？
13. 包装标准化管理的作用是什么？
14. 简述三类包装标准的主要内容。
15. 综合分析题：随着国家“双碳”目标不断深化，快递的绿色化加快发展，快递绿色包装标准化势在必行，2020 年由市场监管总局等 8 部委联合发布的《关于加强快递绿色包装标准化工作的指导意见》（国市监标技〔2020〕126 号）指出要建立与绿色发展理念相适应、严格有约束力的快递绿色包装标准体系，推动快递包装“绿色革命”，全面支撑快递业绿色发展。据国家统计局数据，2021 年期间，全国年垃圾清运总量从 14 800 余万吨增长到近 24 000 万吨，这其中，快递包裹“贡献”了不少垃圾。在我国大城市中，有些城市的快递包装垃圾增量甚至已占生活垃圾增量的 93%，部分城市则为 85%至 90%。这些包装垃圾以纸张、塑料为主，原材料大多源于木材、石油。不仅如此，快递包装中常用的透明胶带、塑料袋等材料，主要原料都是聚氯乙烯，这一物质埋在土里，需要上百年才能降解，对环境会造成不可逆转的损害，快递包裹减负刻不容缓。请从包装材料、包装标准化、信息化和循环利用等角度，提出快递包装绿色发展的措施。

即测即评

# 第 6 章 装卸搬运

**本章学习目的**

☞ 了解装卸搬运的含义、主要类型、工作组织方法及特殊物品的装卸搬运的方法和注意事项；掌握装卸搬运的原则及合理化手段。

根据《物流术语》(GB/T 18354—2021)，装卸(loading and unloading)是指运输工具间或运输工具与存放场地(仓库)间，以人力或机械方式对物品进行载上载入或卸下卸出的作业过程。搬运(handling/carrying)是指在同一场所内，以人力或机械方式对物品进行空间移动的作业过程。装卸搬运就是指在某一物流节点范围内进行的，以改变物料的存放状态和空间位置为主要内容和目的的活动。在习惯中，物流领域(如运输领域)常将装卸搬运这一整体活动称作“货物装卸”；在生产领域中常将这一整体活动称作“物料搬运”。实际上，活动内容都是一样的，只是领域不同而已。

## 6.1 装卸搬运概述

### 6.1.1 装卸搬运的意义和作用

装卸搬运活动贯穿于物流各环节、各领域，是各种物流活动顺利进行的关键。装卸搬运活动是提高物流效率、降低物流成本、改善物流条件、保证物流质量最重要的物流环节之一。完成装卸搬运作业应具备劳动力(装卸职工，包括机械化、自动化设备的操作、控制与管理人员)，装卸搬运设备(工具)与设施(车、船、场、库等)，工艺(作业方法)，管理信息系统，作业保障系统。

装卸搬运的作用表现在如下三方面。

(1) 装卸搬运是物流各阶段之间相互转换的桥梁。物流的各阶段(环节、功能)的前后或同一阶段的不同活动之间，都必须进行装卸搬运作业，如运输过程结束，货物要进入仓库之前，必须有装卸搬运作业。正是装卸搬运把物的运动的各个阶段连接成为连续的“流”，使物流的概念名实相符。

(2) 装卸搬运(换装)连接各种不同的运输方式，使多式联运得以实现。通常经联合运输的货物，要经过 4 次以上的装卸搬运与换装(多则经过十几次)，其费用占运输费用的 25%左右。以我国为例，铁路运输的始发和到达的装卸作业费大致占运费的 20%，船运占 40%左右。

(3) 在许多生产领域和流通领域中,装卸搬运已经成为生产过程的重要组成部分和保障系统。如采掘业的生产过程,实质上就是装卸搬运;如在加工业和流通业,装卸搬运是生产工艺过程中不可缺少的组成部分。据调查资料,我国机械工厂生产用于装卸搬运的成本为加工成本的15.5%。

做好装卸搬运工作的重要意义在于:① 加速车船周转,提高港、站、库的利用效率;② 加快货物送达、减少流动资金占用;③ 减少货物破损、减少各种事故的发生。总之,改善装卸搬运作业能显著提高物流经济效益和社会效益。这个社会效益,还包括在获得装卸搬运系统本身的效益的同时,为整个生产系统获得的经济效益更大。

### 6.1.2 装卸搬运的特点

与生产领域和流通领域的其他环节相比，装卸搬运具有如下特点。

(1) 装卸搬运是伴随生产与流通的其他环节发生的。无论是生产领域的加工、组装、检测,还是流通领域的包装、运输、储存,一般都以装卸搬运作为起始和终结。所以说,无论在生产还是流通领域里,装卸搬运环节是不可缺少的,且与其他环节密不可分。因而,装卸搬运具有与其他环节"伴生"(伴随着产生)和"起讫"性的特点。

(2) 装卸搬运不产生有形的产品,而是提供劳动服务,是生产领域与流通领域的其他环节的配套"保障"和"服务"性作业。

(3) 装卸搬运过程不消耗作业对象,不排放废弃物,不大量占用流动资金。

(4) 装卸搬运没有提高作业对象(物)的价值和使用价值的功能。因为它既不改变作业对象(物)的物理、化学、几何、生物等方面的性质,也不改变作业对象(物)的相互关系(指零件组装成部件或机器、机械设备拆解为零、部件等)。

(5) 装卸搬运作业具有均衡性与波动性。生产领域的装卸搬运必须与生产活动的节拍一致,表现为与生产过程均衡性、连续性的一致性;流通领域的装卸搬运,虽力求均衡作业,但随着车船的到发和货物出、入库的不均衡,作业是突击的、波动的、间歇的,因此装卸搬运作业应具有适应波动性的能力。

(6) 复杂性与延展性。通常认为货物装卸搬运改变物料存放状态和几何位置者居多,作业比较单一,但由于它经常和运输、存储紧密衔接,除装卸搬运外,还要同时进行堆码、装载、加固、计量、取样、检验、分拣等作业,以保证充分利用载运工具、仓库的载重能力与容量,因此作业是比较复杂的。这些作业也可看作装卸搬运作业的分支或附属作业,它丰富了"改变货物存放状态和位置"这一基本概念的内涵,装卸搬运系统对这些分支作业应有较强的适应能力。

### 6.1.3 装卸搬运的分类

1. 按作业场所分

据装卸搬运作业场所的不同,流通领域的装卸搬运作业基本分为车船装卸、港站装卸和场库装卸三大类。

车船装卸指在载运工具或载运工具之间的装卸、换装作业,包括汽车在铁路货场和站台旁的装卸作业,铁路车辆在货场及站台的装卸作业,装卸时进行的加固作业,以及清扫车辆、揭盖篷布、移动车辆、检斤计量等辅助作业。

港站装卸指在港口码头、车站、机场进行的各种装卸作业。包括码头前沿与后方间的搬运作业,港站堆场的堆码拆取作业,分拣、理货、配货、中转作业。

场库装卸通常指在货主的仓库或储运业的仓库、堆场、集散点、物流中心等处进行的装卸作业。场库装卸配合出库、入库、维护保养等活动进行,并且以堆垛、上架、取货等操作为主。

在实际运作中,这三类作业很难割裂,而是相互衔接的,如码头前沿的装卸船作业与场地(港站)、船舶(车船)都联系着,因此具体作业内容也是复杂的,要认真组织。

2. 按装卸搬运操作内容分

根据装卸搬运作业操作内容的不同,装卸搬运作业可分为:堆码拆取作业、分拣配货作业和挪动移位作业(即狭义的装卸搬运作业)。

堆码取拆作业包括:车厢内、船舱内、仓库内的码摞和拆垛作业;按规定位置、形状和其他要求放置或取出成件包装货物的作业,也包括按规定的位置、形状和其他要求堆存和取出散堆货物的作业。

分拣配货作业指:将货物按品类、到站、货主等不同特征进行分类的作业;按去向、品类构成等一定原则要求,将已分类的货物集合为车辆、汽车、集装箱、托盘等装货单元的作业。

挪动移位作业即狭义的装卸搬运作业,分别指:单纯地改变货物的支承状态(如从汽车车厢上将货物挪动到站台上)的作业,显著(距离稍远)改变空间位置的作业。

3. 按装卸搬运的机械及机械作业方式分

根据装卸搬运的机械及机械作业方式不同,可分成"吊上吊下""叉上叉下""滚上滚下""移上移下"及散装等方式。

"吊上吊下"方式是利用各种起重机械从货物上部起吊,依靠起吊装置的垂直移动实现装卸,并在吊车运行的范围内或回转的范围内实现搬运(包括连同集装器具搬运)。

"叉上叉下"方式是叉车从货物底部托起货物,并依靠叉车的运动进行货物位移,位移完全靠叉车本身,货物可不经中途落地直接放置到目的地。

"滚上滚下"方式主要指港口装卸的一种水平装卸方式。滚上滚下方式通常用于船上装卸货物,或拖车将半挂车、平车拖拉至船上后,拖车开下离船,而载货车辆(包括汽车)连同货物一起运到目的地,再原车开下或拖车上船拖拉半挂车、平车开下。

"移上移下"方式是在两车之间(如火车及汽车)进行靠接,把货物水平、上下移动,从一个车辆上推移到另一车辆上。

4. 按装卸搬运作业对象分

按装卸搬运作业对象分,可分为单件作业法、单元(集装)作业法和散装作业法(详见章节6.2.1)。

5. 按装卸搬运的作业特点分

按装卸搬运的作业特点分,可分为间歇作业法和连续作业法。

间歇作业法是指在装卸搬运作业过程中有重程和空程两个阶段,即在两次作业中存在一个空程准备过程的作业方法,如门式和桥式起重机作业。

连续作业法是指在装卸搬运过程中,设备不停地作业,物资可连绵不断、持续流水般地实现装卸作业的方法,如带式输送机和链斗装车机作业。

6. 按装卸搬运作业手段和组织水平分

按装卸搬运作业手段和组织水平分,可分为人工作业法、机械作业法和综合机械作业法。

人工作业法是一种完全依靠人力和人工使用无动力器械完成装卸搬运的方法。

机械作业法是指以各种装卸搬运机械,采用多种操作方法来完成物资的装卸搬运的作业方法。

综合机械作业法是代表装卸搬运作业发展方向的作业方式,要求作业机械设备和作业设施、作业环境的理想配合,要求对装卸搬运系统进行全面的组织、管理、协调,并采用自动化控制手段,取得高效率、高水平的装卸搬运作业。

### 6.1.4 装卸搬运机械

装卸搬运机械是指用来搬移、升降、装卸和短距离输送物料或货物的机械。装卸搬运机械既可用于完成船舶与车辆货物的装卸,又可用于完成库场货物的堆码、拆垛、运输以及舱内、车内、库内货物的起重、输送和搬运。

装卸搬运机械按照主要用途或结构特征不同,可分为起重机械、连续运输设备和装卸搬运车辆等。

#### 6.1.4.1 起重机械

1. 起重机械的分类

起重运输机械的种类很多,按照机械的综合特征分为多种类型,如图 6-1 所示。

- 起重机
  - 轻小型起重机械
    - 千斤顶
    - 手扳葫芦
    - 手拉葫芦
    - 电动葫芦
  - 桥式类起重机
    - 悬挂梁式起重机
    - 通用桥式起重机
    - 龙门起重机
      - 轨道龙门起重机
      - 轮胎龙门起重机
    - 装卸桥
      - 抓斗装卸桥
      - 集装箱装卸桥
      - 多用途装卸桥
    - 绳索起重机
    - 桅杆起重机
  - 臂架类起重机
    - 甲板起重机
    - 固定旋转臂式起重机
    - 流动起重机
      - 汽车起重机
      - 轮胎起重机
      - 履带起重机
    - 门座起重机
      - 港口门座起重机
      - 水上门座起重机
      - 船台(坞)起重机
      - 安装门座起重机
      - 多用途门座起重机
    - 浮式起重机
  - 堆垛类起重机
  - 升降类起重机

图 6-1 起重机械的主要类型

2. 起重机械的基本性能参数

起重机械的基本参数,表示起重机械的技术特征,它既是各种使用要求的反映,也是设计计算的前提,同时还是选择、配置装卸搬运设备的重要依据。

主要的性能参数包括:起重量、起升高度、工作速度、跨度(两根走行轨道中心线之间的距离)和幅度(吊钩垂直中心至旋转轴中心的水平距离)、外形尺寸、自重、工作制度(起重机的工作时间和温度、暂载)等。

**6.1.4.2 连续运输设备**

连续运输设备也称连续运输机械,是以连续的方式沿着一定的线路从装货点到卸货点均匀输送货物的机械。

1. 连续运输设备的分类

(1)按安装方式分,可分为固定式输送机和移动式输送机。

固定式输送机:整个设备固定安装在一个地方,不能再移动。它主要用于固定输送场合,如专用码头、仓库、工厂专用生产线等,具有输送量大、效率高等特点。

移动式输送机:整个设备固定安装在车轮上,可以移动,具有机动性强、利用率高和调度灵活等特点。

(2)按机械结构特点分,可分为有挠性牵引构件的输送机械和无挠性构件的输送机械。

有挠性牵引构件的输送机械:物料和货物在牵引构件的作用下,利用牵引构件的连续运动使货物向一个方向输送,如带式输送机、链式输送机、斗式提升机和悬挂输送机等。

无挠性构件的输送机械:利用工作构件的旋转运动或振动,使货物向一定方向输送,如气力输送机、螺旋输送机和振动输送机等。

2. 连续运输设备的基本性能参数

连续运输设备的基本性能参数主要包括生产率、输送速度、充填系数、输送长度和提升高度等。

连续输送设备的优点:输送速度快,且稳定;生产率较高;同样的生产率:自重轻,驱动功率小;传动的零部件负荷低,冲击小,负载均匀;结构紧凑,维修容易。缺点:通用性差;不能自行取货。

**6.1.4.3 装卸搬运车辆**

装卸搬运车辆指依靠本身的运行和装卸机构的功能,实现货物的水平搬运和短距离运输、装卸的各种车辆,广泛用于仓库、港口、车站、货场、车间、船舱、车厢内和集装箱内作业。

1. 装卸搬运车辆的分类

装卸搬运车辆按照作业方式不同可分为三大类,即固定平台搬运车、牵引车和起升车辆,具体分类如图6-2所示。

按照装卸搬运车辆所使用的动力进行分类,可分为电动式和内燃式。电动式搬运车辆由电动机驱动,由蓄电池供电,结构简单,操作较容易,环境污染小,维修方便,但受电池容量的限制,驱动功率小,作业效率低,只有在对环境要求高的场合下使用。内燃式装卸搬运车辆以内燃机作为动力,结构比较复杂,维修不方便,环境污染大,但是因其车辆动力大,作业效率高,对路面的要求低,使用场合广泛。

- 搬运车辆
  - 固定平台搬运车
  - 牵引车
  - 起升车辆
    - 堆垛用起升车辆
      - 平衡重式叉车
      - 前移式叉车
      - 叉腿式叉车
      - 托盘堆垛车
      - 侧面式叉车
      - 侧面堆垛叉车
      - 三向堆垛叉车
      - 伸缩臂式叉车
      - 托盘搬运车
    - 非堆垛用起升车辆
      - 托盘搬运车
      - 非堆垛跨车
    - 堆垛跨车
    - 拣选车

图 6-2 装卸搬运车的主要类型

2. 装卸搬运车辆的基本性能参数

装卸搬运车辆的基本性能参数主要包括额定载重量、水平行驶速度、起升速度和下降速度、最小转弯半径、车辆的自重和搬运车辆的尺寸。

### 6.1.5 智慧装卸搬运设备

智慧装卸搬运装备,是在机械化装卸搬运装备的基础上,引入应用传感定位、人工智能、自动控制等技术手段,能够自动化、智能化完成货物搬运、升降、装卸、短距离输送等作业的物流装备(图 6-3)。

- 智慧装卸设备
  - 自动堆垛机
  - 智能起重机
  - 智能机械手
- 智慧搬运设备
  - 智能叉车
  - 自动引导运输车

图 6-3 智慧装卸搬运设备

(1) 自动堆垛机,是通过运行机构、起升机构和货叉机构的协调工作,自动完成货物在货架范围内的纵向和横向移动,实现货物三维立体存取的装置。

(2) 智能起重机,通过光纤通信将中控室与现场进行连接,在中控室可以操作现场的起重机,包括无人操作龙门吊、无人操作岸桥等。

(3) 智能机械手,是指具有和人类手臂相似的构造,或者与人类手臂有许多相似能力的,可以由人类发出一些指令,按给定的程序、轨迹和要求实现自动抓取、搬运和操作的自动装置。

（4）智能叉车，通过激光导航以及多重传感器的部署，使得叉车可以自动感应识别货架上相应推盘的位置并精准对接，完成无人自动存取功能的叉车。

（5）自动引导运输车，是指装备有电磁或光学等自动导引装置，能够沿规定的导引路径行驶，具有安全保护以及各种移载功能的运输车。

### 6.1.6 装卸搬运机械的选用

装卸搬运机械的选用应注意以下原则。

1. 与作业量相匹配

应力求做到机械的作业能力与现场作业量之间形成最佳的配合状态。当机械作业能力达不到现场作业要求时，物流受阻；当超过现场作业要求时，表现为生产能力过剩，机械能力得不到充分发挥，超过越多，经济损失越大。

2. 注重投入与产出相匹配

要综合计算机械的购置成本、运营成本、维修成本与产生的经济效益之间的关系。在能完成同样作业效能的前提下，应选择性能好、节省能源、便于维修、有利环境保护、利于配套、成本较低的装卸机械。

3. 与作业对象相匹配

对于长大、笨重的物资，可选择较大吨位的起重设备。对于单体重量较轻的物资可选择相应较小吨位的机械。

4. 与作业场所相匹配

在吞吐量较大的车站、码头、货场，应选择较大吨位的装卸机械。在有铁路专用线的车站、仓库等，可选择门式起重机；在库房内可选择桥式起重机，在使用托盘和集装箱作业的生产条件下，可选择叉车等。

## 6.2 装卸搬运工作组织

### 6.2.1 装卸作业方法

#### 6.2.1.1 单件装卸

单件装卸，指的是非集装按件计的货物逐个进行装卸操作的作业方法。单件作业对机械、装备、装卸条件要求不高，因而机动性较强，不受固定设施、设备的地域局限。

单件作业可采取人力、半机械化及机械装卸。由于逐件处理装卸速度慢，容易出现货损及货差。作业对象主要是包装杂货、多品类、少批量货物及单件大型笨重货物。

#### 6.2.1.2 单元装卸

根据《物流术语》(GB/T 18354—2021),单元装卸是用托盘、容器或包装物将小件或散状物品集成一定质量或体积的组合件,利用机械对组合件进行装卸的作业方式。

单元装卸的装卸速度快,装卸时并不逐个接触货体,因而货损小,货差也小。集装作业的对象范围较广,一般除特大、重、长和粉、粒、液、气状货物外,都可进行集装。粉、粒、液、气状货物经一定包装后,也可集装作业,特大、重长的货物,经适当分解处理后,也可采用集装作业。单元(集装)装卸作业有以下几种。

1. 托盘装卸

托盘类型繁多,代表性的有平托盘、箱式托盘、柱式托盘、轮式托盘,如图6-4所示。利用叉车对托盘货载进行装卸,属于"叉上叉下"方式。叉车本身有行车机构,在装卸同时可以完成小搬运,无须落地过渡。托盘装卸常需叉车与其他设备、工具配合,有效地完成全部装卸过程。例如叉上车之后,由于叉的前伸距离有限,有时需要托盘搬运车或托盘移动器来短距离水平移动托盘。由于叉车叉的升高高度有限,有时又需与升降机、电梯、巷道起重机等设备配套,以解决托盘垂直位移问题。

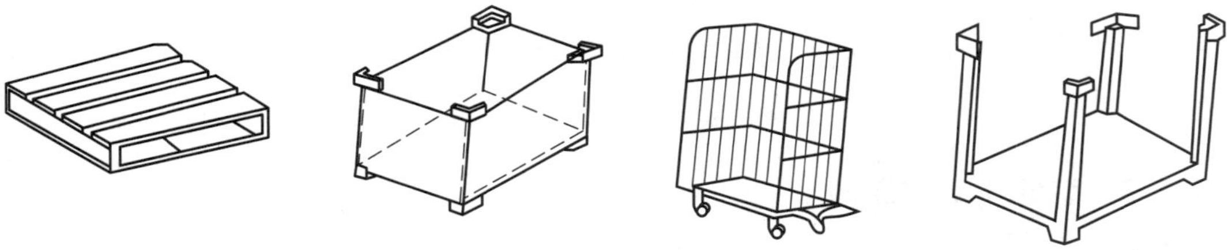

(a) 平托盘　(b) 箱式托盘　(c) 轮式托盘　(d) 柱式托盘

图6-4 托盘示意图

2. 集装箱装卸

主要用港口岸壁吊车、龙门吊车、桁车等各种垂直起吊设备进行"吊上吊下"式的装卸,同时完成小范围的搬运。如需有一定距离的搬运,则还需与搬运车相配合。集装箱也可以和托盘一样采用叉车进行装卸。港口装卸,利用叉车或半挂车,可以进行"滚上滚下"方式装卸。

3. 货捆装卸

主要采用起重机进行装卸,短尺寸货捆还可采用一般叉车装卸,长尺寸货捆还采用侧式叉车进行装卸。货捆装卸适于长尺寸货物、块条状货物、强度较高无须保护的货物。

4. 集装网、集装袋装卸

主要采用吊车进行"吊上吊下"作业,也可与各种搬运车配合进行吊车所不能及的搬运。

集装网、集装袋与货捆装卸有一个共同的突出优点,即集装袋、集装网与货捆的捆具本身重量轻,又可折叠,因而无效装卸少,装卸作业效率高,集装袋、集装网与货捆具成本较低,装卸后易返运。

5. 挂车装卸

利用挂车的可行走机构,连同货载一起拖运到火车车皮上或船上的装卸方式。属水平装卸,是所谓"滚上滚下"的装卸方式。

其他集装装卸方式还有滑板装卸、无托盘集装装卸、集装罐装卸等。

#### 6.2.1.3 散装作业

散装作业指对大批量粉状、粒状货物进行无包装散装、散卸的装卸方法。装卸可连续进行，也可用间断式。但是，都需机械化设施、设备。在特定情况下，且批量不大时，也可采用人力装卸。散装作业方法主要有以下几种。

1. 气力输送装卸

气力输送装卸的主要设备是管道及气力输送设备，以气流运动裹携粉状、粒状物沿管道运动。管道装卸密封性好，装卸能力高，容易实现机械化、自动化。

2. 重力装卸

重力装卸是指利用散货本身重量进行装卸的方法，这种方法必须与其他方法配合，首先将散货提升到一定高度，具有一定势能之后，才能利用本身重力进行下一步装卸。

3. 机械装卸

机械装卸方法指利用能承载粉粒货物的各种机械进行装卸，主要有两种方式。

(1) 用吊车、叉车改换不同机具或用专用装载机，进行抓、铲、舀形式作业，完成装卸及一定的搬运作业。

(2) 用皮带、刮板等各种输送设备，进行一定距离的托运卸货作业，并与其他设备配合实现装货。

### 6.2.2 装卸搬运的原则

物流活动中，组织装卸搬运工作，应遵循以下原则。

1. 有效作业原则

有效作业原则是指所进行的装卸搬运作业是必不可少的，尽量减少和避免不必要的装卸搬运，只做有用功，不做无用功。

2. 集中作业原则

集中包括搬运场地的集中和作业对象的集中。前者是在有条件的情况下，把作业量较小的分散的作业场地适当集中，以利于装卸搬运设备的配置及使用，提高机械化作业水平，以及合理组织作业流程，提高作业效率；后者是把分散的、零星的货物汇集成较大的集装单元，以提高作业效率。

3. 简化流程原则

简化装卸搬运作业流程包括两个方面。一是尽量实现作业流程在时间和空间上的连续性；二是尽量提高货物放置的活载程度。

4. 安全作业原则

装卸搬运作业流程中，不安全因素比较多，必须确保作业安全。作业安全包括人身安全和设备安全。尽量减少事故。

5. 系统优化原则

装卸搬运作业组织的出发点是实现装卸搬运的合理化，合理化的目标是系统的整体优化，要充分发挥系统中各要素的功能，从作业质量、效率、安全、经济等方面对装卸搬运系统进行评价。

另外，国际物料管理协会下属的物料搬运研究所总结出了物料搬运的 20 条原则，分别为规划原则、系统化原则、物流顺畅原则、精简原则、利用重力原则、利用空间原则、集装单元化原则、机械化原则、自动化原则、最少设备原则、标准化原则、灵活性原则、减轻自重原则、充分利用原则、维护原则、摒弃落后原则、控制原则、生产能力原则、搬运作业效能原则和安全原则。

### 6.2.3 装卸搬运合理化

装卸搬运必然要消耗劳动,包括活劳动和物化劳动。这种劳动消耗量要以价值形态追加到装卸搬运对象的价值中去,从而增加产品和物流成本。因此,应科学、合理地组织装卸搬运过程,尽量减少用于装卸搬运的劳动消耗。

#### 6.2.3.1 防止无效装卸

无效装卸就是用于货物必要装卸劳动之外的多余装卸劳动。防止无效装卸从以下几方面入手。

1. 减少装卸次数

物流过程中,货损发生的主要环节是装卸环节,装卸次数减少就意味着减少装卸作业量,从而减少装卸劳动消耗,节省装卸费用。同时,减少装卸次数,还能减少货物损耗,加快物流速度,减少场地占用和装卸事故。

影响装卸次数的因素主要有两个方面。

(1) 物流设施和设备。厂房、库房等建筑物的结构类型、结构特点及建筑参数,对装卸次数有直接影响。使各种尺寸与装卸机械相适应,装卸运输设备自由进出,直接在车间或库房内进行装卸,以减少二次搬运。

物流设备的类型与配套,对装卸次数也会产生影响。如叉车配以托盘进行出入车间和出入库的作业,可减少装卸次数。又如将电子秤安装在起重机上,在装卸作业的同时,就完成了检斤作业,省去了单独的检斤作业环节,从而减少了装卸次数。

(2) 装卸作业组织调度工作。在物流设施、设备一定的情况下,装卸作业组织调度水平是影响装卸次数的主要因素。如联运过程中,组织货物不落地完成运输方式和运输工具的转换。对物流据点而言,主要组织一次性作业,货物不落地无间歇。

2. 消除多余包装

包装过大过重,在装卸时反复在包装上消耗较大的劳动,这一消耗不是必需的,因而形成无效劳动。

3. 去除无效物质

进入物流过程的货物,有时混杂着没有使用价值或对用户来讲使用价值不对路的各种掺杂物,如煤炭中的矸石,矿石中的表面水分,石灰中的未烧熟石灰及过烧石灰等,在反复装卸时,实际对这些无效物质反复消耗劳动,因而形成无效装卸。

#### 6.2.3.2 充分利用重力进行少消耗的装卸

在装卸时考虑重力因素,可以利用货物本身的重量,将重力转变为促使物料移动的动力。例如,从卡车、铁路货车卸物时,利用卡车与地面或小搬运车之间的高度差,使用溜槽、溜板之类的简单工具,依靠货物本身重量,从高处滑到低处,完成货物装卸作业。

在装卸时尽量消除或削弱重力的影响,也会求得减轻体力劳动及其他劳动消耗的合理性。例如在进行两种运输工具的换装时,将甲、乙工具进行靠接,从而使货物平移,从甲工具转移到乙工具上，这就能有效消除重力影响，实现合理化。人力装卸时如果能配合简单机具，做到“持物不步行”，则可以大大减轻劳动量，做到合理化。

#### 6.2.3.3 充分利用机械，实现“规模装卸”

规模效益是大家所接受的。装卸时也存在规模效益问题，主要表现在一次装卸量或连续装卸量要达到充分发挥机械最优效率的水准。追求规模效益的方法，主要是通过各种集装实现间断装卸时一次操作的最合理装卸量，从而降低单位装卸成本，散装通过连续装卸实现规模效益。

#### 6.2.3.4 提高“物”的装卸搬运活性指数

装卸搬运物料的放置状态，关系着装卸搬运作业效率。为了便于装卸搬运，总是期望物料处于最容易被移动的状态。物料放置被移动的难易程度，称为活载程度，亦称活载性或活性。日本物流专家元藤健民教授把物料放置的活载程度分为 0、1、2、3、4 五个等级，该数值称为活性指数，如图 6-5 所示。

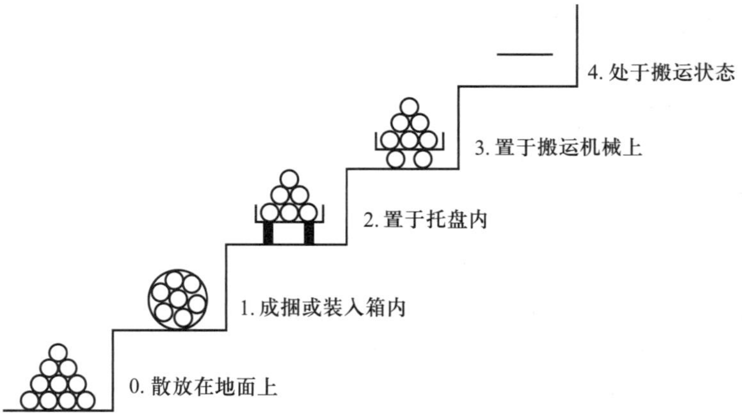


图 6-5 物料放置状态活性示意图

散放在地上的物料要运走，需要经过集中、搬起、升起和运走四次作业，所需的人工作业最多，即活性水平最低，即活性系数定为 0。从图 6-5 可以看出，活性指数越高物料越容易被移动，但也要考虑它的实施性。例如活性指数为 4，物料是放置在移动中的输送机上，活性指数为 3，其物料是放置在搬运车上，这在工厂的生产物流中有一定的实用价值，但对各类仓库而言，这两种状态难以实现，而置于托盘上活性系数为 2，具有广泛的实用价值。

为了说明和分析物资搬运的灵活程度，通常采用平均活性系数的方法，这个方法是对某一物流过程中的物资所具备的活性情况，累加后计算其平均值，这样，由平均活性系数的大小，可以采用以下不同的改进方法。

当低于 0.5 时，是指大部分处于散装情况，其改进方式可采用料箱、推车等存放物资。

当处于 0.5~1.3 之间时，是指大部分物资处于集装状态，其改进方式可利用动力搬运车、叉车、卡车。

当处于 1.3~2.3 之间时，指装卸、搬运系统大多处于活性系数为 2 的状态，可采用单元化物资的连续装卸和运输。

当大于 2.7 以上时，则说明大部分物资处于活性系数为 3 的状态，其改进方式可选用拖车、机车头拖挂的装卸搬运方式。

#### 6.2.3.5 缩短搬运距离

在工厂，由于生产工艺的要求，原材料、半成品和产成品总要发生一定距离的水平位移。在物流据点，由于收发保管作业的要求，货物也要发生一定距离的水平位移，这种位移通过搬运实现。从合理搬运的角度看，其搬运距离应越短越好。影响搬运距离的主要因素有工厂和物流节点的平面布局与作业组织工作水平。

1. 工厂、物流节点的平面布局对搬运距离的影响

如果车间、库房、堆场、铁路专用线、主要通路的位置和相互关系处理得好，物流顺畅、便捷，就会缩短总的搬运距离，否则会加大搬运距离。

2. 作业组织工作水平对搬运距离的影响

在平面布局一定的情况下，组织工作水平的高低是决定搬运距离的主要因素。如对库房、堆场的合理分配，对货物在库房内、堆场内的合理布置，对收货、发货时专用线股道及货位的合理确定，都能缩短搬运距离。

## 6.3 散装和特种物品的装卸与搬运

### 6.3.1 散装物品的装卸与搬运

散装材料由于其零散性，一般使用泵、铲、传送带等或利用物体重力进行装卸。为了进一步的销售和运输，必须确定在物流系统的某一环节将散装材料装入较小的容器内。有时相同的货物中有一部分袋装，另一部分散装。例如，在船舶运输中，袋装的大米放在散装大米的顶部，使装载保持稳定。

不同的散装货物有着不同的装卸特点，装卸设备的结构也不同。若使用风动设备或泥浆喷射系统进行装卸，还需将散装材料的颗粒研成统一大小的粉末。

1. 泥浆喷射系统

泥浆喷射系统是将固体材料粉碎成一定大小的颗粒，然后和水混合形成液体的泥状物质，用水泵使之通过输送管道，到达目的地后，再将水沥出，使水和固体颗粒分离。火车也可用来输送这种泥状物。例如，瓷土（一种用作造纸原料的黏土）开采后通过加水、脱水过程，使之与混合在一起的沙子分离；分离后的黏土再经过一系列的机械操作处理，将其湿度减少到 35% 左右，就形成一种沉重的胶质膏状物质，达到造纸车间所要求的稠度，即可用火车车辆运送到造纸工厂。在运输的瓷土中固然包含有相当多的水分，但与在采石场将水分全部除去然后运达纸厂车间再加水所支出的费用相比，还是节省得多。

2. 干散货物的装卸系统

干散货物的装卸系统是很大的，是为了适应特殊需要而设计和安装的。下面列举三个例子，主要是为了对这些设备的设计和结构能有一个概念性的了解。

图 6-6 是一种运煤车装卸装置及房屋建筑的剖面图。运煤货车是固定编组的单元重载列车。卸车时,车辆不摘钩,整列车行驶到卸车地点。当一辆货车停在圆筒旋转范围内的精确位置时,通过圆筒和货车车体的“咬合”,圆筒旋转 180 度,货车车体随之旋转倾斜将煤倒出。而后回转圆筒,车体恢复原位、脱扣,列车向前移动。重复上述过程直到最后一节车辆卸空。每卸一辆货车需用时 90 秒(每车载重 120 吨)。

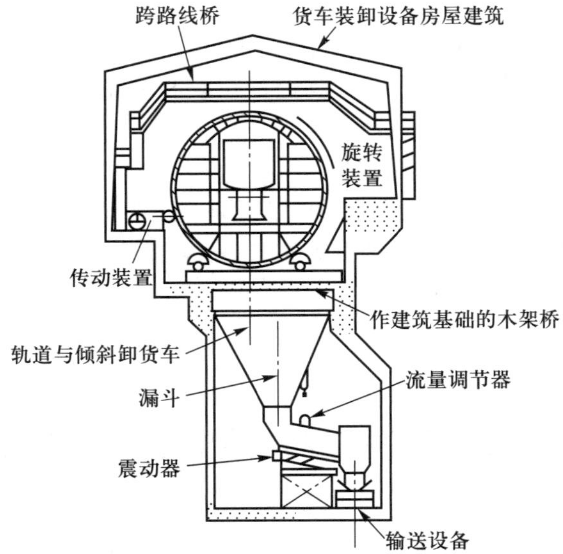


图 6-6 煤车倾卸设备及房屋建筑

图 6-7 是在美国明尼苏达州必略湖西端连接两个港口的矿石储存和装卸设备。铁矿石被部分加工成为小球形。该场地可存储 200 万吨矿石(相当于装 20 000 辆货车)。矿石在卸货站台上卸下,这个过程见图 6-7 的上部(也采用图 6-6 中类似的装置)。然后,矿石被输送到堆存场地。在那里被存储直到通过传送带装运到外运货船中。由于水运航道通常一年有四个月冰封不能航行,所以该矿石堆存场地必须足够大,至少能储存四个月的季节性储备。

图 6-8 表示另一种散装货物(谷物)的装卸系统。设置在美国西雅图的港口。这个系统通过铁路和卡车两种方式运入和收到谷物。所有卸车、入库、装船等作业程序,如图 6-8 所示。需要说明的是:第一,为防止空气污染,装置了灰尘收集和灰尘抑制系统;第二,由卡车运输收到的谷物先要进行货样检验,根据评定的品级再确定其价格(从铁路接收到的谷物早已在最初装车地点检验定级了;而大多数卡车运到的谷物都从农场直接运入)。

### 6.3.2 特殊货物的装卸与搬运

特种货物指因其本身性质而对装卸、运输、保管有特殊要求的货物,主要包括危险品、大型特型笨重货物、冷藏货物等。

长大笨重货物装车后,必须用垫木、铅丝或钢丝缆绳固定牢固,以防滑动。货物长度超过车身时(如钢材、钢板等),应在后栏板用坚固方木垫高或前低后高状;对于圆柱体及易于滚动的货

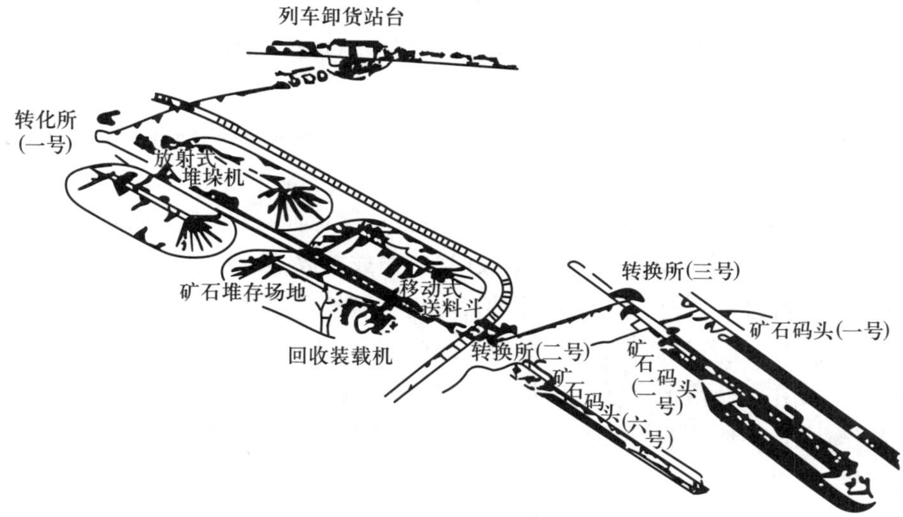


图 6-7 港口矿石储存和装卸设备

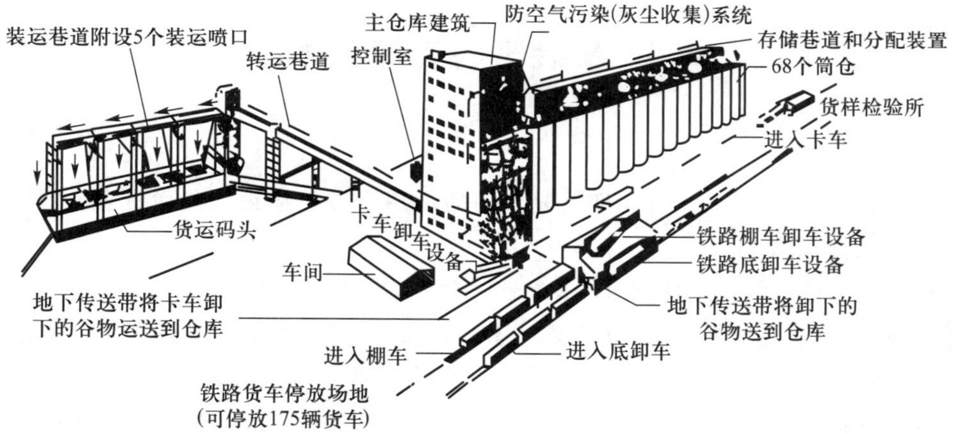


图 6-8 谷物仓库和装卸搬运设备

物，如卷钢、轧辊等，必须使用座架或凹木加固；货物超出车身的尾部须白天插红旗，夜间悬挂红灯，以便于车辆安全行驶。

对装载水果、蔬菜、鲜活植物等，各货件之间应留有一定的间隙，使空气能在货件间充分流动。对于易腐货物，除冷冻货物应采用紧密堆码不留空隙，对本身不发热的某些冷冻货物（如冷冻鱼虾），虽可以采用紧密堆码法，但应防止过分紧压，以免损伤物体，影响质量。对于活口动物，如牛、马需用绳索拴牢在高栏板内，禽、兽及其他小动物须用集装笼或专用工具，固定在车厢内，保持平稳、妥当。

对于爆炸品、压缩气体和液化气体、易燃液体、易燃固体、自燃物品和遇湿易燃物品、氧化剂和有机过氧化物、毒害品和感染性物品、放射性物品、腐蚀品和杂类等危险货物，根据货物性质、运输载具和包装方式不同，装卸搬运方式有所差异。

根据《气瓶搬运、装卸、储存和使用安全规定》(GB/T 34525—2017)，压缩气体和液化气体的装卸注意事项包括：

(1) 装卸气瓶应轻装轻卸，避免气瓶相互碰撞或与其他坚硬的物体碰撞，不应用抛、滚、滑、摔、碰等方式装卸气瓶。

(2) 用人工将气瓶向高处举放或需把气瓶从高处放落地面时，应两人同时操作，并要求提升与降落的动作协调一致，轻举轻放，不应在举放时抛、扔或在放落时滑、摔。

(3) 装卸、搬运缠绕气瓶时，应有保护措施，防止气瓶复合层磨损、划伤，还应避免气瓶受潮。

(4) 装卸气瓶时应配备好瓶帽，注意保护气瓶阀门，防止撞坏。

(5) 卸车时，要在气瓶落地点铺上铅垫或橡皮垫；应逐个卸车，不应多个气瓶连续溜放。

(6) 装卸作业时，不应将阀门对准人身，气瓶应直立转动，不准脱手滚瓶或传接，气瓶直立放置时应稳妥牢靠。

(7) 装卸有毒气体时，应预先采取相应的防毒措施。

(8) 装卸氧气及氧化性气瓶时，工作服、手套和装卸工具、机具上不应沾有油脂。

## 6.4 集装箱的装卸与搬运

集装箱是具有足够的强度，可长期反复使用的适用于多种运输工具而且容积在 1 $m^3$ 以上(含 1 $m^3$)的集装单元器具。

集装箱在运输过程中要反复使用。在装卸过程中如果操作不当，或使用了不恰当的工具，或违反了操作规程，都会使集装箱、货物以及人身安全造成损伤。因此，为了保证集装箱运输的安全，除要了解集装箱的结构和强度的特征外，还要掌握集装箱的装卸方法。国际标准化组织(ISO)于 1988 年制定了一个国际标准《系列 1 集装箱装卸和紧固》(ISO3874—1988)，对各种不同种类的集装箱的装卸作了具体的规定。此外，ISO3874—1997 以及 2000 年、2002 年、2005 年、2007 年版本进行了个别修改。2017 年，出台了第六版本的标准 ISO3874—2017。

### 6.4.1 集装箱进行装卸的前提条件

所有集装箱的装卸都是在如下条件下进行的。

(1) 装卸集装箱时所使用的工具均处于良好状态。

(2) 集装箱上的箱门、盖板、锁件、可移动件、可折叠件、可拆卸件以及其他活动件等均应在作业前固定好。

(3) 集装箱内所装货物均符合装载的规定，其数量不得超过最大的容许载重。

(4) 集装箱内货物载荷应均布于箱底上，对于集中载荷，需用衬垫将载荷分散，不使集装箱的任何部分因受力过大而损坏箱体。

(5) 集装箱的重心位置应符合装载规定的要求,对于低重心货物,为了保证装卸安全,应防止吊起时集装箱发生倾斜,或装上车辆时使车辆失去稳定。

(6) 起吊前必须清楚地区分空箱和重箱,如果无法判断时,则必须按重箱处理。

(7) 集装箱的装卸操作人员必须受过适当的训练,操作时应特别注意下列事项。

① 当箱内装载的是偏心载荷时,禁止用单根钢丝绳吊起,以防止吊起后集装箱产生倾斜或旋转的危险。所谓偏心是指集装箱的纵向或横向的重心与四个底角件底孔对角线交点的几何中心不重合。

② 装载了货物重心非常高的集装箱,吊起后禁止高速急回转。

③ 装载了危险货物的集装箱,装卸中要严格防止箱内进水。

④ 装载了货物超过集装箱高度的超高集装箱,要用超高吊架或超高货吊索吊起。

⑤ 操作人员要接受货主提出的有关装卸指示。

⑥ 因强风和其他环境因素影响到装卸机械作业时,作业人员应格外小心。

### 6.4.2 集装箱装卸的注意事项

#### 6.4.2.1 装卸前的一般注意事项

1. 必须遵守有关规则的规定

在装卸前必须掌握劳动安全、操作规程、公路法规以及有关危险货物的运输、保管等规则的内容,不能违反这些规则的规定。

2. 集装箱及有关装卸机械应做好充分的准备

所谓“做好充分准备”是指集装箱的可拆部分的零部件,以及集装箱的箱门和角件等都必须处在正常状态下。集装箱的形状、尺寸、强度都要符合国际标准的要求。

集装箱的装卸机械包括集装箱装卸桥、集装箱轮胎式(或轨道式)龙门吊、跨运车、叉式装卸车以及底盘车等,并包括以上各种机械的吊具。

所谓做好各种装卸机械的充分准备是指上述机械要保持在正常而且能安全操作的状态之下。

3. 要固定好集装箱的活动部件和附件

如集装箱的箱门、罐式集装箱的入孔盖、散货集装箱装货口盖以及其他各种闭锁装置等可活动部件,和台架式集装箱两侧的立柱、敞顶集装箱上的箱顶弓梁等可拆式附件,在集装箱吊起、移动和搬运之前必须牢牢地固定在集装箱上。

4. 严格执行安全指示

对从事集装箱操作的人员,要给予必要的安全作业指示,操作人员必须严格执行安全指示。

#### 6.4.2.2 集装箱着地时的注意事项

集装箱着地时应注意以下事项。

(1) 装卸集装箱时,不能使集装箱在着地时受到猛烈冲击,以免损坏箱内货物。

(2) 集装箱在下降过程中不能突然停止。

(3) 应平衡地着地,如不得不倾斜着地时,一端着地后,要特别注意另一端着地时不受冲击。

(4) 在装卸集装箱船时,由于舱内有箱格导柱,特别是在肉眼难以看清的情况下,集装箱必须慢慢地放下,以免与箱内格导柱产生剧烈撞击。

#### 6.4.2.3 集装箱移动位置时的注意事项

集装箱移动位置时须注意以下事项。

(1) 不准在地面上或其他集装箱上拖拽集装箱。

(2) 不能用滚轮或圆棍棒移动集装箱。

(3) 不能在摇摆状态下着地,或者拖拽、吊起集装箱。

(4) 不能利用摇动将集装箱放置在离吊索下方以外的地方。

(5) 在普通货船等运输工具上装卸时,不能用钢丝绳挂在底角件上拖拉集装箱。

## 本章小结

装卸搬运是物流系统中重要的子系统之一,是各种运输方式和物流各阶段得以连接的桥梁。本章首先介绍了装卸搬运的意义、作用、特点、分类、原则和几种常见的装卸搬运机械,进而详细阐述了如单件装卸、单元装卸、散装作业的装卸搬运方法。分析了散装、特殊货物和集装箱等的装卸搬运注意事项和具体方法。

## 思考题

1. 如何认识装卸与搬运的含义?
2. 装卸搬运有哪些特点?
3. 请列举主要的装卸搬运设备。
4. 装卸搬运机械的选择应遵循哪些基本原则?
5. 简述主要的装卸作业方法。
6. 装卸搬运工作应遵循什么原则?
7. 如何实现装卸搬运的合理化?
8. 什么是活性和活性指数?
9. 对集装箱进行装卸的前提条件是什么?
10. 集装箱装卸前的一般注意事项有哪些?
11. 集装箱着地的注意事项有哪些?
12. 集装箱移动位置时的注意事项有哪些?
13. 案例分析题:某电机厂要验收并压接厂外制造的线圈。交来的线圈每件重量达10~40千克。搬运很困难,而且也不安全,因此决定研究改进物料搬运系统。该作业的工艺过程为:卡车交货—称重—压接—检验—下一道工序。工序虽然简单,但搬运工作量大,经过分析发现:从卡车交货到检验搬运总距离为30米,从卡车交货到下一道工序搬运移动共4次,装卸车次数达7次之多。其中搬运工序分析如图6-8所示,而作业工序流程顺序及活性分析如图6-9所示,该搬运系统改进前的系统布置如图6-10所示。

    问题1:该厂搬运系统存在哪些问题?

    问题2:如何改善该厂的物料搬运系统?

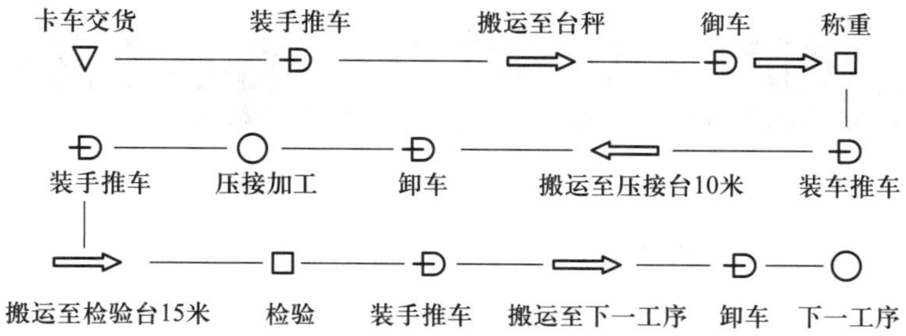


图 6-9　线圈搬运工序

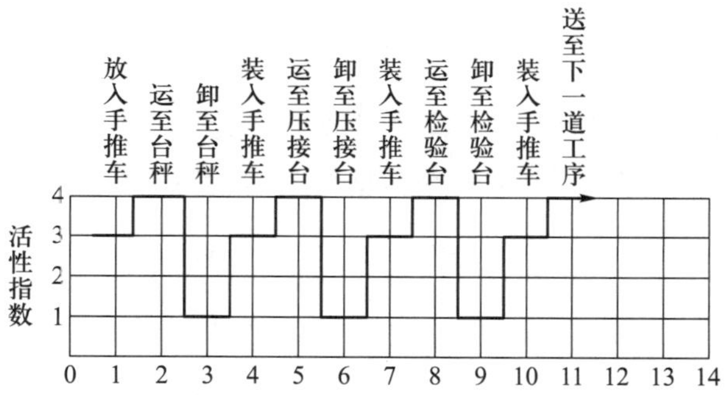


图 6-10　作业工序流程顺序及活性分析图

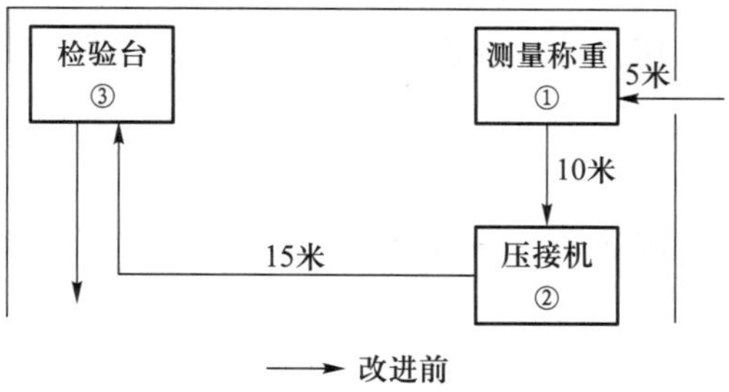


图 6-11　搬运系统改进前的系统布置

即测即评

# 第 7 章 配送及配送业务管理

**本章学习目的**

了解配送的意义和作用，理解配送的基本概念、配送中心功能、类型及作业流程、配送优化的主要算法；掌握配送业务与管理的内容，配送路线选择的原则及基本方法和配送的评价指标体系。

货物配送是社会化大生产和商品经济高度发展条件下的一种先进的流通方式。

配送(distribution)是根据客户要求，对物品进行分类、拣选、集货、包装、组配等作业，并按时送达指定地点的物流活动。

## 7.1 配送与配送业务概述

### 7.1.1 配送的概念与特点

#### 7.1.1.1 配送的基本概念

1. 配送的概念

配送是在经济合理区域范围内，根据客户要求，对物品进行拣选、加工、包装、分割、组配等作业，并按时送达指定地点的物流活动。

2. 配送的主要内容

配送是物流系统中由运输派生出的功能，是短距离的运输。在配送过程中，也包含着其他的物流功能(如装卸、储存、包装等)，是多种功能的组合。配送是物流系统的一个缩影。配送是物流系统中一种特殊的、综合的活动形式，是商流与物流的紧密结合，既包含了商流活动和物流活动，也包含了物流中若干功能要素。

#### 7.1.1.2 配送的特点

配送的概念既不同于运输，也不同于旧式送货，从美国及日本等较早开展配送业务的国家来看，配送有以下几个特点。

(1) 配送是从物流节点至用户的一种特殊送货形式。在整个输送过程中是处于“二次输送”“支线输送”“终端输送”的位置，配送是“中转”型送货，其起止点是物流节点至用户。通常是短距离少量货物的移动。

(2) 从事送货的是专职流通企业(配送中心),用户(企业或个人)需要什么配送什么,而不是生产企业(自营物流)生产什么送什么。

(3) 配送不是单纯的运输或输送,而是运输与其他活动共同构成的组合体。配送要组织物资订货、签约、进货、分拣、包装、配装等,及时对物资分配、供应处理。

(4) 配送是从供给者送货到户式的服务性供应。从服务方式来讲,是一种"门到门"的服务,可以将货物从物流节点一直送到用户的仓库、营业所、车间乃至生产线的起点或个体消费者手中。

(5) 配送是在全面配货基础上,完全按用户要求,包括种类、品种搭配、数量、时间等方面的要求所进行的运送。因此,除了各种"运"与"送"的活动外,还要从事大量分货、配货、配装等工作,是"配"和"送"的有机结合形式。

说配送是现代物流方式的体现,是因为它有不同于旧式送货的现代特征,具体表现在:

第一,配送不单是送货,在活动内容中还有"分货""配货""配装"等工作,这是难度较大的工作,要圆满实现它,必须有发达的商品经济和现代的交通运输工具和经营管理水平。在商品经济不发达的国家及历史阶段,很难按用户要求实现配货,更难于实现大范围的高效率的配货。因此,旧式送货和配货存在着时代的差别。

第二,配送是送货、分货、配货等活动的有机结合体,同时还和订货系统紧密联系,这就必须依赖现代情报信息的作用,使配送系统得以建立和完善,变成为一种现代化方式,这是过去的送货形式不能比拟的。

第三,配送的全过程有现代化技术和装备的保证,因而使配送在规模、水平、效率、速度、质量等方面远远超过旧的送货形式。这些活动中,大量采用各种传输设备及识码、拣选等机电装备,很像在工业生产中广泛应用的流水线,使流通工作的一部分工厂化。所以,配送也是技术进步的一种产物。

第四,过去的送货只是推销的一种手段,目的仅在于多销售一些东西。配送则是一种专业化的流通分工方式,是大生产、专业化分工在流通领域的反映。因此,如果说一般送货是一种服务方式的话,配送则是一种物流组织形式。

#### 7.1.1.3 运输与配送的区别

运输与配送很难严格区分,但一般而言,可以从运输距离、运输批量、运输工具、追求目标、附属功能等方面进行判别,具体如表 7-1 所示。

总的说来,配送是从物流节点到用户的特殊送货形式,配送是一种末端运输,是一种"门到门"服务,是一种综合服务。

**表 7-1 运输与配送的区别**

| 项目 | 运输 | 配送 |
|---|---|---|
| 运输距离 | 长距离干线运输 | 短距离支线运输、末端运输 |
| 运输批量 | 少品种、大批量 | 多品种、少批量 |
| 运输工具 | 大中型货车 | 小型厢式货车 |
| 追求目标 | 效率(成本)优先 | 效益(服务)优先 |
| 附属功能 | 装卸搬运、运输包装 | 装卸搬运、保管、包装、分拣、流通加工、订单处理等 |

### 7.1.2 配送的作用

配送是物流的基本功能之一，也是物流服务水平体现的重要环节和窗口。它直接影响着市场需求量和市场占有率（如图 7-1 和图 7-2 所示）。

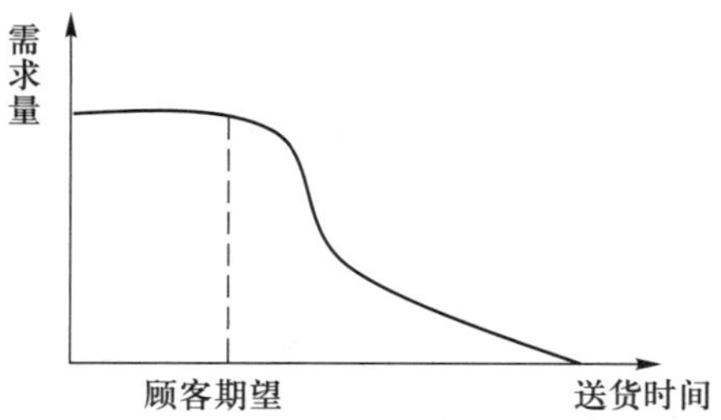


图 7-1 极限送货时间对需求量的影响

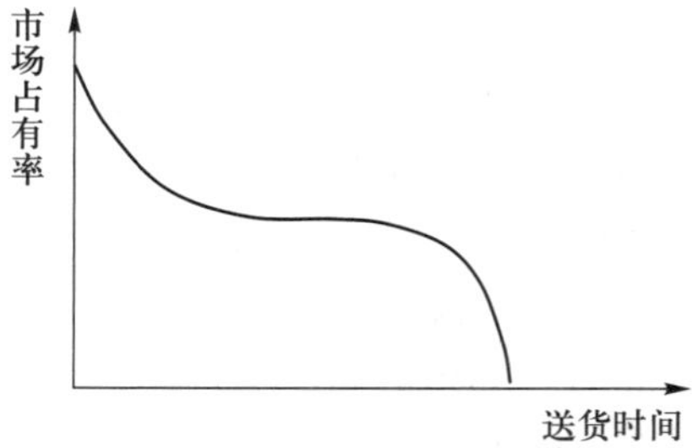


图 7-2 送货时间与市场占有率的关系

配送的意义和作用具体表现在如下五方面。

1. 完善了输送及整个物流系统

第二次世界大战之后，由于大吨位、高效率运输工具的出现，使干线运输无论在铁路、海运或公路方面都达到了较高水平，长距离、大批量的运输实现了低成本化。但是，在干线运输之后，往往还要辅以支线转运或小搬运，这种支线运输及小搬运成了物流过程中的一个薄弱环节。这个环节与干线运输相比有着不同的要求和特点，如要求灵活性、适应性、服务性，致使运力往往不能充分利用、成本过高等总是难以解决。采用配送方式，从范围来讲将支线运输及小搬运统一起来，使输送过程得以优化和完善。

2. 提高了末端物流的经济效益

配送通过将用户所需的各种商品配备好，集中起来向用户发货，以及将多个用户的小批量商品集中一起进行一次发货等方式，提高了末端物流的经济效益。

3. 通过集中库存使企业实现低库存或“零库存”

实现了高水平的配送之后，尤其是采取定时配送方式之后，生产企业可以依靠配送中心的准时配送而不需保持自己的库存或者只需保持少量保险储备，这就可以实现生产企业“零库存”，减少资金占用，从而改善企业的财务状况。实行集中库存，库存的总量远低于各企业分散库存的总量，同时加强了调节能力，提高了社会经济效益。此外，采用集中库存还可利用规模经济的优势，使单位存货成本下降。

4. 简化手续，方便用户

采用配送方式，用户只需向一处订购，或和一个进货单位联系就可订购到以往需去许多地方才能订到的货物，接货手续也可简化，因而大大减轻了用户订购工作量，减少交易成本。

5. 提高了供应保证程度

由生产企业自己保持库存，维持生产，供应保证程度很难提高（受到库存费用的制约），采取配送方式，配送中心可以比任何单独企业的储备量更大，因而对每个企业而言，由于缺货而影响生产的风险便相对减小。

配送是实现资源最终配置的经济活动，不但为配送企业创造了经济利益，更重要的是有效配置和利用了社会资源，同时也是挖掘“第三利润源泉”的重要条件。

### 7.1.3 配送方式

配送有多种方式，按其组织方式、配送对象特性不同有如下分类。

#### 7.1.3.1 按配送组织者不同分类

按配送组织者不同，配送主要分为商店配送和配送中心配送。

1. 商店配送

商店配送的组织者是商业或物资的门市网点，这些网点主要承担商品的零售，规模一般不大，但经营品种较齐全。除日常零售业务外，还可根据用户的要求将商店经营的品种配齐，或代用户外订外购一部分本商店平时不经营的商品，和商店经营的品种一起配齐送给用户。这种配送组织者实力有限，往往只是少量、零星商品的配送。所配送的商品种类繁多，用户需用量不大，有些商品只是偶尔需要，很难与大配送中心建立计划配送关系，所以利用小零售网点从事此项工作。商业及物资零售网点数量较多，配送半径较短，所以比较灵活机动，可承担生产企业非主要生产物资的配送、对消费者个人的配送，这种配送是配送中心配送的辅助及补充形式。

在新零售时代下，依托商店配送的方式快速兴起，成为实现线上和线下融合的重要手段。例如，阿里巴巴旗下的新零售平台“盒马鲜生”为周边 3 千米内用户，提供最快 30 分钟的无门槛免费配送。京东集团搭建了京东到家平台，整合了超市、药店、菜市等各类店铺，为消费者提供了 2 小时内快速送达的全新即时配送服务。在中国，诸如沃尔玛等超市也提供超过一定金额的免费送货上门服务。在美国，沃尔玛针对超过 35 美元的线上订单可享受免费次日达快递服务。

2. 配送中心配送

配送中心配送的组织者是专职从事配送的配送中心。规模较大，按配送需要储存各种商品，储存量比较大。配送中心专业性强，和用户有固定的配送关系，一般实行计划配送，需配送的商品有一定的库存量，一般情况下很少超越自己的经营范围。配送中心的设施及工艺流程是根据配送需要专门设计的，所以配送能力强，配送距离较远，配送品种多，配送数量大。可以承担工业企业生产用主要物资的配送及向配送商店实行补充性配送等。配送中心配送是配送的主要形式。

据商务部有关报告统计，2021 年全国医药物流直报企业有 412 家，配送货值超 1.8 万亿元；共拥有 1 253 个物流中心，仓库面积约 1 261 万平方米；拥有专业运输车辆 16 454 辆，其中冷藏车占 17.8%、特殊药品专用车占 1.1%。

#### 7.1.3.2 按配送商品种类及数量不同分类

1. 单(少)品种大批量配送

工业企业需要量较大的商品，单独一个品种或几个品种就可达到较大输送量，实行整车运输，这种商品往往不需要再与其他商品搭配，可由专业性很强的配送中心实行配送。由于配送量大，可使车辆满载并使用大吨位车辆；配送中心内部设置、组织、计划等工作也较简单，因而配送成本较低。此外，可以从生产企业将这种商品直接运抵用户，通过库存控制且不致使用户库存效益下降，采用这种直送方式往往有更好的企业效益。

2. 多品种、小批量配送

按照库存管理中的 ABC 分类，现代企业生产除了需要少数几种主要物资外，从种类数来看，处于 B、C 类的物资品种数远高于 A 类主要物资，B、C 类的品种数多，但单种需要量不大，若采取直送或大批量配送方式，由于一次进货批量大，必然造成用户库存增大等问题，类似情况也存在于向零售店补充一般生活消费品的配送，所以这些情况适合采用多品种、小批量配送。

多品种、小批量配送是按用户要求，将所需的各种物品（每种需要量不大）配备齐全，凑整装车后由配送节点送达用户。这种配送配货作业水平要求高，配送中心设备较复杂，配货配送计划难度大，要有高水平的组织工作保证和配合。在配送方式中，这是一种高水平、高技术的方式。

配送的特殊作用，主要反映在多品种、小批量的配送中，这种方式也正符合现代"消费多样化""要求多样化"的新观念，所以，是许多发达国家推崇的方式。

3. 配套成套配送

按企业生产需要，尤其是装配型企业生产需要，将生产每一台件所需全部零部件配齐，按生产节奏定时送达生产企业，生产企业随即可将此成套零部件送入生产线装配产品。这种配送方式，配送企业承担了生产企业大部分供应工作，使生产企业专注于生产，与多品种、小批量配送效果相同。

#### 7.1.3.3 按配送时间及数量分类

1. 定时配送

按规定时间间隔进行配送，如数天或数小时一次等，每次配送的品种及数量可按计划执行，也可在配送之前以商定的联络方式（如电话、计算机终端输入等）通知配送品种及数量。这种方式由于时间固定，易于安排工作计划、易于计划使用车辆，对用户来讲，也易于安排接货力量（如人员、设备等）。但是，备货的要求下达较晚，配货、配装难度较大，在要求配送数量变化较大时，也会使配送运力安排出现困难。

2. 定量配送

按规定的批量在一个指定的时间范围中进行配送。这种方式数量固定，备货工作较为简单，可以按托盘、集装箱及车辆的装载能力规定配送的定量，能有效利用托盘、集装箱等集装方式，也可做到整车配送，配送效率较高。由于时间不严格限定，可以将不同用户所需物品凑整车的配送，运力利用也较好。对用户来讲，每次接货都处理同等数量的货物，有利于人力、物力的准备。

3. 定时定量配送

按照规定配送时间和配送数量进行配送。这种方式兼有定时、定量两种方式的优点，但特殊性强，计划难度大，适合采用的对象不多。

4. 定时、定路线配送

在规定的运行路线上制定到达时间表，按运行时间表进行配送，用户可按规定路线、规定时间接货和提出配送要求。采用这种方式有利于计划安排车辆及驾驶人员。在配送用户较多的地区，也可免去过分复杂的配送要求所造成的配送组织工作及车辆安排的困难。对用户来讲，既可在一定路线、一定时间进行选择，又可有计划安排接货力量。但这种方式的应用领域也是有限的。

5. 即时配送

即时配送是立刻响应用户提出的即刻服务要求并且短时间内送达的配送方式。随着人们对本地配送服务的需求越来越广泛，即时配送的范围迅速扩展到商超、日用、医药等领域，成了与人们日常生活息息相关的服务业态。目前，蜂鸟配送、美团专送、京东到家、达达快送、顺丰“即刻送”、圆通“计时达”、闪送等推动了即时配送的发展。

从配送品类上来说，即时配送行业正从单一“送外卖”到“送万物”的方向发展 。2017 年以来，中国即时配送服务行业订单规模呈高速增长趋势，2020 年在疫情的影响下，增长幅度稍有下降，2021 年在疫情得到有效控制情况下，很快恢复了增长。在业务覆盖面上，由于即时配送网络扩大，以及三四线城市及农村地区的互联网渗透率提升，即时配送订单量分布也逐渐由一二线城市向三四线城市地区延伸。

即时配送行业正与人工智能、大数据技术结合，根据历史配送数据，建立合理的智能化调度系统，由此实现商圈订单需求预先部署、网约配送员动态最优匹配、多维度联动交通和根据天气等客观情况制订配送计划 ，推动行业向智能技术密集型方向发展。

#### 7.1.3.4 配送发展新业态、新趋势

1. 共同配送

共同配送是一种日益受到社会关注并在日本得到广泛运用的配送模式，日本运输省将其定义为：“为促进物流合理化，在几个有定期运货需求的货主的合作下，由一个卡车运输业者，使用一个运输系统进行的配送。”我国《物流术语》（GB/T 18354—2021）对共同配送的解释是：由多个企业或其他组织整合多个客户的货物需求后联合组织实施的配送方式。共同配送模式有利于降低物流成本，提高物流效率和服务水平，实现社会资源共享，是解决城市配送难问题的重要手段。推广的主要障碍是组织协调、费用分摊与利益分配、商业信息保密难度大。

共同配送的常见组织形式有以下几种。

（1）同产业间的共同配送。同产业间的共同配送是指处于相同产业的生产或经营企业，为提高物流效率，通过配送中心集中送货的方式。对于同产业的共同配送模式，共同配送的整体组织难度相对较低，发展起来相对容易。

（2）异产业间的共同配送。异产业间的共同配送是指将从事不同行业的企业生产的商品集中起来，通过配送中心向客户输送的一种形式。对于异产业共同配送而言，集约化程度越高，要求专业化的水平越高，因而对于异产业的共同配送，应主要由第三方物流公司来主导，借助其专业化水平和较强的协调组织能力，往往能取得较好的效果。

我国商务部为推动共同配送工作，先后于 2012 年、2013 年确定了 22 个共同配送试点城市（厦门、青岛、石家庄、太原、长春、哈尔滨、南京、合肥、郑州、武汉、广州、南宁、海口、成都、贵阳、兰州、银川、乌鲁木齐、唐山、潍坊、襄阳、东莞）开展试点工作，并建立了《城市配送统计指标体系及绩效评估方法》（SB/T 11069—2013）来进行共同配送绩效评估。

试点工作开展以来，22 个试点城市积极探索创新共同配送模式，构建布局合理、运行有序、绿色环保的城市共同配送服务体系，取得了积极成效，形成了完善组织机制、优化政策环境、提升管理水平、完善配送网络、优化配送模式等方面的经验，形成的配送模式包括：依托物流园区开展干支结合的共同配送，实现城区配送、城际配送、城乡一体化配送的有效衔接；依托专业批发市场开展共同配送，为商户提供网上配货、统一配送服务，减少流通环节；依托商贸连锁企业开展共同配送，由配送中心统一配送至门店；依托便利店等开展末端整合的共同配送，整合社区资源开展“网订店取（送）”，自提设备进社区、进院校、进机关、进商圈。城市共同配送扩大了物流配送的规模和能力，推广了“网订店取（送）”、智能自助提货柜等创新模式。

2. 同城配送

同城配送是指在城市范围内开展的点对点或一点对多点的短距离货物运输服务。据估计，我国同城配送市场规模在万亿元以上，是快递行业的2到3倍。我国同城货运司机1 300万人。同城配送的客户来源为物流公司、商贸企业、批发市场、个人搬家和居民消费。由于货物类型多，标准化程度低，同城配送市场参与者众多，竞争激烈，市场集中度较低。

3. 无人配送

无人配送是指使用机器替代人工、或人机协作的方式完成货物送达任务，主要包括无人机配送、无人车配送和智能柜配送等形式。2021年5月，京东、美团、新石器成为国内首批获得无人配送车车身编码，并准许在示范区公开道路上路的3家企业，率先实现无人配送车“持证上岗”。2022年上海疫情期间，超500辆无人配送车集结服务疫区，经历了不同场景适配与技术优化验证，无人配送车应用范围日渐广泛。快递无人配送、外卖无人配送、商超配送及无人零售已渗透到社区、工业园区、高校校园、智慧景区及公园、商圈等场景。

4. 城乡高效配送

城乡高效配送是指依托构建的高效集约、协同共享、融合开放、绿色环保的城乡高效配送体系，实现“工业品下乡、农产品进城”的双向流通。2017年，商务部联合相关部门制定了《城乡高效配送专项行动计划(2017—2020年)》，提出打造全国城乡高效配送示范城市50个左右、骨干企业100家左右，配送成本明显下降，商贸企业物流费用率降低到7%左右的总体目标。2019年，确立了全国首批30个城乡高效配送试点城市，形成了“县域物流+农村电商”模式、“线上预订+线下社区智能冷柜自助提货”生鲜配送新模式等典型经验。

5. 城市绿色货运配送

城市绿色货运配送是指在城市空间范围内，以可持续发展为目标，以自动化、智能化的现代信息技术和配送信息平台为支撑，能够优化整合城际干线运输与城市配送各环节物流要素资源，提高能源利用效率和运输效率，实现城市发展与生态环境保护双赢的城市货运配送服务体系。交通运输部、公安部、商务部于2017年联合开展了城市绿色货运配送示范工程，共有2批次46个城市纳入示范工程，开展了形式多样的城市绿色货运配送的探索与尝试。到2025年，全国将发展100个城市绿色货运示范项目。2022年，交通运输部、公安部、商务部又联合印发了《城市绿色货运配送示范工程管理办法》，对城市绿色货运配送示范工程的申报、组织实施、验收与命名、动态评估等工作提出了明确要求。

### 7.1.4 推行配送的必要备件

配送作为一种物流业务组织形式，具有很多优点，但配送的实施是一项比较复杂的工作，它要求具备一定的条件，主要包括以下几方面。

1. 应有稳定的资源保障

货物配送是根据配送协议按照用户的要求进行的。应做到按用户需要的货物品种、数量、规格，在指定的时间及时送到指定的地点(收货人)。这就必须要有充足和稳定的货源做基础。因为若货源得不到保障，就无货可配，也无货可送，这样会影响用户的生产，甚至会造成停工待料(或脱销)，给用户造成经济损失。如果出现这种情况，配送就无法再进行下去。所以承担货物配送的配送企业，必须多渠道取得稳定的资源，以满足用户的要求。

2. 应有足够的资金

实施货物配送,不能缺少资金。在商品交换过程中,买方只有支付货币才能取得物资。为保证配送的顺利进行,配送企业必须建立一定的物资储备,有充足的库存。这部分储备资金必须得到保障。所以配送企业必须从多方面以多种形式筹措资金,以保证配送活动的顺利进行。

3. 应有齐备的配送设施和设备

货物配送是一种综合物流活动,需要齐备、先进的物流设施和设备作为配送手段,这是保证配送得以顺利进行的物质技术条件。配送一般在配送中心或仓库进行,需要有足够的场地和各种仓库建筑物,同时要配备计量、检验、保管、流通加工、分拣、装卸搬运、运输、信息处理等设备。其中特别是对运输设备,在车型、载重量、载重总吨位等方面有更高的要求。

4. 应有高效的信息系统

货物配送活动离不开信息。配送中心必须随时掌握市场供求情况,进行物资资源和用户需求预测,编制配送计划,进行订货、进货、存货、配货等信息处理,以及对经济活动、配送计划执行情况进行分析,合理确定配送范围,合理选择配送路径等。以上信息的收集和处理,都应通过计算机信息系统来实现。

5. 应有一支高素质的职工队伍

实施货物配送,上述条件不可缺少,但最根本的条件还是人。资源要靠人去组织,资金要靠人去筹措,物流技术装备靠人去配备和使用,配送信息系统也要靠人去建立和开发。货物配送不但对配送人员在数量和构成上有一定的要求,而且对人员的思想品德素质、技术素质、管理素质和文化素质等都有较高的要求。如果没有一支结构合理、素质高的职工队伍,货物优质配送就没有保障。

## 7.2 配送中心

配送中心是从事各类配送业务(集货、分货、配货、配装、送货)的主要物流场所之一。当然,物流园区、物流中心、仓库等物流节点(相关概念详见第 10 章)也可以开展配送业务。为了保障用户所需物资及时送达,配送中心通常都有相应的设施如货车、仓库(下游的配送中心也可不设仓库)等,所以做好仓库管理,适当存储与保管(详见第 4 章),也是重要的工作之一。

### 7.2.1 配送中心的概念与功能

根据《物流术语》(GB/T 18354—2021),配送中心指具有完善的配送基础设施和信息网络,可便捷地连接对外交通运输网络,并向末端客户提供短距离、小批量、多批次配送服务的专业化配送场所。

配送中心的功能因服务对象、类型的不同有一定区别。通常而言,其基本功能体现在以下几方面。

1. 储存功能

配送中心的服务对象是生产企业和商业网点，如超级市场和连锁店等。其主要职能就是按照客户的要求及时将各种配装好的货物送交到客户手中，确保生产和消费需要。为完成该项职能，配送中心一般都建有现代化的仓储设施，如仓库、堆场等，储存一定数量的商品，保障配送中心有充足的货源，以免发生缺货而造成客户的损失或不满，发挥着蓄水池的作用。考虑到在配送中心内存储的货物周转速度快，用暂存来描述该项功能更恰当。

2. 分拣功能

分拣是配送的重要功能。分拣是将物品按品种、出入库先后顺序进行分门别类堆放的作业。由于配送中心所服务的客户是数目较多的企业或零售商，所以这些客户之间的需求差别较大，为了满足客户的不同需求，配送中心应根据客户的需求，将客户所需要的货物从仓库中拣选出来，然后按照配送计划组织配货和分装。强大的分拣能力是配送中心实现按照客户要求组织送货的基础。

3. 集散功能

配送中心凭借其特殊的地位和其拥有的各种先进的设施设备和完善的物流信息管理系统，将分散在各个生产企业的产品集中到一起，通过分拣、配送、配装等多环节向多家客户进行发送。同时，配送中心也可以把多个客户所需要的多种货物有效地组合在一起运送，实现规模经济。

4. 流通加工功能

配送中心的流通加工作业包括对货物分类、过磅、包装盒粘贴标签等。流通加工活动可以大大提高客户的满意度，赢得客户的信赖，同时创造经济收益。目前，国内外大多数配送中心均将加工功能作为吸引用户、创造价值的重要途径。

5. 信息处理功能

一般而言，配送中心可以提供货物到达、分发、装卸搬运、储存保管、销售、价格、运输等各种信息。配送中心可以通过处理这些信息来服务客户。

## 7.2.2 配送中心主要类型

配送中心是基于物流合理化和拓展市场的需要而发展起来的，也是物流领域中社会分工、专业分工进一步细化而产生的。在配送实践中，形成了各种各样的配送中心，主要分类有以下几种。

### 7.2.2.1 按照配送中心经济功能分类

1. 供应型配送中心

供应型配送中心是以专门为某个或某些用户（例如连锁店、联合公司）供应商品提供后勤保障为特点的配送中心。在实践中，许多配送中心与生产企业或大型商业企业建立起相对稳定的供需关系，专门为其供应原材料、零配件和其他商品。例如，为大型连锁超级市场组织供应的配送中心；代替零件加工厂送货的零件配送中心，使零件加工厂对装配厂的供应合理化。

供应型配送中心的主要特点是，配送的用户有限并且稳定，用户的配送要求范围也比较确定，属于企业型用户。因此，配送中心集中库存的品种比较固定，配送中心的进货渠道也比较稳固，同时，可以采用效率比较高的分货式工艺。

2. 销售型配送中心

销售型配送中心指以销售经营为目的,以配送为手段的配送中心。这类配送中心是典型的配销经营模式,是商品生产者和经营者为促进商品销售,采用各种现代物流技术、装备各种物流设施,通过为客户代办理货、加工和送货等手段来降低成本、提高服务质量,运用配送理念来组织物流活动而形成的配送中心。销售型配送中心大体有三种类型:一是生产企业为本身产品直接销售给消费者的配送中心,在国外,这种类型的配送中心很多。二是流通企业作为本身经营的一种方式,建立配送中心以扩大销售,我国目前拟建的配送中心大多属于这种类型,国外的例证也很多。三是流通企业和生产企业联合的协作性配送中心。

销售型配送中心的用户一般是不确定的,而且用户的数量很大,每一个用户购买的数量又较少,属于消费者用户。这种配送中心很难像供应型配送中心一样,实行计划配送,计划性较差。销售型配送中心集中库存的库存结构也比较复杂,一般采用拣选式配送工艺,销售型配送中心往往采用共同配送方法才能够取得比较好的经营效果。

3. 储存型配送中心

储存型配送中心指有很强储存功能的配送中心,包括:在买方市场下,企业成品销售库;在卖方市场下,企业原材料、零部件供应库,大范围配送的配送中心。瑞士 Giba-Geigy 公司的配送中心拥有世界上规模居于前列的储存库,可储存 4 万个托盘;美国赫马克配送中心拥有一个有 163 000 个货位的储存区,可见其存储能力之大。

4. 加工型配送中心

加工型配送中心指根据用户的需要或者市场竞争的需要,对配送货物进行加工之后再配送的配送中心。在这种配送中心内,有分装、包装、初级加工、集中下料、组装产品等加工活动。世界著名连锁服务店肯德基和麦当劳的配送中心,就是属于这种类型的配送中心。

5. 流通型配送中心

流通型配送中心指基本上没有长期储存功能,仅以暂存或随进随出方式进行配货、送货的配送中心。大量货物整进并按一定批量零出,采用大型分货机,进货时直接进入分货机传送带,分送到各用户货位或直接分送到配送汽车上,货物在配送中心里仅做少许停滞。

#### 7.2.2.2 按配送区域的范围分类

1. 城市配送中心

城市配送中心指以城市范围为配送范围的配送中心,这种配送中心可直接配送到最终用户,且采用货车进行配送。这种配送中心往往和零售经营相结合,由于运距短、反应能力强,因而从事多品种、小批量、多用户的配送较有优势。

2. 区域配送中心

区域配送中心指具有完善的配送基础设施和信息网络,可便捷地连接对外交通运输网络,配送及中转功能齐全,集聚辐射范围大,存储、吞吐能力强,向下游配送中心提供专业化统一配送服务的场所。这种配送中心配送规模较大,一般而言,用户也较大,配送批量也较大,而且,往往是配送给下一级的城市配送中心,也配送给营业所、商店、批发商和企业用户,虽然也从事零星的配送,但不是主体形式。这种类型的配送中心在国外十分普遍。

此外,企业还通常按照层次或服务范围将配送中心分为中央配送中心(central distribution center,CDC)、区域配送中心(regional distribution center,RDC)和前端配送中心(foregoing distribution center,FDC)。

中央配送中心是指一个公司或组织中层级最高、服务范围最大,且承担向其余配送中心供货业务的配送中心。区域配送中心是承担面向一定区域的配送、中转、分拨任务的配送中心,也被称为区域分拨中心。前端配送中心是承担面向某一具体区域客户配送任务的配送中心,也称为地方性配送中心(local distribution center,LDC)或地方接驳中心。

通常而言,常见的企业配送网络体系有 CDC—RDC—FDC;RDC—FDC;CDC—FDC 几种。以京东物流为例,截至 2021 年,在全国范围内运营超 1 300 座仓库,超 1 700 个云仓生态平台合作云仓,仓储管理总面积超 2 400 万平方米。“亚洲一号”智能产业园是京东物流运营的建筑规模最大、自动化程度最高的现代化智能物流项目之一,在全国 33 个城市共运营 43 座仓库。

#### 7.2.2.3 按配送货物种类分类

根据配送货物的温度不同,可以分为冷链配送中心、常温配送中心;根据商品种类不同,可分为医药配送中心、日用品配送中心、化妆品配送中心、家用电器配送中心、电子(3C)产品配送中心、书籍产品配送中心、服饰产品配送中心、汽车零件配送中心。下面介绍比较重要的两类。

1. 冷链配送中心

根据《冷链物流分类与基本要求》(GB/T 28577—2021),冷链物流(cold chain logistics)是指根据物品特性,从生产到消费的过程中使物品始终处于保持其品质所需温度环境的实体流动过程。冷链配送中心是指以肉类、水果、蔬菜、水产品、乳品、速冻食品以及疫苗、生物制剂、药品等产品为主要服务对象,能够开展仓储、流通加工、配送服务且具有完善信息网络的场所或组织。按照国家《“十四五”冷链物流发展规划》,我国将依托农产品优势产区、重要集散地和主销区,布局建设 100 个左右国家骨干冷链物流基地;围绕服务农产品产地集散、优化冷链产品销地网络,建设一批产销冷链集配中心;聚焦产地“最先一公里”和城市“最后一公里”,补齐两端冷链物流设施短板,基本建成以国家骨干冷链物流基地为核心、产销冷链集配中心和两端冷链物流设施为支撑的三级冷链物流节点设施网络。

2. 医药配送中心

医药配送中心是指为药品流通提供配送服务的机构,主要服务对象为医院、药品批发企业、连锁零售药店、商业公司。为了保障药品的质量,医药物流对环境有严格要求。根据《药品经营质量管理规范》要求,大部分药品需要在 5~19 ℃的阴凉环境下储存,少部分药品,如疫苗等,还需要在更低的温度中保存,此外,有些药品还有对湿度和光照的要求。因此,医药配送中心的技术水平普遍较高,且起步早。2003 年,国药集团在上海筹建大型自动化物流配送中心,此后,上海医药、北京医药、全洲医药相继建成大型自动化物流配送中心。经过 20 多年的快速发展与应用,中国的医药物流系统建设,已经成了所有行业中最成熟的市场之一。这一方面得益于国民经济的快速发展,另一方面,则是得益于中国药品管理的要求。

### 7.2.3 配送中心的作业流程

配送中心的作业流程依据各自运营特点的不同、经营的产品种类不同、产品物流特性不同,有着各自不同的作业过程。但一般来说,配送中心都包括下述物流作业流程:订货、到货接收、验货与拒收、分拣、订单汇总、存储、加工、拣选、包装、装托盘、组配、装车、送货。此外与之相对应的还有信息流程(如票据、单证及其他相关信息流程)和资金流程(如货款、运费和杂费的结算流程)。

在配送中心的运作过程中，以下几项为主要作业流程。

1. 订单处理作业

配送中心的业务活动是以客户订单发出的订货信息作为驱动源。在配送活动开始前，配送中心根据订单信息，对客户的分布、所订商品的品名、商品特性和订货数量、送货频率和要求等资料进行汇总和分析，以此确定所需配送的货物种类、规格、数量和配送时间，最后由配送中心调度部门发出配送信息。订单处理是配送中心调度、组织配送活动的前提和依据，是其他各项作业的基础。

2. 进货作业

配送中心的进货作业主要包括订货、接货、验收和储存四个环节。

(1) 订货。配送中心收到并汇总客户的订单后，首先要确定配送货物的种类和数量，然后要查询管理信息系统，看现有库存商品有无所需要的订货商品。如有现货且数量充足，则转入拣货作业，如果没有现货或现货量不足则要及时向供应商发出订单，提出订货。

(2) 接货。供应商在接到配送中心或用户的订单后，会根据订单要求的品种和数量组织供货，配送中心则组织人力、物力接收货物。

(3) 验收。所订货物到达配送中心后，即由配送中心负责对货物进行检查验收，验收的内容主要是货物的品质、数量和包装的完好性。

(4) 储存。配送中心为保证货源供应，通常都会保持一定数量的商品库存（安全库存）。另外对于商流、物流一体化的配送中心而言，一次性集中采购、储备一定数量的商品，可享受供应商提供的价格折扣优惠。储存作业的主要内容，是随时掌握商品的库存动态，使库存商品保持质量完好并且数量准确。

3. 拣货和配装作业

配送中心的核心作业是拣货和配装作业。通过该项作业根据不同客户的订单要求进行货物的拣选、加工、包装和配装，为货物发出做好准备。

(1) 拣选。分拣作业就是拣货人员依据业务部门按照客户订单要求下达的拣货单，从储存的货物中拣出一定品种和数量的商品。

(2) 加工。配送中心加工作业属于增值性活动。不同类型的配送中心会根据其配送商品的特性、用户的要求、加工的可行性规则确定是否进行加工作业，作业内容也不尽相同，通过加工作业会完善配送中心的服务功能。

(3) 包装。配送中心将需配送的货物拣取出来后，为便于运输和识别不同用户的货物，有时还要对配送货物进行重新包装或捆扎，并在包装物上贴上标签。

(4) 配装。为充分利用运输车辆的动力，提高运输效率，配送中心一般将在同一时间内出货的不同用户的货物组合配装在同一批次运输车辆上进行运送。

4. 出货作业

出货作业是配送中心的末端作业环节，包括装车和送货两个作业。

(1) 装车。配送中心装车作业可以采用机械装车，也可以采用人力装车，对于较大批量或较大体积或重量的货物采用机械设备（叉车）和托盘进行装车；对于批量较小的散货，由于其数量少、重量轻，可以人力装车。

(2) 送货。一般情况下，配送中心都自备送货车辆，有时也可以根据实际需要借助社会运力来组织送货，送货作业的重点是正确选择取货点、运输工具和合理选择运输路线。给固定用户送货，可事先编排出合理的运送线路，选择合适的送货时间，进行定时定线送货，临时送货可根据用户要求和当时的交通情况，选择合适的路线送货。

配送中心的一般作业流程如图 7-3 所示。

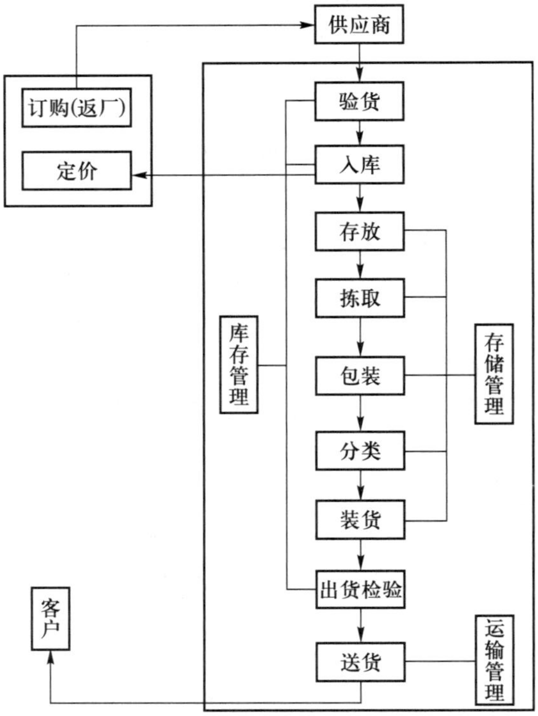


图 7-3　配送中心一般作业流程

## 7.3　配送业务管理

配送服务主要是围绕拥有客户所期望的商品、符合客户所期望的质量、在客户希望的时间内配送商品展开的。配送业务管理中，编制并实施配送计划、选择合理的配货及配装方法、优化配送路径以及评价配送业务的效果是其中的关键内容。

### 7.3.1　配送计划的编制与实施

1. 配送计划的编制

配送是一种物流业务组织形式，而商流是其拟定配送计划的主要依据。可以说，商流提出了何时、何地、向何处送货的要求，而配送则据此在恰当安排运力、路线、运量的基础上完成此项任务。配送计划的制定是既经济又有效地完成任务的主要保障。配送计划的制定应有以下几项依据。

(1) 订货合同副本,由此确定用户的送达地、接货人、接货方式,用户订货的品种、规格、数量、送货时间及送接货的其他要求。

(2) 所需配送的各种货物的性能、运输要求,以决定车辆种类及搬运方式。

(3) 分日、分时的运力配置情况。

(4) 交通条件、道路水平。

(5) 各配送点所存货物品种、规格、数量情况等。

在充分掌握了上述必需的信息资料之后,可以利用电子计算机,按固定的程序,输入上述数据,通过专业的配送计划编制软件,自动处理数据,最后输出配送计划表,或由计算机直接向具体执行部门下达指令。

在不具备上述手段的条件下,可以利用人力按下述步骤编制配送计划。

(1) 按日汇总各用户需要物资的品种、规格、数量,并详细弄清各用户的地址,可用地图标明,也可在表格中列出。

(2) 计算各用户运货所需的时间,以确定起运的提前期,如果运距不长,则可不必考虑提前期。

(3) 确定每日应从每个配送点发运物资的品种、规格、数量。此项工作可采用图上或表上作业法完成,也可通过计算,以吨公里数最低或总运距最小为目标函数,求解最优配送计划。

(4) 按计划的要求选择和确定配送手段。

(5) 以表格形式拟出详细配送计划,审批执行。

2. 配送计划的实施

在配送计划编制完成后,还要经历具体的实施过程,主要包括:

(1) 下达配送计划。配送计划确定后,将到货时间、到货的品种、规格、数量通知用户和配送点,以使用户按计划准备接货,使配送点按计划发货。

(2) 按配送计划确定物资需要量。各配送点按配送计划审定库存物资的保证配送能力,对数量、种类不符合要求的物资,组织进货。

(3) 配送点下达配送任务。配送点向运输部门、仓储部门、分货包装及财务部门下达配送任务,各部门完成配送准备。

(4) 配送发运。配货部门按要求将各用户所需的各种货物进行分货及配货,然后进行适当的包装并详细标明用户名称、地址、配达时间、货物明细。按计划将各用户货物组合,装车,并将发货明细交司机或随车送货人。

(5) 配达。车辆按指定的路线运达用户,并由用户在回执上签字。配送工作完成后,通知财务部门结算。

### 7.3.2 配货及配装方法

#### 7.3.2.1 配货作业方法

配货作业是将保管中的物资,按发货要求分拣出来,放到发货场所指定的位置。配货作业设备可采用全机械化的分拣—配货设备,也可采用手工分拣,用搬运车运到发货货位的半机械化方法。

其中的核心工艺为分拣配货。一般有“播种方式”和“摘果方式”两种基本方法。

1. 播种方式

播种方式是将需要配送的数量较多的同种物资集中搬运到发货场所，然后将每一货位所需的数量取出，分放到每一货位处(每一货位是一个用户的需要量)，直至配货完毕(作业原理如图 7-4 所示)。在货物以较易于移动形式保管(例如处于集装保管状态或在台车上存放)，且需要量较大，基本可以将集中保管的物资在配货时用尽，可采用此种方式。

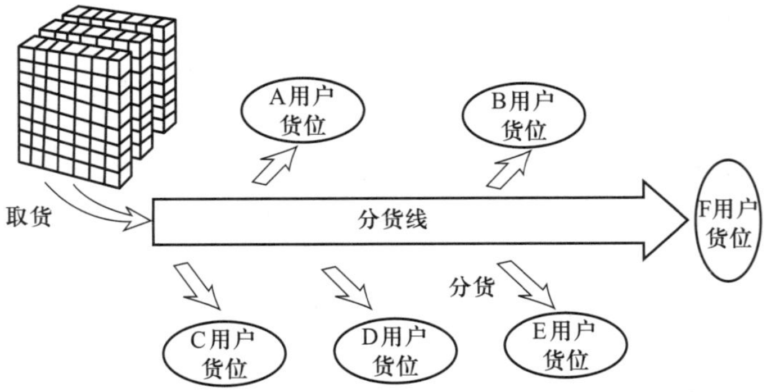


图 7-4 播种式作业原理图

2. 摘果方式

摘果方式又称挑选方式，搬运车辆巡回于保管场所，按配送要求从每个货位或货架上挑选出物资，巡回完毕也完成了一次配货作业。将配好货物放置到发货场所指定位置，或直接发货后，再进行下一次的配货，作业原理如图 7-5 所示。一般一次为一个用户配货，如果车辆容纳得下，也可为两个以上的用户配货。在保管的货物不易移动或每一用户需要品种多而每种数量较少时，应采用摘果方式。

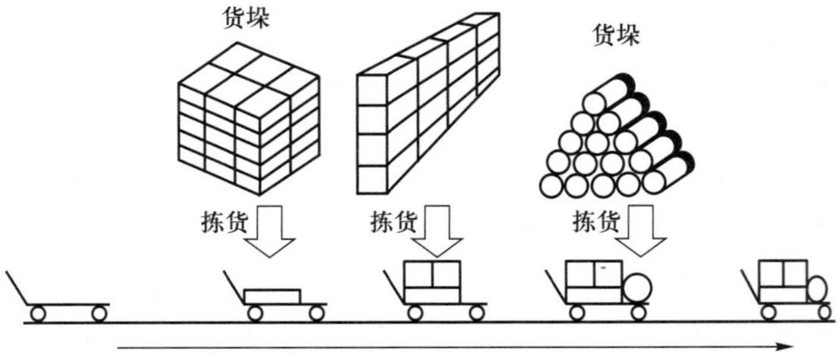


图 7-5 拣选式作业原理图

为了提高效率、降低成本，也可以两种方式混用，但应该制定最优的配合方式，一般先采用摘果方式配货，然后采用播种方式。

#### 7.3.2.2 拣选策略及其运用

在拣选之前，首先要确定拣货单位，常见的拣货单位有以下几种。

（1）单件。单件商品包装成独立单元，以该单元为拣取单元的最小单位。

（2）箱。由单件装箱而成，拣货过程以箱为拣取单位。

（3）托盘。由箱堆码在托盘上集合而成，经托盘装载后加固，托盘堆码数量固定，拣货时以整只托盘为拣取单位。托盘为拣取单元的最大单位。

在拣货单位确定后，需要对不同的订单需求采取不同的拣选策略。决定拣选策略的四个主要因素由分区、订单分割、订单分批与分类四个环节构成。

1. 分区策略

分区策略是将拣选作业场地作区域划分，按分区原则的不同，有四种分区方法。

（1）货品特性分区。根据货品原有的性质，将需要特别储存搬运或分离储存的货品进行区隔，以保证货品的品质在储存期间保持一定。

（2）按拣货单位分区。将拣选作业区按拣选单位划分，如箱装拣选区、单品拣选区，或是具有特殊货品特性的冷冻品拣选区等（图 7-6），目的是使储存单位与拣选单位分类统一，以方便分拣与搬运单元化，使分拣作业单纯化，一般拣选单位分区形成的区域范围是最大的。

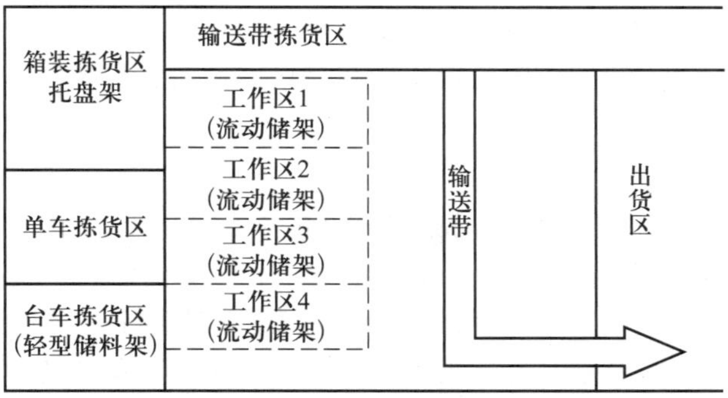


图 7-6 按拣选单位分区示意图

（3）按拣货方式分区。不同拣选单位分区中，按拣选方法和设备的不同，又可分为若干区域，通常是按货品销售的 ABC 分类的原则，按出货量的大小和分拣次数的多少做 ABC 分类（图 7-7），然后选用合适的拣选设备和分拣方式。其目的是使拣选作业单纯一致，减少不必要的重复行走时间。在同一单品拣选区中，按拣选方式的不同，又可分为台车拣选区和输送机拣选区。

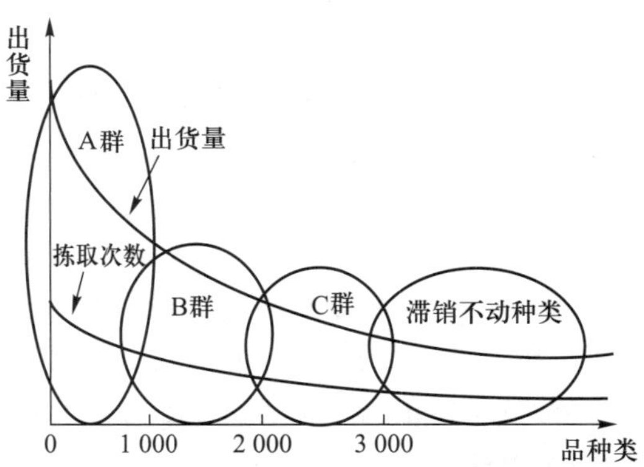


图 7-7 以出货量为基准的群示意图

（4）按工作分区。在相同的拣货方式下，将拣选作业场地再作划分，由一个或一组固定的拣选人员负责分拣某区域内的货品。该策略的优点是拣选人员需要记忆的存货位置和移动距离减少，拣选时间缩短，还可以配合订单分割策略，运用多组拣选人员在短时间内共同完成订单的分拣，但要注意工作平衡问题。

接力式分拣就是工作分区的一种形式。其

订单不做分割或不分割到各工作分区，拣选人员以接力的方式来完成所有的分拣动作（图 7-8）。这种方式效率较高，但人力消耗较大。

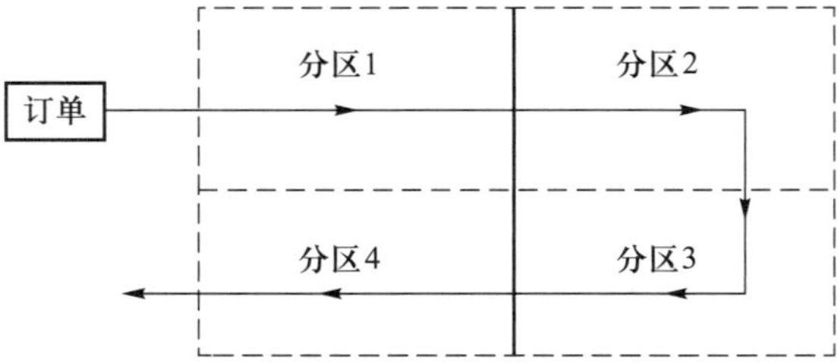


图 7-8 接力式拣取示意图

以上的拣选分区可同时存在于一个配送中心内，或是单独存在。除接力式分拣外，在分区分拣完成后仍需将拣出的货品按订单加以集合。

2. 订单分割策略

当订单上订购的货品项目较多，或拣选系统要求及时快速处理时，为使其能在短时间内完成拣选处理，可将订单分成若干份子订单交由不同拣货区域同时进行拣货作业，将订单按拣选区进行分解的过程称为订单分割。

3. 订单分批

订单分批是为了提高拣选作业效率而把多张订单集合成一批，进行批次分拣作业，其目的是缩短分拣时平均行走搬运的距离和时间。若再将每批次订单中的同一货品品项加总后分拣，然后再把货品分类给每一个顾客订单，则形成批量分拣，不仅缩短了分拣时平均行走搬运的距离，也减少了重复寻找货位的时间，而使拣选效率提高。如果每批次订单数目过多，则必须耗费较多的分类时间，甚至需要有强大的自动分类系统的支持。

订单分批的原则如下。

（1）总合计量分批。合计拣选作业前所积累订单中每一货品项目的总量，再根据这一总量进行分拣以将分拣路径减至最短，同时储存区域的储存单位也可以单纯化，但需要有功能强大的分类系统来支持。这种方式适用于固定点之间的周期性配送，可以将所有的订单在中午前收集，下午作总合计量分批分拣单据的打印等信息处理，第二天一早进行分拣分类等作业。

（2）定时分批。适合于到达时间短而平均的订单形态，适合密集频繁订单，且能应付紧急插单的需求。这一方式常与分区及分割联合运用，特别适合于时间间隔短而平均的订单形态，同时订购量以及种类不宜太多。图 7-9 为分区定时分批拣取的示意图，所定时间长度为 60 分钟。

（3）固定订单量分批。订单分批按先到先处理的基本原则，当累计订单量到达设定的固定量时，再开始进行拣选作业。适合的订单形态与时窗分批类似，但这种订单分批的方式更注重维持较稳定的作业效率，而在处理的速度上较前者慢。图 7-10 为分区固定订单量分批拣取的示意图。固定订单量为 4，当订单进入系统的累积数达到 4 时，集合成一批进行分区批量拣货作业。

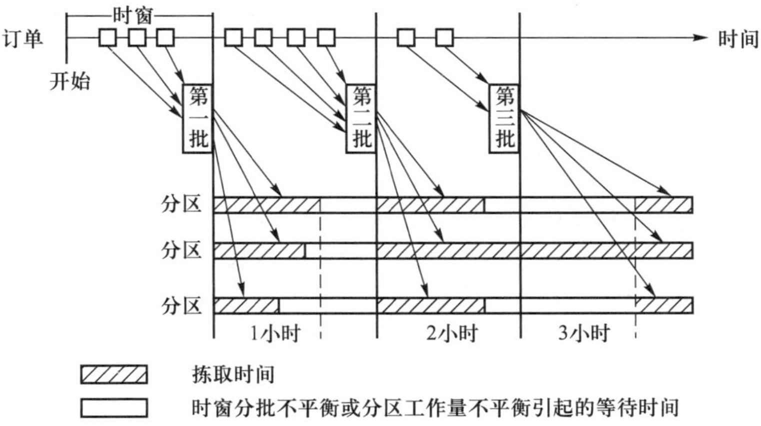


图 7-9 分区定时分批拣取示意图

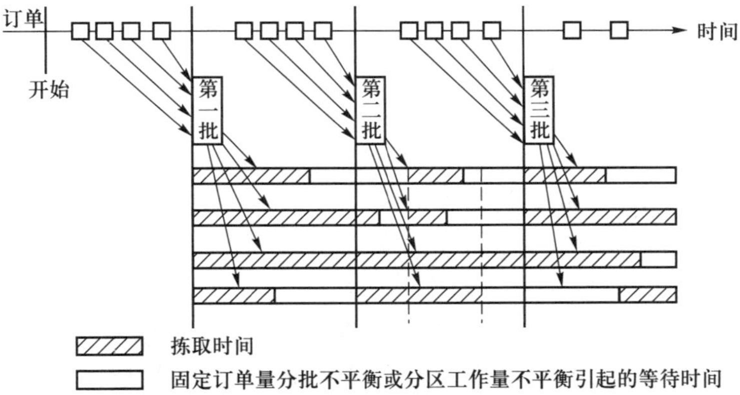


图 7-10 分区固定订单量分批拣取示意图

除以上的分批方式外，还有其他可行的方式，如按配送区域、路线分批，按配送的数量、车趟次、金额分批或按货品种类、特性分批等。

4. 分类

当采用批量拣选作业方式时，拣选完成后还必须进行分类，因此需要相配合的分类策略。分类方式可分为两类。

（1）分拣时分类。在分拣的同时将货品按各订单分类，这种分类方式常与固定量分批或智慧性分批方式联用，因此需要使用计算机辅助台车作为拣选设备，才能加快分拣速度，同时避免错误发生。较适用于少量多样场合，且由于拣选台车不可能太大，所以每批次的客户订单不宜过大。

（2）拣取后集中分类。分批按合计量分拣后再集中分类。一般有两种方法，一是以人工作业为主，将货品总量搬运到空地上进行分发，而每批次的订单量及货品数量不宜过大，以免超出人员负荷。另一种方法是利用分类输送机系统进行集中分类，是较自动化的作业方式。当订单分割越细，分批批量品项越多时，常用后一种方法。

以上方法可以单独使用也可联合运用,也可以不采取任何策略,直接按订单拣选。

#### 7.3.2.3 车载货物的配装

配送的主要特点之一是所送货物一般品种多,但每种货物的数量不大,总数量较大(单品种、大数量的物资,往往干线直送),常常需要安排许多车辆才能满足对用户的配送。因此,充分利用车辆的容积和载重量,做到满载满装,是降低成本的重要手段。

所运货物种类繁杂,不仅表现为包装形态、储运性能不一,而且表现在容重方面,往往相差甚远。容重大的货物往往是达到了载重量,但容积空余甚大;容重小的货物则相反,看起来装得满满的,但实际上并未达到车辆载重量,两者实际上都形成了浪费。所以,实行轻重配装容重大小不同的货物搭配装车,就可以不但在载重方面达到满载,而且充分利用车辆的有效容积,取得最优效果。

简单的配装可用手工计算。例如,需配送两种货物,货物 A,容重 $A_{容}$,单件货物体积 $A_{体}$;货物 B,容重 $B_{容}$,单件货物体积 $B_{体}$;车辆载重 $K$ 吨,车辆最大容积 $V$ 立方米,计算最佳配装方案。

设:有效容积为 $V\times90\%$ 立方米(考虑到 A、B 尺寸的组合不能全等于车辆内部尺寸,以及装车后可能存在的无效空间而定)。

在既满载又满容的前提下,货物 A 装入数为 $x$,货物 B 装入数为 $y$,则:

$$\begin{cases} x\times A_{体}+y\times B_{体}=V\times90\% \\ x\times A_{体}\times A_{容}+y\times B_{体}\times B_{容}=K \end{cases} \tag{7-1}$$

所求得 $x$、$y$ 之值即为配装数值。

在配装货种较多,车辆种类又较多的情况下,每次采用手工计算会有很大困难,可以采用以下两种方法解决。

(1) 利用计算机,先将常配送货物的数据、车辆的数据输入计算机存储,将上述计算程序编制软件,每次只要输入需配送的各种货物总量,计算机则自动输出配装结果。

(2) 在不可能利用计算机时,可以从多种配装货物中选出容重最大、最小的两种利用手工计算配装,其他货物再选容重最大及最小的两种手工计算配装,依此类推,可求出配装结果。

在实际工作中常常不可能每次都求出配装的最优解,所以,寻求最优解的近似解,将问题简单化,节约计算力量和时间,简化配装要求加快装车速度,也可以获得综合的效果。解决配装最简单的方法是先安排车辆装运容重大及小的两种货物,在装车时可先将高容重的装在下部,然后堆放低容重货物,按计划或按经验配装,所余容重居中的货物不再考虑配装而直接装车。

应当注意,配装只是配送时要考虑的一个方面,如果货物性质及装运方面有特殊要求之处,就不能单从配装的满载满容角度来考虑和决定问题。此外,还需顾及分阶段向用户卸货问题,应当是将后卸货物装在车厢内部,先到达用户的货物装在易卸易取的边部,否则会迟误整个配送速度,加大卸车费用,这也是不可取的。

### 7.3.3 配送路径的优化

#### 7.3.3.1 配送路线的确定原则

配送路线合理与否对配送速度、成本、效益影响颇大。因此,采用科学合理的方法确定配送路线是配送业务管理中非常重要的一项工作。确定配送路线可以采取各种数学方法和在数学方法基础上发展和演变出来的经验方法。无论采用何种方法，首先应建立试图达到的目标，再考虑实现此目标的各种限制因素，在有约束的条件下寻找最优方案，实现试图达到的目标。

1. 确定目标

目标的选择根据配送的具体要求，配送中心的水平、实力及客观条件而定，可以有以下几种选择。

（1）效益最高。在选择以效益为目标时，一般是以企业当前的效益为主要考虑因素，同时兼顾长远的效益。效益是企业整体经营活动的综合体现，但可以用利润来表示，因此，在计算时是以利润的数值最大化为目标值的。

由于效益是综合的反映，在拟定数学模型时，很难与配送路线之间建立函数关系，一般很少采用这一目标。

（2）成本最低。计算成本比较困难，但成本和配送路线之间有密切关系，在成本对最终效益起决定作用时，选择成本最低为目标实际上就是选择了效益为目标，但有所简化，比较实用，因此是可以采用的。

（3）路程最短。如果成本和路程相关性较强，而和其他因素是微相关时，可以采取路程最短的目标，这可以大大简化计算，而且可以避免许多不易计算的影响因素。需要注意的是，有时候路程最短并不见得成本就最低，如果道路条件、道路收费影响了成本，单以最短路程为最优解则不合适了。

（4）吨公里最低。吨公里最低在长途运输时经常作为目标选择，在多个发货站和多个收费站的条件下，且又是整车发到情况下，选择吨公里最低为目标是可以取得满意结果的。在配送路线选择中一般情况是不适用的，但在采取共同配送方式时，也可用吨公里最低为目标。

（5）准时性最高。准时性是配送中重要的服务指标，以准时性为目标确定配送路线就是要将各用户的时间要求和路线先后到达的安排协调起来，这样有时难以顾及成本问题，甚至需要牺牲成本来满足准时性要求。当然，在这种情况下成本也不能失控，应有一定限制。

（6）运力利用最合理。在运力非常紧张，运力与成本或效益又有一定相关关系时，为节约运力、充分运用现有运力，而不需外租车辆或新购车辆，此时也可以运力安排为目标，确定配送路线。

（7）劳动消耗最低。以油耗最低、司机人数最少、司机工作时间最短等劳动消耗为目标确定配送路线也有所应用，这主要是在特殊情况下（如供油异常紧张、油价非常高、意外事故引起人员减员、某些因素限制了配送司机人数等）而必须选择的目标。

2. 确定配送路线的约束条件

以上目标在实现时都受到许多条件的约束，必须在满足这些约束条件的前提下取得成本最低或吨公里最小的结果。一般的配送，约束条件有以下几项。

（1）满足所有收货人对货物品种、规格、数量的要求。

（2）满足收货人对货物发到时间范围的要求。

（3）在交通管制允许通行的时间（如城区公路白天不允许货车通行）进行配送。

（4）各配送路线的货物量不得超过车辆容积及载重量的限制。

（5）在配送中心现有运力允许的范围之中。

#### 7.3.3.2 确定配送路线的方法

1. 方案评价法

当对配送路线的影响因素较多,难以用某种确定的数学关系表达时,或难以以某种单项依据评定时,可以采取对配送路线方案进行综合评定的方法。综合评定方案以确定最优方案的步骤如下。

(1) 拟定配送路线方案。首先以某一项较为突出和明确的要求作为依据,例如以某几个点的配送准时性,或司机习惯行驶路线等拟定出几个不同方案,方案要求提出路线发、经地点及车型等具体参数。

(2) 对各方案引发的数据进行计算,如配送距离、配送成本、配送行车时间等数据计算,并作为评价依据。

(3) 确定评价项目。决定从哪几方面对各方案进行评价,如动用车辆数、司机人数、油耗、总成本、行车难易、准时性装卸车难易等方面,都可做评价依据。

(4) 对方案进行综合评价。

2. 数学计算法

可以利用经济数学模型进行数量分析。例如,可以应用线性规划的数学模型求解最佳方案。

3. 节约里程法

在实际工作中有时只需求近似解,不一定求得最优解,在这种情况下可采用节约里程法。

(1) 节约里程法基本原理。

1964 年,克拉克(Clarke)和怀特(Wright)发表了制定配送计划的节约法论文,提出了如何从许多条可供选择的路径中,选出最佳配送路径的方法。这种方法的基本原理是几何学中三角形一边之长必定小于另外两边之和,如图 7-11 所示。

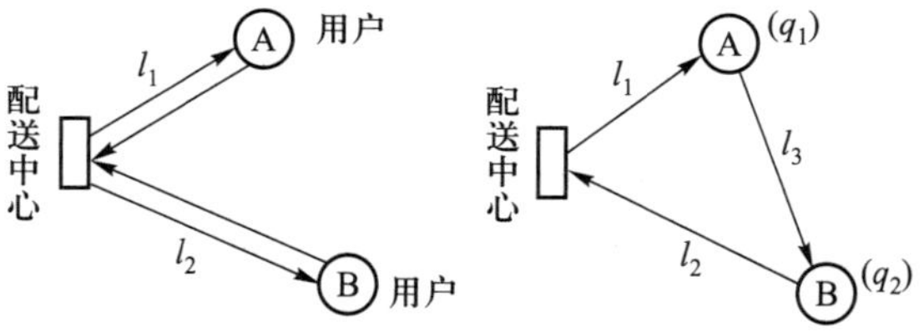


图 7-11 往返发货与巡回发货车辆行走距离

由配送中心 P 向两个用户 A、B 送货,P 至 A、B 的最短距离分别为 $l_1$ 和 $l_2$,A、B 间的最短距离为 $l_3$。用户 A、B 对货物的需求量分别为 $q_1$ 和 $q_2$。

若用两辆汽车分别对 A、B 两个用户所需货物各自往返送货时,汽车走行总里程为:

$$l=2(l_1+l_2)$$

如果改为由一辆汽车向 A、B 两个用户巡回送货(设 $q_1+q_2<$汽车载重量),则汽车走行里程为:

$$l=l_1+l_2+l_3$$

后一种送货方案比前一种送货方案节约的汽车走行里程为:

$$\Delta l=[2(l_1+l_2)]-(l_1+l_2+l_3)=l_1+l_2-l_3$$

如果从图形上看,它等于三角形的两个邻边之和减去对边的差。

如果在配送中心 P 的供货范围内还存在着第 3,4,5,…,$n$ 个用户,在汽车载重量允许的情况下,可将它们按节约量的大小依次连入巡回路线,直至汽车满载为止。余下的用户用同样的方法确定巡回路线,另外派车。

(2) 节约里程法应用案例。

如图 7-12 所示,由配送中心 P 向 A~I 9 个用户配送货物。图中连线上的数字表示公路里程(km)。图中靠近各用户括号内的数字,表示各用户对货物的需求量($t$)。配送中心备有 2 t 和 4 t 载重量的汽车,且汽车一次巡回走行里程不能超过 35 km,设送到时间均符合用户要求,求该配送中心的最优送货方案。

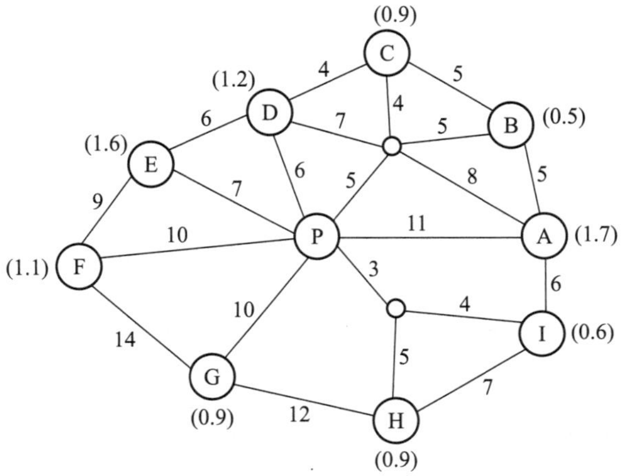


图 7-12 某配送中心配送网络图

现利用渐近解题法求解,其步骤如下。

① 首先计算配送中心至各用户以及各用户之间的最短距离,并列表,见表 7-2。

**表 7-2 最短距离表**

| | P | A | B | C | D | E | F | G | H | I |
|---|---|---|---|---|---|---|---|---|---|---|
| P | | 11 | 10 | 9 | 6 | 7 | 10 | 10 | 8 | 7 |
| A | | | 5 | 10 | 14 | 18 | 21 | 21 | 13 | 6 |
| B | | | | 5 | 9 | 15 | 20 | 20 | 18 | 11 |
| C | | | | | 4 | 10 | 19 | 19 | 17 | 16 |
| D | | | | | | 6 | 15 | 16 | 14 | 13 |
| E | | | | | | | 9 | 17 | 15 | 14 |
| F | | | | | | | | 14 | 18 | 17 |
| G | | | | | | | | | 12 | 17 |
| H | | | | | | | | | | 7 |
| I | | | | | | | | | | |

② 由上述最短距离表,利用节约法计算出各用户之间的节约里程,并制成表 7-3。

**表 7-3　节约里程表**

| | A | B | C | D | E | F | G | H | I |
|---|---|---|---|---|---|---|---|---|---|
| A | | 16 | 10 | 3 | 0 | 0 | 0 | 6 | 12 |
| B | | | 14 | 7 | 2 | 0 | 0 | 0 | 6 |
| C | | | | 11 | 6 | 0 | 0 | 0 | 0 |
| D | | | | | 7 | 1 | 0 | 0 | 0 |
| E | | | | | | 8 | 0 | 0 | 0 |
| F | | | | | | | 6 | 0 | 0 |
| G | | | | | | | | 6 | 0 |
| H | | | | | | | | | 8 |
| I | | | | | | | | | |

计算结果有正有负,节约里程为负数时,无实际意义,在表内写 0。

③ 根据节约里程表中节约里程多少的顺序,由大到小排列,编制节约里程排序表,见表 7-4,以便尽量使节约里程最多的点组合装车配送。

**表 7-4　节约里程排序表**

| 顺位号 | 里程 | 节约里程 | 顺位号 | 里程 | 节约里程 | 顺位号 | 里程 | 节约里程 |
|---|---|---|---|---|---|---|---|---|
| 1 | A-B | 16 | 6 | H-I | 8 | 10 | F-G | 6 |
| 2 | B-C | 14 | 8 | B-D | 7 | 10 | G-H | 6 |
| 3 | A-I | 12 | 8 | D-E | 7 | 15 | A-D | 3 |
| 4 | C-D | 11 | 10 | A-H | 6 | 16 | B-E | 2 |
| 5 | A-C | 10 | 10 | B-I | 6 | 17 | D-F | 1 |
| 6 | E-F | 8 | 10 | C-E | 6 | | | |

④ 根据节约里程排序表和配车(车辆的载重与容积,本例忽略容积因素)、车辆行驶里程等约束条件,绘出图 7-13 所示的配送路径。

从图 7-13 中可看出,依次确定的 A、B、C 三条路径均符合配送中心的约束条件。需要 2t 汽车一辆、4 t 汽车两辆,总走行里程为 93 km。若简单地每个用户派一辆汽车送货,需要 2 t 汽车 9 辆,走行总里程 156 km。通过比较可以看出,利用节约法制定配送方案确定送货路径,具有明显的效果。当配送点(用户)很多时,编制程序可由计算机来完成。

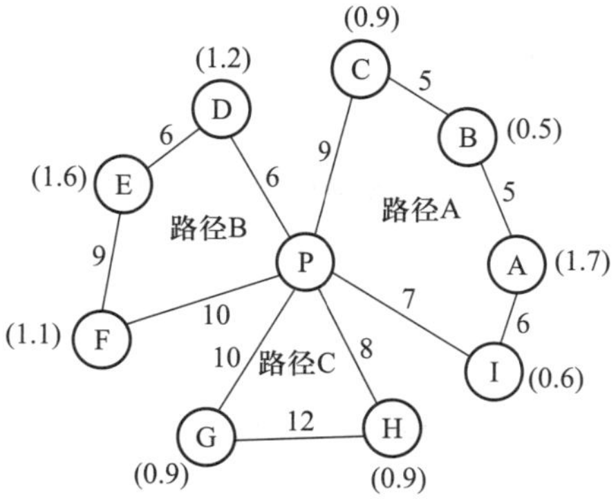


图 7-13 确定的配送路径、汽车运距与载重量示意图

注:路径 A,4 t 车,走行 32 km,载重量 3.7 t;

路径 B,4 t 车,走行 31 km,载重量 3.9 t;

路径 C,2 t 车,走行 30 km,载重量 1.8 t;

总共走行里程 93 km,共节约里程 63 km。

### 7.3.4 配送管理的技术经济指标

配送的技术经济指标评价既是配送业务管理的主要内容,更可用来检验配送业务运作的效果。

1. 配送技术经济指标体系

配送技术经济指标分为效益指标和服务指标两类,效益指标是可以用价值及数量来衡量判断的指标。服务指标则是无法直接用价值衡量的指标,但是却能产生社会效益,造成社会影响,这对于服务性强的配送来说尤为重要。服务指标与效益指标有时可能出现矛盾,在这种情况下应当从长远利益和社会效益出发,牺牲一些暂时利益,而以保证服务为主要出发点。配送的技术经济指标体系见图 7-14。

- 配送技术经济效果
  - 效益指标
    - 利润指标
      - 毛利率
      - 净利率
    - 成本指标
      - 吨公里成本
      - 单位货物平均配送成本
    - 车辆使用指标
      - 燃料消耗
      - 单车日配送次数
      - 单车日配送量
      - 配送出发时满载率
  - 服务指标
    - 数量指标
      - 配送量
      - 多发率
      - 少发率、丢失率
    - 时间指标
      - 提前发到率
      - 准时发到率
      - 推迟发到率
    - 质量指标
      - 商品损坏率
      - 错发率
    - 服务效果—满意度

图 7-14 配送技术经济指标体系

2. 物流服务质量指标

如下所列质量指标有些也适用于运输,配送和运输服务质量考核,都可以按需要选用。

(1) 服务水平指标($F$):

$$F=\frac{\text{满足要求次数}}{\text{用户要求次数}}$$

或以缺货率($Q$)表示:

$$Q=\frac{\text{缺货次数}}{\text{用户要求次数}}\times 100\%$$

(2) 满足程度指标($M$):

$$M=\frac{\text{满足要求数量}}{\text{用户要求数量}}$$

(3) 交货水平指标($J_{\text{水}}$):

$$J_{\text{水}}=\frac{\text{按交货期交货次数}}{\text{总交货次数}}$$

(4) 交货期质量指标($J_{\text{天}}$),以实际交货与规定交货期相差日为提前交货,负号为延迟交货。

$$J_{\text{天}}=\text{规定交货期}-\text{实际交货期}$$

(5) 商品完好率指标($W$):

$$W=\frac{\text{交货时完好商品量}}{\text{物流商品总量}}\times 100\%$$

或以缺损率($Q$)表示:

$$Q=\frac{\text{缺损商品量}}{\text{物流商品总量}}\times 100\%$$

也可以“货损货差赔偿费率”($P$)表示:

$$P=\frac{\text{货损货差赔偿费总额}}{\text{同期业务收费总额}}\times 100\%$$

(6) 物流吨费用指标($C$):

$$C=\frac{\text{物流费用}}{\text{物流总量}}(\text{元/吨})$$

(7) 正点运输率($Z$):

$$Z=\frac{\text{正点运输次数}}{\text{运输总次数}}\times 100\%$$

(8) 满载率,用装载率表示($M_{\text{运}}$):

$$M_{\text{运}}=\frac{\text{车辆实际装载量}}{\text{车辆装载能力}}\times 100\%$$

（9）运力利用率（$Y$）：

$$Y=\frac{\text{实际吨公里数}}{\text{运力往返运输总能力(吨/公里)}}\times 100\%$$

3. 城乡高效配送指标体系

2018 年，商务部联合有关部门印发了《城乡配送绩效评价指标体系》，针对城市和企业，分别设定绩效评价指标，城市绩效评价指标和企业绩效指标。对试点城市围绕基础设施、运行效率、技术应用和发展环境 4 个方面设置了 13 项指标。对试点企业围绕网点布局、运作效率、技术应用、绿色发展和模式创新 5 个方面设置了 16 项指标，具体如图 7-15、图 7-16。

- 城市绩效指标
  - 基础设施
    - 城市配送网络建设
    - 农村配送网络建设
  - 运行效率
    - 物流成本占GDP比例
    - 企业市场占有率
    - 仓库利用率
    - 配送集中度
      - 园区市场共同配送率
      - 统一配送率(连锁零售门店)
      - 统仓统配率(非连锁零售门店)
    - 车辆满载率
      - 单程满载率
      - 往返满载率
  - 技术应用
    - 标准化
      - 标准托盘比例
      - 标准托盘循环使用率
      - 托盘、周转箱(筐)循环共用体系
      - 标准化配送车辆比例
      - 库内装卸配套设施
    - 信息化
      - 城乡配送公共信息平台功能
      - 平台接入企业情况
    - 绿色化
      - 绿色仓库比例
      - 新能源车辆比例
      - 绿色包装及回收体系
  - 发展环境
    - 政策环境
      - 政策
      - 工作机制
    - 车辆通行管理
      - 通行便利政策
      - 车辆停靠政策
      - 装卸政策
    - 新能源配送车辆充电桩

图 7-15　城市绩效指标示意图

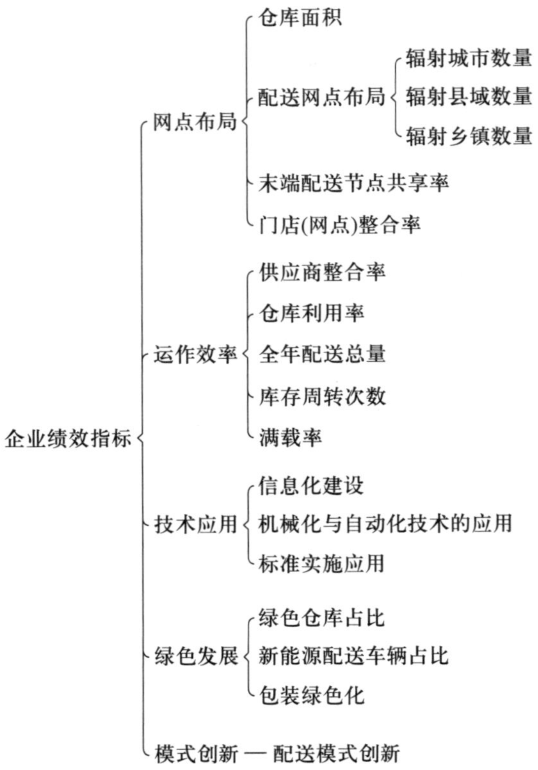


图 7-16 企业绩效指标示意图

4. 城市绿色货运配送评价指标体系

2018 年,交通运输部、公安部、商务部发布《城市绿色货运配送示范工程绩效考核评价指标体系》,从体制机制保障、城市配送物流基础设施、城市配送车辆及配套设施、便利通行政策、先进组织模式、信息化建设、市场主体培育、物流降本增效、节能减排等 9 方面详细了解和掌握城市绿色货运配送示范工程发展总体情况,如图 7-17。

### 7.3.5 提高配送经济效益的途径

1. 恰当设置配送中心

配送中的数量及地理位置是决定能否取得高效益的前提条件。上述配送路线的选择、直送或配送的决定都是在配送中心数量、位置已确定的前提下做出的。固然,在满足这一前提条件的要求下,可以选择出最优路线及最好的送货方式,但是,如果前提条件本身有缺陷,则很难弥补。恰当设置配送中心是取得效益的基础,在此前提条件下,准确地选择配送路线,恰当决定配送或直送,就能实现系统的、总体的最优。

2. 加强配送的计划性

在配送活动中,临时配送、紧急配送或无计划的随时配送是大幅度降低配送经济效益的主要因素。临时配送是因为事前计划不善,未能考虑正确的配装方式及恰当的配送路线,到了临近配送截止日期,则必须安排专车、单线进行配送,车辆不易满载,浪费里程也多;紧急配送指对一般

- 城市绿色货运配送示范工程绩效考核评价指标体系
  - 体制机制保障
    - 城市配送多部门协同工作机制建设情况
    - 城市配送企业运营服务规范
    - 城市配送企业考核管理办法
    - 省、市级相关管理部门出台相关扶持政策
  - 城市配送物流基础设施
    - 干支衔接型货运枢纽(物流园区)
    - 公共配送中心
    - 末端公共配送站(货物装卸点)
  - 城市配送车辆及配套设施
    - 新增新能源城市配送车辆
    - 新增新能源城市配送车辆占新增(更新)城市配送车辆的比例
    - 城市配运新能源纯电动货车与充电桩的配置比例
    - 冷藏保温配送车辆占城市配送车辆比重
  - 便利通行政策
    - 新能源物流配送车辆便利通行政策
    - 城市货运配送需求调查预测制度
    - 配送车辆分时、错时、分类通行和停放措施出台情况
    - 设置城市货运配送车辆临时停靠点
  - 先进配送组织模式 — 中心区大型超市(卖场)、连锁店等商贸流通企业采用共同(集中、夜间)配送的比例
  - 信息化建设
    - 货运配送公共信息服务平台
    - 企业城市配运信息系统
  - 市场主体培育 — 运作高效、服务规范的专业城市配送企业
  - 物流降本增效
    - 城市配送车辆利用效率较示范建设期初提高的比例
    - 城市配送成本较示范建设期初降低的比例
  - 节能减排 — 城市配送车辆单位周转量能耗较示范建设期初降低的比例

图 7-17 城市绿色货运配送示范工程绩效考核评价指标体系示意图

紧急订货需要而言，往往只要求按时送到货物，来不及认真安排车辆配装及配送路线，从而造成载重及里程的浪费，一般说来，为保证服务，不能拒绝紧急配送，但是，如果能认真核查并有调剂准备的余地，紧急配送也可纳入计划轨道而保证其效益；随时配送是指对配送要求不做计划安排，有一笔送一次，不能保证配装及选择路线，会造成较大浪费。

3. 实行共同配送

尤其当单独配送的配送量较小，车辆不能满载，也难以确定最优路线时，采取共同配送方式可大大降低成本，提高效益。共同配送是横向经济联合的一种形式，可以采取经济联合的办法共同建立配送中心，共同使用配送设备，或共同组织配送。组织共同配送的关键，是合理分摊成本及合理分配收益。

4. 加强信息系统的建设

信息系统主要包括管理信息系统（MIS）和决策支持系统（DSS）。根据本企业业务发展需

要与财力的可能，建立和建设可靠的信息系统，是配送中心提高管理水平和经济效益的有效途径。

# 7.4 配送优化典型算例

## 7.4.1 网络流问题

### 7.4.1.1 图的基本概念

考虑6个城市间的交通路线图，如图7-18所示，图中的点 $V_1$、$V_2$、$V_3$、$V_4$、$V_5$、$V_6$ 代表6个城市，又称为顶点，连接各顶点的弧记作 $(V_1, V_2)$、$(V_2, V_4)$……这种表明各点之间连接关系的图形，通常称为图。

从一个顶点沿着弧、顶点、弧、顶点的顺序，回到出发点的路线称为回路，如图7-18中，$V_1 \to V_2 \to V_4 \to V_3 \to V_1$、$V_4 \to V_5 \to V_6 \to V_4$ 都是回路，不含回路、各顶点又相互连通的图称为树，如图7-19就是一个树。

在实际问题中，对于一个图，总要考虑它们代表的各城市间道路的交通流量、流动方向，因此需在各顶点弧上标明流动方向和流量限制，这种表示流动方向和流量限制的图称为网络或网络流(network flow)，如图7-20所示。

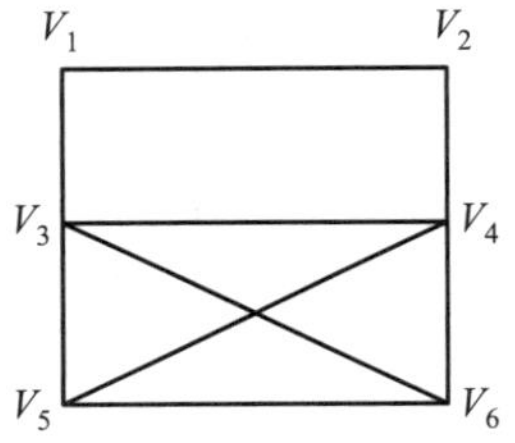


图7-18 回路

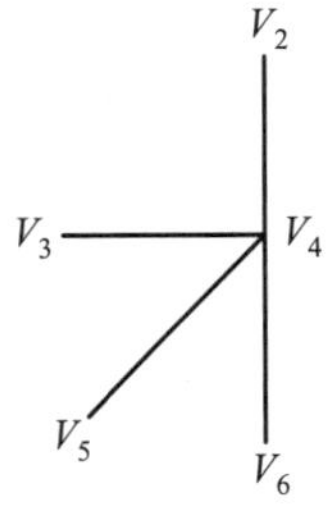


图7-19 树

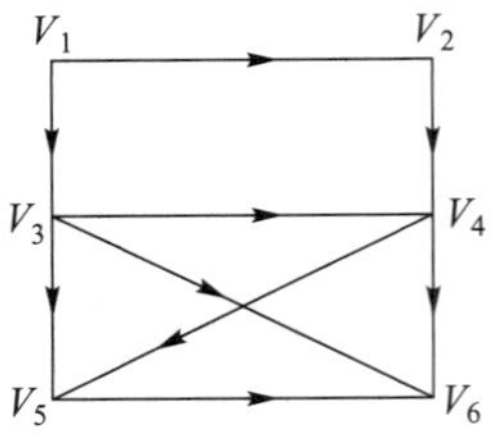


图7-20 网络

在网络流中有些点只有发出，称为发点或源点，如图7-20中的 $V_1$；有些点只有收入，无发出，称为收点或汇点，如图7-20中的 $V_6$，还有些点既有收入又有发出，称为中间点。

### 7.4.1.2 网络最大流问题

1. 问题的提出

已知连接产地 $V_1$ 与销地 $V_n$ 的交通网，每一弧 $(V_i, V_j)$ 代表从 $V_i$ 到 $V_j$ 的运输线，产品经由 $V_i$ 输送到 $V_j$，弧旁括号外的数字 $c_{ij}$ 为弧的容量，括号内的数字 $x_{ij}$ 为 $V_i$ 到 $V_j$ 的货运量，要求合理安排 $x_{ij}$，使 $V_1$ 到 $V_n$ 的货运量最大。这种问题称为最大流问题，如图7-21所示。

2. 寻求最大流的标号法

对于包含 $n$ 个顶点 $V_1, V_2, \cdots, V_n$ 的网络流，$V_1$ 为发点，$V_n$ 为收点，各段弧 $(V_i, V_j)$ 上容量为

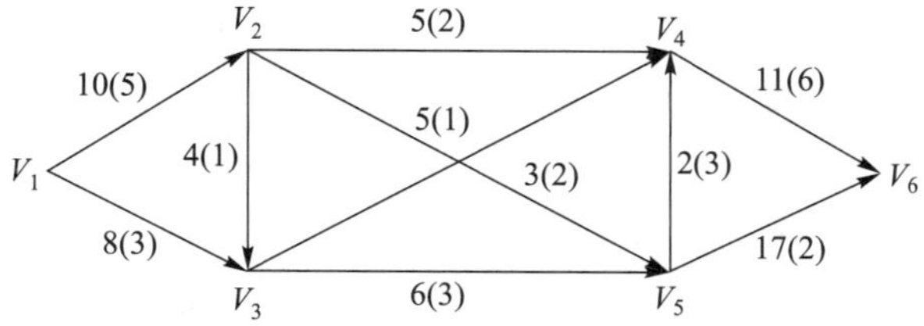


图 7-21

$c_{ij}$，设$\{x_{ij}\}$是一个可行流，如果存在一条从 $V_1$ 到 $V_n$ 的路线，这条路线具有以下特点。

（1）所有正向弧（弧的方向与流向一致）上 $x_{ij}<c_{ij}$。

（2）所有反向弧（弧的方向与流向相反）上 $x_{ij}>0$。

则称此条路线为可行流$\{x_{ij}\}$的一个增广链，记：

$$\varepsilon_1 = \min\{c_{ij} - x_{ij} \mid 当(V_i,V_j)为正向弧\} \tag{7-2}$$

$$\varepsilon_2 = \min\{x_{ij} \mid 当(V_i,V_j)为反向弧\} \tag{7-3}$$

$$\varepsilon = \min\{\varepsilon_1, \varepsilon_2\} \tag{7-4}$$

由增广链的特点可知 $\varepsilon>0$，按如下公式调整可行流$\{x_{ij}\}$为$\{x'_{ij}\}$：

$$x'_{ij} = \begin{cases} x_{ij} + \varepsilon & 当(V_i,V_j)是增广链的正向弧 \\ x_{ij} - \varepsilon & 当(V_i,V_j)是增广链的反向弧 \\ x_{ij} & 当(V_i,V_j)不在增广链上 \end{cases} \tag{7-5}$$

显然，此时$\{x'_{ij}\}$仍为可行流，且它的值比$\{x_{ij}\}$增加了 $\varepsilon$。

由此不难看出，对于可行流$\{x_{ij}\}$，判断它是否最大流及对它进行调整，关键在于求出其增广链，标号法就是基于此来寻求最大流的，其具体步骤如下：

第 1 步：给发点以标号(0,+)。

第 2 步：设 $V_i$ 已经有了标号，与 $V_i$ 相邻的点 $V_j$ 尚未标号。若在弧($V_i$,$V_j$)上，$x_{ij}<c_{ij}$，则给 $V_j$ 以标号($i$,+)；若在($V_j$,$V_i$)上，$x_{ij}>0$，则给 $V_j$ 以标号($i$,-)。继续这个步骤，直到给收点 $V_n$ 以标号为止。

第 3 步：利用“反向追踪”，找出 $V_1$ 到 $V_n$ 的增广链，例如设 $V_n$ 的标号为($k$,+)，则在增广链上 $V_n$ 前面的一点为 $V_k$，且弧($V_k$,$V_n$)是正向弧，接下来检查 $V_k$，若其标号为($i$,+)，则找出正向弧($V_i$,$V_k$)；若标号为($i$,-)，则找出反向弧($V_k$,$V_i$)，依此下去，一直追踪至具有标号(0,+)的发点 $V_1$，得到由 $V_1$ 到 $V_n$ 的一个增广链。

第 4 步：调整过程，由式(7-2)至式(7-4)得出增广链的调整量 $\varepsilon$，根据式(7-5)得出新的可行流$\{x'_{ij}\}$，令可行流$\{x_{ij}\}=\{x'_{ij}\}$，去掉所有标号，重新执行上述标号、寻找增广链及调整过程，如果标号过程进行不下去，而 $V_n$ 尚未标号，则说明再也找不出增广链，当前可行流即为最大流。

**例 7-1** 求出图 7-21 的最大流。

**解：** 第 1 步：首先给 $V_1$ 标上(0,+)。

第 2 步：检查 $V_2$，在弧（$V_1$，$V_2$）上，$x_{12}=5<c_{12}=10$，则 $V_2$ 标上（1，+）；检查 $V_4$，在弧（$V_2$，$V_4$）上，$x_{24}=2<c_{24}=5$，故 $V_4$ 标上（2，+）；检查 $V_6$，在弧（$V_4$，$V_6$）上，$x_{46}=6<c_{46}=11$，故 $V_6$ 标上（4，+），因为 $V_6$ 是收点，所以标号过程结束，如图 7-22 所示。

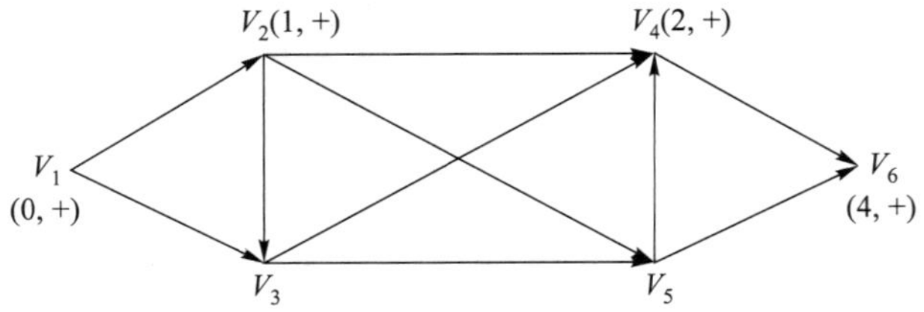


图 7-22

第 3 步：利用“反向追踪”，得到增广链为 $V_1 \to V_2 \to V_4 \to V_6$。

第 4 步：因为增广链上的弧（$V_1$，$V_2$）、（$V_2$，$V_4$）、（$V_4$，$V_6$）都是正向弧，由式（7-2）、式（7-4）得：

$$\varepsilon = \varepsilon_1 = \min(10-5, 5-2, 11-6) = 3$$

根据式（7-5）调整增广链上每段弧的流量，经调整后可行流如图 7-23 所示。

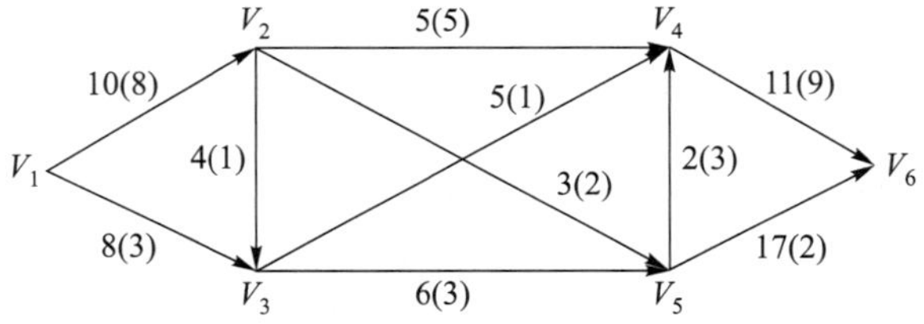


图 7-23

重新执行 1~4 步，$V_1$ 标上（0，+），依次给 $V_2$ 标上（1，+），给 $V_3$ 标上（2，+），给 $V_5$ 标上（3，+），给 $V_6$ 标上（5，+），得增广链 $V_1 \to V_2 \to V_3 \to V_5 \to V_6$，因为此增广链上的弧都是正向弧，由式（7-2）、式（7-4）得：

$$\varepsilon = \varepsilon_1 = \min\{10-8, 4-1, 6-3, 17-2\} = 2$$

根据式（7-2）调整流量，得新的可行流，如图 7-24 所示。

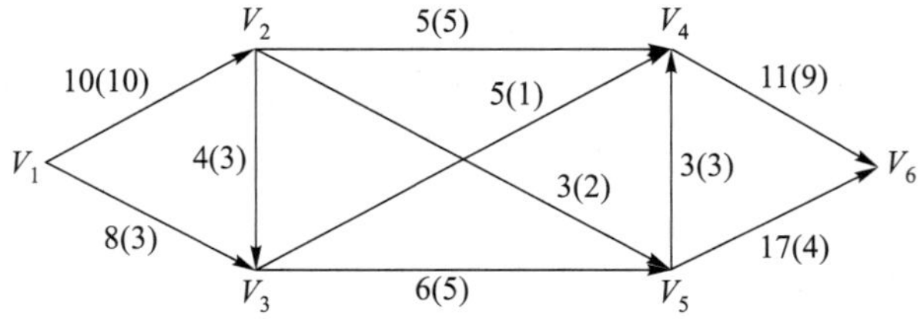


图 7-24

对图 7-24,重新标号、调整,$V_1$ 标上(0,+),$V_3$ 标上(1,+),$V_5$ 标上(3,+),$V_6$ 标上(5,+),得增广链 $V_1 \to V_3 \to V_5 \to V_6$,此增广链上的弧皆为正向弧,由式(7-2)、式(7-4)得:

$$\varepsilon = \varepsilon_1 = \min\{8-3, 6-5, 17-4\} = 1$$

根据式(7-2)调整流量,得新的可行流,如图 7-25 所示。

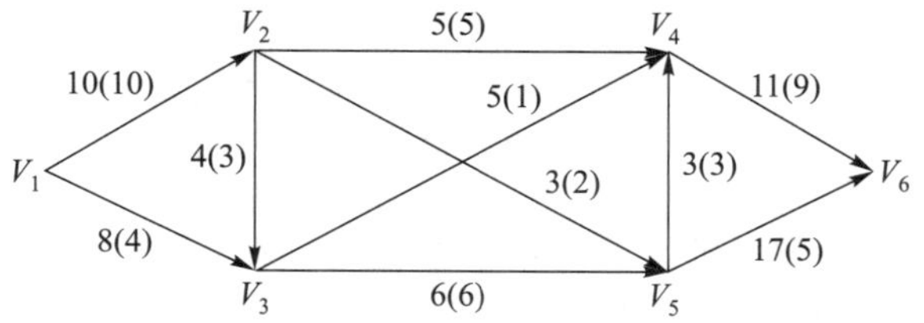


图 7-25

对图 7-25,重新标号、调整,$V_1$ 标上(0,+),$V_3$ 标上(1,+),$V_4$ 标上(3,+),$V_6$ 标上(4,+),得增广链 $V_1 \to V_3 \to V_4 \to V_6$,此增广链上的弧皆为正向弧,由式(7-2)、式(7-4)得:

$$\varepsilon = \varepsilon_1 = \min\{8-4, 5-1, 11-9\} = 2$$

根据式(7-2)调整流量,得新的可行流,如图 7-26 所示。

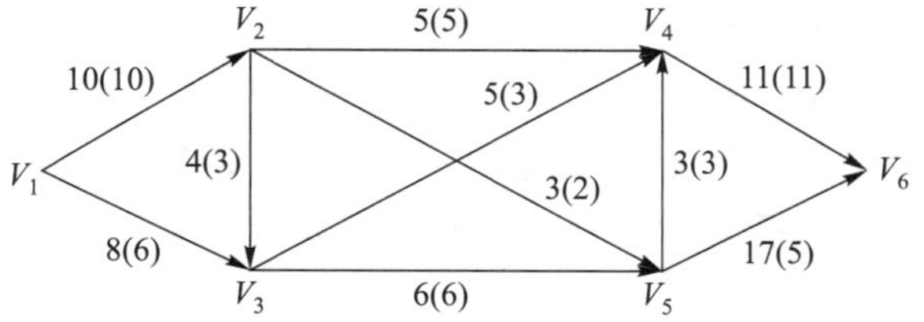


图 7-26

对图 7-26,重新标号、调整,$V_1$ 标上(0,+),$V_3$ 标上(1,+),$V_4$ 标上(3,+),$V_5$ 标上(4,-),$V_6$ 标上(5,+),得增广链 $V_1 \to V_3 \to V_4 \to V_5 \to V_6$,其中$(V_1, V_3)$、$(V_3, V_4)$、$(V_5, V_6)$为正向弧,由式(7-2)得:

$$\varepsilon_1 = \min\{8-6, 5-3, 17-5\} = 2$$

$(V_4, V_5)$为反向弧,由式(7-3)得 $\varepsilon_2 = 3$。由式(7-4)得 $\varepsilon = \min\{\varepsilon_1, \varepsilon_2\} = 2$,因此在此增广链的正向弧上流量增加 2,反向弧上流量减少 2,得可行流如图7-27所示。

对图 7-27 显然用标号法再也不能得到一个增广链,故其所给的可行流即为最大流,最大流量$=x_{12}+x_{13}=x_{46}+x_{56}=18$。

#### 7.4.1.3 最小费用最大流问题

在实际运输工作中,人们除了考虑运量外,还需考虑成本问题,从而产生了最小费用最大流问题,即对于某个网络 $D=(V,A,C)$,每个弧$(V_i, V_j)$上除了容量 $c_{ij}$外,还给出了单位流量的费用 $b_{ij}$,要求找出一个最大流 $X$,使流的总输送费用 $b(x)=\sum b_{ij}x_{ij}$最小。

解最小费用最大流问题的基本思想是,通过已知的由 $V_1$ 到收点 $V_n$ 的最小费用流 $x$,寻找其

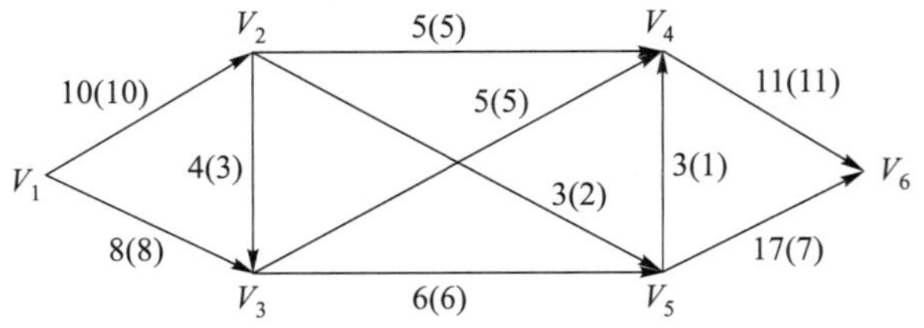


图 7-27

对应的最小费用增广链,沿此增广链去调整 $x$,实现最大流。

对于网络 $D=(V,A,C)$,构造赋权有向图 $W(x)$,其顶点为原网络 $D$ 的顶点,而把 $D$ 中的每一条弧 $(V_i,V_j)$ 变成两个相反方向的弧 $(V_i,V_j)$ 和 $(V_j,V_i)$,定义 $W(x)$ 中弧的权 $W_{ij}$ 为(其中长度为 $+\infty$ 的弧可从 $W(x)$ 中略去):

$$W_{ij}=\begin{cases}b_{ij} & 若\ x_{ij}<c_{ij}\\ +\infty & x_{ij}=c_{ij}\end{cases} \tag{7-6}$$

$$W_{ji}=\begin{cases}-b_{ij} & 若\ x_{ij}>0\\ +\infty & x_{ij}=0\end{cases} \tag{7-7}$$

在 $W(x)$ 中寻找到的 $V_1$ 到 $V_n$ 的最短路径即为关于可行流 $x$ 的最小费用增广链。

最小费用最大流算法如下:

第一步:取 $X^{(o)}=0$ 为初始可行流,即流量为 0 的最小费用流,$k=0$。

第二步:对于可行流 $X^{(k)}$,根据式(7-6)、式(7-7)构造赋权有向图 $W(X^{(k)})$,并在此有向图中找出 $V_1$ 到 $V_n$ 的最短路。

第三步:若存在最短路径,则此最短路径为 $X^{(k)}$ 的最小费用增广链,在增广链上对 $X^{(k)}$ 进行调整,即:

$$x_{ij}^{(k+1)}=\begin{cases}x_{ij}^{(k)}+\varepsilon & 当(V_i,V_j)为增广链上的正向弧\\ x_{ij}^{(k)}-\varepsilon & 当(V_i,V_j)为增广链上的反向弧\\ x_{ij}^{(k)} & 当(V_i,V_j)不在增广链上\end{cases}$$

其中:$\varepsilon=\min\{\varepsilon_1,\varepsilon_2\}$

$\varepsilon_1=\min\{c_{ij}-x_{ij}^{(k)} \mid 当(V_i,V_j)为正向弧\}$

$\varepsilon_2=\min\{x_{ij}^{(k)} \mid 当(V_i,V_j)为反向弧\}$

得到新的可行流 $X^{(k+1)}$,此可行流为同一流量中费用最小的可行流,若不存在最短路径,转第五步。

第四步:令 $k=k+1$,重复第二步至第三步。

第五步:退出计算,所得 $X^{(k)}$ 即为最小费用最大流。

**例 7-2** 求图 7-28 所示网络的从 $V_1$ 到 $V_8$ 的最小费用最大流,图中 $(V_i,V_j)$ 上所标的三个数字依次表示 $b_{ij}$、$c_{ij}$、$x_{ij}$。

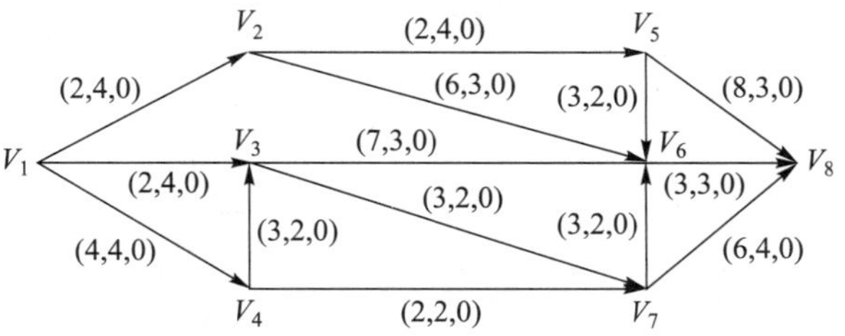


图 7-28

**解**:首先对 $X^{(0)}=0$ 的初始可行流,根据式(7-6)、式(7-7)构造赋权有向图 $W(X^{(0)})$ 如图 7-29 所示,并找出 $V_1$ 到 $V_8$ 的最短路径为:$V_1 \to V_2 \to V_5 \to V_6 \to V_8$。

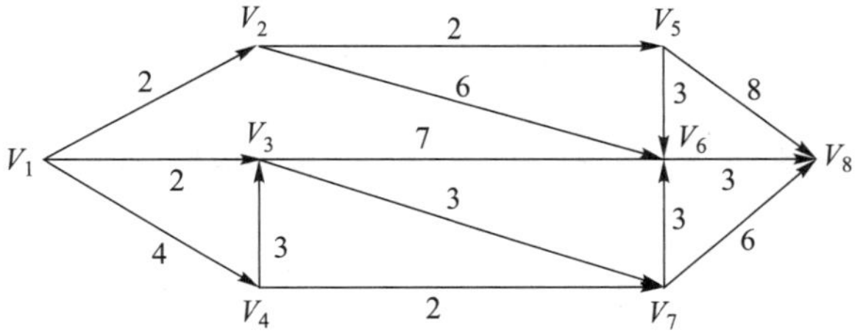


图 7-29

沿此增广链对 $X^{(0)}$ 进行调整,显然可增加的流量为 2,得可行流 $X^{(1)}$,如图 7-30 所示,对 $X^{(1)}$ 根据式(7-6)、式(7-7)构造赋权有向图 $W(X^{(1)})$ 如图 7-31所示,找出 $V_1$ 到 $V_8$ 的最短路径为:$V_1 \to V_3 \to V_7 \to V_8$。

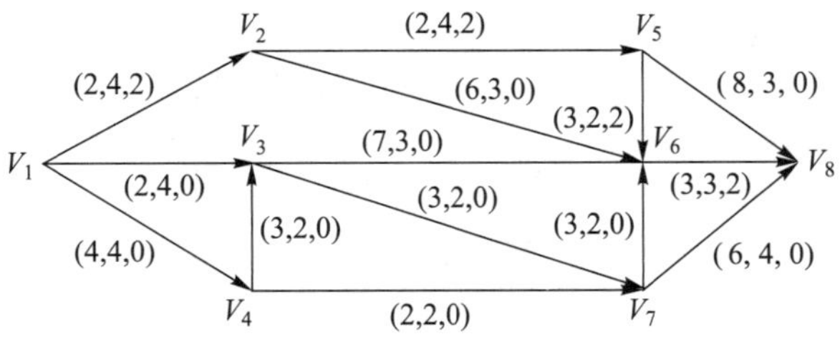


图 7-30

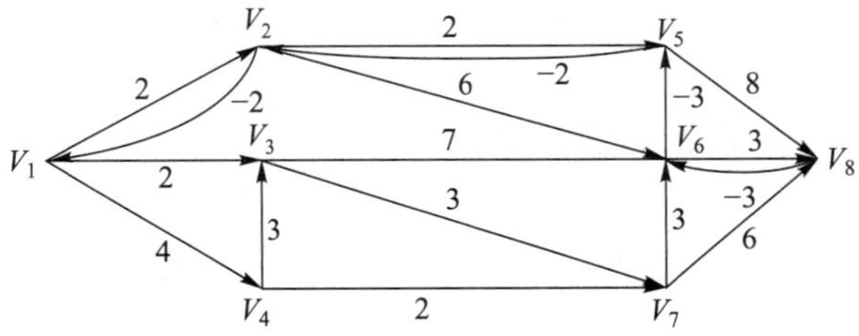


图 7-31

沿此增广链对 $X^{(1)}$ 进行调整，可增加的流量为 2，得可行流 $X^{(2)}$，如图 7-32 所示，对 $X^{(2)}$ 构造赋权有向图 $W(X^{(2)})$ 如图 7-33 所示，找出 $V_1$ 到 $V_8$ 的最短路径为：$V_1 \to V_2 \to V_6 \to V_8$。

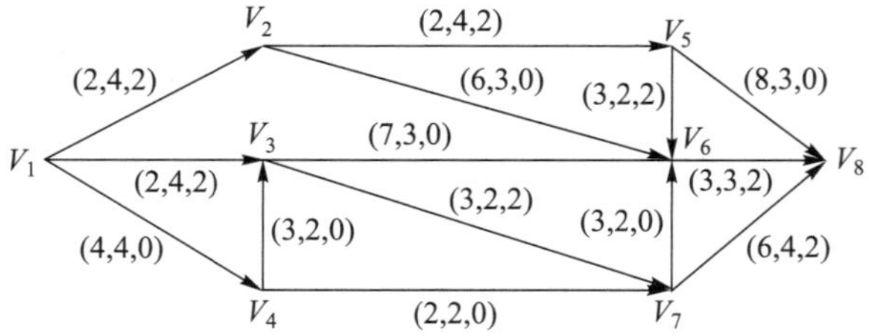


图 7-32

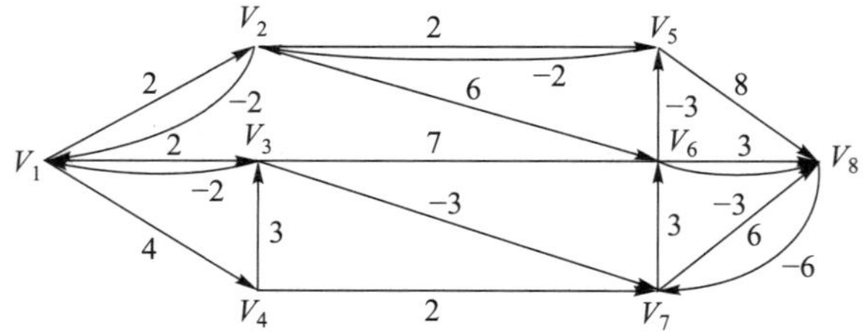


图 7-33

沿此增广链对 $X^{(2)}$ 进行调整，可增加的流量为 1，得可行流 $X^{(3)}$，如图 7-34 所示，对 $X^{(3)}$ 构造赋权有向图 $W(X^{(3)})$ 如图 7-35 所示，找出 $V_1$ 到 $V_8$ 的最短路径为：$V_1 \to V_4 \to V_7 \to V_8$。

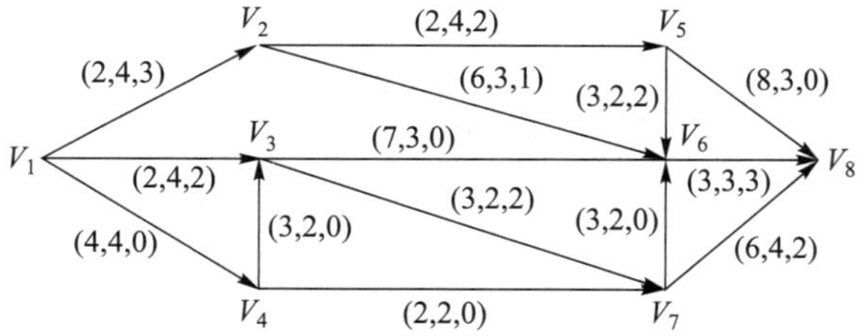


图 7-34

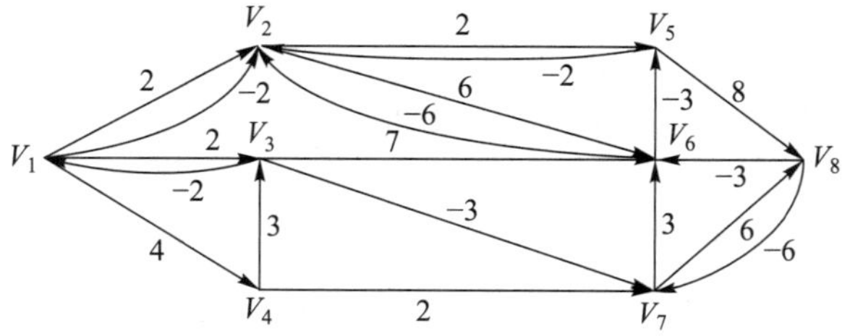


图 7-35

沿此增广链对 $X^{(3)}$ 进行调整，可增加流量 2，得可行流 $X^{(4)}$，如图 7-36 所示，对 $X^{(4)}$ 构造赋权有向图 $W(X^{(4)})$ 如图 7-37 所示，找出 $V_1$ 到 $V_8$ 的最短路径为：$V_1 \to V_2 \to V_5 \to V_8$。

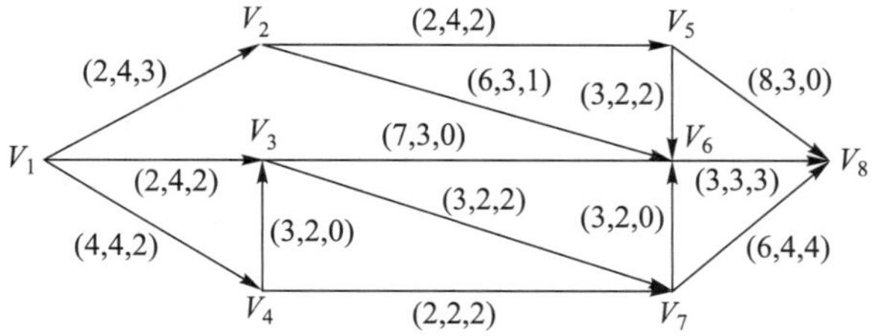

图 7-36

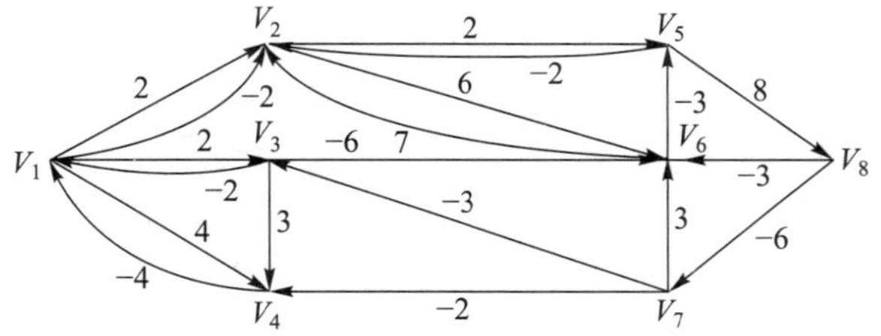

图 7-37

沿此增广链对 $X^{(4)}$ 进行调整，可增加流量 1，得可行流 $X^{(5)}$，如图 7-38 所示，对 $X^{(5)}$ 构造赋权有向图 $W(X^{(5)})$ 如图 7-39 所示，找出 $V_1$ 到 $V_8$ 的最短路径为：$V_1 \to V_3 \to V_6 \to V_2 \to V_5 \to V_8$。

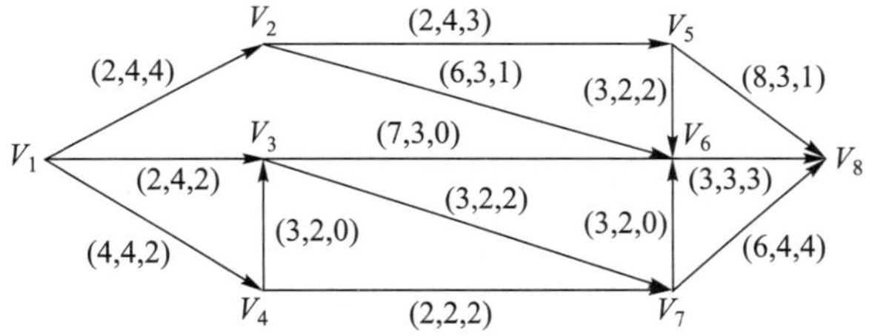

图 7-38

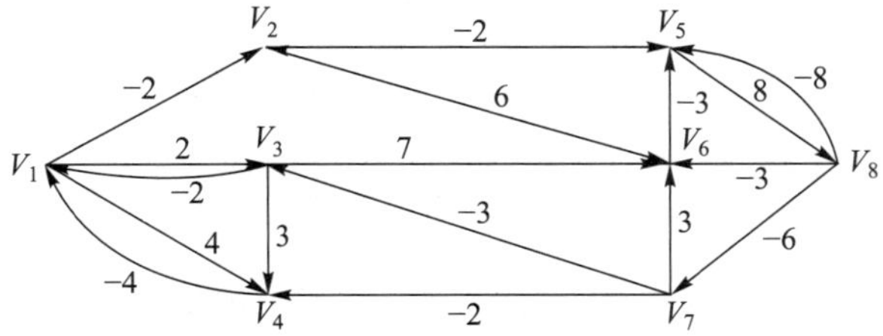

图 7-39

沿此增广链对 $X^{(5)}$ 进行调整，可增加流量 1，得可行流 $X^{(6)}$，如图 7-40 所示，对 $X^{(6)}$ 构造赋权有向图 $W(X^{(6)})$ 如图 7-41 所示，找出 $V_1$ 到 $V_8$ 的最短路径为：$V_1 \to V_3 \to V_6 \to V_5 \to V_8$。

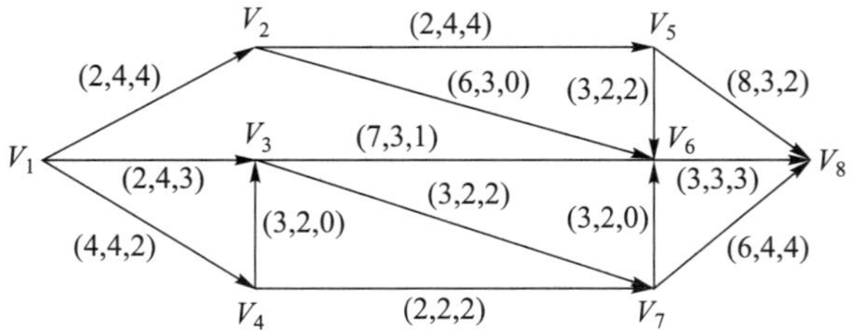


图 7-40

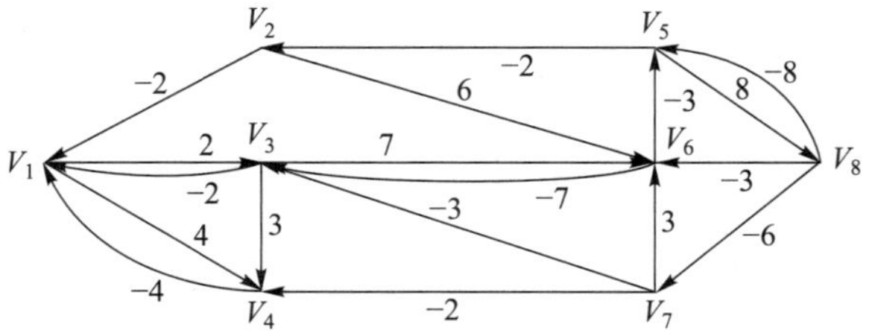


图 7-41

沿此增广链对 $X^{(6)}$ 进行调整，可增加流量 1，得可行流 $X^{(7)}$，如图 7-42 所示，对 $X^{(7)}$ 构造赋权有向图 $W(X^{(7)})$ 如图 7-43 所示，可以看到已无从 $V_1$ 到 $V_8$ 的最短路径。可知 $X^{(7)}$ 即为最小费用最大流，其网络图如图 7-42 所示。

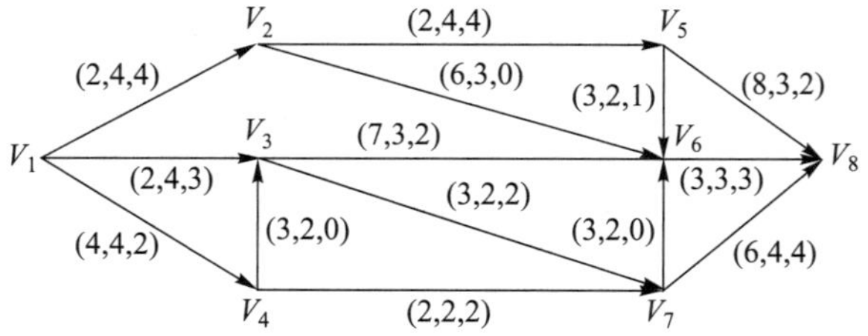


图 7-42

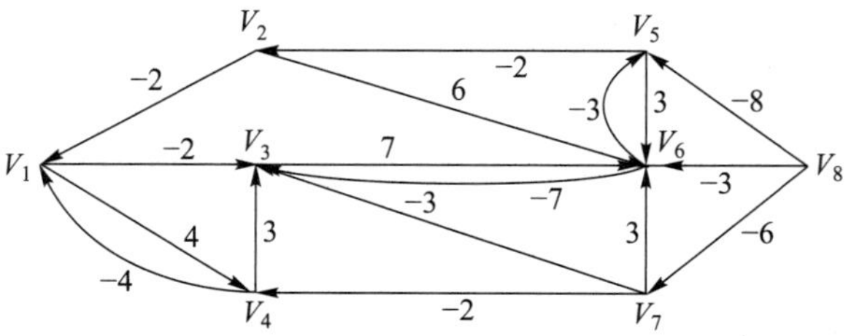


图 7-43

#### 7.4.1.4 最短路径问题

对于包含 $n$ 个顶点 $V_1, V_2, \cdots, V_n$ 的有向网络流，假设无负权，已知弧$(V_i, V_j)$的权为 $W_{ij}$，求 $V_1$ 到 $V_n$ 的最短路径，以 $L_{ij}$表示从 $V_i$ 到 $V_j$ 的最短距离，则对此问题有 Dikstra 算法如下。

第一步：给发点 $V_1$ 以标号(1,0)，$L_{11}=0$。

第二步：从已标号顶点出发，找出与这些顶点 $V_i$ 相邻所有顶点 $V_j$，若

$$L_{1j} = \min_{i,j}(L_{1j} + W_{ij}) \tag{7-8}$$

则对 $V_{j^*}$ 标号为$(i, L_{1j^*})$

第三步：重复第二步，直到所有的顶点都标号为止，每个顶点标号内的第二个数字即为 $V_1$ 到该顶点的最短距离，运用反向追踪可找出此最短路径。

**例 7-3** 在图 7-44 中，求 $V_1$ 到 $V_7$ 的最短路线。

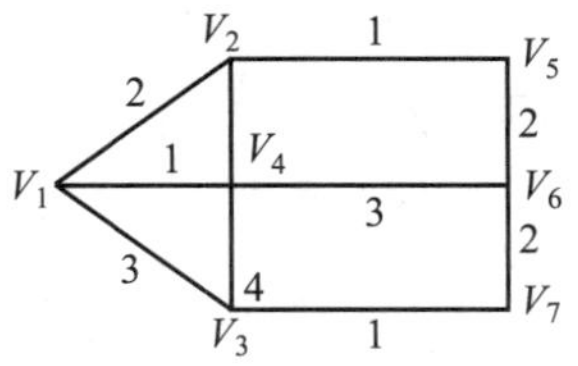


图 7-44

**解**：首先给出发点 $V_1$ 以标号(1,0)，$L_{11}=0$，从 $V_1$ 出发，与 $V_1$ 相邻的顶点为 $V_2$、$V_3$、$V_4$，由式(7-8)得：

$$L_{14} = \min\{0 + 1, 0 + 2, 0 + 3\} = 1$$

故 $V_4$ 标号为(1,1)，从 $V_1$、$V_4$ 出发，有相邻顶点 $V_2$、$V_3$、$V_6$，由式(7-8)得：

$$L_{12} = \min\{0 + 2, 0 + 3, 1 + 1, 1 + 4, 1 + 3\} = 2$$

故 $V_2$ 标号为(1,2)，对与已标号点$\{V_1, V_2, V_4\}$相邻顶点 $V_5$、$V_6$、$V_3$，由式(7-8)得：

$$L_{13} = \min\{0 + 3, 1 + 4, 2 + 1, 1 + 3\} = 3$$

故 $V_3$ 标号为(1,3)，对与已标号点$\{V_1, V_2, V_3, V_4\}$相邻顶点 $V_5$、$V_6$、$V_7$，由式(7-8)得：

$$L_{15} = \min\{2 + 1, 1 + 3, 3 + 1\} = 3$$

故 $V_5$ 标号为(2,3)，对与已标号点$\{V_1, V_2, V_3, V_4, V_5\}$相邻顶点 $V_6$、$V_7$，由式(7-8)得：

$$L_{16} = \min\{1 + 3, 3 + 2, 3 + 1\} = 4$$

故 $V_6$ 标号为(4,4)，对于顶点 $V_7$，有 $L_{17}=\min\{3+1, 4+2\}=4$，故 $V_7$ 标号为(3,4)。

至此，所有顶点均已标号，得 $V_1$ 到 $V_7$ 的最短距离为 4，运用反向追踪法，得最短路径为：$V_1 \to V_3 \to V_7$。

当网络图中存在负权弧，且对于顶点 $V_i$ 与 $V_j$ 不存在弧时，令 $W_{ij}=\infty$，有如下的递推算法：开始时，令 $L_{1j}^{(1)}=W_{1j}(j=1,2,\cdots,n)$，标号顶点 $j$ 为$(1, L_{1j}^{(1)})$。

对 $t=2,3,\cdots,n$，令

$$L_{1j^*}^{(t)} = \min_{i}\{L_{1i}^{(t-1)} + W_{ij}\} = L_{1i_0}^{(t-1)} + W_{i_0 j^*} \quad (j = 1, 2, \cdots, n) \tag{7-9}$$

标号顶点 $j$ 为$(i_0, L_{1j^*}^{(t)})$。

若进行到第 $k$ 步时，对所有 $j=1,2,\cdots,n$，有：

$$L_{1j}^{(k)} = L_{1j}^{(k-1)}$$

则 $L_{1j}^{(k)}$ 为 $V_1$ 到各点的最短距离，对各点标号运用反向追踪法可找出相应的最短路径。

## 7.4.2 送货集货问题

### 7.4.2.1 模型分析

送货问题,是指在中心仓库中,需要向几个分仓库送货,每个分仓库对货物有一定的需求,运送货物的车辆在中心仓库装满货后发出,把货送到各分仓库卸载,完成任务后返回中心仓库,求满足货运需求的费用最小的车辆行驶路线。这里的送货问题指每个分仓库的任务仅由一辆车完成,如图7-45所示就是一个 3 个车辆、11 个分仓库的送货问题,其中一个小圆圈表示的是分仓库,图中 3 个闭回路就是 3 条送货路线。集货问题与此类似,只是车辆在各分仓库的任务由卸货变为装货,装满后返回中心仓库。送货或集货问题又称车辆调度问题,简称 VRP 问题。

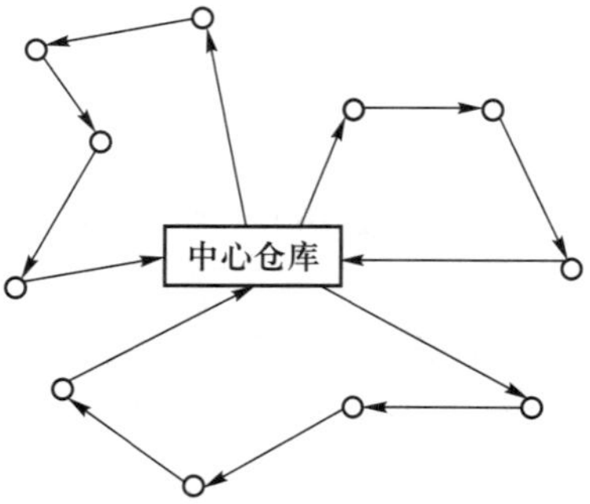

图 7-45 送货问题

假定中心仓库最多可用 $K$ 辆车对 $l$ 个分仓库进行送货,每个车辆载重为 $b_k(k=1,2\cdots,K)$,每个分仓库的需求为 $d_i(i=1,2,\cdots,l)$,且 $d_i<b_k(k=1,2,\cdots,K)$,分仓库 $i$ 到分仓库 $j$ 的运距为 $c_{ij}$。设 $n_k$ 为第 $k$ 辆车所包含的分仓库数(若 $n_k=0$,表示未启用第 $k$ 辆车),用集合 $R_k$ 表示此第 $k$ 条路径(第 $k$ 辆车的行车路线),其中的元素 $r_{ki}$ 表示分仓库 $r_{ki}$ 在路径 $k$ 中的顺序为 $i$(不包含中心仓库)。$r_{ki}$ 为 0 到 $l$ 中的一个整数,令 $r_{k0}=r_{k(n_k+1)}=0$ 表示中心仓库,则有如下表示的送货模型:

$$\min\sum_{k=1}^{K}\left(\sum_{i=1}^{n_k}c_{r_{k(i-1)}r_{ki}}+c_{r_{kn_k}r_{k(n_k+1)}}\cdot sign(n_k-1)\right) \tag{7-10}$$

s.t.

$$\sum_{i=1}^{n_k}d_{r_{ki}}\leqslant b_k \qquad k=1,2,\cdots,K \tag{7-11}$$

$$0\leqslant n_k\leqslant l \qquad k=1,2,\cdots,K \tag{7-12}$$

$$\sum_{k=1}^{K}n_k=l \tag{7-13}$$

$$R_k=\{r_{ki}\mid r_{ki}\in\{1,2,\cdots,l\},i=1,2,\cdots,n_k\} \tag{7-14}$$

$$R_{k_1}\cap R_{k_2}=\phi \quad \forall k_1\neq k_2 \tag{7-15}$$

其中,$sign(n_k-1)=\begin{cases}1 & n_k\geqslant 1\\ 0 & \text{其他}\end{cases}$

式中,式(7-10)为整个送货问题的最短路径目标;不等式(7-11)保证每条路径上的各分仓库的货物总需求量不超过这条路径的送货车容量;不等式(7-12)表明每条路径上分仓库的数量不超过总分仓库数;等式(7-13)要求每个分仓库都得到车辆的送货服务;等式(7-14)表示每条路径所经历的分仓库组成;等式(7-15)则限制每个分仓库的货物需求仅能由一个车辆来完成。

上述模型只考虑了最短路径的目标及车辆容量约束，没有考虑车辆的运行时间。若对车辆达到分仓库的时刻进行限制，则上述问题变成有时间窗的 VSP 问题。

在有时间窗的 VSP 问题中，$t_{r_{ki}}$为车辆 $k$ 达到分仓库 $r_{ki}$的时刻，$t_{r_{ki}r_{kj}}$为车辆由分仓库 $r_{ki}$行驶到分仓库 $r_{kj}$的时间，分仓库 $r_{ki}$要求到货的时间范围在$[et_{r_{ki}},lt_{r_{ki}}]$之间，即车辆最早到达分仓库 $r_{ki}$的时刻为 $et_{r_{ki}}$，最迟不超过时刻 $lt_{r_{ki}}$。因此，在上述一般 VSP 模型中加入式(7-16)作为约束条件，即成为有时间窗的 VSP 模型。

$$et_{r_{ki}} \leqslant t_{r_{ki}} \leqslant lt_{r_{ki}} \tag{7-16}$$

无论是无时间窗要求还是有时间窗要求，VSP 问题都是 NP 完全问题，不可能用多项式算法获得最优解，因此可构造启发式算法求解满意解，下面就介绍其中的几种。

#### 7.4.2.2　扫描法求解

扫描法是 Gillett 和 Miller 提出的，其基本步骤如下。

(1) 在地图或方格图中确定所有分仓库的位置。

(2) 自中心仓库始沿任一方向向外画一条直线。

(3) 沿顺时针或逆时针方向旋转该直线直到与某分仓库相交，相交时考虑在线路上增加该分仓库运货任务时，是否会超过车辆的载货容量(先使用容量最大的车辆)，如果不会，线路增加该分仓库，并继续旋转直线到下一分仓库。否则执行步骤 4。

(4) 构成一条送货线路。

(5) 从不包含在上一条线路中的分仓库开始，继续旋转直线，继续步骤 3，直到所有的分仓库的送货任务都已安排在不同线路中。

(6) 应用 TSP 问题的求解算法，排定各线路中分仓库的先后顺序，使各线路的路径最短。

**例 7-4**　已知某运输公司的送货点如图 7-46(a)所示，图中圆圈旁边的数字表示该分仓库所需送货量，运输公司的送货车辆载货容量为 1 000 件。问：如何安排送货线路比较合理？

**解**：扫描法进行上述问题的求解。首先，向北画一条直线，进行逆时针方向“扫描”。逆时针旋转该直线，直到装载的货物能装上一辆载重 1 000 件货物的车辆，同时又不超重。一旦所有的分仓库都已分配了线路，用 TSP 的算法安排各分仓库在各线路中的先后位置，形成最后的送货线路如图 7-46(b)所示。

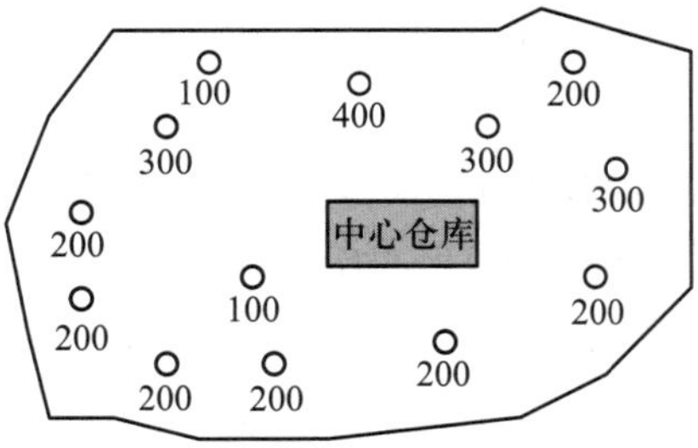


(a) 送货数据

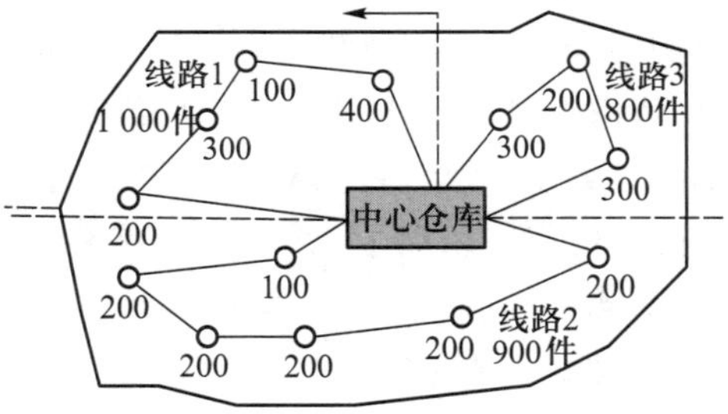


(b) 扫描法解

图 7-46　应用扫描法进行送货线路安排

#### 7.4.2.3 节约法求解

节约法最早是由 Clarke-Wright 所提出来的，能够对站点不多的 VRP 问题进行快速求解，其结果与最优解比较接近，而且节约法的一个重要特点是其能够包含实际应用中许多重要的约束条件，如时间窗口条件、最长驾驶时间条件、司机休息时间条件等，因此一直以来是求解 VRP 问题的一个有效的方法。

假设中心仓库 0 用两辆车分别向分仓库 $i$ 和 $j$ 送货，随后返回，如图 7-47(a)所示，这时的路线里程为：

$$D_1 = c_{0i} + c_{i0} + c_{0j} + c_{j0} \tag{7-17}$$

但如果使用一辆车，由 $0-i-j-0$ 进行一次巡回送货，如图 7-47(b)所示，其总行驶线路里程将变为：

$$D_2 = c_{0i} + c_{ij} + c_{j0} \tag{7-18}$$

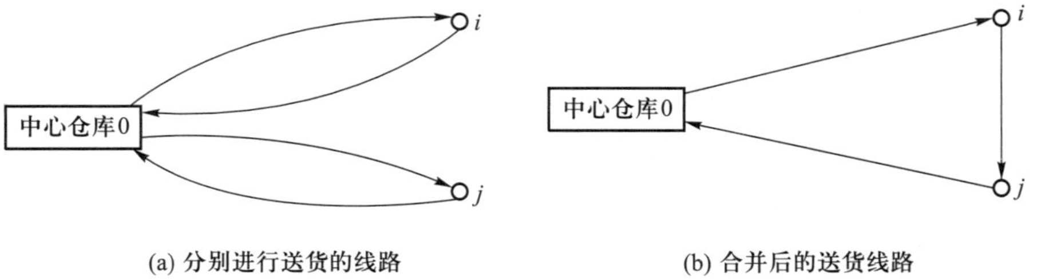


图 7-47 通过合并线路节约行驶里程

显然，后一种送货方案比前一种可减少行驶里程为：

$$\Delta D_{ij} = c_{i0} + c_{0j} - c_{ij} \tag{7-19}$$

这一减少的行驶里程 $\Delta D_{ij}$ 称为节约里程。

在对多个分仓库进行送货时，将其中能取得最大"节约里程"的两个分仓库合并在一条线路上，进行巡回送货，能够获得最大的里程节约。同时，在不超过运输车辆载货容量的条件下，设法使这条选定的巡回路线，尽可能将其他分仓库按其所能取得"节约里程"的大小纳入这条线路中，则能获得更大的里程节约效果。这就是节约法的基本原理。

一般 VSP 问题的节约法求解步骤如下：

(1) 计算收货点 $i,j$ 的节约里程 $\Delta D_{ij}$，令 $M=\{\Delta D_{ij} \mid \Delta D_{ij}>0\}$。

(2) 在 $M$ 内按 $\Delta D_{ij}$ 从大到小的顺序进行排列。

(3) 若 $M=\Phi$，则终止，否则对第一项 $\Delta D_{ij}$，考察对应的$(i,j)$，若满足下述条件之一：① 点 $i$ 和点 $j$ 均不在已构成的线路上；② 点 $i$ 或点 $j$ 在已构成的线路上，但不是线路的内点（即不与中心仓库相连）；③ 点 $i$ 或点 $j$ 位于已构成的不同线路上，均不是内点，且一个是起点，一个是终点。则转下一步，否则转步骤(6)。

(4) 计算点 $i$ 和点 $j$ 连接后的线路上总货运量 $Q$，若 $Q \leqslant b_k$（$b_k$ 为车辆 $k$ 的容量，可按容量从大到小的原则采纳车辆），则转下一步，否则转步骤(6)。

(5) 连接点 $i$ 和点 $j$。

(6) 令 $M=M-\Delta D_{ij}$,转步骤(3)。

**例 7-5** 有 6 个分仓库的货运任务(编号为 1,2,3,4,5,6),各任务的货运量 $d_i$(单位为 t)如表 7-5 所示,这些任务由中心仓库 0 发出的容量为 4 t 和 2.5 t 的车辆来完成,中心仓库及各分仓库点对间距离(单位为 km)由表 7-6 给出。试构造合理车辆线路,完成上述送货任务。

**表 7-5 货运需求量**

| 分仓库 | 1 | 2 | 3 | 4 | 5 | 6 |
|---|---|---|---|---|---|---|
| $D_i$(t) | 0.8 | 0.7 | 1.0 | 1.75 | 1.10 | 1.15 |

**表 7-6 点对间距**

| j | i | | | | | | |
|---|---|---|---|---|---|---|---|
| | 0 | 1 | 2 | 3 | 4 | 5 | 6 |
| 0 | 0 | 9 | 12 | 12 | 20 | 24 | 21 |
| 1 | 9 | 0 | 9 | 19 | 29 | 33 | 30 |
| 2 | 12 | 9 | 0 | 10 | 32 | 29 | 33 |
| 3 | 12 | 19 | 10 | 0 | 25 | 19 | 25 |
| 4 | 20 | 29 | 32 | 25 | 0 | 6 | 1 |
| 5 | 24 | 33 | 29 | 19 | 6 | 0 | 6 |
| 6 | 21 | 30 | 33 | 25 | 1 | 6 | 0 |

**解**:首先计算各点对间节约里程 $\Delta D_{ij}=c_{i0}+c_{0j}-c_{ij}$,例如点 1 和点 2,有:

$$\Delta D_{12}=c_{10}+c_{02}-c_{12}=9+12-9=12$$

类似地,可得到其他点对的节约里程,按从大到小的顺序示于表 7-7 中。

**表 7-7 节约里程表**

| 序号 | $(i,j)$ | $\Delta D_{ij}$ | 序号 | $(i,j)$ | $\Delta D_{ij}$ | 序号 | $(i,j)$ | $\Delta D_{ij}$ |
|---|---|---|---|---|---|---|---|---|
| 1 | (4,6) | 40 | 6 | (1,2) | 12 | 11 | (1,4) | 0 |
| 2 | (5,6) | 39 | 7 | (3,6) | 8 | 12 | (1,5) | 0 |
| 3 | (4,5) | 38 | 8 | (2,5) | 7 | 13 | (1,6) | 0 |
| 4 | (3,5) | 17 | 9 | (3,4) | 7 | 14 | (2,4) | 0 |
| 5 | (2,3) | 14 | 10 | (1,3) | 2 | 15 | (2,6) | 0 |

然后,根据表 7-7 所示的节约里程顺序,逐项考察对应的$(i,j)$,进行点对间的连接,过程如表 7-8 所示:

表 7-8 点对间连接过程

| $i$-$j$ | 两点位置 | $Q=\sum d_i$ | 连接否 |
|---|---|---|---|
| 4-6 | 非线路上点 | $Q=d_4+d_6=2.9<4$ | 4→6 |
| 6→5 | 非线路上点，外点 | $Q=d_4+d_6+d_5=4$ | 4→6→5 |
| 5→3 | 非线路上点，外点 | $Q>4$ | × |
| 2-3 | 非线路上点 | $Q=d_2+d_3=1.7<2.5$ | 2→3 |
| 1→2 | 非线路上点，外点 | $Q=d_2+d_3+d_1=2.5$ | 1→2→3 |
| 3-6 | 一点为内点 | | × |
| 2-5 | 一点为内点 | | × |
| 3→4 | 不同线路上点<br>一个终点，一个起点 | $Q>4$ | × |

表中第一列表示根据表 7-7 的顺序考察的 $i$-$j$，若两点均不在线路上，则考察 $i\to j$ 和 $j\to i$；若一点不在线路上，一点为外点，则考察 $i\to j$（$i$ 不在线路上，$j$ 是线路的起点；或 $i$ 是线路的终点，$j$ 不在线路上）或者 $j\to i$（$j$ 不在线路上，$i$ 是线路的起点；或 $j$ 是线路的终点；$i$ 不在线路上）；若两点都是不同线路上的外点，则根据点的位置关系，构造终点（一条线路）→起点（另一条线路）的顺序。第二列表示考察的两点的位置，若不满足位置条件，显然不能连接，不再考察其他各项，在第四列画×，转其他点对。第三列表示连接后线路的总货运量，若大于车辆容量，则在第四列中画×。

当一个点 $i$ 不在线路上时，认为点 $i$ 与中心仓库单独构成线路 $0\to i\to 0$。

由表 7-8，得到最终送货线路分别为：

4 t 货车：　0→4→6→5→0，其送货里程 = 20+1+6+24 = 51 km；

2.5 t 货车：0→1→2→3→0，其送货里程 = 9+9+10+12 = 40 km。

这样，完成上述送货任务需安排 4 t 和 2.5 t 货车各一辆，总送货里程为 91 km。

#### 7.4.2.4 遗传算法求解

遗传算法（genetic algorithm，GA）是由 J. H. Holland 等于 20 世纪 70 年代发展起来的。它是一种以自然选择和遗传理论为基础，将生物进化过程中适者生存规则与同一群染色体的随机信息变换机制相结合的搜索算法。其通过给解向量编码、形成初始种群，然后用变异、交叉重组、自然选择等算子，进行并行迭代，求得优化解。由于它采用随机运算，对搜索空间无特殊要求，无须求导，具有运算简单、收敛速度快等优点，因此近年来有很快的发展，并在组合优化、自适应控制、机器学习等许多领域获得应用，有着广泛的应用前景。应用遗传算法可方便地对式（7-10）到式（7-15）所表示的 VSP 模型进行求解。

从上述模型可知，求解的关键是合理确定车辆与各分仓库的关系，在满足车辆载重量和分仓库需求约束条件的情况下使得总里程最小，因此可以构造遗传算法如下。

1. 构造染色体，产生初始种群

用矢量（$S_1,S_2,\cdots,S_{Kl}$）表示染色体 $G$，其中元素（基因）$S_j$ 为 $[1,Kl]$ 之间的一个互不重复的自然数，它表示了第 $j$ 个确定第 $m=\left(S_j-\left\lfloor\dfrac{S_j-1}{l}\right\rfloor\cdot l\right)$ 个分库与路径 $k=\left\lfloor\dfrac{S_j-1}{l}\right\rfloor+1$ 的关系（$\lfloor\ \rfloor$ 表示取整

数，下同)，即确定分库 $m$ 是否由车辆 $k$ 配送及确定分库 $m$ 在路径 $k$ 中的顺序的次序为 $j$。随机产生一组染色体 $G_h(h=1,2,\cdots,n)$(其中 $n$ 为一代种群中的个体数)，$G_h$ 各不相同，此为第一代种群。

2. 可行化过程

将染色体的编码向量映射为满足全部约束条件的可行解称为可行化，其过程如下：

(1) 令分库需求条件满足的标志变量 $dz_m=0\ (m=1,2,\cdots,l)$。

(2) 令路径 $k$ 中的分库数目 $n_k=0\ (k=1,2,\cdots,K)$，令 $b'_k=b_k$，$R_k=\Phi\ (k=1,2,\cdots,K)$，路径 $k$ 中除去中心仓库后第 $i$ 个位置的分库号为 $r_{ki}=0\ (i=1,2,\cdots,l)$，即此时所有路径皆未形成。

(3) $j=1$。

(4) 第 $j$ 次确定分库 $m$ 与路径 $k$ 间的关系，其中，$m=\left(S_j-\left\lfloor\dfrac{S_j-1}{l}\right\rfloor\cdot l\right)$，$k=\left\lfloor\dfrac{S_j-1}{l}\right\rfloor+1$。

(5) 判断 $dz_m$ 是否为 0?

① 若为 0：判断 $d_m\leqslant b'_k$ 成立否？若成立，令，$dz_m=1$，$b'_k=b'_k-d_m$，$n_k=n_k+1$，$r_{kn_k}=m$，$R_k=R_k\cup\{m\}$；若不成立，转(6)。

② 若不为 0：转(6)。

(6) $j=j+1$，转(4)重复上述过程，直到 $j=Kl+1$。此时检查是否所有 $dz_m=1(m=1,2,\cdots,l)$ 成立，若成立，说明在满足各约束条件的情况下，所有的分库均分配了一个路径，构成路径集合 $RT=\{R_1,R_2,\cdots,R_k\}$，即为染色体所相应的原车辆路径问题的一个可行解；若不成立，说明此染色体表示的路径分配方案不满足约束，为原 VRP 问题的一个不可行解。

以例 7-6 的数据为例说明上述过程，假设一染色体编码为：

1 2 4 7 8 16 15 9 10 13 12 5 6 14 3 11

$S_1=1$，首先确定路径 $k=\left\lfloor\dfrac{S_1-1}{l}\right\rfloor+1=\left\lfloor\dfrac{1-1}{8}\right\rfloor+1=1$ 与分库 $m=S_1-\left\lfloor\dfrac{S_1-1}{l}\right\rfloor\cdot l=1-0=1$ 关系，此时 $dz_1=0$，$d_1=1<b'_1=8$，故可将分库 1 加入路径 1 中，将 $b'_1$ 变为 $b'_1=8-1=7$，$dz_1$ 变为 $dz_1=1$；$S_2=2$，第 2 次确定路径 $k=\left\lfloor\dfrac{S_2-1}{l}\right\rfloor+1=1$ 与分库 $m=S_2-\left\lfloor\dfrac{S_2-1}{l}\right\rfloor\cdot l=2$ 的关系，此时 $dz_2=0$，$d_2=1<b'_1=7$，故可将分库 2 加入路径 1 中，将 $b'_1$ 变为 $b'_1=7-1=6$，$dz_2$ 变为 $dz_2=1$；如此第 $i$ 次根据基因 $S_i$ 的值确定某一分库与路径的关系，最后即第 16 次确定路径 $k=\left\lfloor\dfrac{11-1}{8}\right\rfloor+1=2$ 与分库 $m=11-\left\lfloor\dfrac{11-1}{8}\right\rfloor\times 8=3$ 的关系，此时由于 $dz_3=1$，说明分库 3 已安排至其他路径，无须再安排至路径 2。其可行化过程可表示为表 7-9：

**表 7-9 可 行 化 表**

| 分库 | | 1 | 2 | 3 | 4 | 5 | 6 | 7 | 8 |
|---|---|---|---|---|---|---|---|---|---|
| 路径 | 1 | $r_{11}$ | $r_{12}$ | $r_{15}$ | $r_{13}$ | × | × | $r_{14}$ | × |
| | 2 | × | × | × | × | $r_{22}$ | $r_{23}$ | × | $r_{21}$ |
| 需求量 | | 1 | 2 | 1 | 2 | 1 | 4 | 2 | 2 |

表中×格表示对应的路径无须安排分库，染色体所代表的路径安排为：

$$0\rightarrow1\rightarrow2\rightarrow4\rightarrow7\rightarrow3\rightarrow0 \text{ 与 } 0\rightarrow8\rightarrow5\rightarrow6\rightarrow0$$

3. 性能估计

对一代种群中的每一个染色体 $G_h(h=1,2,\cdots,n)$ 应用步骤 2，求得对应可行解 $RT_h(h=1,2,\cdots,n)$，代入目标函数 $Z_h=\sum_{k=1}^{K}\left(\sum_{i=1}^{n_k}c_{r_{k(i-1)}r_{ki}}+c_{r_{kn_k}r_{k(n_k+1)}}\cdot sign(n_k-1)\right)$；若染色体对应的为非可行解，则赋予其目标函数一个很大的整数 $Z_h=M$。令 $G_h$ 的适应性函数 $f_h=\dfrac{1}{Z_h}$，$f_h$ 是个体 $G_h$ 在生存竞争中生存能力的表现，$f_h$ 越大表明其性能越好，即其对应的解越接近最优解。

4. 判断停止进化条件

判断迭代的代数是否为要求代数 $N$，若是，停止进化，选性能最好的染色体 $G_h^*$ 所对应的路径集合 $RT_h^*$ 作为原 VRP 问题的优化解输出。反之，继续执行步骤 5。

5. 自然选择

将每代种群共 $L$ 个染色体按适应值 $f_h$ 由大到小排列 $(h=1,2,\cdots,n)$，排在最前一位的个体性能最优，将其复制一个，直接进入下一代种群。下一代种群的 $(L-1)$ 个染色体，则从前代种群的 $n$ 个染色体中按概率 $P_h=q'(1-q)^{h-1}(h=1,2,\cdots,n)$。用轮转法选择个体 $G_h$，产生后代形成。这样既可保证最优者生存至下一代，又可避免个体间因适应值大小不同而使被选择进入下一代的机会相差悬殊，保持了下代种群个体的多样性，从而可有效提高整个算法的收敛速度。其中，$q'=q/(1-(1-q)^n)$，$q=0.08$。种群代数增 1。

6. 染色体交叉重组

对步骤 5 所产生的新种群，按选择概率 $P_c$ 选择个体对进行交叉重组，共进行 $n/2$ 次。文献表明交换率 $P_c=0.6\sim0.8$ 之间时，进化性能较好，本文取 $P_c=0.7$，交叉规则采用 PMX 法，下面举例说明。设父代的两个染色体为 $A=9\ 8\ 4\ 5\ 6\ 7\ 1\ 3\ 2\ 10$，$B=8\ 7\ 1\ 2\ 3\ 10\ 9\ 5\ 4\ 6$，按照 PMX 法，交叉重组过程如下：

$$\begin{array}{l} \\ A=9\quad 8\quad 4\\ B=8\quad 7\quad 1\end{array}\left|\begin{array}{lll} k_1 & & \\ 5 & 6 & 7\\ 2 & 3 & 10\end{array}\right|\begin{array}{llll} k_2 & & & \\ 1 & 3 & 2 & 10\\ 9 & 5 & 4 & 6\end{array}\ \Rightarrow\ \begin{array}{l} \\ A'=9\quad 8\quad 4\\ B'=8\quad 10\quad 1\end{array}\left|\begin{array}{lll} k_1 & & \\ 2 & 3 & 10\\ 5 & 6 & 7\end{array}\right|\begin{array}{llll} k_2 & & & \\ 1 & 6 & 5 & 7\\ 9 & 2 & 4 & 3\end{array}$$

其中交叉交换点 $1\leqslant k_1<k_2\leqslant l$ 是随机选取的。对交叉成功所获得的子代应用步骤 2、3 求得其对应的适应值，并与其父代进行比较，选择四者中性能最好的 2 个进入种群。

7. 染色体变异

在每代种群中，以变异率 $P_m=0.02$ 进行变异，变异策略是随机交换选中染色体内两个基因的值。对变异成功所获染色体应用步骤 2、3 求得其适应值，并与其父染色体比较，择性能优者进入种群。

8. 返回步骤 4,循环

**例 7-6** 有八个分仓库和一个中心仓库的配送系统,各分仓库对中心仓库的需求为 $d_i(i=1,2,\cdots,8)$(单位为 t),中心仓库只有两辆车用于配送,每辆车的容量皆为 8 t,已知中心仓库与各分仓库间的距离如表 7-10 所示(其中 0 表示中心仓库),要求合理安排车辆的行驶路线,使总运输里程最短。

**表 7-10 分库间距离及各分库需求量表**

| $c_{ij}$ | 0 | 1 | 2 | 3 | 4 | 5 | 6 | 7 | 8 |
|---|---|---|---|---|---|---|---|---|---|
| 0 | 0 | 4 | 6 | 7.5 | 9 | 20 | 10 | 16 | 8 |
| 1 | 4 | 0 | 6.5 | 4 | 10 | 5 | 7.5 | 11 | 10 |
| 2 | 6 | 6.5 | 0 | 7.5 | 10 | 10 | 7.5 | 7.5 | 7.5 |
| 3 | 7.5 | 4 | 7.5 | 0 | 10 | 5 | 9 | 9 | 15 |
| 4 | 9 | 10 | 10 | 10 | 0 | 10 | 7.5 | 7.5 | 10 |
| 5 | 20 | 5 | 10 | 5 | 10 | 0 | 7 | 9 | 7.5 |
| 6 | 10 | 7.5 | 7.5 | 9 | 7.5 | 7 | 0 | 7 | 10 |
| 7 | 16 | 11 | 7.5 | 9 | 7.5 | 9 | 7 | 0 | 10 |
| 8 | 8 | 10 | 7.5 | 15 | 10 | 7.5 | 10 | 10 | 0 |
| 需求量 | | 1 | 2 | 1 | 2 | 1 | 4 | 2 | 2 |

**解:**运用遗传算法对上述问题进行求解,用 2×8 个互不重复的 1 到 16 的自然数构成一个染色体码链,表示一种车辆路径安排方案,随机产生 10 个这样的染色体构成初始种群,预定进化代数为 50,以 0.7 和 0.02 分别作为染色体的交叉率和变异率对染色体进行交叉和变异操作,经过上机运算,得最终的线路为:

$$0 \rightarrow 4 \rightarrow 7 \rightarrow 6 \rightarrow 0$$

$$0 \rightarrow 1 \rightarrow 3 \rightarrow 5 \rightarrow 8 \rightarrow 2 \rightarrow 0$$

运输总距离为:67.5。

显然,此方案既满足车辆容辆约束又满足了各分仓库的需求,是上述车辆路径问题的一个可行解。而用节约法对同一问题进行求解,得线路安排为:

$$0 \rightarrow 6 \rightarrow 5 \rightarrow 7 \rightarrow 3 \rightarrow 0$$

$$0 \rightarrow 4 \rightarrow 8 \rightarrow 2 \rightarrow 1 \rightarrow 0$$

相应的运输距离为:79.5。

由此可见,遗传算法不失为 VRP 问题一个较优的满意解。而对上述算例的遗传算法过程进行跟踪,发现每代最优个体的适应度变化如图 7-48 所示,说明所构造的遗传算法在较小的种群规模下可以较快的速度进化,向最优解逼近。同时遗传算法也适用于规模较大的 VRP 问题,对于具有如时间窗口、行驶里程限制等约束条件的 VRP 问题,通过实验证明,遗传算法的求解性能也非常好,可以较快地找到问题的优化解或近似优化解。

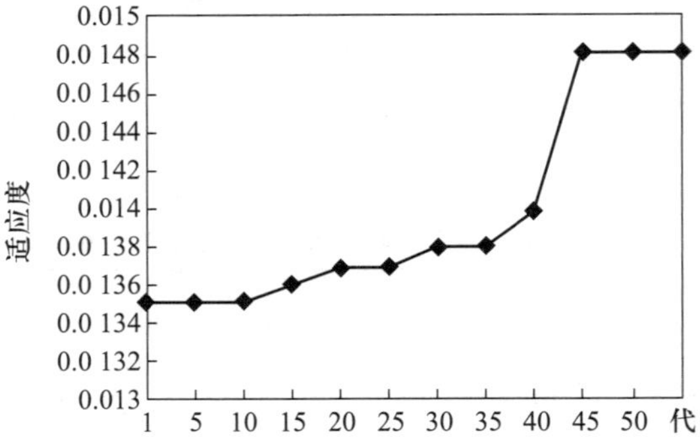


图7-48　GA寻优过程图

## 本章小结

随着社会化大生产和商品经济高度发展产生了一种先进的流通方式——货物配送。配送不但为物流企业创造了经济价值，更重要的是实现了社会资源的有效配置和利用。本章介绍了配送的特点、意义和作用，配送方式、配送中心的功能、种类及作业流程；详细阐述了配送管理的关键内容、技术经济评价指标体系和提高配送经济效益的途径。特别是介绍了几种配送优化的典型算例和求解算法，对提高配送管理水平具有重要的意义。

## 思考题

1. 配送的概念和性质是什么？
2. 配送与运输的区别是什么？
3. 配送对物流系统和社会经济发展的作用有哪些？
4. 按配送商品种类和数量分，配送有哪些形式？各自的优缺点是什么？
5. 按配送组织者的不同分，配送有哪些形式？各自的优缺点是什么？
6. 按配送时间及数量分，配送有哪些形式？各自的优缺点是什么？
7. 推行共同配送需具备哪些条件？
8. 配装车载货物应注意哪些问题？
9. 确定配送路线应遵循哪些原则？
10. 选择确定配送路线常用的方法有哪些？
11. 简述节约里程法的原理和算法。
12. 据统计，2016年全国城配市场规模超万亿元，是快递行业的2~3倍。同城货运司机1 300万人，是出租车司机的7倍，且每年以近10%的速度增长，但在城市配送领域却没有出现一家像快递、快运领域“顺丰”或“德邦”这样的标杆企业。请从配送业务管理的视角，分析当前城市配送存在的问题，以及未来主要发展方向。

13. 2018 年，商务部发布了《商务部办公厅 公安部办公厅 国家邮政局办公室供销合作总社办公厅关于组织实施城乡高效配送重点工程的通知》（商办流通函〔2018〕115 号），要求到 2020 年，依托全国城乡高效配送城市、全国城乡配送骨干企业，初步建立高效集约、协同共享、融合开放、绿色环保的城乡高效配送体系。高效配送城市社会物流总成本占 GDP 的比例下降 2 个百分点，仓库利用率达到 90% 以上，共同配送率达到 50% 以上，绿色仓库与新能源车辆比例达到 30% 以上。请问，要实现上述目标，配送企业如何发挥作用？

即测即评

# 第8章 流通加工

**本章学习目的**

了解流通加工的作用、形式；理解主要行业的典型流通加工类型与处理手段；掌握各种流通加工的内容与方法、合理化途径及流通加工的两类技术经济指标。

按照《物流术语》(GB/T 18354—2021)，流通加工(Distribution processing)是指根据顾客的需要，在流通过程中对产品实施的简单加工作业活动的总称(简单作业活动包括包装、分割、计量、分拣、刷标志、拴标签、组装、组配等)。

随着大生产的规模化和专业化，人们对产品的品种、规格、批量等的需求反而向多样化、多规格、小批量转变，流通加工顺应了这一趋势，得以迅速发展。

## 8.1 流通加工概述

### 8.1.1 流通加工产生的原因

流通加工产生的背景及观念变化反映在以下几方面。

1. 现代生产方式的变革

现代生产发展趋势之一是生产规模大型化、专业化。依靠单品种、大批量的生产方法，降低生产成本，获取较高的经济效益，这样就出现了生产相对集中的趋势。这种规模大型化、专业化程度越高，生产相对集中的程度也越高。生产的集中化进一步引起产、需之间的分离，即生产与消费不在同一个地点，有一定空间距离；生产及消费在时间上不能同步，存在着一定的“时间差”；生产者与消费者并不处于一个封闭圈内，某些人生产的产品供给成千上万人消费，而某些人消费的产品又来自许多生产者。弥补上述分离的手段则是运输、储存及交易。近年来，人们进一步认识到，现代生产引起的产需分离并不局限于上述三个方面，还有一种重大的分离就是生产及需求在产品功能上的分离。大生产的特点之一便是“少品种、大批量、专业化”，产品的功能(规格、品种、性能)往往不能和消费需求密切衔接。弥补这一分离的方法，就是流通加工。所以，流通加工的诞生，是现代生产发展的一种必然结果。

2. 消费的个性化需求

消费的个性化和产品的标准化之间存在着矛盾，使本来就存在的产需分离变得更严重。本来，弥补这种分离可以采取增加一道生产工序或消费单位加工改制的方法，但在个性化问题十分突出之后，采取上述弥补措施将会使生产及生产管理的复杂性及难度增加，按个性化生产的产品也难以组织高效率、大批量流通。所以，消费个性化的新形势及新观念的出现，为流通加工开辟了道路。

3. 人们关于流通作用的观念的转变

在生产不太复杂，生产规模不大时，所有的加工、制造几乎全部集中于生产及再生产过程中，而流通过程只是实现商品价值及使用价值的转移而已。

在社会生产向大规模、专业化生产转变之后，社会生产越来越复杂，生产的标准化与消费的个性化之间的矛盾，使生产过程中的加工制造常常满足不了消费的要求，由于流通的复杂化，生产过程中的加工制造也常常不能满足流通的要求。于是，部分加工活动开始由生产及再生产过程向流通过程转移，在流通过程中形成了某些加工活动，这就是流通加工。

流通加工的出现使流通过程明显地具有了某种“生产性”，改变了长期以来的“价值及使用价值转移”的旧观念，这就从理论上明确了：流通过程是可以主动创造价值的，而不单是被动地“保持”和“转移”价值的过程。因此，人们必须研究流通过程中孕育着多少可以创造价值的潜在能力，以便在流通过程中进一步提高商品的价值和使用价值，同时，以很少的代价实现这一目标。这样，就引起了流通过程从观念到方法的巨大变化，流通加工则适应这种变化而诞生。

4. 效益观念的树立

效益观念的树立也是促使流通加工形式得以发展的重要原因。20 世纪 60 年代后，效益问题逐渐引起人们的重视。过去人们盲目追求高技术，引起了燃料、材料投入的大幅度上升，结果新技术、新设备是采用了，但往往是得不偿失。20 世纪 70 年代初，第一次石油危机的发生证实了效益的重要性，使人们牢牢树立了效益观念。流通加工可以以少量的投入获得较大的收益，是高效益的加工方式，自然得以促进和发展。

所以，尽管流通加工可能不如生产技术复杂，但这种方式是现代观念的反映，在现代的社会再生产过程中起着重要作用。

### 8.1.2 流通加工的作用

1. 流通加工与生产型加工的差别

流通加工和一般的生产型加工在加工方法、加工组织、生产管理方面并无显著区别，但在加工对象、加工程度方面差别较大，其差别主要为以下几个方面(见表 8-1)。

(1) 流通加工的对象是进入流通过程的商品，具有商品的属性，以此来区别多环节生产加工中的一环。生产加工对象不是最终产品，而是零配件、半成品，使物品发生物理、化学或形状的变化。

(2) 流通加工过程大多是简单加工，而不是复杂加工，一般来讲，如果必须进行复杂加工才能形成人们所需的产品，那么，就需要由生产加工来完成，生产过程理应完成大部分加工活动，流通加工对生产加工是一种辅助及补充。流通加工绝不是对生产加工的取代。

(3) 从价值观点看，生产加工目的在于创造价值及使用价值，而流通加工则在于完善其使用价值，并在不做大改变情况下提高价值。

(4) 流通加工的组织者是从事流通工作的人员，能密切结合流通的需要进行加工活动。从加工单位来看，流通加工由商业或物资流通企业完成，而生产加工则由生产企业完成。

**表8-1 流通加工与生产加工的区别**

| 加工类型 | 对象 | 加工方式 | 价值观点 | 组织者 |
|---|---|---|---|---|
| 流通加工 | 商品 | 简单加工 | 完善使用价值、增值 | 商业或流通企业 |
| 生产加工 | 零配件、半成品 | 复杂加工 | 创造价值及使用价值 | 生产企业 |

2. 流通加工的作用

流通加工的作用有以下几方面。

(1) 提高原材料利用率。利用流通加工环节进行集中下料，可将生产厂直接运来的简单规格产品，按使用部门的要求下料。集中下料可以优材优用、小材大用、合理套裁，取得很好的技术经济效果。例如，北京、济南、丹东等城市对平板玻璃进行流通加工（集中裁制、开片供应），玻璃利用率从60%左右提高到85.95%。

(2) 进行初级加工，方便用户。用量小或临时需要的使用单位，缺乏进行高效率初级加工的能力，依靠流通加工可使使用单位省去进行初级加工的设备及人力，从而方便了用户。目前发展较快的初级加工有：将水泥加工成生混凝土；将原木或板方材加工成门窗；冷拉钢筋及冲制异型零件；钢板打孔等。

(3) 提高加工效率及设备利用率。建立集中加工点，可以采用效率高、技术先进、加工量大的专门机具和设备。这样做可提高加工质量，提高设备利用率，提高加工效率，从而降低了加工费用及原材料成本。例如，一般的使用部门在对钢板下料时，采用气割的方法，留出较大的加工余量，出材率低，加工质量也不好。集中加工后，利用高效率的剪切设备，在一定程度上克服了上述缺点。

(4) 充分发挥各种输送手段的最高效率。流通加工环节将实物的流通分成两个阶段。一般说来，从生产厂到流通加工点这段输送距离长，而从流通加工点到消费环节这段距离短。第一阶段是在数量有限的生产厂与流通加工点之间进行定点、直达、大批量的远距离输送，因此，可以采用船舶、火车等大量输送的手段；第二阶段则是利用汽车和其他小型车辆来输送经过流通加工后的多规格、小批量、多用户的产品。这样可以充分发挥各种输送手段的最高效率，加快输送速度，节省运力运费。

(5) 改变功能，提高收益。在流通过程中可以进行一些改变产品某些功能的简单加工。其目的除上述几点外，还在于提高产品销售的经济效益。例如，许多制成品（如洋娃娃玩具、时装、轻工纺织产品、工艺美术品等）在深圳进行简单的装潢加工，改变了产品外观功能，仅此一项，就可使产品售价提高20%以上。所以，在物流领域中，流通加工可以成为高附加值的活动。这种高附加值的形成，主要着眼于满足用户的需要，提高服务功能而取得的，是贯彻物流战略思想的表现，是一种低投入、高产出的加工形式。

# 8.2 流通加工形式与内容

## 8.2.1 流通加工的形式

按加工目的的不同,基本的流通加工形式可以分为以下几种。

1. 为弥补生产领域加工不足的深加工

有许多产品在生产领域的加工只能到一定程度,这是由于许多因素限制了生产领域不能完全实现终极的加工。例如,钢铁厂的大规模生产只能按标准规定的规格生产,以使产品有较强的通用性,使生产能有较高的效率和效益。

2. 为满足需求多样化进行的服务性加工

需求存在着多样化和多变化两个特点,为满足这种要求,经常是用户自己设置加工环节。

3. 为保护产品所进行的加工

在物流过程中,直到用户投入使用前都存在对产品的保护问题,防止产品在运输、储存、装卸、搬运、包装等过程中遭到损失,保障使用价值能顺利实现。

4. 为提高物流效率的加工

有一些产品本身的形态使得难以对其进行物流操作,进行流通加工,可以使物流各环节易于操作。

5. 为促进销售的流通加工

流通加工可以从若干方面起到促进销售的作用。如将零配件组装成用具、车辆以便于直接销售;将蔬菜、肉类洗净切块以满足消费者要求等。这种流通加工可能是不改变"物"的本体,只进行简单改装的加工,也有许多是组装、分块等深加工。

6. 为提高加工效率的流通加工

许多生产企业的初级加工由于数量有限,难以投入先进科学技术,加工效率不高。流通加工以集中加工的形式,克服了单个企业加工效率不高的弊病。以一家流通加工企业代替了若干生产企业的初级加工工序,促使生产水平有一定发展。

7. 为提高原材料利用率的流通加工

流通加工利用其综合性强、用户多的特点,可以实行合理规划、合理套裁、集中下料的办法,这就能有效提高原材料利用率,减少损失浪费。

8. 衔接不同运输方式,使物流合理化的流通加工

在干线运输及支线运输的结点,设置流通加工环节,可以有效解决大批量、低成本、长距离干线运输与多品种、少批量、多批次末端运输之间的衔接问题,在流通加工点与大生产企业间形成大批量、定点运输的渠道,又以流通加工中心为核心,组织对多用户的配送。也可在流通加工点将运输包装转换为销售包装,从而有效衔接不同目的的运输方式。

9. 以提高经济效益,追求企业利润为目的的流通加工

流通加工的一系列优点,可以形成一种"利润中心"的经营形态,这种类型的流通加工是经

营的一环,在满足生产和消费的基础上取得利润,同时在市场和利润引导下使流通加工在各个领域中能有效地发展。

10. 生产—流通一体化的流通加工

依靠生产企业与流通企业的联合,或者生产企业涉足流通,或者流通企业涉足生产,形成对生产与流通加工进行合理分工、合理规划、合理组织,统筹进行生产与流通加工的安排,这就是生产—流通一体化的流通加工形式。这种形式可以促成产品结构及产业结构的调整,充分发挥企业集团的经济技术优势,是目前流通加工领域的新形式。

### 8.2.2 各种流通加工的内容与方法

1. 输送水泥的熟料在使用地磨制水泥的流通加工

在需要长途调入水泥的地区,变调入成品水泥为调进熟料这种半成品,在该地区的流通加工据点(粉碎工厂)粉碎,并根据当地资源和需要掺入混合材料及外加剂,制成不同品种及强度的水泥,供应给当地用户,这是水泥流通加工的重要形式之一。在国外,采用这种物流形式已有一定的比重。

在需要经过长距离输送供应的情况下,以熟料形态代替传统的粉状水泥,有很多优点。

(1) 可以大大降低运费、节省运力。调运普通水泥和矿渣水泥约有 30%以上的运力消耗在运输矿渣及其他各种加入物上。在我国水泥需用量较大的地区,工业基础大都较好,当地又有大量工业废渣,如果在使用地区对熟料进行粉碎,可以根据当地的资源条件选择混合材料的种类,这样就节约了消耗在混合材料上的运力和运费。

(2) 可降低强度,减少浪费。可按照当地的实际需要,大量掺加混合材料,生产廉价的低强度水泥,发展低强度水泥的品种,在现有生产能力的基础上,更大限度地满足需要。我国大、中型水泥厂生产的水泥,平均强度逐年提高,但是目前我国使用水泥的部门,大量需要较低强度的水泥,而大部分施工部门没有在现场加入混合材料来降低水泥强度的技术力量和设备,因此,不得已使用强度较高的水泥,造成很大浪费。如果以熟料为长距离输送的形态,在使用地区加工粉碎,就可以按实际需要生产各种强度的水泥,减少水泥长距离输送的数量。

(3) 容易以较低的成本实现大批量、高效率的输送。从国家的整体利益来看,利用率比较低的输送方式显然不是发展方向。如果采用输送熟料的形式,可以充分利用站、场、仓库现有的装卸设备,又可以利用普通车皮装运,比之以散装水泥方式,更具有好的技术经济效果,更适合于我国的国情。

(4) 可以大大降低水泥的输送损失。水泥的水硬性在充分磨细之后才表现出来,而未磨细的熟料,抗潮湿的稳定性很强。输送熟料,可以基本防止由于受潮而造成的损失。此外,颗粒状熟料不像粉状水泥那样易于散失。

(5) 能更好地衔接产需,方便用户。采用长途输送熟料的方式,水泥厂就可以和有限的熟料粉碎工厂之间形成固定的直达渠道,能实现经济效果较好的物流。用户也可以不出本地区,直接向当地的熟料粉碎工厂订货,因而更容易沟通产需关系,具有明显的优越性。这对于加强计划性、简化手续、保证供应等方面都有利。

2. 集中搅拌供应商品混凝土

水泥的运输与使用,以往习惯以粉状水泥供给用户,由用户在建筑工地现制现拌混凝土使用。而现在将粉状水泥输送到使用地区的流通加工据点(集中搅拌混凝土工厂或称生混凝土工厂),在那里搅拌成生混凝土,然后供给各个工地或小型构件厂使用。这是水泥流通加工的另一种重要方式。它具有很好的技术经济效果,因此,受到许多工业发达国家的重视。这种流通加工的形式有以下优点。

(1) 把水泥的使用从小规模的分散形态,改变为大规模的集中加工形态,可充分应用现代化的科学技术,组织现代化的大生产;可以发挥现代设备和现代管理方法的优势,大幅度地提高生产效率和混凝土质量。

集中搅拌可以采取准确的计量手段和最佳的工艺;可以综合考虑添加剂、混合材料的影响,根据不同需要,拌制不同性能的混凝土;又能有效控制骨料质量和混凝土的离散程度,可以在提高混凝土质量、节约水泥、提高生产率等方面获益,具有大生产的一切优点。

(2) 在相等的生产能力下,较之分散搅拌,集中搅拌的设备在吨位、设备投资、管理费用、人力及电力消耗等方面都大幅度降低。由于生产量大,可以采取措施回收废水,防止各分散搅拌点排放洗机废水的污染,有利于环境保护。由于设备固定不动,还可以避免因经常拆建所造成的设备损坏,延长设备的寿命。

(3) 采用集中搅拌的流通加工方式,可以使水泥的物流更加合理。在集中搅拌站(厂)与水泥厂(或水泥库)之间,可以形成固定的供应渠道,这些渠道的数目大大少于分散使用水泥的渠道数目,在这些有限的供应渠道之间,就容易采用高效率、大批量的输送形态,有利于提高水泥的散装率。在集中搅拌场所内,还可以附设熟料粉碎设备,直接使用熟料,实现熟料粉碎及拌制生混凝土两种流通加工形式的结合。

另外,采用集中搅拌混凝土的方式,也有利于新技术的推广应用,大大简化了工地材料的管理,节约施工用地等。

3. 钢板剪板及下料加工

热连轧钢板和钢带、热轧厚钢板等板材的最大交货长度常可达 7~12 米,有的是成卷交货。对于使用钢板的用户来说,大、中型企业由于消耗量大,可设专门的剪板及下料加工设备,按生产需要剪板、下料。但对于使用量不大的企业和多数中、小型企业来讲,单独设置剪板、下料的设备,设备闲置时间长、人员浪费大、不容易采用先进方法。钢板的剪板及下料加工可以有效地解决上述弊病。

剪板加工是在固定地点设置剪板机,下料加工是设置各种切割设备,将大规格钢板裁小,或切裁成毛坯,便利用户。

钢板剪板及下料的流通加工有如下几项优点。

(1) 由于可以选择加工方式,加工后钢材的晶相组织较少发生变化,可保证原来的交货状态,有利于进行高质量加工。

(2) 加工精度高,可减少废料、边角料,也可减少再进行精加工的切削量,既可提高再加工效率,又有利于减少消耗。

(3) 由于集中加工可保证批量及生产的连续性,可以专门研究此项技术并采用先进设备,从而大幅度提高效率和降低成本。

(4) 使用户能简化生产环节,提高生产水平。圆钢、型钢、线材的集中下料和线材冷拉加工与钢板的流通加工类似。

4. 木材的流通加工

(1) 磨制木屑压缩输送。这是一种为了提高流通(运输)效益的加工方法。木材体积大,往往使车船满装不能满载,同时,装车、捆扎也比较困难。从林区外送的原木中,有相当一部分是造纸材料,美国采取在林木生产地就地将原木磨成木屑,然后采取压缩方法,使之成为容重较大、容易装运的形状,然后运至靠近消费地的造纸厂,取得了较好的效果。采取这种办法比直接运送原木节约一半的运费。

(2) 集中开木下料。在流通加工点将原木锯裁成各种规格的锯材,同时将碎木、碎屑集中加工成各种规格板,甚至还可进行打眼、凿孔等初级加工。用户直接使用原木,不但加工复杂、加工场地大、设备多,更严重的是资源浪费大,木材平均利用率不到50%,平均出材率不到40%。实行集中下料,按用户要求供应规格下料,可以使原木利用率提高到95%,出材率提高到72%左右,有相当大的经济效果。

5. 煤炭及其他燃料的流通加工

(1) 除矸加工。除矸加工是以提高煤炭纯度为目的的加工形式。矸石有一定发热量,煤炭混入一些矸石是允许的,也是较经济的。但在运力十分紧张的地区,要求充分利用运力,多运"纯物质",少运矸石,在这种情况下,可以采用除矸的流通加工排除矸石。

(2) 为管道输送煤浆进行的加工。煤炭的运输方法主要采用容器载运方法,运输中损失浪费较大,又容易发生火灾。采用管道运输,是近代兴起的一种先进技术,目前,某些发达国家已开始投入运行。有些企业内部也采用这一方法进行燃料输送。

在流通的起始环节将煤炭磨成细粉,再用水调和成浆状,使之具备了流动性,可以像其他液体一样进行管道输送。这种方式输送连续、稳定而且快速,是一种经济的运输方法。

(3) 配煤加工。在使用地区设置集中加工点,将各种煤及一些其他发热物质,按不同配方进行掺配加工,生产出各种不同发热量的燃料,称作配煤加工。这种加工方式可以按需要发热量生产和供应燃料,防止热能浪费或者发热量过小的情况出现。工业用煤经过配煤加工,还可以起到便于计量控制、稳定生产过程的作用,在经济及技术上都有价值。

(4) 天然气、石油气的液化加工。由于气体输送、保存都比较困难,天然气及石油气往往只好就地使用,如果有过剩往往就地燃烧掉,造成浪费和污染。天然气、石油气的输送可以采用管道,但因投资大、输送距离有限,也受到制约。在产出地将天然气或石油气压缩到临界压力之上,使之由气体变成液体,可以用容器装运,使用时机动性也较强。这是目前采用较多的形式。

6. 平板玻璃的流通加工

平板玻璃的"集中套裁,开片供应"是重要的流通加工方式。这种方式是在城镇中设立若干个玻璃套裁中心,按用户提供的图纸,统一开片,供应用户成品。在此基础上,可以逐渐形成从工厂到套裁中心稳定、高效率、大规模的平板玻璃"干线输送",以及从套裁中心到用户的小批量、多户头的"二次输送"的现代物流模式。这种方式的好处是:

(1) 平板玻璃的利用率可由不实行套裁时的62%~65%,提高到90%以上。

(2) 可以促进平板玻璃包装方式的改革。如果形成固定渠道,从工厂向套裁中心运输平板玻璃,便可以大规模集装,这样既节约了大量包装用木材,又防止了流通中的大量破损。

(3) 套裁中心按需要裁制,有利于玻璃生产厂简化规格,搞单品种大批量生产。这不但能提高工厂生产率，而且简化了工厂切裁、包装等工序，使工厂集中力量解决生产问题；此外，现场切裁玻璃劳动强度大，废料也难于处理，搞集中套裁，可以广泛采用专用设备进行裁制，废玻璃相对数量少，并且易于集中处理。

7. 生鲜食品的流通加工

（1）冷冻加工。冷冻加工指为解决鲜肉、鲜鱼在流通中保鲜及搬运装卸的问题，采取低温冻结方式的加工。这种方式也用于某些液体商品、药品等。

（2）分选加工。农副产品离散情况较大，为获得一定规格的产品，采取人工或机械分选的方式加工，称分选加工。这种方式广泛用于果类、瓜类、谷物、棉毛原料等。

（3）精制加工。农、牧、副、渔等产品的精制加工是在产地或销售地设置加工点，去除无用部分，甚至可以进行切分、洗净、分装等加工。这种加工不但大大方便了购买者，而且可对加工的淘汰物进行综合利用。比如，鱼类的精制加工所剔除的内脏可以制某些药物或饲料，鱼鳞可以制高级黏合剂，头尾可以制鱼粉等；蔬菜的加工剩余物可以制饲料、肥料等。

（4）分装加工。许多生鲜食品零售起点量较小，而为保证高效输送，出厂包装较大，也有一些是采用集装运输方式运达销售地区，这样，为了便于销售，在销售地区按所要求的零售起点量进行新的包装，即大包装改小包装、散装改小包装、运输包装改销售包装，这种方式称为分装加工。

8. 机械产品及零配件的流通加工

（1）组装加工。自行车及机电设备储运困难较大，主要是不易进行包装，如进行防护包装，包装成本过大，并且运输装载困难，装载效率低，流通损失严重，但装配较简单，装配技术要求不高，主要功能已在生产中形成，装配后不需进行复杂检测及调试，所以，为解决储运问题，降低储运费用，以半成品（部件）高容量包装出厂；在消费地拆箱组装。组装一般由流通部门进行，组装之后随即进行销售。这种流通加工方式近年来已在我国广泛采用。

（2）石棉橡胶板的开张成型加工。石棉橡胶板是机械装备、热力装备、化工装备中经常使用的一种密封材料，单张厚度为 3 毫米左右，单张尺寸有的达 4 米，在储运过程中极易发生折角等损失。此外，许多用户所需的垫塞圈，规格比较单一，不可能安排不同尺寸垫圈的套裁，利用率也很低。石棉橡胶板开张成型加工，是按用户所需垫塞物体尺寸裁制，不但方便用户使用及储运，而且可以安排套裁，提高利用率，减少边角余料损失，降低成本。这种流通加工套裁的地点，一般设在使用地区，由供应部门组织。

9. 以中央厨房为依托的流通加工

随着餐饮业及食品工业不断交叉融合，相向发展，逐渐催生出中央厨房、预制菜等新业态、新产品。近年来，预制菜消费量快速增长，行业规模不断扩大，产品种类更加丰富。中央厨房处于预制菜供应链承上启下的核心位置，是加工流通预制菜的主要载体。中央厨房采用巨大的操作间，采购、选菜、切菜、调料等各个环节均有专人负责，半成品和调好的调料一起，用统一的运输方式，在指定时间内运到分店。应用中央厨房配送可以较传统的菜品配送节约 30%左右的成本。例如，山东省济宁市供销合作社探索集农产品生产基地、农产品分拣加工、冷藏储存、冷链物流、电子商务、社区配送等为一体，为单位食堂、中小学校、超市门店、社区居民提供安全、放心餐饮及生鲜食材配送的中央厨房新业态，打造出从生产源头到消费终端的放心农产品全产业链流通新体系。全系统已建成中央厨房 4 个，整合农产品生产基地 78 个，新建改造农产品分拣、加工、配送车间、冷藏设施 2. 8 万平方米，年配送各类主食、蔬菜水果等价值 3. 2 亿元，服务团体单位、超市门店 260 个，服务社区居民、中小学生 30 余万人。

## 8. 3 流通加工管理

### 8. 3. 1 流通加工的生产管理

在物流系统和社会生产系统中，经过可行性研究确定设置流通加工中心后，则组织与管理流通加工生产是运作成败的关键。流通加工的生产管理与运输、存储等方法有较大区别，而与生产组织和管理有许多相似。流通加工的组织和安排的特殊性，在于内容及项目很多，而不同的加工项目有不同的加工工艺。一般而言，都有如劳动力、设备、动力、财务、物资等方面的管理。对于套裁型流通加工其最具特殊性的生产管理是出材率的管理。这种主要流通加工形式的优势在于利用率高、出材率高，从而获取效益。为提高出材率，需要加强消耗定额的审定及管理，并应采取科学方法，进行套裁的规划及计算。

### 8. 3. 2 流通加工的质量管理

流通加工的质量管理，主要是对加工产品的质量控制。由于加工成品一般是国家质量标准上没有的品种规格，因此，进行这种质量控制的依据，主要是用户要求。各用户要求不一，质量宽严程度也不一，流通加工据点必须能进行灵活的柔性生产才能满足质量要求。

此外，全面质量管理中采取的工序控制、产品质量监测、各种质量控制图表等，也是流通加工质量管理的有效方法。

### 8. 3. 3 流通加工合理化组织

流通加工合理化（rationalization of distribution processing）的含义是实现流通加工的最优配置，在满足社会需求这一前提的同时，合理组织流通加工生产，并综合考虑运输与加工、加工与配送、加工与商流的有机结合，以达到最佳的加工效益。

#### 8. 3. 3. 1 实现流通加工合理化的途径

1. 加工和合理运输结合

在干、支线运输转运点，设置流通加工，既充分利用了干、支线转换本来就必须停顿的环节，又可以大大提高运输效率及运输转载水平。

2. 加工和配送结合

将流通加工设置在配送点中，一方面按用户和配送的需要进行加工，另一方面加工又是配送业务流程中分货、拣货、配货之一环，加工后的产品直接投入配货作业，这就无须单独设置一个加工中心环节，使流通加工有别于独立的生产，而使流通加工与中转流通紧密地结合起来。同时，配送之前有加工,可使配送服务水平大大提高。这是当前对流通加工做合理选择的重要形式,在煤炭、水泥等产品的流通中已表现得较为突出。

3. 加工和配套结合

在流通中往往有"配套"需求,而配套的主体来自各个生产单位,但全部依靠现有的生产单位有时无法实现完全配套,如进行适当流通加工,可以有效促成配套,大大提高流通的桥梁与纽带作用。

4. 加工和商流相结合

通过加工有效促进销售,使商流合理化,也是流通加工合理化的考虑方向之一。

5. 加工和节约相结合

节约能源、节约设备、节约人力、节约耗费是流通加工合理化考虑的重要因素,也是目前我国设置流通加工,考虑其合理化较普遍的形式。

对于流通加工合理化的最终判断,是看其能否实现社会和企业本身的效益,而且是否取得了最优效益。对流通加工企业而言,与一般生产企业一个重要不同之处是,流通加工企业更应树立以社会效益为第一观念,只有这样才有生存价值和发展空间。

**8.3.3.2 不合理流通加工的几种主要形式**

流通加工是在流通领域中对生产的辅助性加工,从某种意义上讲,它有效地补充和完善了生产产品的使用价值,但是,设计不当,会对生产加工和流通加工产生负效应,所以应尽量避免不合理的流通加工。

不合理的流通加工主要表现在以下方面。

1. 流通加工地点设置的不合理

流通加工布局是否合理是流通加工能否有效的根本性因素。

首先,一般而言,为衔接少品种、大批量生产与多样化需求的流通加工,加工地应该设置在需求地区,才有利于实现大批量的干线运输与多品种末端配送的物流优势。

如果将流通加工地设置在生产地区,其不合理之处在于:

(1) 多样化需求要求的产品多品种、小批量,由产地向需求地的长距离运输会出现体积、重量增加的不合理。

(2) 在生产地增加了一个流通加工环节,同时增加了近距离运输、装卸、储存等一系列物流活动。在这种情况下,不如由原生产单位完成这种加工而无须另外设置专门的流通加工环节,社会效益与企业经济效益会更好。

其次,一般而言,为方便物流的流通加工应设在产出地。如果将其设置在消费地,则不但不能解决物流问题,又在流通中增加了一个中转环节,因而也是不合理的。

最后,即使是产地或需求地设置流通加工的选择是正确的,还有流通加工在小地域范围的正确选址问题,如果处理不善,仍然会出现不合理。这种不合理主要表现在交通不便,流通加工与生产企业或客户之间距离较远,流通加工点的投资过高(如受选址的地价影响),加工点周围社会、环境条件不良等。

2. 流通加工作用不大,形成多余环节

有的流通加工过于简单,或对生产及消费者作用都不大,甚至有时流通加工盲目,同样未能解决品种、规格、质量、包装等问题,相反却实际增加了环节与成本,这也是流通加工设置(无论设置在何地)不合理而容易被忽视的一种形式。

3. 流通加工方式选择不当

流通加工方式包括流通加工对象、流通加工工艺、流通加工技术、流通加工程度等。流通加工方式的确定,实际上是与生产加工的合理分工。分工不合理,本来应由生产加工完成的,却错误地由流通加工完成,都会造成不合理。

流通加工不是对生产加工的代替,而是一种补充;所以,一般而言,如果工艺复杂,技术装备要求较高,或加工可以由生产过程延续或轻易解决者,都应由生产加工完成。如果流通加工方式选择不当,就会出现与生产加工争夺市场、争夺利益的恶果。

4. 流通加工成本过高,效益不好

流通加工之所以能够有生命力,重要优势之一是有较大的产出投入比,因而有效起着补充完善的作用。如果流通加工成本过高,则不能实现以较低投入实现更高使用价值的目的。除了一些必需的、按政策要求进行的加工外,都应看作不合理的流通加工。

### 8.3.4　流通加工的技术经济指标

衡量流通加工的可行性,对流通加工环节进行有效的管理,可考虑采用以下两类指标。

1. 流通加工建设项目可行性指标

流通加工仅是一种补充性加工,规模、投资都必须远低于一般生产性企业,其投资特点是:投资额较低、投资时间短、建设周期短、投资回收速度快且投资收益较大。因此,投资可行性可采用静态分析法。

2. 流通加工环节日常管理指标

由于流通加工的特殊性,不能全部搬用考核一般企业的指标。例如,八项技术经济指标中,对流通加工较为重要的是劳动生产率、成本及利润指标,此外,还有以下反映流通加工特殊性的指标。

(1) 增值指标:反映经流通加工后,单位产品的增值程度,以百分率计:

$$增值率=\frac{产品加工后价值-产品加工前价值}{产品加工前价值}\times 100\%$$

增值率指标可以帮助管理人员判断投产后流通加工环节的价值变化情况,并以此观察该流通加工的寿命周期位置,为决策人提供是否继续实行流通加工的依据。

(2) 品种规格增加额及增加率:反映某些流通加工方式在满足用户、衔接产需方面的成就,增加额以加工后品种、规格数量与加工前之差决定。增加率计算公式如下:

$$品种、规格增加率=\frac{品种规格增加额}{加工前品种规格}\times 100\%$$

(3) 资源增加量指标:反映某些类型流通加工在增加材料利用率、出材率方面的效果指标。这个指标不但可提供证实流通加工的重要性数据,而且可具体用于计算微观及宏观经济效益。

其具体指标分新增出材率和新增利用率两项：

新增出材率=加工后出材率-原出材率

新增利用率=加工后利用率-原利用率

## 本章小结

流通加工是一种低投入、高产出的高附加值活动，能够为企业带来更多的经济效益。本章介绍了流通加工产生的原因、作用以及10种常见的流通加工形式；详细阐述了如输送水泥的熟料在使用地磨制水泥等8种典型的流通加工方法以及流通加工的生产、质量和管理的相关内容、主要的技术经济指标；在此基础上分析了4种不合理形式以及实现流通加工合理化的5个途径。

## 思考题

1. 流通加工与生产加工的区别是什么？
2. 流通加工的作用是什么？
3. 流通加工的形式主要有哪些？
4. 输送水泥熟料在使用地磨制水泥的流通加工的优点是什么？
5. 钢板剪板及下料加工有何优点？
6. 实现流通加工合理化的主要途径有哪些？
7. 通常哪些情况的流通加工认为是不合理的？
8. 流通加工的技术指标有哪些？如何计算？
9. 工作或日常生活中，你认为在哪些方面还可以应用流通加工来改善供需矛盾？
10. 为适应消费者多样化、个性化要求，实现生鲜农产品的快速、小批量、定制化的生产，河南众品食业股份有限公司，构建了由4大TC园区、25个TC城市节点为核心的全国生鲜加工（PC）网络，实现生鲜农产品的预冷、加工、冷链运输、冷库仓储、冷链配送。目前，公司在大中原和华东、华北、东北的9个加工制造基地实现了信息化和工业化的全面融合，生猪加工能力930万头/年，肉制品综合加工能力15万吨/年，副产品综合加工能力3万吨/年，拥有冷鲜肉系列、肉制品系列、综合加工系列、预制品系列等产品1 200多种。请从流通加工管理的视角，分析我国生鲜农产品流通加工的价值，以及流通加工对促进消费升级的作用。

即测即评

# 第 9 章 物流信息系统

**本章学习目的**

☞ 了解物流信息管理的内容、特点及其发展趋势；理解物流信息采集与跟踪、物流信息传输与交换、物流信息安全等主要物流信息技术的应用领域；掌握物联网的体系结构；掌握物流信息系统的基本结构、主要类型、设计和开发方法。

物流信息系统(logistics information system)是通过对物流相关信息的收集、存储、加工、处理以便实现物流的有效控制和管理,并提供决策支持的人机系统。其主要功能是进行物流信息的收集、存储、传输、加工整理、维护和输出,为物流管理者及其他组织管理人员提供战略、战术及运作决策的支持,以达到组织的战略竞争优势,提高物流运作的效率与效益。

在互联网时代下,物流信息技术广泛应用,物流信息化水平显著提升,促进了物流管理的科学化、合理化,为智慧物流发展奠定了坚实基础。

## 9.1 物流信息及管理

### 9.1.1 信息及其属性

从广义上讲,信息是事物存在方式和运动状态的反映,即信息是对世界一切事物及事物运动变化状态的客观描述,是对客观事物之间相互作用、相互联系的反映,是客观事物的表征。从狭义上讲,信息是指反映事物存在和运动差异的、对解决问题有用的、可以被理解被接收的、新的情报和消息的总称,即信息是信息资源客观性与信息接收源主观认识的统一,又是人类对事物认识过程中不确定性的消除和减少,同时又是具有较强时效性和有用性的消息内容。

信息具有以下属性。

(1) 普遍性。既然信息是事物存在方式和运动状态的反映,那么,信息将伴随着自然界、人类社会以至人类思维而普遍存在,并随事物的运动而运动,即信息无处不在、无时不有,不存在无信息的真空。

(2) 中介性。信息首先是物质及其运动变化状态的表征,但又不是物质本身。信息同时又来源于精神世界,如人的思维状况就是一种信息,人们思考问题的方法、思想、意志、情绪等,都是各种各样的信息,但信息又不限于精神领域,精神世界产生的各种信息具有一定的独立性,可以保持、复制或重现。信息普遍存在于物质世界和精神世界之中,具有中介性,是沟通人类主观世界和客观世界的桥梁和工具。

(3) 知识性。信息之所以能成为一种社会资源为人类所用,就在于它具有知识性。信息的知识性使得人类不断接收信息,增长知识,从而达到认识世界、改造世界的目的。信息所含知识量的多少直接决定了它对人类社会价值的大小。

(4) 时效性。既然信息是事物存在方式和运动状态的反映,对于不断变化的客观事物,信息必然也会发生变化,因此,信息只有在一定的时间、地点、条件下才有存在的价值。

(5) 可传递性。信息一方面依附于一定的物质载体,借助于一定的通道进行传递;另一方面人们要获得、感受或接收信息,也必须依赖于信息的传递。

(6) 可处理性。信息是事物存在方式和运动状态的反映,但有时可能是错误的或表象的反映,人类要正确利用它,需要对其进行收集、加工整理、抽象概括,通过整理筛选、去粗取精、去伪存真、由此及彼、由表及里,对信息进行加工转化,从而为人类所用。

(7) 可共享性。信息通过传递扩散后可供人们共同享用。

### 9.1.2 物流信息的特点及作用

物流信息首先是反映物流领域各种活动状态、特征的信息,是对物流活动的相互作用、相互联系的真实反映,包含知识、资料、情报、图像、数据、文件、语言、声音等各种形式,它伴随从生产到消费的物流活动而产生,与物流的各种活动如运输、保管、装卸、包装、配送等有机地结合在一起,是整个物流活动顺利进行所不可缺少的条件,如运输活动要根据供需数量和运输条件等信息确定合理运输线路、选择合适运输工具、确定经济运送批量等,装卸活动要根据运送货数量、种类、到货方式以及包装情况等信息才能确定合理的组织方式、装卸设备、装卸次序等。同时,物流信息还是物流活动与其他活动联系相关情况的消息,如商品交易信息、市场信息等,这些信息在整个物流供应链上流动,反映供应链上的生产厂家、批发商、零售商最后到消费者之间的关系,是供应链协调一致、有效控制、快速反应市场的重要条件。

1. 物流信息的特点

物流信息除了具有信息的一般属性,还具有自己的一些特点,主要如下:

(1) 广泛性。由于物流是一个大范围内的活动,物流信息源也分布于一个大范围内,信息源点多、信息量大,涉及从生产到消费、从国民经济到财政信贷各个方面。物流信息来源的广泛性决定了它的影响也是广泛的,涉及国民经济各个部门、物流活动各环节等。

(2) 联系性。物流活动是多环节、多因素、多角色共同参与的活动,目的就是实现产品从产地到消费地的顺利移动,因此在该活动中所产生的各种物流信息必然存在十分密切的联系,如生产信息、运输信息、储存信息、装卸信息间都是相互关联、相互影响的。这种相互联系的特性是保证物流各子系统、供应链各环节以及物流内部系统与物流外部系统相互协调运作的重要因素。

(3) 多样性。物流信息种类繁多,从其作用的范围来看,本系统内部各个环节有不同种类的信息,如流转信息、作业信息、控制信息、管理信息等,物流系统外也存在各种不同种类的信息,如市场信息、政策信息、区域信息等;从其稳定程度来看,又有固定信息、流动信息与偶然信息等;从其加工程度看,又有原始信息与加工信息等;从其发生时间来看,又有滞后信息、实时信息和预测信息等。在进行物流系统的研究时,应根据不同种类的信息进行分类收集和整理。

(4) 动态性。多品种、小批量、多频度的配送技术与电子付款机、地球观测系统、电子数据交换等技术的不断应用使得各种物流作业频繁发生,加快了物流信息的价值衰减速度,要求物流信息的不断更新。物流信息的及时收集、快速响应、动态处理已成为主宰现代物流经营活动成败的关键。

(5) 复杂性。物流信息广泛性、联系性、多样性和动态性带来了物流信息的复杂性。在物流活动中,必须对不同来源、不同种类、不同时间和相互联系的物流信息进行反复研究和处理,才能得到有实际应用价值的信息,去指导物流活动,这是一个非常复杂的过程。

2. 物流信息的作用

物流信息在物流活动中具有十分重要的作用,通过物流信息的收集、传递、存储、处理、输出等,成为决策依据,对整个物流活动起指挥、协调、支持和保障作用,其主要作用为:

(1) 沟通联系的作用。物流系统是由许多个行业、部门以及众多企业群体构成的经济大系统,系统内部正是通过各种指令、计划、文件、数据、报表、凭证、广告、商情等物流信息,建立起各种纵向和横向的联系,沟通生产厂、批发商、零售商、物流服务商和消费者,满足各方的需要。因此,物流信息是沟通物流活动各环节之间联系的桥梁。

(2) 引导和协调的作用。物流信息随着物资、货币及物流当事人的行为等信息载体进入物流供应链中,同时信息的反馈也随着信息载体反馈给供应链上的各个环节,依靠物流信息及其反馈可以引导供应链结构的变动和物流布局的优化;协调物资结构,使供需之间平衡;协调人、财、物等物流资源的配置,促进物流资源的整合和合理使用等。

(3) 管理控制的作用。通过移动通信、计算机信息网、电子数据交换(EDI)、全球定位系统(GPS)等技术实现物流活动的电子化,如货物实时跟踪、车辆实时跟踪、库存自动补货等,用信息化代替传统的手工作业,实现物流运行、服务质量和成本等的管理控制。

(4) 提高物流服务水平的作用。为了应付需求波动,在物流供应链的不同节点上通常设置有库存,包括中间库存和最终库存,如零部件、在制品、制成品的库存等,这些库存增加了供应链的长度,提高了供应链成本。但是,如果能够实时地掌握供应链上不同节点的信息,如知道在供应渠道中,什么时候、什么地方、多少数量的货物可以到达目的地,那么就可以发现供应链上的过多库存并进行缩减,从而节约物流成本,提高物流服务水平。

(5) 辅助决策分析的作用。物流信息是制定决策方案的重要基础和关键依据,物流管理决策过程的本身就是对物流信息进行深加工的过程,是对物流活动的发展变化规律性认识的过程。物流信息可以协助物流管理者鉴别、评估比较物流战略和策略后的可选方案,如车辆调度、库存管理、设施选址、资源选择、流程设计以及有关作业比较和安排的成本—收益分析等均是在物流信息的帮助下才能作出的科学决策。

(6) 支持战略计划的作用。作为决策分析的延伸,物流战略计划涉及物流活动的长期发展方向和经营方针的制定,如企业战略联盟的形成、以利润为基础的顾客服务分析以及能力和机会的开发和提炼。物流战略计划作为一种更加抽象、松散的决策,是对物流信息进一步提炼和开发的结果。

(7) 价值增值的作用。一方面,物流信息本身是有价值的,而在物流领域中,流通信息在实现其使用价值的同时,其自身的价值又呈现增长的趋势,即物流信息本身具有增值特征。另一方面,物流信息是影响物流的重要因素,它把物流的各个要素以及有关因素有机地组合并联结起来,以形成实际的生产力和创造出更高的社会生产力。企业只有有效地利用物流信息,投入生产和经营活动后,才能使生产力中的劳动者、劳动手段和劳动对象最佳结合,产生放大效应,使经济效益出现增值。所以,物流信息对提高经济效益也起着非常重要的作用。

### 9.1.3 物流信息管理

物流信息管理就是对物流信息资源进行统一规划和组织,并对物流信息的收集、加工、存储、检索、传递和应用的全过程进行合理控制,从而使物流供应链各环节协调一致,实现信息共享和互动,减少信息冗余和错误,辅助决策支持,改善客户关系,最终实现信息流、资金流、商流、物流的高度统一,达到提高物流供应链竞争力的目的,其主要内容如下。

1. 信息政策制定

为了实现不同国度、不同区域、不同企业、不同部门间物流信息的相互识别和利用,实现物流供应链信息的通畅传递与共享,必须确定一系列共同遵守和认同的物流信息规则或规范,这就是物流信息政策的制定,如信息的格式与精度、信息传递的协议、信息共享的规则、信息安全的标准、信息存储的要求等,这是实现物流信息管理的基础。

2. 信息规划

信息规划即从企业或行业的战略高度出发,对信息资源的管理、开发、利用进行长远发展的计划,确定信息管理工作的目标与方向,制定出不同阶段的任务,指导数据库系统的建立和信息系统的开发,保证信息管理工作有条不紊地进行。

3. 信息收集

信息收集即应用各种手段、通过各种渠道进行物流信息的采集,以反映物流系统及其所处环境情况,为物流信息管理提供素材和原料。信息收集是整个物流信息管理中工作量最大、最费时间和最占人力的环节,操作时注意把握以下要点:第一,收集前要进行信息的需求分析;第二,收集工作要具有系统性和连续性;第三,要合理选择信息源;第四,信息收集过程的管理工作要有计划,使信息收集过程成为有组织、有目的的活动。

4. 信息处理

信息处理工作,就是根据使用者的信息需求,对收集到的信息进行筛选、分类、加工及储存等活动,加工出对使用者有用的信息。信息处理的内容如下。

(1) 信息分类及汇总。按照一定的分类标准或规定,将信息分成不同的类别进行汇总,以便信息的存储和提取。

(2) 信息编目(或编码)。所谓编目(或编码)指的是用一定的代号来代表不同信息项目。用普通方式(如资料室、档案室、图书室)保存信息则需进行编目,用电子计算机保存信息则需确定编码。在信息项目、信息数量很大的情况下,编目及编码是将信息系统化、条理化的重要手段。

(3) 信息储存。应用电子计算机及外部设备的储存介质,建立有关数据库进行信息的存储,或通过传统的纸质介质如卡片、报表、档案等对信息进行抄录存储。

(4) 信息更新。信息具有有效的使用期限,失效的信息需要及时淘汰、变更、补充等,才能满足使用者的需求。

(5) 数据挖掘。信息可区分为显性信息和隐性信息,显性信息是可用语言明确表达出来的、可编码化的信息，隐性信息则存在于人脑中的世界观、价值观和情感之中，往往很难以某种方式直接表达出来或直接发现，也难于传递与交流，但隐性信息具有可直接转化为有效行动的重要作用，其价值高于且广于显性信息。因此，为了充分发挥信息的作用，需要对显性信息进行分析、加工和提取等，挖掘出隐藏在后面的隐性信息，这就是数据挖掘的任务。数据挖掘包括数据准备、数据挖掘、模式模型的评估与解释、信息巩固与应用等几个处理过程。

5. 信息传递

信息传递是指信息从信息源发出，经过适当的媒介和信息通道传输给接收者的过程。信息传递方式有许多种，一般可从不同的传递角度来划分信息传递方式。

(1) 从信息传递方向看，有单向信息传递方式和双向信息传递方式。单向信息传递是指信息源只向信息接收者传递信息，而不双向交流信息。双向信息传递是指信息发出者与信息接收者共同参与信息传递，双方相互交流传递信息，信息流呈双向交流传递。

(2) 从信息传递层次看，有直接传递方式和间接传递方式。两种传递方式的区别是信息源与信息接收者之间，信息是直接传递，还是经其他人员或组织进行传递。

(3) 从信息传递时空看，有时间传递方式和空间传递方式。信息的时间传递方式指信息的纵向传递，即通过对信息的存储方式，实现信息流在时间上连续的传递。空间传递方式指信息在空间范围的广泛传递。

(4) 从信息传递媒介看，有人工传递和非人工的其他媒介传递方式。

6. 信息服务与应用

服务与应用是物流信息资料重要的特性，信息工作的目的就是将信息提供给有关方面使用。物流信息的服务工作主要内容有以下四个方面。

(1) 信息发布和传播服务。按一定要求将信息内容通过新闻、出版、广播、电视、报纸杂志、音像影视、会议、文件、报告、年鉴等形式予以发表或公布，便于使用者收集、使用。

(2) 信息交换服务。通过资料借阅、文献交流、成果转让、产权转移、数据共享等多种形式进行信息的交换，以起到交流、宣传、使用信息的作用。

(3) 信息技术服务。包括数据处理、计算机、复印机等设备的操作和维修及技术培训、软件提供、信息系统开发服务等活动。

(4) 信息咨询服务。包括公共信息提供、行业信息提供、政策咨询、管理咨询、工程咨询、信息中介、计算机检索等，实现按用户要求收集信息、查找和提供信息，或就用户的物流经营管理问题，进行针对性信息研究、信息系统设计与开发等，帮助用户提高管理决策水平，实现信息的增值和放大，以信息化水平的提高带动用户物流管理水平的提高。

## 9.2 物流信息技术

按照《物流术语》(GB/T 18354—2021)，物流信息技术是以计算机和现代通信技术为主要手段实现对物流各环节中信息的获取、处理、传递和利用等功能的技术总称。

### 9.2.1 条形码技术

条码自动识别技术是以计算机技术、光电技术和通信技术的发展为基础的一项综合性科学技术，是信息数据自动识别、输入的重要方法和手段，从 20 世纪 40 年代进行研究开发以来，近几十年取得了长足发展。现已应用在计算机管理的各个领域，渗透到了商业、工业、交通运输业、邮电通信业、物资管理、仓储、安全检查、票证管理以及军事装备、工程项目等各行各业。

1. 条码类型

条形码是利用光电扫描阅读设备来实现数据输入计算机的一种代码。它是由一组按一定编码规则排列的条、空符号，隐含一定的字符、数字及符号信息，用于表示物品的名称、产地、价格、种类等，结构如图 9-1 所示。“条”指对光线反射率较低的部分，“空”指对光线反射率较高的部分，这些条和空组成的数据表达一定的信息，通常每一种物品，其编码是唯一的。

图 9-1 条形码的结构

条形码种类很多，大致可分为以下几类。

（1）按材料不同可分为纸质条形码、金属条形码和纤维织物条形码。

（2）按条码有无字符符号间隔，可分为连续型条码和非连续型条码两种。

（3）按字符符号个数固定与否，可分为定长条码（如 UPC 码、EAN 码等）和非定长条码（如三九码、库德巴码等）两种。

（4）按扫描起点划分不同，分为双向条码和单向条码。双向条码指起始符和终止符两端均可作为扫描起点的条码。如三九码、库德巴码；单向条码指扫描起点在起始符的条码。

（5）按条码的码制不同可分为 UPC 码、EAN 码、三九码、库德巴码、二五码、交叉二五码、11 码、四九码、EAN-128 码等几十种。

（6）按条码形成的空间不同可分为一维条码、二维条码和复合码。

根据有关方面统计，到 2000 年，国际上一维条码的码制有 500 多种，我国流行使用的一维条码不到 10 种。如 Code39 码（标准 39 码）、Codabar（库德巴码）、Code25 码（标准 25 码）、ITF 码（交叉 25 码）、Matrix 码（矩阵 25 码）、UPC-A 码、UPC-E 码、EAN-13 码（EAN-13 国际商品条码）、EAN-8 码（EAN-8 国际商品条码）等。

由于一维条码信息密度小、需占用较大面积等缺点，二维码得到广泛使用，二维码可以携带大量的信息量，使用二维条码时，可以脱离后台数据库，因为二维码包含了存储于后台数据库中的信息，可以直接通过阅读条码得到相应的信息，俗称“便携式数据文件”，这样，可以在远离数据库和不便联网的地方，提供物资信息。并且二维码还有错误修正和防伪功能，增加了数据的安全性。目前二维条码主要有 PDF417 码、Code49 码、Code16K 码、QR 条码等，主要分为堆积式和棋盘或矩阵式两大类。

2. 条码识别原理

条码识别是指如何将条形码表示的数据转变为计算机可以自动采集的数据。通过条码识读装置实现其功能。识读装置由扫描器和译码器组成，扫描器只是把条码符号转换成数字脉冲信号，而译码器是把数字脉冲信号转换成条码符号所表示的信息。

条形码扫描器的原理，是把条形码条符宽度、间隔等信号转换成不同时间长短的输出信号，并将该信号转化为计算机可识别的二进制编码，然后输入计算机。扫描器又称光电读入器，它装有照亮被读条形码的光束检测器件，接收条形码的反射光，产生模拟信号，经放大、量化后送译码器处理，如图9-2所示。

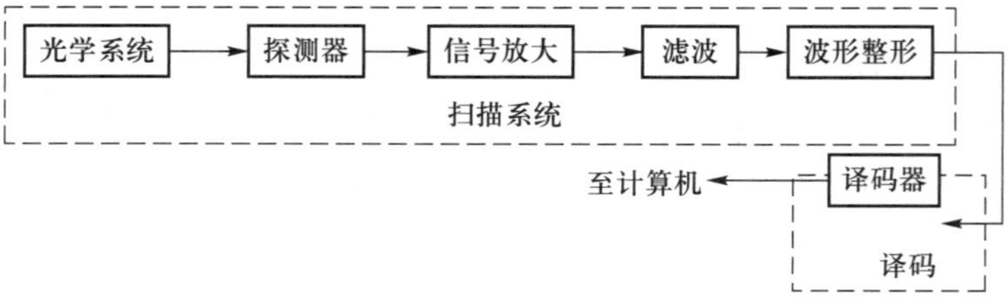


图9-2 条形码识读原理

目前在条码技术中，条码识读装置是其主要的硬件设备，且都是光电扫描器。条码数据的自动采集和光电信号都是由光电扫描器完成，光电扫描器的种类繁多，主要有光笔扫描器、台式扫描器、手持式扫描器、固定光电及激光快速扫描器等，其中台式扫描器和手持式扫描器常用于商场、连锁店的POS系统中，用于商品的品名、价格的识读，固定光电及激光快速扫描器则通常安装于物流中心或大型仓库的物品输送通道边，实现对物品的逐个扫描识别，完成物品的自动分拣。

### 9.2.2 射频识别技术

射频识别技术（RFID）是从20世纪80年代起走向成熟的一项自动识别技术。它利用无线电技术进行非接触双向通信，以达到识别和数据交换的目的。由于RFID系统的射频卡和读写器之间不用接触就可完成识别，因此具有识别距离比光学系统远、不受视线限制的优点，同时射频卡还具有读写能力、可携带大量数据、难以伪造、具有智能功能等特点。

射频识别系统的组成一般至少包括两个部分：射频卡或称电子标签（tag）、读写器（reader），如图9-3所示。

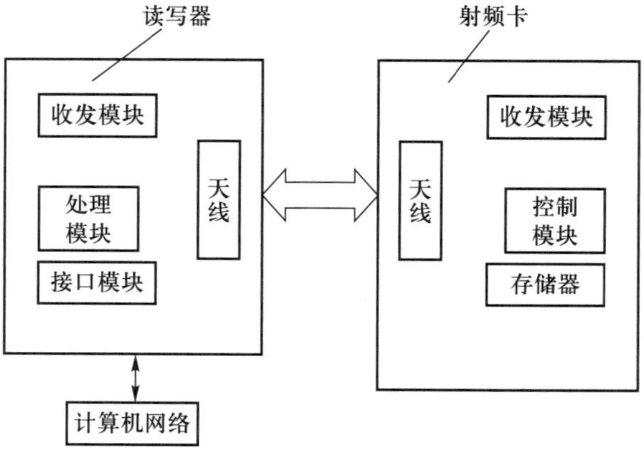


图9-3 RFID系统组成

在RFID系统中,射频卡主要由存储器、控制模块、收发模块和天线组成。存储器用来保存约定格式的电子数据,容量为几个比特到几十千比特不等,控制模块、收发模块通常集成到一块芯片中,完成与读写器通信,天线(和电池)用于接收和发射信号。射频卡封装可以有不同形式,常见的有信用卡的形式及小圆片的形式。

读写器由处理模块、收发模块、接口模块和天线组成。读写器在一个区域内发射无线电信号形成电磁场,区域大小取决于无线电工作频率和天线尺寸。射频卡经过这个区域时检测到读写器的信号就开始发送储存的ID信息及数据。读写器接收到频射卡的数据后,解码并进行错误校验来决定数据的有效性,然后通过RS323,RS422,RS485或无线方式将数据传送到计算机网络。简单的RFID产品就是一种非接触的IC卡,而复杂的RFID产品靠外部传感器接口来测量、记录不同的参数,甚至与GPS系统连接来跟踪物体。

### 9.2.3 GPS技术

GPS全球卫星定位系统是一种以空中卫星为基础的高精度无线电导航定位系统。GPS最初是美国国防部主要为满足军事部门对海上、陆地和空中设施进行高精度导航和定位的要求而建立的,该系统从20世纪70年代初开始设计、研制。GPS作为新一代卫星导航与定位系统,不仅具有全球性、全天候、连续的精密三维导航与定位能力,而且具有良好的抗干扰性和保密性。

1. GPS的组成与原理

GPS由空间部分、地面监控系统以及用户接收机三部分组成。

空间部分使用21+3颗高度约2.02万千米的卫星组成卫星星座,其中21颗为工作卫星,3颗为备用卫星,这些卫星的轨道均为近圆形轨道,运行周期约为11小时58分,分布在6个轨道面上(每个轨道面4颗)。

地面监控系统包括五个监控站、三个上行注入站和一个主控站。监控站设有GPS用户接收机、原子钟、收集当地气象数据的传感器和进行数据初步处理的计算机。监控站的主要任务是取得卫星观测数据并将这些数据传送至主控站。主控站设在美国范登堡空军基地,它是整个GPS系统的核心,它的功能是为全系统提供时间基准,收集各监控站对GPS卫星的全部观测数据,利用这些数据计算每颗GPS卫星的轨道和卫星钟改正值,编制各卫星星历,当卫星失效时及时调用备用卫星等。上行注入站也设在美国范登堡空军基地,它的任务主要是在每颗卫星运行至上空时把这类导航数据及主控站的指令注入卫星。这种注入对每颗GPS卫星每天进行一次,并在卫星离开注入站作用范围之前进行最后的注入。

GPS信号接收机的任务是:能够捕获到按一定卫星高度截止角所选择的待测卫星的信号,并跟踪这些卫星的运行,对所接收到的GPS信号进行变换、放大和处理,以便测量出GPS信号从卫星到接收机天线的传播时间,解译出GPS卫星所发送的导航电文,实时地计算出测站的三维位置,甚至三维速度和时间。GPS的基本定位原理是:在两万千米高空的GPS卫星,当地球对恒星来说自转一周时,它们绕地球运行二周,即绕地球一周的时间为12恒星时。这样,对于地面观测者来说,每天将提前4分钟见到同一颗GPS卫星。位于地平线以上的卫星颗数随着时间和地点的不同而不同,最少可见到4颗,最多可见到11颗。在用GPS信号导航定位时,为了计算测点的三维坐标,必须观测4颗GPS卫星,称为定位星座。定位星座不间断地发送自身的星历参数(描述卫星运动及其轨道的参数）和时间信息。用户接收到这些信息后，经过计算求出接收机的三维位置、三维方向以及运动速度和时间信息，如图 9-4 所示。

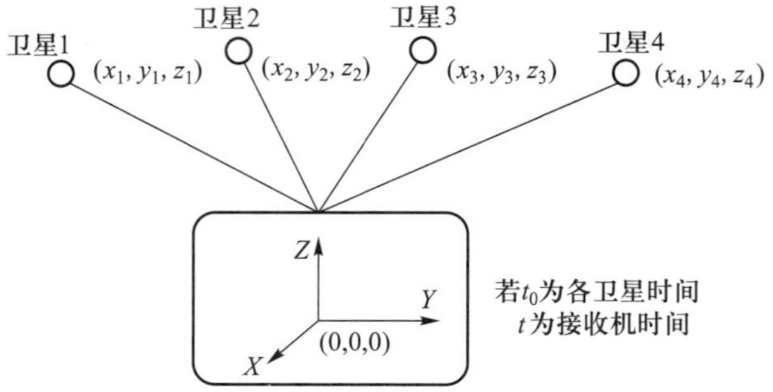


$$(x_1-x)^2+(y_1-y)^2+(z_1-z)^2+c^2\cdot(t-t_{01})=d_1^2$$
$$(x_2-x)^2+(y_2-y)^2+(z_2-z)^2+c^2\cdot(t-t_{02})=d_2^2$$
$$(x_3-x)^2+(y_3-y)^2+(z_3-z)^2+c^2\cdot(t-t_{03})=d_3^2$$
$$(x_4-x)^2+(y_4-y)^2+(z_4-z)^2+c^2\cdot(t-t_{04})=d_4^2$$

求解未知数

$$(\underbrace{x,y,z,}_{\text{定位}}\ \underbrace{t}_{\text{定时}})$$

图 9-4 GPS 定位原理

北斗卫星导航系统（以下简称北斗系统）是我国着眼于国家安全和经济社会发展需要，自主建设、独立运行的卫星导航系统，是为全球用户提供全天候、全天时、高精度的定位、导航和授时服务的国家重要空间基础设施。中国北斗卫星导航系统是继美国全球定位系统（GPS）、俄罗斯格洛纳斯卫星导航系统（GLONASS）、欧洲伽利略卫星导航系统（Galileo Satellite Navigation System）之后第四个成熟的卫星导航系统。北斗卫星导航系统由空间段、地面段和用户段三部分组成，可在全球范围内全天候、全天时为各类用户提供高精度、高可靠定位、导航、授时服务，并具短报文通信能力，已经初步具备区域导航、定位和授时能力，定位精度 10 米，测速精度 0.2 米/秒，授时精度优于 20 纳秒，在亚太地区，授时精度优于 10 纳秒。2012 年 12 月 27 日，北斗卫星导航系统正式提供区域服务，成为国际卫星导航系统四大服务商之一。2018 年 12 月 27 日，北斗系统服务范围由区域扩展为全球，北斗系统正式迈入全球时代。

2. GPS 在物流中的应用

全球卫星定位系统主要用于定位导航、授时校频以及高精度测量等，特别是在物流领域，可以广泛用于导航、实时监控、动态调度、货物跟踪、运输线路的规划与优化分析等。

（1）海空导航。GPS 系统克服了 Transit 和路基无线电航海导航系统的局限性，利用其精度高、可连续导航、有很强的抗干扰能力的特点，可有效开展海洋、内河以及湖泊的自主导航、港口管理、进港引导、航路交通管理等。而在航空导航方面，GPS 的精度远优于现有任何航空航路用导航系统，可实现最佳的空域划分和管理、空中交通流量管理以及飞行路径管理，为空中运输服务开辟了广阔的应用前景，同时也降低了营运成本，保证了空中交通管制的灵活性。

（2）实时监控。应用 GPS 技术，可以建立起运输监控系统，在任何时刻查询运输工具所在地理位置和运行状况（经度、纬度、速度等）信息，并在电子地图上显示出来，同时系统还可自动将信息传到运输作业的相关单位，如中转站、接车单位、物流中心、加油站等，以便做好相关工作准备，提高运输效率。还可监控运输工具的运行状态，了解运输工具是否有故障先兆并及时发出警告，是否需要较大的修理并安排修理计划等。

（3）动态调度。通过应用 GPS 技术，调度人员能在任意时刻发出调度指令，并得到确认信息。可进行运输工具待命计划管理，操作人员通过在途信息的反馈，运输工具未返回车队前即做好待命计划，提前下达运输任务，减少等待时间，加快运输工具周转速度。将运输工具的运能信息、维修记录信息、车辆运行状况登记处、司机人员信息、运输工具的在途信息等多种信息进行采集，并进行分析，辅助调度决策，以提高重车率，尽量减少空车时间和空车距离，充分利用运输工具的运能。

（4）货物跟踪。在运输货物中，可以时刻记录和传送货物位置等数据到控制中心，及时获取货物的状态，如货物品种、数量、货物在途情况、交货时间、发货地和到达地、货物的货主、送货车辆和人员等，可以跟踪查看货物是否按预定路线接送，中间有无停车，在哪里停的车，停了多少次等，是否在规定时间内把货物交付给顾客手中，防止中间拉私货或怠工等。

（5）路线优化。根据 GPS 数据，获取路网状况，如通畅情况、是否有交通事故等，应用运输数学模型和计算机技术，进行路线规划及路线优化，规划设计出车辆的优化运行路线、运行区域和运行时段，合理安排车辆运行通路。

（6）智能运输。所谓智能运输（ITS），就是通过采用先进的电子技术、信息技术、通信技术等高新技术，对传统的交通运输系统及管理体制进行改造，从而形成一种信息化、智能化、社会化的新型现代交通系统。

随着北斗系统的不断成熟，GPS 在物流中应用的所有功能，利用北斗系统均可实现。例如，在汽车自动定位，跟踪调度方面的应用。通过北斗系统和计算机网络可实时收集全路汽车所运货物的动态信息，实现汽车、货物的追踪管理，并可直接利用北斗系统短消息通信功能随时进行汽车调度管理。在铁路运输管理方面，通过北斗和计算机网络可以实时收集全路列车、机车、车辆、集装箱及所运货物的动态信息，实现列车及货物的追踪监控管理。另外，配合地理信息系统，还可以实现路径选优、距离量算、辅助决策等功能。京东集团以北斗系统应用技术为核心，综合利用无线通信技术、现代物流配送规划技术等，研发基于北斗的电子商务云物流信息系统，实现对物流过程、交易产品、运载车辆的全面管理，确保交易安全，降低物流成本，提高物流配送效率，实现 100 分钟内顾客订单的送达，提升行业整体服务运营水平，带动物流行业的升级转型。该系统由基于北斗的京东物流配送管理系统、智能车载终端和智能手持终端等组成。

### 9.2.4 GIS 技术

GIS 是 20 世纪 60 年代开始迅速发展起来的地理学研究新成果，它以地理空间数据库为基础，采用地理模型分析方法，适时地提供多种空间的和动态的地理信息，是一种为地理研究和地理决策服务的计算机技术系统。GIS 将图形管理系统和数据管理系统有机地结合起来，对各种空间信息进行收集、存储、分析，形成一种可视化表达的信息处理与管理系统。GIS 的基本功能是将表格型数据（无论它来自数据库、电子表格文件或直接在程序中输入）转换为地理图形显示，然后对显示结果浏览、操作和分析。其显示范围可以从洲际地图到非常详细的街区地图，显示对象包括人口、销售情况、运输线路以及其他内容。在物流信息管理中，GIS 可用于如下领域。

1. 数字物流的建立

由于 GIS 的特点在于能够将文字和数据信息转化为地理空间图形或图像,大到地球、国家、省市,小到村镇、街道乃至地面上的一个点位,GIS 都能以直观、方便、互动的可视化方式,实现地理数据信息的快速查询、计算、分析和辅助决策。因此,GIS 是构建数字地球、数字中国、数字城市的核心应用技术,它与无线通信、宽带网络和无线网络日趋融合在一起,为人类社会和生活提供了一种立体的、多层面的、可视化的信息服务体系。

2. 物流分析与模拟

GIS 可以将数字高程模型、数字正射影像与常规的矢量数据和各种属性信息集成在一起,建立起一体化的三维数据输入、操作与可视化机制,为物流空间数据处理、查询与分析和各种三维模型操作提供了更加有力的支持。运用摄影测量、地面测量的数据或既有地图数字化、扫描数字化后形成的数据,GIS 可以建立起具有高逼真度和灵活方便的物流空间动态模型,并应用可视化、渲染以及动画等手段模拟出存在于真实世界中任意复杂三维实体,进行仿真运行,为实际物流运作提供依据。

3. 路况管理

将传统的办公自动化系统(OA)和地理信息系统有机结合起来,可以把分散的文档、图纸以及与道路有关的各种数据进行分类、组织,建立一系列的地理数据和属性数据合一管理的数据库,通过路况管理信息系统就可以为管理人员提供快速准确、图文并茂的数据查询功能,并能将查询和分析结果直观地显示和输出,为道路设施的维护、改扩建,提供路况管理提供原始数据和辅助决策。

4. 交通指挥与控制

为了解决复杂的交通指挥控制中出现的管理以及技术等问题,建立和应用基于 AM/FM/GIS 技术的城市交通指挥控制系统,可提供高效率的工作方式和全新的解决方案,如实现对交通设施的管理、对交通的监控管理、对交通警力调度进行指挥、对道路管制进行仿真分析、对交通保卫与事故预防进行管理等。

### 9.2.5 物联网技术

物联网是一个基于互联网、传统电信网等信息承载体,让所有能够被独立寻址的普通物理对象实现互联互通,从而提供智能服务的网络。物联网是把传感器与传感器网络技术、通信网与互联网技术、智能运算等技术融为一体,实现全面感知、可靠传送、智能处理为特征的,连接物理世界的网络。

## 9.3 物联网技术及应用

目前,物联网(internet of things,IOT)是全球研究的热点问题,国内外都把它的发展提到了国家级的战略高度,称之为继计算机、互联网之后世界信息产业的第三次浪潮。物联网是通过各种信息传感设备及系统(传感网、射频识别系统、红外感应器、激光扫描器等)、条码与二维码、全球定位系统,按约定的通信协议,将物与物、人与物连接起来,通过各种接入网、互联网进行信息交换,以实现智能化识别、定位、跟踪、监控和管理的一种信息网络。物联网的主要特征是每一个物件都可以寻址,每一个物件都可以控制,每一个物件都可以通信。显然,它作为"感知、传输、应用"三项技术相结合的一种产物,是一种全新的信息获取和处理技术。

### 9.3.1 物联网体系架构

物联网典型体系架构分为三层,自下而上分别是感知层、网络层和应用层,如图 9-5 所示。感知层实现物联网全面感知的核心能力,是物联网中关键技术、标准化、产业化方面亟须突破的部分,关键在于具备更精确、更全面的感知能力,并解决低功耗、小型化和低成本问题。网络层主要以广泛覆盖的移动通信网络作为基础设施,是物联网中标准化程度最高、产业化能力最强、最成熟的部分,关键在于为物联网应用特征进行优化改造,形成系统感知的网络。应用层提供丰富的应用,将物联网技术与行业信息化需求相结合,实现广泛智能化的应用解决方案,关键在于行业融合、信息资源的开发利用、低成本高质量的解决方案、信息安全的保障及有效商业模式的开发。

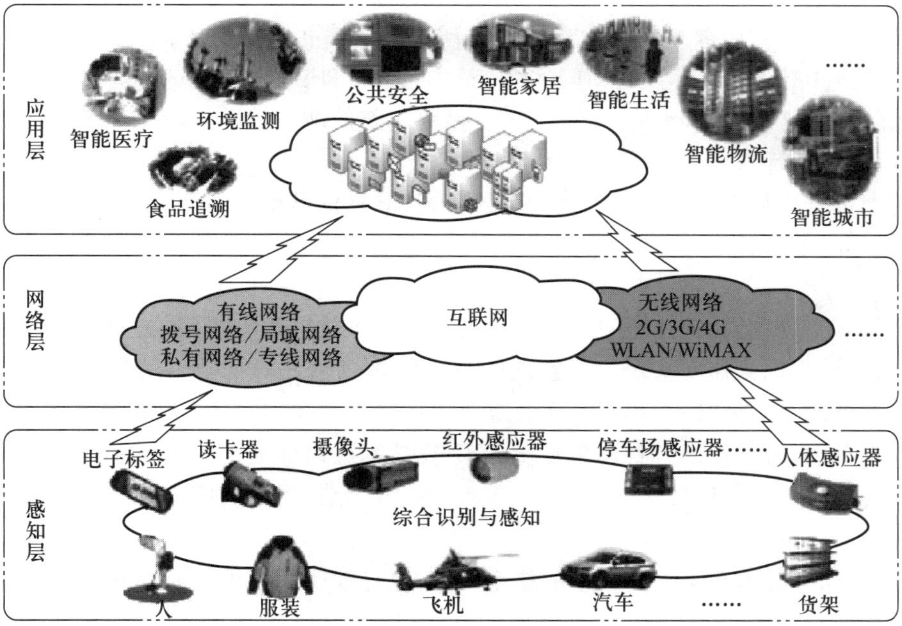


图 9-5 物联网体系架构图

物联网体系主要由运营支撑系统、传感网络系统、业务应用系统、无线通信网系统等组成。

通过传感网络,可以采集所需的信息,顾客在实践中可运用 RFID 读写器与相关的传感器等采集其所需的数据信息,当网关终端进行汇聚后,可通过无线网络远程将其顺利地传输至指定的应用系统中。此外,传感器还可以运用 ZigBee 与蓝牙等技术实现与传感器网关有效通信的目的。市场上常见的传感器大部分都可以检测到相关的参数,包括压力、湿度或温度等。一些专业化、质量较高的传感器通常还可检测到重要的水质参数,包括浊度、水位、溶解氧、电导率、藻蓝素、pH、叶绿素等。

运用传感器网关可以实现信息的汇聚,同时可运用通信网络技术使信息可以远距离传输,并顺利到达指定的应用系统中。我国无线通信网络主要有3G(第三代移动通信)、WLAN(无线局域网)、LTE(第四代移动通信)、GPRS。

M2M(machine to machine)平台具有一定的鉴权功能,因此可以为顾客提供必要的终端管理服务,同时,对于不同的接入方式,其都可顺利接入M2M平台,因此可以更顺利、更方便地进行数据传输。此外,M2M平台还具备一定的管理功能,可以对用户鉴权、数据路由等进行有效的管理。

业务应用系统主要提供必要的应用服务,包括智能家居服务、一卡通服务、水质监控服务等,所服务的对象,不仅为个人用户,也可以是行业用户或家庭用户。在物联网体系中,通常存在多个通信接口,对通信接口未实施标准化处理,而在物联网应用方面,相关的法律与法规并不健全,这不利于物联网的安全发展。

### 9.3.2 物联网关键技术

物联网技术涵盖了从信息获取、传输、存储、处理直至应用的全过程,这需要在材料、器件、软件、网络、系统等各个方面都有所创新才能促进其发展。国际电信联盟报告提出,物联网主要需要四项关键性应用技术:① 标签物品的RFID技术;② 感知事物的传感技术(sensor technology);③ 思考事物的智能技术(smart technology);④ 微缩事物的纳米技术(nanote technology)。

#### 9.3.2.1 感知技术

感知技术也可以称为信息采集技术,它是实现物联网的基础。目前,信息采集主要采用电子标签和传感器等方式完成。

1. 电子标签

在感知技术中,电子标签用于对采集的信息进行标准化标识,数据采集和设备控制通过射频识别读写器、二维码识读器等实现。射频识别是一种非接触式的自动识别技术,属于近程通信,与之相关的技术还有蓝牙技术等。RFID通过射频信号自动识别目标对象并获取相关数据,识别过程无须人工干预,可工作于各种恶劣环境。RFID技术可识别高速运动物体并可同时识别多个标签,操作快捷方便。RFID技术与互联网、通信等技术相结合,可实现全球范围内物品跟踪与信息共享。

RFID电子标签是近几年发展起来的新型产品,也是替代条形码走进物联网时代的关键技术之一。所谓RFID电子标签就是一种把天线和IC封装到塑料基片上的新型无源电子卡片,具有数据存储量大、无线无源、小巧轻便、使用寿命长、防水、防磁和安全防伪等特点。RFID读写器和电子标签之间通过电磁场感应进行能量、时序和数据的无线传输。在RFID读写器天线的可识别范围内,可能会同时出现多张RFID电子标签。如何准确识别每张标签,是RFID的防碰撞(也叫防冲突)技术要解决的关键问题。

RFID系统根据频率可以分为低频、高频、超高频和微波等几种类型。低频系统的工作频率一般为30~300 KHz,典型的工作频率为125 KHz和133 KHz。其基本特点是标签的成本较低、标签内保存的数据量较少、阅读距离较短(无源标签典型阅读距离为10 cm)、电子标签外形多样

(卡状、环状、纽扣状、笔状)、阅读天线方向性不强等。高频系统的工作频率一般为 3~30 MHz,典型的工作频率为 13.56 MHz。高频系统的读写距离通常在 10 cm 以内,是目前 RFID 系统中应用最普及的频段。超高频系统的工作频率一般为 860~960 MHz,无源标签的读写距离可以达到 10 m 左右;微波的工作频率通常为 2.45 GHz 或 5.8 GHz,微波系统的标签通常是有源电子标签,其读写距离最远可达 100 m。

2. 传感器

传感器是机器感知物质世界的"感觉器官",用来感知信息采集点的环境参数;它可以感知热、力、光、电、声、位移等信号,为物联网系统的处理、传输、分析和反馈提供最原始的信息。随着电子技术的不断进步,传统的传感器正逐步实现微型化、智能化、信息化和网络化;同时,我们也正经历着一个从传统传感器到智能传感器再到嵌入式 Web 传感器不断发展的过程。目前,市场上已经有大量种类齐全且技术成熟的传感器产品可供选择。

#### 9.3.2.2 网络通信技术

在物联网的机器到机器、人到机器和机器到人的信息传输中,有多种通信技术可供选择,他们主要分为有线(如 DSL、PON 等)和无线(如 CDMA、GPRS、IEEE 802.11a/b/g WLAN 等)两大类技术,这些技术均已相对成熟。在物联网的实现中,格外重要的是无线传感网技术。

1. 无线传感网主要技术

无线传感网(WSN)是集分布式信息采集、传输和处理技术于一体的网络信息系统,以其低成本、微型化、低功耗和灵活的组网方式、铺设方式以及适合移动目标等特点受到广泛重视。物联网正是通过遍布在各个角落和物体上的形形色色的传感器以及由它们组成的无线传感网络,来感知整个物质世界的。

2. 近距离网络通信技术

根据目前物联网所涵盖的概念,其工作范围可以分成两大部分:一部分是体积小、能量低、存储容量小、运算能力弱的智能小物体的互联,即传感网。另一部分是没有上述约束的智能终端的互联,如智能家电、视频监控等。对于智能小物体网络层的网络通信技术目前有两项:一是基于 ZigBee 联盟开发的 ZigBee 协议进行传感器节点或者其他智能物体的互联。二是 IPSO 联盟所倡导的通过 IP 实现传感网节点或者其他智能物体的互联。

#### 9.3.2.3 数据融合与智能技术

物联网是由大量传感网节点构成的,在信息感知的过程中,采用各个节点单独传输数据到汇聚节点的方法是不可行的。因为网络存在大量冗余信息,会浪费大量的通信带宽和宝贵的能量资源。此外,还会降低信息的收集效率,影响信息采集的及时性,所以需要采用数据融合与智能技术进行处理。

1. 分布式数据融合

所谓数据融合是指将多种数据或信息进行处理,组合出高效且符合用户需求的数据的过程。在传感网应用中,多数情况只关心监测结果,并不需要收集大量原始数据,数据融合是处理该类问题的有效手段。例如,借助数据稀疏性理论在图像处理中的应用,可将其引入传感网用于数据压缩,以改善数据融合效果。分布式数据融合技术需要人工智能理论的支撑,包括智能信息获取的形式化方法、海量信息处理的理论和方法、网络环境下信息的开发与利用方法,以及计算机基础理论。同时,还需掌握智能信号处理技术,如信息特征识别和数据融合、物理信号处理与识别等。

2. 海量信息智能分析与控制

海量信息智能分析与控制是指依托先进的软件工程技术，对物联网的各种信息进行海量存储与快速处理，并将处理结果实时反馈给物联网的各种“控制”部件。智能技术是为了有效地达到某种预期的目的，利用知识分析后所采用的各种方法和手段。通过在物体中植入智能系统，可以使得物体具备一定的智能性，能够主动或被动地实现与用户的沟通，这也是物联网的关键技术之一。智能分析与控制技术主要包括人工智能理论、先进的人机交互技术、智能控制技术与系统等。物联网的实质是给物体赋予智能，以实现人与物体的交互对话，甚至实现物体与物体之间的交互对话。例如，控制智能服务机器人完成既定任务包括运动轨迹控制、准确的定位及目标跟踪等，需要智能化的控制技术与系统。

#### 9.3.2.4 云计算

随着互联网时代信息与数据的快速增长，有海量的数据需要处理。当数据计算量超出自身IT架构的计算能力时，一般是通过加大系统硬件投入来实现系统的可扩展性。另外，由于传统并行编程模型应用的局限性，客观上还需要一种易学习、使用、部署的并行编程框架来处理海量数据。为了节省成本和实现系统的可扩展性，云计算的概念因此应运而生。

云计算最基本的概念是通过网络将庞大的计算处理程序自动分拆成无数个较小的子程序，再交由多部服务器所组成的庞大系统处理。通过云计算技术，网络服务提供者可以在数秒之内，处理数以千万计甚至亿计的信息，提供与超级计算机同样强大效能的网络服务。云计算作为一种能够满足海量数据处理需求的计算模型，将成为物联网发展的基石。之所以说云计算是物联网发展的基石，一是因为云计算具有超强的数据处理和存储能力；二是因物联网无处不在的信息采集活动，需要大范围的支撑平台以满足其大规模的需求。实现云计算的关键技术是虚拟化技术。通过虚拟化技术，单个服务器可以支持多个虚拟机运行多个操作系统，从而提高服务器的利用率。实现云计算系统目前还面临着诸多挑战，现有云计算系统的部署相对分散，各自内部能够实现虚拟机的自动分配、管理和容错等，云计算系统之间的交互还没有统一的标准。关于云计算系统的标准化工作还存在一系列亟待解决的问题，需要更进一步的深入研究。

### 9.3.3 物联网的应用

1. 物流生产和运输领域

基于物联网的支持，电子标签承载的信息可以实时获取，从而清楚地了解到产品的具体位置，进行自动跟踪。对制造商而言，原材料供应管理和产品销售管理是其管理的核心，物联网的应用使得产品的动态跟踪运送和信息的获取更加方便，对不合格的产品及时召回，降低了产品退货率，提高了自己的服务水平，同时也提高了消费者对产品的信赖度。另外，制造商与消费者信息交流的增进使其对市场需求做出更快的响应，在市场信息的捕捉方面就夺得了先机，从而有计划地组织生产，调配内部员工和生产资料，降低甚至避免因“牛鞭效应”带来的投资风险。对运输商而言，通过电子产品代码（EPC）自动获取数据，进行货物分类，降低取货、送货成本。并且，EPC电子标签中编码的唯一性和仿造的难度可以用来鉴别货物真伪。由于其读取范围较广，则可实现自动通关和运输路线的追踪，从而保证了产品在运输途中的安全。即使在运输途中出现问题，也可以准确地定位，做出及时的补救，使损失尽可能降到最低。这就大大提高了运输商送货的可靠性和效率，提高了服务质量。此外，运输商通过EPC可以提供新信息增值服务，从而提高收益率，维护其资产安全。

2. 物流仓储领域

出入库产品信息的采集因为物联网技术的运用，而嵌入相应的数据库，经过数据处理，实现对产品的拣选、分类堆码和管理。若仓储空间设置相应的货物进出自动扫描记录，则可防止货物的盗窃或因操作人员疏忽引起的物品流失，从而提高库存的安全管理水平。现今，它已经广泛使用于货物和库存的盘点及自动存取货物等方面。

3. 销售管理领域

物联网系统具有快速的信息传递能力，能够及时获取缺货信息，并将其传递到卖场的仓库管理系统，经信息汇总传递给上一级分销商或制造商。及时准确的信息传递，有利于上游供应商合理安排生产计划，降低运营风险。在货物调配环节，RFID 技术的支持大大提高了货物拣选、配送及分发的速度，还在此过程中实时监督货物流向，保障其准时准点到达，实现了销售环节的畅通。对零售商而言，实施 EPC 保证了合理的货物仓储数量，从而提高了订单供货率，降低脱销的可能性和库存积压的风险。由于自动结算速度的大幅提高，卖场就可以降低最小安全存货量，增加流动资金。由于可以实现单品识别，每个产品都具有特殊代表性，它们在货架上的具体位置、所处状态，可通过信息阅读随时传递至互联网，在信息处理之后反馈给管理人员，可以有效防盗，避免销售损失。

4. 商品消费领域

物联网的出现使得个性化购买、排队等候时间缩短变为现实。消费者随时掌握所购买产品及其厂商的相关信息，对有质量问题的产品进行责任追溯。事实上，由于产品从生产之初直至消费者手中的整个过程都经由实时的质量和数量追踪，并依据情况做出补救，到消费者手中的残次产品几乎为零。这样，既保证消费者购买到满意商品，还可以防止残次产品因不及时有效地处理而对周围环境带来威胁。特别是有毒有害的危险品，随意丢弃可能造成严重的环境污染，酿成巨大的损失。

## 9.4　物流信息系统及其开发

### 9.4.1　物流信息系统概述

物流信息系统是一个由人和计算机共同组成的，能进行物流信息的收集、传送、存储、加工、维护和使用的系统。物流信息系统是由多个子系统组成的，它们通过物质实体的运动联系在一起，一个子系统的输出是另一个子系统的输入。物流信息系统的基本组成要素有硬件、软件、数据库和数据仓库、人员等。物流信息系统能实测物流的各种运行情况，利用历史数据预测未来，从全局出发进行决策，利用信息控制企业的物流行为，帮助企业实现其物流规划目标。物流信息系统是物流和物流信息的统一，它的内容贯穿于物流企业信息活动的全过程，即信息的产生、收集、整理、编码、传递、处理、存储、分发和使用。物流信息系统具有物流数据处理、物流业务处理和辅助决策等综合性功能，其应用范围广泛、实用价值较高。物流信息系统综合性表现在将所有的功能系统连接成一个有机的整体,是一个人机合一系统,一个多学科、多技术综合利用的结果。物流信息系统是从物流企业的发展全局出发,用数据库技术全面、合理地组织企业数据,达到数据共享的目的,是用系统观点、发展眼光规划的一个系统。随着社会经济和科学技术的迅猛发展,物流信息技术正向着提供信息的服务化、系统的易用化、信息分类的集成化、系统功能的模块化、信息传输的网络化及信息处理的智能化方向发展。

物流信息系统的应用可以缩短从接收订单到发货的时间,实现库存最小化,缩减库存开支,提高装卸搬运作业的效率,实现合理运输,降低运输成本,提高运输效率,使接收订单和发出订货更加省力,提高订单处理的精度,防止发货与配送差错,实时关注物流市场动态并及时作出反应等。最重要的是通过物流信息系统的应用,能够实现物流各个环节、各个部门以及各企业之间的完美衔接,实现物流资源的合理调配,保证一体化物流供应链管理的完成,达到以客户为中心、以市场为基础的物流服务目标。物流信息系统是物流系统的神经中枢,它作为整个物流系统的指挥和控制系统,可以分为多种子系统或者多种基本功能。

### 9.4.2　物流信息系统的开发方法

物流信息系统实质上是实际物流业务系统的一种计算机信息管理模型。从驱动对象的观点来分,目前主流的开发方法有结构化方法(即面向过程的方法)、数据建模方法(即面向数据的方法,又称信息工程方法)、面向对象的方法、原型法。每种方法都有自己的适用范围,在进行系统开发时,要因地制宜,具体问题具体分析。为了加快开发速度,在一个大的物流信息系统开发过程中,通常可以采用多种方法。

1. 结构化方法

结构化方法,亦称为面向过程的方法、以过程为驱动的方法,或数据流建模方法。该方法产生于20世纪70年代中期,主要包括三个方面的内容:结构化程序设计、结构化分析和结构化设计。结构化方法按照用户至上的原则,先将整个信息系统作为一个大模块分而治之,自顶向下,利用模块化结构设计技术进行模块分解,然后再自底向上按照系统的结构将整个模块进行组合,最终实现系统的开发。而所谓的模块化设计是将软件分解为一组尽可能功能独立的模块,程序模块除了和基本控制结构一样具有单一入口和单一出口的构造特征之外,还具有信息隐蔽和局部化特征,互相关联的模块通过接口定义要传递的数据。模块化原理使得软件结构更加清晰,易理解,易测试,易修改,从而提高了软件的可用性。结构化方法的代表性工具有数据流图、结构图、Warnier-Orr图、Petri网(Petri Nets)、数据字典以及判定树/判定表和结构化程序语言等。

2. 数据建模方法(面向数据的方法)

面向数据的方法是一种根据系统数据的组织和存取来建立系统模型的技术。该方法也称为以数据为驱动的方法。数据建模技术和信息工程就是该方法的典型代表。该方法的代表性技术和工具有实体关系图(简称E-R图)、业务域分析和信息模型等。

(1) 数据建模技术。该技术是从信息(数据)而不是从功能(过程)的角度来开发信息系统的。在该技术中,现实世界被描述为是由数据、数据属性及其之间的关系组成的。

(2) 信息工程。信息工程是一种数据驱动的强调过程的技术。除了将过程建模和数据建模有机地结合起来以外,信息工程更强调系统规划的重要性。实际上,在许多技术中信息工程已经取代了传统的结构化分析和设计技术。这是因为信息工程包含了结构化技术中的绝大多数概念、工具和技术。

3. 面向对象的方法

面向对象的分析和设计方法是将面向对象的程序设计思想应用于系统开发中，其在解决问题的风格上与传统的结构化方法截然不同。传统的结构化方法遵循结构化、确定性、顺序的风格，而面向对象的方法则运用了对象、属性、责任以及消息的概念和机制。

面向对象的方法可以说是面向过程技术和面向数据技术相结合的产物。面向对象的开发方法基于类和对象的概念，将客观世界的一切事物都看作由各种不同的对象组成的，每个对象都有各自内部的状态、机制和规律，按照对象的不同特征，可以组成不同的类。不同的对象实例和对象类是通过传送能够指示它们执行某一个对象中的特定过程的消息来相互联系的。

4. 原型法

在软件生产中，引进工业生产中在设计阶段和生产阶段中的试制样品的方法，解决需求规格确立困难的问题。首先，系统开发人员在初步了解用户需求的基础上，迅速而廉价地开发出一个实验型的系统，即"原型"；然后将其交给用户使用，通过使用，启发用户提出进一步的需求，并根据用户的需求对原型进行修改，用户使用后对系统提出新的需求。这样不断反复修改，用户和开发人员共同探讨改进和完善，直至最后完成一个满足用户需求的系统。

此方法的使用有一定的适用范围和局限性，主要表现在。

(1) 不适合开发大型信息系统。对于大型信息系统，如果不经过系统分析来进行整体性划分，很难直接构造一个模型供人评价，而且易导致人们认为最终系统产生过快，开发人员忽略彻底的测试，文档不够健全。

(2) 原型法建立的基础是最初的解决方案，以后的循环和重复都在以前的原型基础上进行，如果最初的原型不适合，则系统开发会遇到较大的困难。

(3) 对于基础管理不善，信息处理过程混乱的组织，构造原型有一定的困难，而且没有科学合理的方法可依，系统开发容易走入机械地模拟原理的手工系统的轨道。

(4) 没有正规的分阶段评价，因而对原型的功能范围的掌握有困难。由于用户的需求总在改变，系统开发永远不能结束。

(5) 由于原型法的系统开发不够规范，系统的备份、恢复，系统性能和安全问题容易忽略。

### 9.4.3 物流信息系统的开发过程

物流信息系统的开发通常包括五个阶段。

1. 系统规划

系统规划的任务是对物流系统的环境、目标、现行系统的状况进行初步调查，确定要系统开发的总目标，制定系统的优先级、结构、功能、性能、可靠性以及所需的接口等方面的设想。

2. 需求分析

需求分析主要是对开发的信息系统进行详细的调查和分析，充分理解用户的需求，确定哪些需求是可以满足的，明确这些需求的逻辑结构，并确切地描述。写出系统需求说明书或功能说明书。

3. 系统设计

系统设计是系统开发的核心，其基本任务是将用户的需求转换成一个具体的信息系统设计方案。该阶段主要包括总体设计（或称概要设计）和详细设计两个活动。总体设计的任务是在系统需求说明书的基础上建立系统的总体结构,包括数据结构和模块结构。详细设计则在总体设计的基础上对模块和数据进行具体的描述,确定其功能、接口和实现方法,以便为程序编写打下基础。详细设计包括数据库设计、人机界面设计、运算过程及逻辑功能设计、网络及通信设计等。

(1) 数据库设计。数据库设计分为逻辑结构和物理结构两部分。逻辑结构是系统处理事件的数据之间的关系、分类和结构。这种结构是从用户的角度来看待数据,是面向用户的,逻辑结构的设计影响到数据库的冗余程度及可扩展性。物理结构是数据在存储设备(如磁带机、硬盘等硬件设施)上的分布,是面向机器的。物理结构的设计将对数据的存储速度、效率和数据的可恢复性产生影响。

关系型数据库是目前广泛应用于管理信息系统开发的一种数据库。关系型数据库是一种通过建立数据之间的关系来减少数据的冗余,减少对数据的操作,从而减少误操作,提高效率。关系型数据库可通过建立数据的关系将物流过程的各环节的数据整合起来。

(2) 人机界面设计。主要完成窗体与报表设计等使系统与用户进行信息的输入与输出的界面来满足用户需求。窗体与报表的设计是以强大的数据库作为支持的,对窗体与报表进行设计时可根据用户部门的功能划分对窗体与报表进行归类,窗体与报表应尽量包含用户所需的内容和功能,界面设计要做到简洁明了和美观。

(3) 运算过程及逻辑功能设计。运算过程及逻辑功能是为减少人工运算和实施数据进出的控制而进行的设计模块。模块化的设计和可重用的构件技术的应用使程序设计更为方便。

(4) 网络及通信设计。网络的结构和通信方式的使用关系着网络通信的速度、效率和成本。网络的设计通过对硬件的配置、布局的规划、数据传输方式的设置而对网络的安装、维护、成本、数据安全性和传输数据的质量产生影响。

4. 系统实施

系统实施的任务是将系统设计的结果转换为可以实际运行的计算机信息系统,主要内容包括程序编写和调试、系统测试、用户培训、数据文件转换、新旧系统切换等。

(1) 程序编写。按照系统设计中所获得的每一个模块的基本结构,将模块及系统转换成计算机可以接受的程序,即写成以某一程序设计语言表示的“源程序清单”。编写的程序应该结构良好、清晰易读,且与设计相一致。

(2) 系统测试。测试是保证信息系统质量的重要手段,其任务是发现并排除错误,它分为单元测试(或称模块测试)、组装测试、系统测试等。

(3) 用户培训。编写用户操作手册,对包括管理人员、业务人员等物流信息系统的用户进行使用培训,使他们逐步适应并熟悉系统的操作方法。

(4) 新旧系统切换。选择新系统取代旧系统的方案,如是直接取代、平行运行、试运行还是逐步转换等,尽量使旧系统能够平稳过渡到新系统。

5. 系统运行与维护

已交付的系统投入正式使用便进入运行阶段。在运行阶段,需要对软件系统进行修改,其原因可能有:运行中发现了错误需要修正;为了适应变化了的系统工作环境,需作适当变更;为了增强软件功能需作变更。每一项维护活动都应该准确记录下来,作为正式的文档资料加以保存。

### 9.4.4 物流信息系统实例分析

#### 9.4.4.1 国家交通运输物流公共信息平台

1. 平台概况与建设背景

国家交通运输物流公共信息平台(简称“国家物流信息平台”,英文标识“LOGINK”)是由交通运输部和国家发改委牵头,由职能部门、科研院所、软件开发商、物流企业等多方参与共建的一个公益、开放、共享的公共物流信息服务网络,是一项政府主导的交通基础设施工程和物流信息化推进工程。国家物流信息平台致力于构建覆盖全国、辐射国际的物流信息服务基础设施、覆盖全产业链的数据仓库和国家级综合服务门户,有效实现国家间、区域间、行业间、运输方式间、政企间、企业间物流信息安全、可控、顺畅的交换共享,逐步汇集物流业内和上下游相关行业的国内外静态动态数据信息,提供公共、基础、开放、权威的物流公共信息服务,形成物流信息服务的良好生态基础,从而促进我国物流业产业向绿色高效全面升级。

2. 系统服务功能

国家物流信息平台主要提供以下服务功能。

(1) 标准服务。信息互联标准是物流链互联互通的关键。国家物流信息平台构建了一整套物流信息互联标准体系,并进行实时维护,为我国物流链各主体之间数据交换共享提供“普通话”。2015 年,交通运输部正式向社会发布了“交通运输物流信息互联共享标准”。目前已整合 687 项数据元,104 个代码集,68 个单证,17 个服务功能调用接口,涉及主要的国家和行业标准;2017 年 11 月,国家物流信息平台会同相关单位在 ISO 国际标准化组织立项,启动了物流信息互联国际标准的编制。

(2) 交换服务。国家物流信息平台通过建设数据交换系统,部署一批区域交换服务器和铁路、长航、公路、海运等行业节点,构建了物流信息基础交换网络,解决跨国、跨区域、跨行业、跨部门之间信息系统互联问题,打破各类物流信息“孤岛”。目前国家物流信息平台在全国部署了 9 个交换服务器,实现 45 万用户的互联,日均交换单据量峰值超 3 000 万条,实现了铁水、铁公、水水、公空、政府与政府、政府与企业等 24 类业务协同互联场景。

(3) 数据服务。国家物流信息平台实现了信用、跟踪、资源、综合等 23 个物流公共信息库的集聚、整合,为各方提供物流公共信息一站式服务,解决国家层面物流公共信息服务资源零散难以满足需求的问题。目前已实现全国营运业户、车辆、从业人员资质信息、全国居民身份证信息、全国 500 余万辆 12 吨以上货车实时位置数据、全国铁路物流跟踪数据、全球 90%海运船期信息和 18 万艘船舶实时位置数据、部分海关关区通关状态信息、部分空港物流信息等的查询及核验,日均信息查询量 150 万次。

3. 系统技术架构

国家物流信息平台以“1+32+nX”为框架。“1”代表“公共平台”国家级管理服务系统;“32”泛指省级交通运输主管部门主导建设的区域交换节点(并非每个省都要建设)。“1+32”是“公共平台”建设的主体内容。“nX”是指“公共平台”拓展和衔接的信息服务体系。n 代表 n 类信息系统,X 代表某一类信息系统中 X 个具体的信息系统。

“公共平台”国家级管理服务系统包括国家交换节点、基础交换网络管理系统和国家平台门户,负责“公共平台”的运行管理、相关行业和国际物流信息系统的衔接以及公共信息服务。

区域交换节点由各省级交通运输主管部门推动建设，与国家交换节点共同构成“公共平台”基础交换网络。国家交换节点与区域交换节点为对等关系，采用网状逻辑结构实现互联。

“nX”中，n 类信息系统包括行业内相关信息系统（n1）、相关行业信息系统（n2）、相关企业信息系统（n3）、相关国际物流信息系统（n4）等。行业内相关信息系统中，包括道路运政管理系统（X1）、水路运政管理系统（X2）、交通电子口岸（X3）、多式联运信息服务系统（X4）、交通运输主管部门主导建设的区域物流公共信息平台（X5）等；相关行业信息系统中，包括海关（X1）、公安（X2）、商务（X3）、质检（X4）、金融（X5）等相关行业信息系统；相关企业信息系统中，包括物流产业链相关运输（X1）、仓储（X2）、商贸（X3）、制造及物流信息服务（X4）等企业信息系统；相关国际物流信息系统中，包括如日本（X1）、韩国（X2）、欧盟（X3）及东盟（X4）等相关物流合作国家或地区的信息系统。随着“公共平台”的发展，“nX”的范围将不断扩大。

平台布局方案如图 9-6 所示。

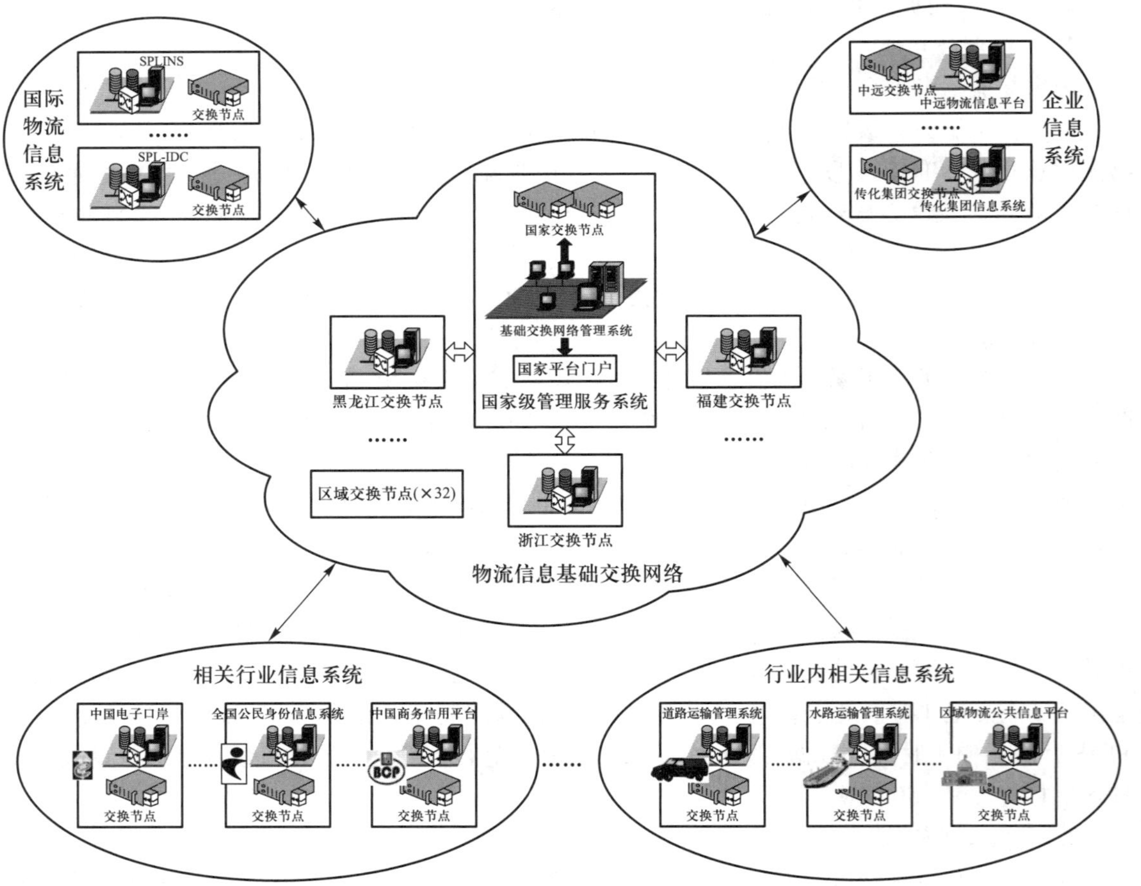


图 9-6 “公共平台”布局图

“公共平台”技术框架包括 4 个层面、2 套体系。“公共平台”的服务对象包括平台及最终用户两部分，为物流行业相关信息平台提供数据交换与服务整合功能，并通过国家平台门户为相关企业直接提供各类信息服务。技术框架如图 9-7 所示。

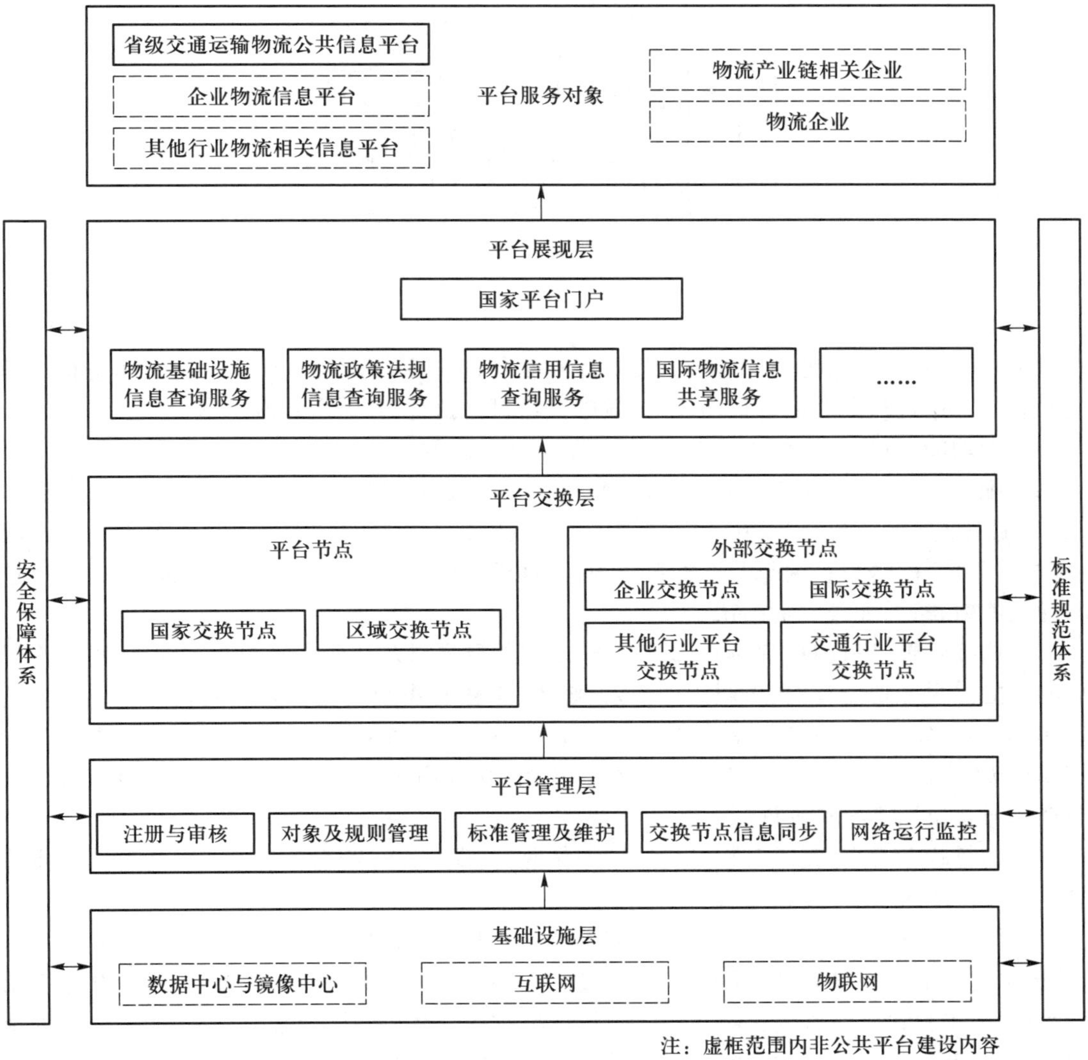


图 9-7 “公共平台”技术框架图

#### 9.4.4.2 配送中心信息系统

配送中心是以组织配送性销售或供应，执行实物配送为主要职能的流通型结点（配送中心业务流程详见第七章第二节配送业务）。配送中心信息系统则是围绕配送中心基本业务和用户对象等，进行相关信息的收集、传输、分析、处理、存储和整合，为配送中心运行与管理提供信息支持。

1. 系统结构

配送中心信息系统主要由出入库管理、配送管理、调拨管理、物料状态管理、计费管理、权限管理、资料管理、客户服务、统计报表和辅助决策支持等模块组成，结构如图 9-8 所示。

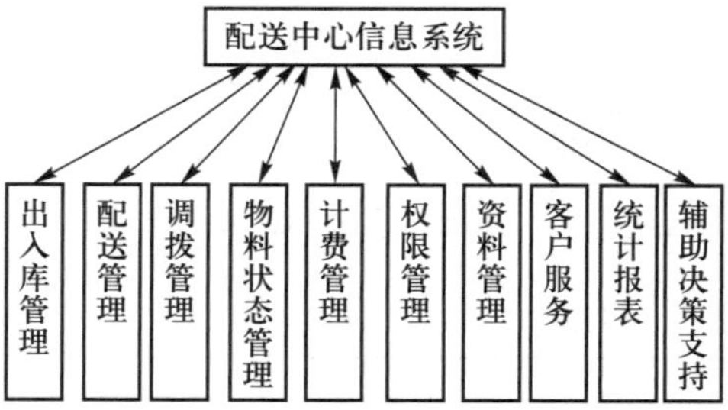


图 9-8 配送中心信息系统结构

2. 系统功能

（1）出入库管理，帮助仓库管理人员对库存物料的入库、出库、盘点等日常工作进行全面的控制和管理。通过初期余额管理功能，完成库存物料初始化，并完成一般出/入库单的输入、审核等各项管理功能，以达到降低库存，避免物品积压及短缺的目的。

（2）配送管理，完成从客户申配受理、配送作业生成、一直到实际配送出库的一系列管理功能，满足配送业务的需要，保障配送业务有序、高效地进行。主要功能有：配送单生成、录入、修改、审核与作废；配送单查询与配送物料查询；配送出库单录入、修改、审核与作废；配送出库单查询与配送物料查询；配送收货确认。

（3）调拨管理，完成对库存物料进行仓位之间的调换以及仓库之间的调拨，以实现仓库最优存放的目的。主要功能有：仓库调拨单录入、修改、审核与作废；调拨单查询与调拨物料查询；调拨出库单录入、修改、审核与作废；调拨出库单查询与调拨出库物料查询；调拨入库单录入、修改、审核与作废；调拨入库单查询与调拨入库物料查询；仓位调换单录入、修改、审核与作废；仓位调换单查询与仓位调换物料查询。

（4）物料状态管理，完成对物料状态维护作业，实现对库存物料状态的专门管理。主要功能有物料状态作业录入、审核、作废以及查询等。

（5）计费管理，实现对各种费用项目的设置，与出入库管理、配送管理、调拨管理等无缝衔接，并根据定制的计费策略，计算各种往来费用。主要功能有：费用项目设置与查询、仓储费用项目设置；汇率项目设置与查询；客户收费项目设置与查询；客户仓期设置与查询、客户仓期处理与查询；单据收费与查询；仓储收费打折与查询；仓储收费计费等。

（6）资料管理，对物料信息、部门信息、客户信息以及员工信息等进行管理。

（7）权限管理，对每个用户/用户组的客户权限和模块权限进行设置，支持授权用户依照其权限对系统进行访问，保证整个系统的安全有序运行。主要功能有：用户组设置、用户组客户权限设置、用户组模块权限设置、密码修改等。

（8）统计报表，实现仓位库存查询、费用汇总查询、库存汇总查询、月进出仓查询、库存流水表查询等功能，并可打印输出；生成库存汇总报表、仓库周报表等一系列报表。

（9）客户服务，直接为客户提供基于 B/S 模式的在线申配单录入、库存状况查询等服务，包括申配作业、物料明细查询、库存汇总查询、存储周期排行查询、部门信息查询、员工管理、系统维护等。

（10）基本资料管理，对系统所涉及的各种基本资料进行配置，包括组织机构的设置；仓库的设置、仓库仓位的设置、仓库的开账作业、仓库月结算期间设置；客户的设置、客户部门的设置；物料类别的设置、物料档案的设置、物料的安全存量的设置；系统用户的设置、客户用户的设置、密码设置等。

(11) 辅助决策支持,编制各种分析报告和建议报告,供配送中心的高层管理人员作为决策的依据。

#### 9.4.4.3 运输管理信息系统

运输管理信息系统是对运输过程中的人、车、货、客户以及费用核算进行有效协调和控制的系统,以计划调度管理为中心,对客户运输委托下单、车辆计划安排、成本控制等进行全方位控制,并与物流环节中的其他系统(仓储、配送、货代等)进行衔接,提高运输服务水平。

1. 业务流程

运输业务流程如图 9-9 所示。运输公司在各个地区设有网点和货物,网点负责收货、发货以及回货的派送签收;货场负责发货以及回货的接收和转货等。实际运作中前一个网点或货物将完成这个标准流程的一部分,货物流向的下一个网点将完成标准流程的另一部分。由此构成了一个由多个站点协同工作并完成的运输链。我们将独立完成该流程的一部分操作的单位,称为一个运输计划点(transportation planing point,TPP),该网点所产生的运单和委托都直接与该 TPP 发生关系。

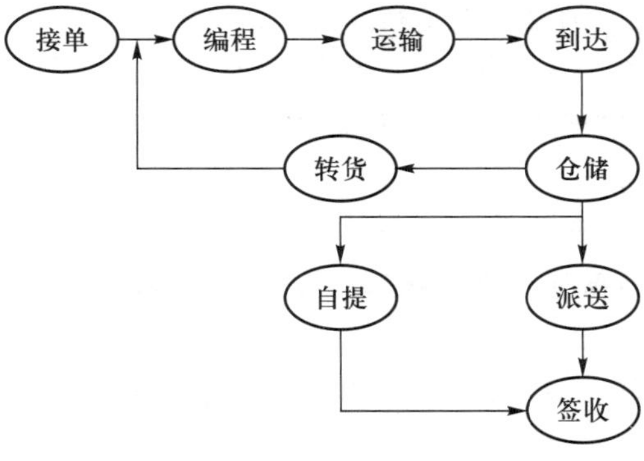


图 9-9 运输业务流程

2. 系统结构

运输管理信息系统由系统管理、基础资料管理、客户关系管理、接单、计划编排、计划执行、计划监督、到货接收、仓储管理、提货、配送、费用结算、网上数据中心、设备使用管理、GSM 发送系统等一系列模块组成,如图 9-10 所示。

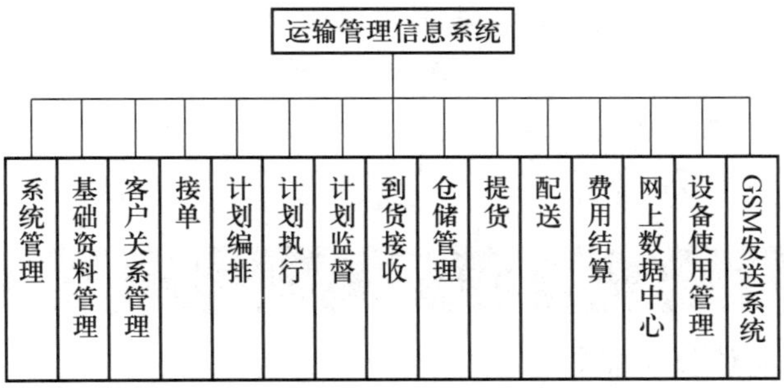


图 9-10 运输管理信息系统结构

3. 系统功能

（1）接单。完成委托单的手动和自动录入，系统将会在该 TPP 下产生委托单代码，进行合法性校验，并记录收费信息和回签单跟踪标志。

（2）计划。完成运单的计划的方式，定义运输方式，货物起运点和到达点以及承运商选择。

（3）计划编排。计划编制中将根据一定的原则对货物按重货和抛货分开搭配，以大不压小、重不压轻的原则进行编排。如果在零担运输下，货物的体积无法准确计算的情况下，将以方便的手工操作方式完成编排。

（4）计划执行。物流的目标是追求物流、信息流、资金流三流合一，在启动物流的同时，启动信息流，计划执行的目的就是让物流与信息流匹配，达到信息流的一致。

（5）计划监督。在长距离运输过程中，需要对运输的过程进行监督，对于未按预定行程完成的运单提示报警，同时该模块预留有 GPS/GIS 接口。

（6）到货接收。该模块的功能是完成到达货物的接收，判断委托单的状态是否已到最终站点，或是否需要转货。如果是已到最终站点，将以手机短信息和传真的方式发给客户，通知客户提货。如果是转货，将编制到下一运单中去。

（7）仓储管理。运输企业的仓库以中转库为主，基本上是平面库。该模块功能是完成中转仓库的管理，如盘库、转库、移库等操作，并输出库存积压报告，供管理层采取措施。

（8）提货。完成已到货物的提供操作，包括货物所在库位的查找，货物的签收，付款确认等功能。

（9）派送。对于客户要求送货上门的委托单，站点要制定派送计划，根据要派送的委托单进行派送编制，编制完成后进行派送计划的执行。在派送编制后，将生成派送单，派送完成后，将以派送单为单位完成客户签收处理。

（10）费用计算。系统能完成应收/应付费用的统计输出，并以电子文档的格式与财务系统实现连接。

（11）客户化服务。系统提供了一个数据中心，客户可以进行网上下单、运单查询、货物追踪。为了向客户提供友好的服务，系统采用手机短消息方式，将起运和到货时间发给收货人。

## 本章小结

本章对物流信息系统的基本知识进行了介绍，分析了物流信息的特点、作用，信息管理的主要内容，在此基础上对物流信息的采集与跟踪方法、物流信息的传输与交换技术、物流信息安全与开发技术和物联网技术等进行了全面介绍，最终对物流信息系统的设计思路、开发步骤、实现方法等进行了系统分析，并对实际应用系统进行了介绍。

## 思考题

1. 试述物流管理信息系统的开发方法。
2. 物流信息技术主要有哪些？它们的主要内容是什么？

3. 简述物流信息标准体系的内容。
4. 简述物联网的体系结构和物联网关键技术。
5. 请描述仓储管理信息系统的结构与主要功能，其与配送中心信息系统有什么不同？
6. 综合分析题：根据国家发展改革委《"互联网+"高效物流实施意见》的部署，交通运输部、国家发展改革委和中央网信办联合委托第三方机构组织开展了首批骨干物流信息平台试点评选工作，全国 28 家平台入选。从试点名单来看，公路车货匹配领域和物流服务保障类企业最多，分别有八家企业入选。其次为多式联运领域有六家企业入选。

   请分析物流平台的主要功能，及其在促进物流信息化中的重要作用。

即测即评

# 第 3 篇

# 物流网络与场站规划

# 第 10 章 物流网络概述

**本章学习目的**

☞ 了解物流网络的概念与内涵;理解物流枢纽、物流节点、物流通道的概念、特征、分类;掌握物流节点、物流通道、物流组织网络的构成要素和主要功能。

物流网络(logistics network)是通过交通运输线连接分布在一定区域的不同物流节点所形成的系统。物流网络的形成既是物流系统高效运作的内在要求,也是物流服务全程化、网络化和供应链一体化发展的必然要求。物流网络的运作以物流枢纽为核心,通过物流节点和物流通道、信息网络、组织网络的相互协调配合而发挥效用。

## 10.1 物流网络概念与内涵

### 10.1.1 物流网络的概念

通常而言,物流网络的概念可以从两方面来认识。一方面是作为一般意义的网络,不赋予任何服务对象任何服务功能,这种情形的物流网络由节点和线路共同构成。另一方面是作为支撑物流系统运作、提供物流服务的网络,这种情形的物流网络既包括物流节点和物流通道,还包括物流信息、服务、组织主体等。对于信息网络和组织是否为物流网络的重要内容有不同认识。例如,《物流术语》(GB/T 18354—2006)删除有关信息的表述,认为物流网络是:"物流过程中相互联系的组织与设施的集合"。2021 年修订后,进一步将物流网络定义为:通过交通运输线路连接分布在一定区域的不同物流节点所形成的系统。

1. 物流网络的几种代表性定义

现阶段,对于物流网络的理解,常见的定义有以下几种。

(1) 北京物资学院王之泰教授将物流网络定义为:线路和节点相互联系、相互配置以及其结构、组成、联系方式不同,形成了不同的物流网络。

(2) 北京交通大学鞠颂东教授将物流网络定义为:在网络经济和信息技术的条件下,适应物流系统化和社会化的要求发展起来的,由物流组织网络、物流基础设施网络和物流信息网络三者有机结合下形成的物流服务网络体系的总称。根据物流网络各个组成部分的特点和相关性，可以将物流网络分为"物流组织网络""物流基础设施网络"和"物流信息网络"三个子网。物流组织网络是物流网络运行的组织保障；物流基础设施网络是物流网络高效运作的基本前提和条件；物流信息网络是物流网络运行的重要技术支撑。

（3）清华大学缪立新教授将物流网络定义为：实现物流系统各项功能要素之间所形成的网络，包括物理层面上的网络和信息网络。

2. 本书对物流网络的定义

物流网络的产生与形成由内在和外在两种力量共同推动。内在力量是物流服务的自身属性，即物流活动由多项功能共同构成，这些功能具有紧密的业务联系，由此形成物流系统。物流系统在发挥优化配置资源和高效率、低成本的运作过程中，物流网络自然形成。外在力量是供应链和产业链的一体化，促使物流服务的深度和广度不断拓展，物流服务的复杂性和难点日益增加，物流服务的全程化、网络化趋势日益显著，最终促使物流网络加速发展并走向成熟。

本书认为：物流网络是为实现物流系统互联互通、物流服务高效便捷而形成的网络，物流网络是各类物流节点、物流通道、设施设备、组织主体等的集合体，物流网络的运作以物流枢纽为核心，通过物流节点和物流通道、信息网络、组织网络的相互协调配合而发挥功效。

物流枢纽是物流网络的核心，设置在主要物流通道和关键物流节点的交汇处；物流枢纽是各项物流信息的汇集地和处理中心，是物流组织管理活动的中枢。

物流节点和物流通道是物流网络运行的基础物质条件，是物流网络运转的主要载体，决定了物流网络的形态、结构与类型。

物流信息网络由各类公共物流信息平台、企业物流信息系统共同构成，是物流网络运作一体化和无缝化的技术保障；物流组织网络由通过各种组织技术与方法形成的各类服务主体共同构成，是物流网络运作能力与水平发挥的组织保障。

由于物流信息网络在第 9 章中已经进行了详细论述，因此本章重点介绍物流枢纽、物流节点、物流通道和物流组织网络。

3. 物流网络的分类

基于不同的视角，物流网络的类型不同。按照覆盖范围的不同，可分为国际物流网络、全国物流网络、区域物流网络、城市物流网络。按照主导功能的不同，可以分为运输网络、仓储网络、配送网络、快递网络。按照组织主体的不同，可以分为企业物流网络、社会物流网络。按照服务对象的不同，可以分为制造业物流网络、商贸业物流网络、农业物流网络。

### 10.1.2 物流网络的特征

物流网络具有基础性、开放性、服务性、经济性、复杂性等特征。

1. 基础性

物流业是支撑国民经济发展的基础性和先导性产业。物流网络作为支撑物流业发展的重要载体，其中的主要物流节点、物流通道、信息平台的建设需要政府的引导和参与，并给予土地、税收、资金等方面的配套政策，以激发企业主体运作的积极性。

2. 开放性

物流网络中的各类节点、通道、服务主体、设施设备均应根据物流网络运作的需要，特别是根据物流需求的数量、种类、空间分布的变化，进行动态调整。网络中的每个节点可以与其他任何节点发生联系,快速交换信息,协同处理业务。

3. 服务性

物流网络是服务性网络,物流网络的运作的目标是以恰当的成本在恰当的时间内完好地将货物从供给方送达需求方。最大限度地满足用户的需求,增强物流服务的竞争力,引导用户不断释放合理需求,实现低成本、高效率、低库存、短时间、少环节是物流服务追求的目标。

4. 经济性

物流网络中的各类组织体系、设施设备在提供服务的同时,需要考虑投入产出,并将经济性作为优先关注的目标。当然,一些特殊的物流网络,往往将效率作为优先考虑的目标,例如:军事物流网络、应急物流网络等。

5. 复杂性

物流网络中物流节点和物流通道的数量多,各种节点与线路的连接方式存在差异,线路中的流量、流向动态变化,物流网络规模巨大、结构复杂。物流网络的运作处于不确定环境,受很多随机因素的影响,具有多结构、多属性、多层次的特点,这不仅给认识物流网络的运行规律带来巨大挑战,也增加了网络运营管理的难度。

## 10.2 物流枢纽

### 10.2.1 物流枢纽的概念与特征

物流枢纽的产生与发展,既是物流网络不断完善与发展的结果,也是综合交通体系不断健全的产物。物流枢纽概念的出现源于运输服务的物流化、物流资源整合及网络化运作。物流设施类型多样化,以及跨国界、跨区域的物流活动日渐频繁,导致原本分离的社会化运输设施和物流设施、企业物流设施相互融合,一体化发展。物流枢纽是由交通枢纽的概念扩展和延伸而来的。因此,在了解物流枢纽的概念与特征之前,需对交通枢纽的相关概念有较全面的认识。

#### 10.2.1.1 交通枢纽的概念与功能

目前,对于交通枢纽的认识有两种。一种是单一运输方式的枢纽,例如铁路枢纽、公路枢纽,另外一种是综合交通枢纽。

1. 铁路枢纽

按照《铁路车站及枢纽设计规范》(TB 10099—2017)的解释,铁路枢纽是在铁路网点或网端,由两条及以上干线、若干个车站、各种为运输服务的设施及其联络线等所组成的整体。我国《中长期铁路网规划》(2008 年调整)提出重点建设的八大枢纽为北京、上海、广州、郑州、武汉、西安、重庆、成都。我国《中长期铁路网规划》(2016 年调整)提出统筹运输网络格局,按照“客内货外”的原则,优化铁路枢纽布局,完善系统配套设施,修编铁路枢纽总图。构建北京、上海、广州、武汉、成都、沈阳、西安、郑州、天津、南京、深圳、合肥、贵阳、重庆、杭州、福州、南宁、昆明、乌鲁木齐等综合铁路枢纽。

2. 公路枢纽

我国交通运输部在《国家公路运输枢纽布局规划》(2007 年)提出,公路运输枢纽是在公路运输网络的节点上形成的货物流、旅客流及客货信息流的转换中心。

国家公路运输枢纽是位于重要节点城市的国家级公路运输中心,与国家高速公路网共同构成国家最高层次的公路运输基础设施网络。国家公路运输枢纽主要由提供与周边国家之间、区域之间、省与省之间以及大中城市之间公路客货运输组织及相关服务的客货运输站场组成,是保障公路运输便捷、安全、经济、可靠的重要基础设施,是国家综合交通运输体系的重要组成部分。国家公路运输枢纽由客运枢纽站场和货运枢纽站场组成,提供公共交通运输服务,其核心功能包括:支持经济社会发展;服务公众便捷安全出行;保障国家安全服务可持续发展。

《国家公路运输枢纽布局规划》(2007年)确定的国家公路运输枢纽总数为179个,其中12个为组合枢纽,共涉及196个城市,如表10-1所示。

**表10-1 国家公路运输枢纽布局方案**

| 地区 | 省(直辖市、自治区) | 城市 | 数量 |
|---|---|---|---|
| 东部 | 北京 | 北京 | 1 |
| | 上海 | 上海 | 1 |
| | 天津 | 天津 | 1 |
| | 河北 | 石家庄 唐山 邯郸 秦皇岛 保定 张家口 承德 | 7 |
| | 辽宁 | *沈(阳)抚(顺)铁(岭) 大连 锦州 鞍山 营口 丹东 | 6 |
| | 江苏 | 南京 *苏(州)锡(无锡)常(州) 徐州 连云港 南通 镇江 淮安 | 7 |
| | 浙江 | 杭州 *宁(波)舟(山) 温州 湖州 嘉兴 金华 台州 绍兴 衢州 | 9 |
| | 福建 | 福州 *厦(门)漳(州)泉(州) 龙岩 三明 南平 | 5 |
| | 山东 | *济(南)泰(安) 青岛 淄博 *烟(台)威(海) 济宁 潍坊 临沂 菏泽 德州 聊城 滨州 日照 | 12 |
| | 广东 | *广(州)佛(山) *深(圳)莞(东莞) 汕头 湛江 珠海 江门 茂名 梅州 韶关 肇庆 | 10 |
| | 海南 | 海口 三亚 | 2 |
| 东部合计 | | | 61 |
| 中部 | 山西 | 太原 大同 临汾 长治 吕梁 | 5 |
| | 吉林 | 长春 吉林 延吉 四平 通化 松原 | 6 |
| | 黑龙江 | 哈尔滨 齐齐哈尔 佳木斯 牡丹江 绥芬河 大庆 黑河 绥化 | 8 |
| | 安徽 | 合肥 芜湖 蚌埠 安庆 阜阳 六安 黄山 | 7 |
| | 江西 | 南昌 鹰潭 赣州 宜春 九江 吉安 | 6 |
| | 河南 | 郑州 洛阳 新乡 南阳 商丘 信阳 开封 漯河 周口 | 9 |
| | 湖北 | 武汉 襄阳 宜昌 荆州 黄石 十堰 恩施 | 7 |
| | 湖南 | *长(沙)株(洲)潭(湘潭) 衡阳 岳阳 常德 邵阳 郴州 吉首 怀化 | 8 |
| 中部合计 | | | 56 |

续表

| 地区 | 省(直辖市、自治区) | 城　市 | 数量 |
|---|---|---|---|
| 西部 | 内蒙古 | 呼和浩特　包头　赤峰　通辽　呼伦贝尔　满洲里　巴彦淖尔　二连浩特　鄂尔多斯 | 9 |
| | 广西 | 南宁　柳州　桂林　梧州　*北(海)钦(州)防(城港)　百色　凭祥(友谊关) | 7 |
| | 重庆 | 重庆　万州 | 2 |
| | 四川 | 成都　宜宾　内江　南充　绵阳　泸州　达州　广元　攀枝花　雅安 | 10 |
| | 贵州 | 贵阳　遵义　六盘水　都匀　毕节 | 5 |
| | 云南 | 昆明　曲靖　大理　景洪　河口　瑞丽 | 6 |
| | 西藏 | 拉萨　昌都 | 2 |
| | 陕西 | *西(安)咸(阳)　宝鸡　榆林　汉中　延安 | 5 |
| | 甘肃 | 兰州　*酒(泉)嘉(峪关)　天水　张掖 | 4 |
| | 青海 | 西宁　格尔木 | 2 |
| | 宁夏 | 银川　固原　石嘴山 | 3 |
| | 新疆(兵团) | 乌鲁木齐　哈密　库尔勒　喀什　石河子　奎屯　伊宁(霍尔果斯) | 7 |
| 西部合计 | | | 62 |
| 全国合计 | | | 179 |

注:*为组合枢纽。

3. 综合交通枢纽

《综合交通网中长期规划》(2007年)对综合交通枢纽的定义是:“在综合交通网络节点上形成的客货流转换中心”。综合交通枢纽一般处在一定地区范围内交通运输网络的中心或节点,是指由若干种运输方式(其中包括不少于两种干线运输)所连接的固定设备(构筑物)和活动设备(载运工具、装卸机械等)组成的,具有运输组织管理、中转换乘(装)、装卸储运、多式联运、通信信息和生产生活辅助服务等基本功能的系统。

综合交通枢纽的功能主要体现在以下三个方面。

一是为区域内部和区域对外的人员及物资交流提供集散和中转服务,带动和支撑区域经济的发展。综合交通枢纽一般地处区域主要中心城市,为所在地区或城市的经济发展和居民生活提供客货运输服务,是城市对外联系的桥梁和纽带。

二是实现不同方向和不同运输方式间客货运输的连续性,完成运输服务的全过程。以信息化、网络化为基础,改进运输组织方式,实现各种运输方式一体化管理,完成运输服务全过程。

三是为运输网络吸引和疏散客货流,促进交通运输产业的发展。

根据《国家综合立体交通网规划纲要》和《现代综合交通枢纽体系“十四五”发展规划》,未来将重点建设面向世界的京津冀、长三角、粤港澳大湾区、成渝地区双城经济圈4大国际性综合交通枢纽集群。加快建设 20 个左右国际性综合交通枢纽城市以及 80 个左右全国性综合交通枢纽城市。如表 10-2 所示。

**表 10-2 全国性综合交通枢纽(节点城市)**

| 序号 | 类型 | 节点城市 |
| --- | --- | --- |
| 1 | 国际性综合交通枢纽集群 | 京津冀、长三角、粤港澳大湾区、成渝地区双城经济圈 |
| 2 | 国际性综合交通枢纽城市 | 北京、天津、上海、杭州、南京、广州、深圳、成都、重庆、沈阳、大连、哈尔滨、青岛、厦门、郑州、武汉、海口、昆明、西安、乌鲁木齐 |
| 3 | 全国性综合交通枢纽 | 石家庄、太原、呼和浩特、长春、宁波、合肥、福州、南昌-九江、济南、长沙-株洲-湘潭、南宁、贵阳、拉萨、兰州、西宁、银川、宁波、合肥、长沙、唐山-秦皇岛、雄安、邯郸、大同、包头、通辽、营口、吉林、齐齐哈尔、连云港-徐州-淮安、苏州-无锡-南通、温州、金华(义乌)、蚌埠、芜湖、泉州、赣州、上饶、烟台、潍坊、临沂、洛阳、商丘、南阳、襄阳、宜昌、黄冈-鄂州-黄石、岳阳、怀化、衡阳、珠海、湛江、汕头-揭阳-潮州、柳州、桂林、钦州-北海-防城港、三亚、攀枝花、泸州-宜宾、万州-达州-开州、广元、遵义、曲靖、大理、宝鸡、榆林、安康、酒泉-嘉峪关、格尔木、中卫、喀什、库尔勒、伊宁 |

#### 10.2.1.2 物流枢纽的概念与功能

物流枢纽与交通枢纽既有联系又有区别。物流枢纽的建设必须依托综合交通枢纽或者铁路枢纽、公路枢纽。物流枢纽是具备较大规模配套的专业物流基础设施和完善的信息网络,通过多种运输方式便捷地连接外部交通运输网络,物流功能和服务体系完善并集中实现货物集散、存储、分拨、转运等多种功能,辐射较大范围物流网络的公共物流节点。物流枢纽是集聚了多种功能的物流设施,是物流活动组织中心。物流枢纽应衔接两个及以上方向的物流通道,枢纽内物流作业量达到一定的规模。一般而言,物流枢纽具有以下特征。

(1) 主要位于全国性物流节点城市和全国性综合交通枢纽(节点城市),少部分位于区域性物流节点城市和区域性交通枢纽;

(2) 由一定范围内的多个具有业务联系的区域共同构成;

(3) 内部包含各种类型的物流节点、海关商检设施、保税设施、信息设施、组织管理设施,这些设施之间有紧密的作业联系、合理的业务分工协作和便捷的物流业务联系。

一个典型的物流枢纽内部的主要设施构成如图 10-1 所示。

物流枢纽的功能主要体现为集聚、扩散和中介。集聚是通过物流枢纽的各种节点设施实现包括货物、资金、信息、技术、人才等各类物流枢纽运行所需的资源的高度集聚,实现规模经济。扩散是通过物流枢纽的各类通道设施实现货物、服务、信息的高效和快捷流动,实现辐射和带动。中介是指通过物流枢纽中的各类运行主体提供的服务,为物流的需求群体和物流供给群体提供平台,实现各项物流服务的全面集成。物流枢纽的目标是实现以最经济的成本、最便捷的速度,提供最优质的服务。

### 10.2.2 物流枢纽的层次与分类

从物流枢纽的概念与内涵分析可以看出,物流枢纽的建设应依托交通枢纽。物流枢纽一般位于全国性物流节点城市或区域性物流节点城市。

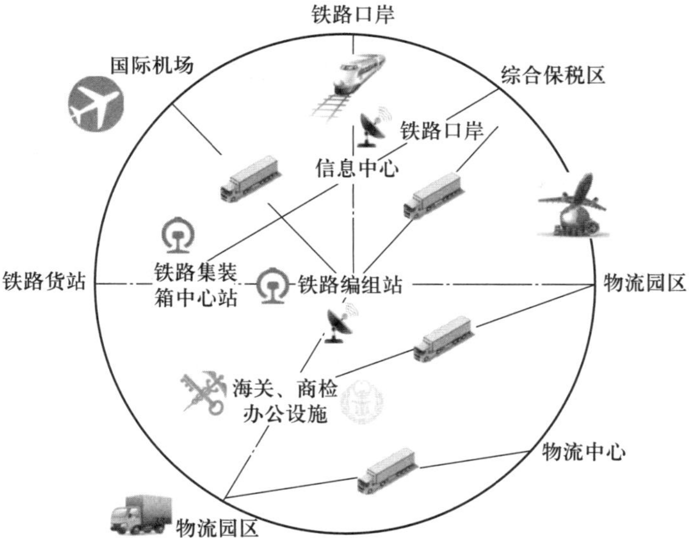


图 10-1 物流枢纽的主要设施构成

2009 年国务院出台的《物流业调整与振兴规划》指出，物流节点城市分为全国性物流节点城市、区域性物流节点城市和地区性物流节点城市。全国性和区域性物流节点城市由国家确定，地区性物流节点城市由地方确定。全国性物流节点城市包括北京、天津、沈阳、大连、青岛、济南、上海、南京、宁波、杭州、厦门、广州、深圳、郑州、武汉、重庆、成都、南宁、西安、兰州、乌鲁木齐共 21 个城市。区域性物流节点城市包括哈尔滨、长春、包头、呼和浩特、石家庄、唐山、太原、合肥、福州、南昌、长沙、昆明、贵阳、海口、西宁、银川、拉萨共 17 个城市。

从场所概念来看，物流枢纽是最高等级的物流节点，结合《物流术语》(GB/T 18354—2021)关于物流设施的辐射范围、物流功能、服务对象的界定，可以将物流节点的层次划分为物流枢纽、物流园区/物流基地、物流中心、配送中心四级，如表 10-3 所示。

**表 10-3 物流节点的层次体系**

| 级别 | 名称 | 应具备的基本功能 | 辐射范围 | 服务对象 |
|---|---|---|---|---|
| 一级 | 物流枢纽 | 物流服务功能、海关商检功能、保税功能、金融、商务、生活配套功能 | 两个及其以上国家 | 国内外采购、生产、销售、流通各环节的相关企业 |
| 二级 | 物流园区/物流基地 | 物流服务功能、金融、商务、生活配套功能 | 全国大部分区域 | 为众多企业设立配送中心或区域配送中心，提供专业化物流基础设施和公共服务 |
| 三级 | 物流中心 | 物流服务功能、商务、生活配套功能 | 两个及以上省份 | 面向社会提供公共物流服务 |
| 四级 | 配送中心 | 配送服务功能 | 以省内区域为主 | 特定用户、特定行业 |

2016 年，国家发展改革委发布的《营造良好市场环境推动交通物流融合发展实施方案》中，提出统筹综合交通枢纽与物流节点布局，强化交通枢纽的物流功能，构建综合交通物流枢纽系统。根

据区位条件、辐射范围、基本功能、需求规模等，科学划分全国性、区域性和地区性综合交通物流枢纽。实施铁路物流基地工程，新建和改扩建一批具备集装箱办理功能的一、二级铁路物流基地。积极拓展航运中心、重要港口、公路港等枢纽的物流功能，支持重点地区以货运功能为主的机场建设。

2018 年，国家发展改革委、交通运输部在印发《国家物流枢纽布局和建设规划》中，将国家物流枢纽分为陆港型、港口型、空港型、生产服务型、商贸服务型、陆上边境口岸型 6 种类型。

（1）陆港型。依托铁路、公路等陆路交通运输大通道和场站（物流基地）等，衔接内陆地区干支线运输，主要为保障区域生产生活、优化产业布局、提升区域经济竞争力，提供畅通国内、联通国际的物流组织和区域分拨服务。

（2）港口型。依托沿海、内河港口，对接国内国际航线和港口集疏运网络，实现水陆联运、水水中转有机衔接，主要为港口腹地及其辐射区域提供货物集散、国际中转、转口贸易、保税监管等物流服务和其他增值服务。

（3）空港型。依托航空枢纽机场，主要为空港及其辐射区域提供快捷高效的国内国际航空直运、中转、集散等物流服务和铁空、公空等联运服务。

（4）生产服务型。依托大型厂矿、制造业基地、产业集聚区、农业主产区等，主要为工业、农业生产提供原材料供应、中间产品和产成品储运、分销等一体化的现代供应链服务。

（5）商贸服务型。依托商贸集聚区、大型专业市场、大城市消费市场等，主要为国际国内和区域性商贸活动、城市大规模消费需求提供商品仓储、干支联运、分拨配送等物流服务，以及金融、结算、供应链管理等增值服务。

（6）陆上边境口岸型。依托沿边陆路口岸，对接国内国际物流通道，主要为国际贸易活动提供一体化通关、便捷化过境运输、保税等综合性物流服务，为口岸区域产业、跨境电商等发展提供有力支撑。

不同类型的物流枢纽的布局城市如表 10-4 所示。

**表 10-4 国家物流枢纽的承载城市**

| 类型 | 城市 |
|---|---|
| 陆港型 | 石家庄、保定、太原、大同、临汾、呼和浩特、乌兰察布、沈阳、长春、哈尔滨、佳木斯、南京、徐州、杭州、合肥、南昌、鹰潭、济南、潍坊、郑州、安阳、武汉、长沙、衡阳、南宁、柳州、重庆、成都、遂宁、贵阳、遵义、昆明、拉萨、西安、延安、兰州、酒泉、格尔木、乌鲁木齐、哈密、库尔勒 |
| 港口型 | 天津、唐山、秦皇岛、沧州、大连、营口、上海、南京、苏州、南通、连云港、宁波—舟山、芜湖、安庆、福州、厦门、九江、青岛、日照、烟台、武汉、宜昌、岳阳、广州、深圳、湛江、钦州—北海—防城港、洋浦、重庆、泸州 |
| 空港型 | 北京、天津、哈尔滨、上海、南京、杭州、宁波、厦门、青岛、郑州、长沙、武汉—鄂州、广州、深圳、三亚、重庆、成都、贵阳、昆明、拉萨、西安、银川、乌鲁木齐 |
| 生产服务型 | 天津、石家庄、唐山、邯郸、太原、鄂尔多斯、包头、沈阳、大连、长春、哈尔滨、大庆、上海、南京、无锡、苏州、杭州、宁波、嘉兴、金华、合肥、蚌埠、福州、三明、南昌、青岛、郑州、洛阳、武汉、十堰、襄阳、长沙、郴州、广州、深圳、珠海、佛山、东莞、南宁、柳州、重庆、成都、攀枝花、贵阳、西安、宝鸡、石河子 |
| 商贸服务型 | 天津、石家庄、保定、太原、呼和浩特、赤峰、沈阳、大连、长春、吉林、哈尔滨、牡丹江、上海、南京、南通、杭州、温州、金华（义乌）、合肥、阜阳、福州、平潭、厦门、泉州、南昌、赣州、济南、青岛、临沂、郑州、洛阳、商丘、南阳、信阳、武汉、长沙、怀化、广州、深圳、汕头、南宁、桂林、海口、重庆、成都、达州、贵阳、昆明、大理、西安、兰州、西宁、银川、乌鲁木齐、喀什 |

以物流枢纽等为依托，我国正推动现代物流和相关产业深度融合创新发展，促进区域产业空间布局优化，打造具有区域集聚辐射能力的产业集群，有序开展国家物流枢纽经济示范区建设，到2025年，建设20个左右国家物流枢纽经济示范区。

## 10.3 物流节点和物流通道

### 10.3.1 物流节点

物流节点（logistics node）是具有与所承担物流功能相配套的基础设施和所要求的物流运营能力相适应的运营体系的物流场所和组织。物流节点反映的是场所概念，存在广义和狭义之分。广义的物流节点是指所有进行物资中转、集散和储运的节点，包括港口、空港、货运场站、大型公共仓库及物流园区、物流中心、配送中心、转运中心、分拨中心等。狭义的物流节点一般是指由政府规划，为各类企业开展物流服务提供作业场所和公共服务的各类物流基地、物流园区、物流中心、配送中心。以下重点介绍物流园区、物流中心。

#### 10.3.1.1 物流园区

物流园区是物流业规模化和集约化发展的客观要求和必然产物，是为了实现物流运作的共同化，按照城市空间合理布局的要求，集中建设并由统一主体管理，为众多企业提供物流基础设施和公共服务的物流产业集聚区。物流园区作为重要的物流基础设施，具有功能集成、设施共享、用地节约的优势，促进物流园区健康有序发展，对于提高社会物流服务效率、促进产业结构调整、转变经济发展方式、提高国民经济竞争力具有重要意义。

1. 国内外物流园区发展

物流园区最早以“物流园地”（distribution park）的形式出现在日本。日本发展物流园区的主要目的是解决城市功能日益低下，缓解城市交通拥挤，减轻环境压力，顺应物流业发展趋势，实现“货畅其流”。日本早在1964年就开始对物流产业发展进行政府规划与控制，1969年形成日本全国范围物流体系的宏观规划，1996年颁布《综合物流施策大纲》，并5年修订一次。在1969年形成的日本全国范围物流体系宏观规划中，将日本的1道1都2府43县分成8大物流区域，进行区域物流和区域内物流的分类，在各区域建设和整顿物流设施，形成物流园区和全区域的物流网络，再通过干线运输（高速铁路、高速公路和近海运输）形成跨区域的物流系统，最后形成全国范围的物流体系。日本已建成22个大规模的物流园区，平均占地0.74平方千米。

德国是欧洲物流发展最好的国家之一，在物流园区的建设方面一直处于世界领先地位。德国发展物流园区的主要目的是提高货运经济性和合理性。德国物流园区协会对2002年全国物流园区发展状况进行调查的结果显示：全国现有33个物流园区，其中28个已建成并投入使用，5个处于规划和土地开发阶段，每个物流园区的总面积平均约1.4平方千米。

我国物流园区的建设起步较晚，但发展势头良好。从1998年我国第一个物流园区——盐田平湖物流园区建设开始，为适应物流业快速发展趋势，各级地方政府积极推进物流园区规划和建设,全国物流园区数量稳步增长。中国物流与采购联合会、中国物流学会先后于 2006 年、2008 年、2012 年、2015 年、2018 年、2022 年和 2024 年组织了七次全国物流园区(基地)调查。2024 年组织开展的第七次调查数据显示,全国符合本次调查基本条件的各类物流园区共计 2 769 家,比 2022 年第六次调查的 2 553 家增长 8.5%,增速总体上保持稳定态势。

全国物流园区规划将物流园区布局城市分为三级,确定一级物流园区布局城市 29 个,二级物流园区布局城市 70 个,三级物流园区布局城市具体由各省(区、市)参照规定条件,根据本省物流业发展规划具体确定,原则上应为地级城市。

一级物流园区布局城市(共 29 个):北京、天津、唐山、呼和浩特、沈阳、大连、长春、哈尔滨、上海、南京、苏州、杭州、宁波、厦门、济南、青岛、郑州、合肥、武汉、长沙、广州、深圳、南宁、重庆、成都、昆明、西安、兰州、乌鲁木齐。

二级物流园区布局城市(共 70 个):石家庄、邯郸、秦皇岛、沧州、太原、大同、临汾、通辽、包头、鄂尔多斯、鞍山、营口、吉林、延边(珲春)、大庆、牡丹江、齐齐哈尔、无锡、徐州、南通、泰州、连云港、温州、金华(义乌)、舟山、嘉兴、湖州、安庆、阜阳、马鞍山、芜湖、福州、泉州、南昌、赣州、上饶、九江、烟台、潍坊、临沂、菏泽、日照、洛阳、南阳、安阳、许昌、宜昌、襄阳、岳阳、娄底、衡阳、佛山、东莞、湛江、柳州、钦州、玉林、贵港、海口、绵阳、达州、泸州、贵阳、拉萨、榆林、宝鸡、咸阳、西宁、银川、伊犁(霍尔果斯)。

2. 物流园区的概念

《物流术语》(GB/T 18354—2021)将物流园区定义为:由政府规划并由统一主体管理,为众多企业在此设立配送中心或区域配送中心等,提供专业化物流基础设施和公共服务的物流产业集聚区。发展改革委综合运输研究所汪鸣教授对物流园区内涵的界定是:物流园区是对物流组织管理节点进行相对集中建设与发展的具有经济开发性质的城市物流功能区域,同时,也是依据相关物流服务设施进行的降低物流成本,提高物流运作效率和改善企业服务有关的流通加工、原材料采购和便于消费直接联系的生产等活动的具有产业发展性质的经济功能区。物流园区是物流业发展到一定阶段的产物,由一家或多家物流企业组成的集中布局场所,是具有一定规模和综合服务功能的较高等级物流节点。

3. 物流园区的功能

(1) 物流服务功能。物流园区能够对接收的各种运输方式送达的货物进行中转、分拣、储存保管、加工及配送并提供各项物流增值服务,实现经济效益。

(2) 信息服务功能。物流园区作为现代物流发展的产物,必然配备高效率、高科技的信息系统,向供需双方提供及时、完善的信息咨询服务。它主要提供诸如订货、储存、运输、加工等物流相关信息,订单、交易等商务信息以及货物状态的相关信息。

(3) 社会服务功能。物流园区能够整合各项设施以促进经济发展、优化城市交通布局、提高区域的辐射带动作用以及加速产业结构调整。

4. 物流园区的分类

按照《物流园区分类与规划基本要求》(GB/T 21334—2017)和全国物流园区发展规划对于物流园区的类型划分,物流园区主要有五种类型。

(1) 货运服务型物流园区。依托空运、水运或陆运节点(枢纽)而规划建设;为大批量货物分拨、转运提供配套设施;主要服务于区域性物流转运及运输方式的转换。

（2）商贸服务型物流园区。依托各类批发市场、专业市场等商品集散地面规划建设；为商贸流通企业提供一体化物流服务及配套商务服务；主要服务于商贸流通业商品集。

（3）生产服务型物流园区。依托经济开发区、高新技术园区、工业园区等制造业集聚园区而规划建设；为生产型企业提供一体化物流服务；主要服务于生产企业物料供应、产品生产、销售和回收等。

（4）口岸服务型物流园区。依托对外开放的海港、空港、陆港、海关特殊监管区域及场所而规划建设；为国际贸易企业提供国际物流综合服务；主要服务于进出口货物的报关、报检、仓储、国际采购、分销和配送、国际中转、国际转口贸易、商品展示等。

（5）综合服务型物流园区。综合服务型物流园区要求具有两种（含）以上运输方式，能够实现多式联运和无缝衔接，至少能够提供货运枢纽、商贸服务、生产服务、口岸服务中的两种以上服务，满足城市和区域的规模物流需求。

另外，从服务区域及辐射范围来看，物流园区还可以分为以下四种。

（1）国际型物流园区。紧靠港口、机场和陆路口岸，与海关监管通道相衔接的大型转运枢纽。

（2）全国枢纽型物流园区。是多种运输骨干线网交汇的中转枢纽。

（3）区域组织型物流园区。是跨区域长途运输和城市面上配送体系的组织和转换枢纽。

（4）城市配送型物流园区。是保障商贸与城市生产的物流园区。

图 10-2 为某航空港物流园区示意图。

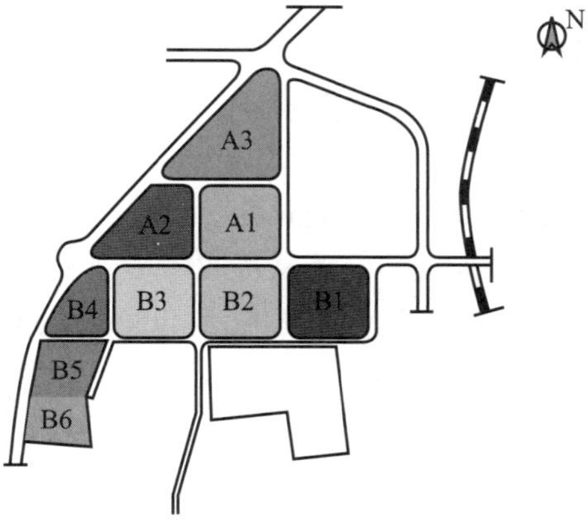


| 区域编号 | 区域主题 |
|---|---|
| A1 | 综合物流区 |
| A2 | 第三方物流区 |
| A3 | 生产资料物流区 |
| B1 | 货运枢纽 |
| B2 | 航空物流区 |
| B3 | 物流科技区 |
| B4 | 国际精品物流区 |
| B5 | 生鲜食品物流区 |
| B6 | 预留区 |

图 10-2 某航空港物流园区示意图

#### 10.3.1.2 物流中心

1. 物流中心的概念与特征

《物流术语》（GB/T 18354—2021）将物流中心定义为：具有完善的物流设施及信息网络，可便捷地连接外部交通运输网络，物流功能健全，集聚辐射范围大，存储、吞吐能力强，为客户提供专业化公共物流服务的场所。

物流中心与传统仓库的区别：物流节点种类很多，但无论何种类型的节点都与仓库有关而又有区别，传统的仓库是“储存和保管物品的场所”，是静态的；物流中心虽然一般也有仓库，但对仓库的管理是动态的。从静态转变为动态,引起了仓库设备、结构、作业流程、功能等多方面的变化,成为新型的物流节点。

(1) 由原来的人力化、机械化的设施发展到自动化、智能化设施。

传统仓库使用的设施主要是低效率的平地面仓库、平房仓库,人力化的推车,搬运设备等,使得物流作业劳动强度大、成本高、出错率高。而物流中心除原有仓库类型外,还建设自动化立体仓库,提高了仓库利用率;使用自动分拣机提高了分拣效率、降低了出错率,利用自动导向搬运小车降低了作业强度;通过计算机通信网络、企业内部网来实现物流中心与供应商的联系、与下游客户之间的联系、企业内各部门的联系;通过专家系统、机器人等相关技术实现物流作业过程大量的运筹和决策;通过先进的信息处理和传输系统提供极好的信息服务,以赢得客户的信赖;通过 ECR(efficient consumer response,有效消费者响应)和 JIT 系统实现客户信息反馈和提高服务水平。

(2) 物流中心的作业内容已经发生了质的变化。

物流中心集中了流通领域的多种物流功能,成为组织物流作业和调节物流供需的基地。物流中心通过先进的管理、技术和现代化信息网络,对商品的采购、进货、储存、分拣、加工、配送等业务进行了科学、统一、规范的管理,使商品运动过程变得高效、协调、有序。传统的仓储业务只是物流中心作业的组成部分,物流中心突破了传统仓库静态存储的格局,在更大范围、更高层次上对传统储运业务进行了优化和革新。

(3) 作业方式由人力化、机械化仓储作业发展为具有强大信息功能的自动化、智能化物流作业。

传统的仓储作业主要是人工通过使用众多的仓储设施、机构来完成,所以作业强度大,劳动生产率低,物流作业的差错多,商品在库滞留时间过长,物流成本高,而物流中心已实现了物流活动的网络化、信息化,信息系统是物流中心的灵魂。

(4) 与供应商及客户的关系由临时、随机的关系发展到长期、稳定的关系。

传统仓储业在部门与地区分割、相互封闭的局面下完成从接收物资到发放物资的活动,业务范围有限,它的效益体现是单位面积、单位时间收取的存储费用,所以进出频繁与静止不动在仓库效益上并没有优势。而物流中心为有效完成物流活动,提高自我竞争优势,强调与供应商及客户的合作,通过从供应者到消费者供应链的运作,使物流与信息流达到最优化,追求全面的系统的综合效果。

此外,物流服务内容已由原来的商流、物流分离发展到商流、物流、信息流的有机结合。

由此可见,物流中心借助仓库进行现代物流运作,在满足商业需求和社会需求的同时,提高了仓库的利用效率和经济效益,也就是实现了物流中心的增值功能。这就是物流中心的价值功能与社会意义,也是区别于传统仓库的根本所在。

2. 物流中心的作用

物流中心是综合性、地域性、大批量的物品物理位移集中地,它把商流、物流、信息流、资金流融为一体,成为产销企业之间的中介、企业或组织。在物流网络中,物流中心所起的作用是作为商品周转、分拣、保管、在库管理和流通加工的节点,促进商品能够按照顾客的要求,完成价值附加,克服在其运动过程中所产生的时间和空间障碍。具体表现在以下几点。

(1) 商品周转的作用。在干线运输中,如果由单个企业直接承担小规模货物运输,不仅因为平均运送货物量较少造成经济成本增加，而且由于运行次数频繁，从社会角度来看，容易造成过度使用道路、迂回运输、交通堵塞、环境污染等现象，也增加了社会成本。如果在干线运输的源头或厂商集散地建立物流中心，在中心内统一集中各中小型企业的货物，并加以合理组合，再实施运输，既发挥了物流规模经济效益使经济成本得以降低，又有效地抑制了社会成本的上升。同样，干线运输的商品在运输、消费地附近的物流中心统一进行管理，再安排相应的小型货车进行配送，也大大提高了物流的效率。所以，物流中心在现代运输管理体系中已作为一种商品周转中心发挥着积极的作用。

（2）商品分拣的作用。随着流通体系的不断发展和市场营销渠道的细分化，无论在商品、原材料进货或商品发货方面，愈益呈现出多样化、差异化的倾向。在这种状况下，商品的分拣职能显得日益重要，可以说它对保证商品或物质的顺利流动、建立合理的流通网络系统具有积极的意义。而物流中心正是发挥这种商品分拣职能的机构。

（3）商品保管的作用。在现代经济社会中，商品的生产和消费之间由于时间、空间和其他因素的影响，往往会出现暂时的分离，物流中心为了发挥时空的调节机能和价格的调整功能，需要具备保管职能，因此，物流中心须具有保管中心的作用。由前述已知，物流中心所具有的保管作用与仓库保管是有区别的。

（4）商品在库管理的作用。物流中心商品保管职能中经营管理的特性主要表现在，为了能在用户要求的发货时间内迅速、有效地发货而从事在库商品的管理。具体讲，在商品再生产、输送等时间比用户规定抵达时间更长的情况下，为了消除这种时间上的差异，防止用户出现缺货现象，而实施商品、原材料的安全在库管理。此外，为了缩短用户商品的配送时间并实现输送的常规化，也需要在用户进货地附近（消费地）设立在库管理的物流中心。

（5）流通加工的作用。商品从生产地到消费地往往要经过很多流通加工作业，特别是在开展共同配送后，在消费地附近需要将大批量运抵的商品进行细分、小件包装以及贴附标签、条形码等操作，这些都需要在物流中心内进行。随着流通领域中零售业的发展，物流中心的流通加工功能也得到了进一步的扩充，这主要表现在物流中心逐渐具有了蔬菜调理、食品冷冻加工、食品保鲜等食品加工站的功能。另外，在将商品从生产地高效地运抵消费地之后，在物流中心内就地进行商品的货架配置等原来属于店铺作业的活动，从而大大提高了商品作业的效率，降低了店铺管理的费用，并有利于实现企业统一的管理及企业形象的建立。

在整个物流过程中，物流中心是保障物流合理化，降低物流成本，提高对用户服务水平的重要环节和据点，对物流过程的优化和提高物流效益有着重大意义。其原因是：

（1）由于集中储备，提高了物流调节水平。多数物流中心虽不以储备为主要目的，但也保持一定量的储备，从而保证了对用户（包括生产企业）的配货、集货、调节、加工的功能。物流中心的储备与各个小的用户或生产企业的储备相比较，是一种集中性质的储备，这不但更有效地保证了调节能力，而且可减少用户的分散储备，由于集中储备总量的减少，实现较好的社会效益和经济效益。

（2）由于有效的衔接功能，加快了物流周转，降低了成本。物流中心有效解决了流通过程中必需的转换衔接，从而使衔接前后的物流都能保持优化。主要的衔接有：

① 不同运输方式之间的衔接。如水陆、陆空、陆陆运输方式转换时，由于再次装卸、暂存等，不但耽误了时间，而且增加了货物损坏的概率。转变运输方式的成本也很高，中距离物流每次转

换如果没有有效的方式,成本往往高达全部物流费用20%以上。依托物流中心组织不同运输方式间的有效衔接,物流费用也可有一定程度降低。

② 不同包装、集装等装运方式的衔接。专业化大规模生产是当今社会普遍采用的生产方式,产品外运也往往采用大规模载运的方式,如大型集装、散装等。而许多用户需求恰恰是小规模的,为此许多流通中心就是将大规模装运转化成小规模包装,以实现有效的衔接。这种衔接可以向用户提供其所需的批量,免除用户大量接货增加库存之苦,从而产生效益。

③ 不同状态的物流衔接。不同状态的物流转换往往也是物流过程中的薄弱环节,在反复倒运、装卸中致使损失增大,费用增加。由物流中心承担上述任务,可以采用有效的设备和技术解决这种衔接,降低成本。

(3) 由于进行适当加工,衔接产需,合理利用资源和运力,提高了效益。用户的需求具有多样性、多层次的特点,专门从事流通加工的物流中心,可以弥补生产企业在这方面的不足。

3. 物流中心的分类

根据《物流中心分类与规划基本要求》(GB/T 24358—2019),物流中心主要有三类划分方式。一是按照服务对象划分为自用型和公共型;二是按货物属性划分为专业型和通用型;三是按服务功能划分为仓储型和集散型。其中,专业型和通用型物流中心的特点如下。

(1) 专业型物流中心。专业型物流中心是指需专门配置专用设施设备以满足某一行业领域内的专业货物运作要求的物流中心,包括保温冷藏类物流中心、冷冻类物流中心、散装类物流中心等。

(2) 通用型物流中心。通用型物流中心是指不需专门配置专用设施设备即可满足覆盖多个行业领域的普通货物运作要求的物流中心。

### 10.3.2 物流通道

1. 物流通道的概念与内涵

物流通道是在运输通道、交通走廊(transportation corridor)的基础上形成并发展而来的。美国交通工程专家 William. W. Hay 对交通运输通道的解释为:在湖、河流、溪谷、山脉等自然资源分布、社会经济活动模式、政治等因素的影响下而形成的客货流密集地带,通常由多种运输方式提供服务。北京交通大学张国伍教授认为:某两地之间具有已经达到一定规模的双向或单向交通流,为了承担此强大交通流而建设的交通运输线路的集合,称之为交通运输通道。

物流通道是依托运输通道,为满足多个具有紧密联系的城市(地区)之间常态化、大规模的物资空间位移的需求,由多条运输线路组成的物理通道和运行在线路上的常态化的航班、车次、班列、班轮组成的服务通道构成的集合。广义的物流通道还包括为保障物流通道运行的各类服务设施。

物流通道具有以下特征。

(1) 物流通道中的物理通道必须具备技术等级高、运输能力大的要求;

(2) 物流通道中的服务通道必须是常态化、定期运行的;

(3) 物流通道的空间形态主要为带状。

2. 物流通道的作用

(1) 促进沿线经济发展。物流通道通过实现沿线地区的物资、服务、信息的快速、高效、低成本流动，而形成通道经济，加速沿线城市的经济发展。

（2）缩短物流时空距离。物流通道通过减少中间停靠站点、采用新型车辆、优化运输组织形式等缩短物流时空距离。

（3）提高物流运作效率。物流通道通过货物、服务、管理、技术的集约化，实现规模经济，提高物流运作效率。

3. 物流通道的分类

（1）按照空间服务范围的不同。主要分为国际物流通道、区际物流通道、区内物流通道、城市间物流通道。国际物流通道是连接两个以上国家之间的货物交换所形成的通道。国际物流通道主要为海运通道，也有海铁联运、国际铁路联运通道。区际物流通道是连接主要经济区之间的货物交换所形成的通道。区域间物流通道主要依托国家铁路干线、国家高速公路、长江航线。区内物流通道是连接省内经济联系密切城市、相连省（市、区）重要城市之间的货物交换所形成的通道。区内物流通道主要依托国家铁路干线、地方铁路、国省干道。城市间物流通道是连接省内重要物流节点、重点工业园区、大型商贸市场之间的货物交换所形成的通道。城市间物流通道主要依托地方铁路、国省干道。

（2）按照各种运输方式的不同。主要分为铁路通道、公路通道、水路通道、航空通道、多式联运通道。其中前四种是指依托各自运输方式形成的物流通道，而多式联运通道则是利用两种及以上运输方式而形成的物流通道。

2022 年，国务院办公厅印发《“十四五”现代物流发展规划》中，提出依托国家综合立体交通网和主要城市群、沿海沿边口岸城市等，促进国家物流枢纽协同建设和高效联动，构建国内国际紧密衔接、物流要素高效集聚、运作服务规模化的“四横五纵、两沿十廊”物流大通道。“四横五纵”国内物流大通道建设，要畅通串接东中西部的沿黄、陆桥、长江、广昆等物流通道和连接南北方的京沪、京哈—京港澳（台）、二连浩特至北部湾、西部陆海新通道、进出藏等物流通道，提升相关城市群、陆上口岸城市物流综合服务能力和规模化运行效率。加快“两沿十廊”国际物流大通道建设，对接区域全面经济伙伴关系协定（RCEP）等，强化服务共建“一带一路”的多元化国际物流通道辐射能力。围绕共建“一带一路”、长江经济带发展等重大战略实施和西部陆海新通道建设，提升“四横五纵、两沿十廊”物流大通道沿线物流基础设施支撑和服务能力，密切通道经济联系，优化通道沿线产业布局与分工合作体系，提高产业组织和要素配置能力，发展物流通道经济。

## 10.4 物流组织网络

### 10.4.1 物流组织网络的概念与特征

1. 物流组织网络的基本概念

物流组织网络是物流企业为应对全球供应链一体化和物流业务网络化的发展要求，通过开展联盟合作、资源整合、业务协同，创新物流运作模式而形成的。物流企业是物流组织网络的关键和核心，物流企业之间的业务合作和相互联系促进了物流组织的网络化。物流组织的网络化过程一般经历四个阶段，如图 10-3 所示。第一阶段表示各物流组织相对独立运作，物流组织间存在较少的合作关系；第二阶段则有较多的物流组织间开展合作，其中有一些合作关系相对稳定；第三阶段则表示部分物流组织间形成了一些相对稳定的联盟关系；第四阶段表示物流组织网络形成。在整个物流组织系统中，各个物流组织节点都是一个开放的主体，每个节点可以从外部获取信息和资源，也可以与其他节点共享自己的资源，从而使整个物流组织系统演变成为一个资源和信息充分共享的、可动态重组的、开放的多边网络。

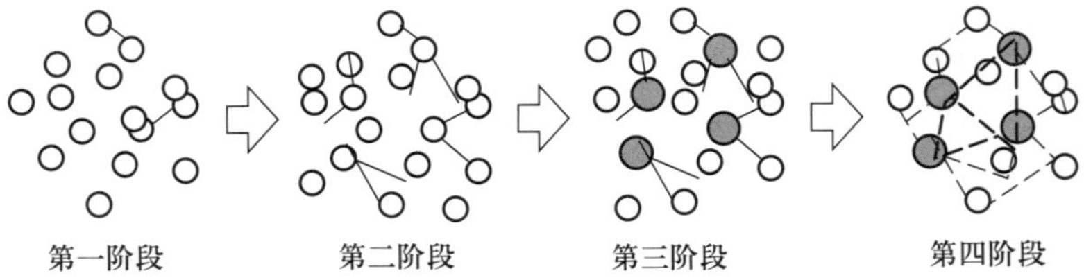


图 10-3 物流组织网络化过程示意图

物流组织网络是一个包括物流联盟组织、虚拟组织以及其他物流组织形态在内的无边界的开放的网络。在该网络中，信息和资源可充分共享，网络内的节点间可动态重组从而为用户提供更高效的物流的服务。在物流组织网络中，各节点根据用户的需求进行动态重组后形成若干不同类型的服务组织，物流企业之间的联盟，或物流企业通过整合其他企业资源进行虚拟经营，都是物流组织网络化经营的一种组织形态。

物流组织网络以提高顾客服务满意度为目标，协调组织主体间的相互合作，以资源整合和协同运行、模式创新为手段，形成一个具有自组织、他组织、自适应的运行体系。

2. 物流组织网络的特征

（1）物流组织网络是动态开放的。物流组织网络突破了传统物流组织的纵向等级和横向分工，物流组织网络中节点之间是以"客户网络"为中心形成的动态连接，可以实现信息交流的最大化。

（2）物流组织网络将传统的物流企业从注重企业自身的利益，拓展到关心物流组织网络内相关群体的利益；从只关心物流资源拥有者利益到关心所有相关者的利益；从只注重追求效率和利益，拓展到整合资源、挖掘潜力、协作创新。

（3）物流组织网络具有协同和持续创新的特征。在物流组织网络中可以共享资源、信息与技能，因此会产生协同效应，协同的螺旋进化过程带动了物流组织网络的持续创新。

（4）物流组织网络不同于物流联盟、也不同于虚拟物流企业，它强调的是以顾客为核心形成的物流组织间的动态合作、快速反应的网状价值创造体系。

（5）物流组织网络将以核心企业为中心的供应链管理，拓展为在物流资源整合的基础上，以客户群所形成的客户网络为服务对象，充分发挥服务与被服务两个层次的整合效应，从而在上述两个层次的基础上，最大限度地发挥资源整合效应。

3. 物流组织中各类企业的类型及其合作关系

按照《物流企业分类与评估指标》（GB/T 19680—2013），物流企业指从事物流活动的经济组织，至少从事运输（含运输代理、货物快递）或仓储一种经营业务，并能够按照客户物流需求对运输、储存、装卸、包装、流通加工、配送等基本功能进行组织和管理，具有与自身业务相适应的信息管理系统,实行独立核算、独立承担民事责任的经济组织。根据物流企业以某项服务功能为主要特征,并向物流服务其他功能延伸的不同状况,划分物流企业类型为运输型物流企业、仓储型物流企业和综合型物流企业。

依据物流组织模式的不同,还可以将物流企业分为第一方物流企业、第二方物流企业、第三方物流企业和第四方物流企业;按照服务行业的不同,可以分为汽车物流企业、家电物流企业、食品物流企业等;按照服务范围的不同,可以分为国际性物流企业、全国性物流企业、区域性物流企业等。

为实现物流服务的全程化、网络化,不同类型的企业间会建立某种合作关系,从而加速物流组织网络的形成。

(1) 服务功能的拓展。是指在同一区域内,具有不同服务功能的企业,为拓展服务范围、互补资源优势而开展的业务合作。

(2) 服务区域的拓展。是指具有相同服务对象、相同服务功能的企业,为拓展服务范围、提升服务质量、降低物流成本而开展的业务合作。

(3) 服务对象的拓展。是指不同行业的物流企业,进入新服务行业而开展的业务合作。

(4) 服务模式的转变。是指传统的第一方物流企业、第二方物流企业之间,在由自营物流向社会化物流的转变过程中,通过强强联合转型升级为第三方物流乃至第四方物流企业。

### 10.4.2 物流组织网络的运行模式

为实现物流组织网络的运作目标,物流组织网络的运行过程将采取如下模式。

1. 由若干个子网络共同完成组织功能

在物流组织网络的运作过程中,整体网络是由若干子网络构成的。每一个子网络中又有若干网络成员。每个网络节点都有决策能力。例如,物流组织网络可分解为仓储子网络、运输子网络、加工配送子网络和物流代理子网络等。仓储子网络又由若干个网络成员构成,大家共同完成仓储任务。概括地讲,每一个子网络和每个节点在某一次服务中,可能只完成部分职能和任务。

2. 由核心企业进行组织协调

物流组织网络的运作需要核心企业的组织协调。物流组织网络的协调机构往往是物流需求的发现者或组织者。协调机构的主要任务是促进各参与主体的协同合作,提高网络的运作能力与物流服务水平,共同满足物流需求。

3. 由“协作协议”约束组织行为

物流组织网络依靠“协作协议”的约束进行运作。“协作协议”是网络运作收益分享与风险共担的关键。物流组织网络的运作需要内外部资源的共同运用。抓住企业运行的关键资源和本企业的优势资源,同时在外界寻找本企业没有或企业拥有但成本和效率不如其他企业的资源,这是物流组织网络运作的根本。

4. 由“动态革新”增强组织活力

物流组织网络的生命力在于不断进行节点间的互动重组。动态合作为网络中节点间的互动重组奠定了产权基础。合作能使参与者的总体利益最大化,但最大化是多次博弈的结果。在一次性博弈中,背叛总是最优战略,而在重复博弈过程中,就有可能达到合作的结果。在物流组织网络中,节点间的互补性、依赖性和制约性加大,从而使合作变得更为可信。从某一活性节点角度看，在物流组织网络运作中，只有不断互动重组，才能实现用较低的交易费用获得更大利益的愿望。

## 本章小结

物流网络是物流活动开展的重要载体。本章首先介绍了物流网络的概念、分类与特征；进而详细阐述了铁路枢纽、公路枢纽、综合交通枢纽的概念与内涵，提出了物流枢纽的概念、特征、功能与分类；最后，分别论述了物流节点、物流通道、物流组织网络的概念、构成要素与功能。

## 思考题

1. 简述物流网络的概念与分类。
2. 论述物流枢纽与铁路枢纽、公路枢纽、综合交通枢纽的区别与联系。
3. 物流园区有哪些常见的类型？
4. 物流中心与物流园区有何差异？
5. 物流枢纽的主要构成要素有哪些？
6. 物流节点和物流通道在物流网络中发挥什么作用？
7. 如何认识物流通道的概念？物流通道的主要作用体现在哪些方面？
8. 企业在物流组织网络中发挥什么作用？
9. 常见的物流节点类型有哪些？
10. 我国常见的物流通道有哪些？
11. 物流组织网络的特点是什么？
12. 简述物流组织网络的运作模式。
13. 根据国务院办公厅印发的《“十四五”现代物流发展规划》，到 2025 年，我国将完成 120 个左右国家物流枢纽、100 个左右国家骨干冷链物流基地布局建设，基本形成以国家物流枢纽为核心的骨干物流基础设施网络。物流干支仓配一体化运行更加顺畅，串接不同运输方式的多元化国际物流通道逐步完善，畅联国内国际的物流服务网络更加健全，形成“通道+枢纽+网络”运行体系。请问，物流枢纽和物流通道如何高效衔接以实现物流网络覆盖水平和服务效率提升？

即测即评

# 第 11 章 物流节点选址与规划设计

**本章学习目的**

了解物流节点选址与规划设计的影响因素、一般原则与基本步骤；了解物流节点建设项目技术经济评价的主要指标；理解物流节点流程优化、功能分区、设备选型、交通组织等基本方法；掌握几种常见的物流节点选址方法。

物流节点是开展物流活动的重要载体，物流节点选址是指在一定区域范围内，选择一个或多个位置来满足物流需求的过程。物流节点的规划设计是在物流节点选址确定的基础上，为满足服务对象的需求，通过综合分析、论证、计算、修改和评价等过程，提出流程优化、功能分区、设备选型、交通组织等方案，使物流节点运行的各类资源得到合理配置，运行能力得到充分发挥，实现物流节点运营管理的预期目标。物流节点建设项目的技术经济评价是物流节点的可行性研究的主要内容，能够用以判断物流节点建设项目在财务上的可行性和宏观经济上的合理性。

## 11.1 物流节点选址与规划设计概述

### 11.1.1 物流节点选址的影响因素

影响物流节点选址的主要因素有用地条件及土地成本、服务范围与市场定位、物流需求及其分布、运输仓储费用及建设成本，等等。事实上，这些因素都不会单独起到决定作用，常常是所有因素一起共同影响选址。所以选址的结果常常是矛盾调和的结果。

1. 用地条件及土地成本

任何选址问题都是在特定的用地条件下进行的，选址范围建设用地的气象、水文、地质、地貌特征关系着成本大小、环境影响、合法与否等十分重要的问题。当可选择用地条件差异不太大时，土地成本就会成为十分重要的影响因素。

当前，我国各级政府为了推动作为生产性服务业的物流业的发展，制定了不少既有利于物流节点这类物流基础设施建设，又符合《中华人民共和国土地管理法》和《中华人民共和国城市规划法》的物流用地政策。因此，在分析用地条件和土地成本时，应充分考虑国家和各级政府颁布的这些用地政策。

2. 服务范围与市场定位

物流节点具有集聚效益,具有符合市场需要的特定的服务领域和服务空间。物流节点的选址必须清楚其面向的市场领域和辐射的空间范围,这样有利于在可选择的点位上寻求更符合要求、更有利于功能形成和长远发展的位置。一般来讲,服务范围越大,可选位置越多,市场面向领域越小,可选位置越少。

3. 物流需求及其分布

物流需求的大小、空间分布、时间分布乃至方式分布、方向分布都会深刻地影响到物流的运营和管理。物流节点以及节点之间的线网构成的物流服务网络应尽可能地适应物流需求及其分布,从而可以看到物流需求及其分布深刻地影响着物流节点的选址。一般来讲,需求集中且量大的区域应考虑物流节点的布置。

4. 运输仓储费用及建设成本

各类成本是影响物流节点选址的经济因素,主要有以运输费用、仓储费用为代表的可变成本,它们包含了劳动力使用、能源消耗、原材料消耗、公用设施使用的费用,还有以基础设施建设、技术设备购置为代表的固定成本。一般来讲,在一定范围内固定成本相对稳定且差异不大,但可变成本既不稳定且差异大,在分析计算时应准确把握。在我国现阶段,各个交通运输系统的运费不仅仅是由千米的费率构成的,各种各样的杂费也应予以充分考虑。

不同规模和类型的物流节点对上述因素的敏感性存在差异。大型物流节点占地面积大,对外交通要求高,对用地条件和土地成本更为敏感;自动化物流节点具有占地面积相对较小、建设成本高、储存容量大的特点,对物流需求及其分布更为敏感。

### 11.1.2　物流节点选址的一般原则

(1) 位于城市市中心的边缘地区,一般在城市道路网的外环线附近;

(2) 位于交通枢纽中心地带,至少有两种以上的运输方式衔接;

(3) 位于土地开发资源较好的地区,用地充足,成本较低;

(4) 位于城市物流需求的交汇点附近,现有物流资源基础较好,一般有较大物流量产生,如工业中心、大型卖场等,可利用和整合现有的物流资源;

(5) 有利于整个地区物流网络的优化和信息资源利用。

以上原则主要针对的是大中型物流节点。在城市配送小批量、多频次和快节奏等趋势推动下,以前置仓、地下仓库等为代表性的小微型物流节点正逐步发展,其选址多位于城市内部,更接近客户。

### 11.1.3　物流节点选址的基本步骤

进行物流设施选址,可以按照如下七个步骤(图 11-1)。

第一步,收集整理资料:主要是对业务量、运营收入和运营成本进行正确的分析和判断。

(1) 运营收入。包括运输业务量、存储业务量、包装装卸、流通加工、其他业务量和销售价格及竞争情况。

(2) 运营成本。包括运营费用(运输费、配送费、物流设施费)与管理费用。

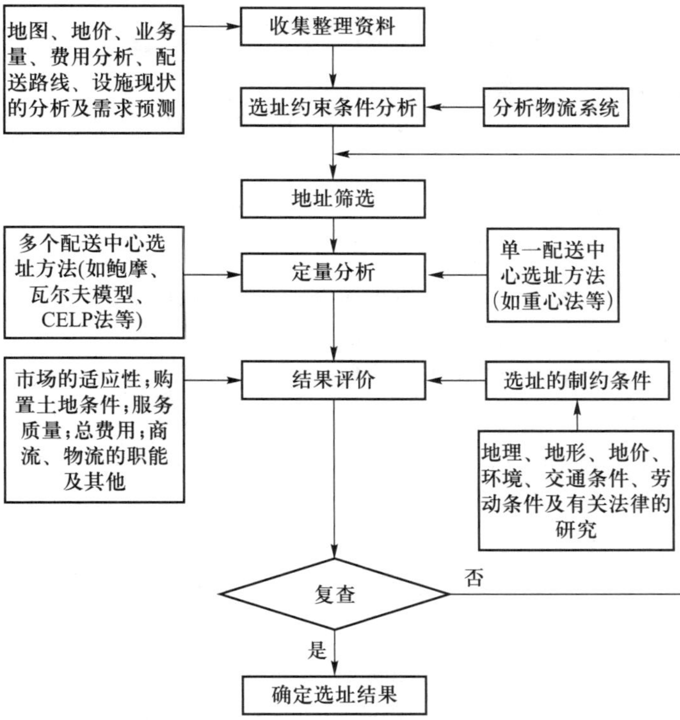


图 11-1 物流节点选址的基本步骤

(3) 与选址决策相关的其他资料。如地图、土地价格、配送路线、设施现状的分析及需求预测等。

第二步,选址约束条件分析:主要包括选址的若干影响因素。

(1) 需求条件。顾客分布情况预测、货物作业量的增长率及配送区域的范围。

(2) 运输条件。应靠近铁路货运站、港口和机场等运输据点及办公地点。

(3) 配送服务的条件。发送时间、频率、顾客到物流设施的距离和服务范围。

(4) 用地条件。可用地块的情况、条件与价格。

(5) 法规制度。建立物流设施和本身城市规划内容相符合,有良好的税收政策、物流政策、关税及汇率等。

(6) 流通职能条件。商流职能与物流职能相分离,物流设施根据市场需求决定是否需要流通加工职能。

(7) 其他。货物质量冷冻、保温设施,防止公害设施或危险品保管等设施。

第三步,地址筛选:在资料整理和分析的基础上,考虑各种因素的影响并对需求进行预测后,初步确定选址范围,即初始候选地点。

第四步,定量分析:针对不同情况选用不同的模型进行计算,得出结果。

第五步,结果评价:根据系统的评价目标(市场的适应性、客户服务水平,总收入、成本与费用,土地条件,商流、物流的职能等)对所选择方案进行评价。对多个影响因素分别赋予权重,采用加权法方法进行评价。

第六步,复查:再次对选址进行核查。

第七步,确定选址结果:需要注意,定量计算结果不一定为实际最优解,还要结合定性分析。

另外,物流节点选址还包含一些需要注意的内容。

(1) 选址的影响因素相互矛盾。如业务方便与地价贵、租金高、建设成本或运营成本较高等之间的矛盾。

(2) 不同因素的相对重要性很难确定和度量。不同服务对象对物流设施的要求不同,如反应速度、服务可靠性、成本、便捷程度等。

(3) 选址标准会随时间变化而变化。当前可能是最优的选址地点,但随着城市格局的改变与物流需求的移动,未来可能有更好的选址出现。

(4) 不同类型物流设施对选址要求不同。转运型物流设施应设置在城市边缘地区的交通便利的地段,以方便转运和减少短途运输。储备型物流设施一般应设置在城镇边缘或城市郊区的独立地段,且具备地价低、方便运输等条件。综合型物流设施经营品种繁多,一般应根据商品类别和物流量综合加以判断。

总之,选址问题包含的环节多、难度大。尤其在中小城镇中,要防止占地面积较大的物流基础设施选址在城镇中心地区,以防止给城市带来交通不便与环境污染。

### 11.1.4 物流节点规划设计的一般原则

物流节点的类型不同,规划设计考虑的因素和内容存在一定的差异。例如,物流园区和物流中心优先关注的是功能定位与分区、交通组织等,而配送中心优先关注的是功能区布置、设施设备选型、作业流程优化等。但是,总体而言,这类物流节点的规划设计均遵循一般性的原则,需要考虑的因素和规划的基本步骤相对明确。

1. 经济合理原则

物流节点的规划设计应注重服务对象与功能的匹配、功能区之间作业活动的有效衔接。在设施设备配置、作业流程设计中充分考虑作业对象的多样化需求,实现投入产出的最优。

2. 统一协调原则

物流节点的规划设计应与所在城市的总体规划、土地利用规划相一致,并且符合城市物流发展规划,特别是物流节点体系布局的要求,注重与商业网点规划、综合交通规划相协调,实现土地集约高效利用。

3. 适度超前原则

物流节点的规划设计应立足现状需求,兼顾未来发展,预留一定的发展空间,注重功能的柔性。在不违背经济合理原则的前提下,可通过分阶段实施和长远规划来满足未来发展的要求。

4. 环境友好原则

物流节点规划设计应注重环境保护,尽可能采用低碳、环保的设施设备,尽可能减少物流作业产生的噪声、震动、废弃物污染,合理组织内外部交通,减少对周边交通的影响。通过绿化景观设计,实现与周边环境的融合统一,并注重为员工创造良好的工作生活环境。

5. 安全稳定原则

在疫情的影响下,物流节点的安全稳定问题受到前所未有的关注。首先,物流节点规划要保证自身运行安全,选择受自然灾害影响小的区域,配置专业化防灾减灾设施,具备应对重大突发公共卫生事件的防控能力;其次,注重物流节点的平急结合功能设计,增强应急物流保障能力;最后,加强小微型末端公共物流设施规划,提高覆盖能力和时效性。

### 11.1.5 物流节点规划设计的影响因素

为实现物流节点规划设计的科学、合理,并具有较强的可操作性,需要重点考虑以下因素。

1. 服务对象及其特性

物流节点的服务对象确定是规划设计工作的起点。物流节点的一切规划设计必须围绕服务对象展开,需要全面细致分析各类服务对象的物理、化学性质对物流空间、物流作业流程、物流设施设备的具体要求,注重面向"对象"的物流节点规划过程。

2. 费用预算及其构成

物流节点费用预算是规划工作的主要依据。物流节点的一切规划必须在费用预算之下展开,需要依据费用预算,全面细致分析各项规划工作的投入比例及其合理性,由此作为设施设备选型等的硬性约束。

3. 人力资源及其结构

物流节点的规划应充分考虑现有及未来可招聘工作人员的专业、知识、年龄结构,运用人机工程理论,综合考虑各种规划设计对人的工作效率、身心健康的影响,进行综合设计。

4. 需求量及其特征

物流需求的规划必须与需求量紧密结合,充分考虑需求的时间分布、品类分布、地域分布特征,以最大限度利用用地空间,发挥设施设备的作业效率,减少需求的激烈波动及季节性给物流节点的运营管理带来的影响。

### 11.1.6 物流节点设计的基本步骤

按照工作内容的不同,物流节点的规划设计主要分为以下几个步骤,如图 11-2 所示。

1. 第一阶段:资料收集与整理

这一阶段主要收集以下几方面的资料。

(1) 需求方面的资料。包括主要服务企业的生产经营状况、服务的主要产品的品种及对物流服务的要求、物流节点拟开展的物流服务的项目、物流需求量及其时间和空间分布。

(2) 供给方面的资料。包括物流节点所占区域的用地条件、建设成本、综合交通、工业园区、商业网点、市政设施等情况,物流节点建设经营主体的经营管理、人力资源、资金预算等情况。

2. 第二阶段:相关性分析

这一阶段主要对物流节点规划设计具有约束和适应性条件进行分析,主要包括资金约束、用地约束以及需求与供给的适应分析。

3. 第三阶段:总体规划与详细设计

这一阶段主要包括功能定位与分区、功能区布置、作业流程优化、设备选型、交通组织优化、信息系统规划等。

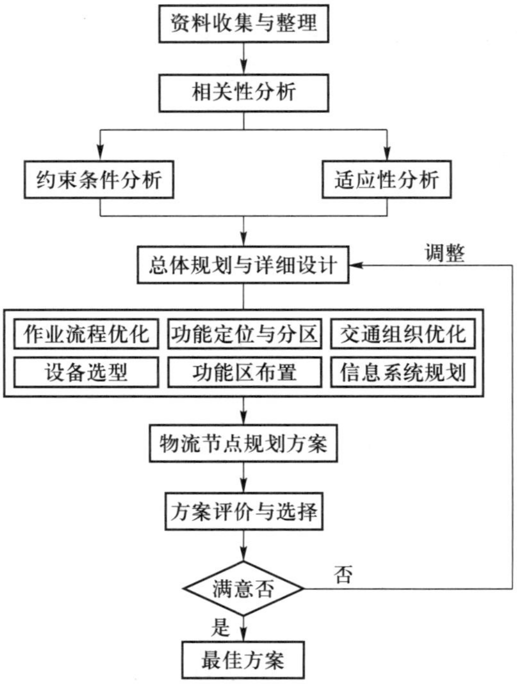


图 11-2 物流节点的规划设计的主要步骤

4. 第四阶段:方案评价与选择

这一阶段主要是采用系统评价方法或计算机模拟仿真方法,对规划与设计的相关内容进行评价,找出规划与设计存在的问题,进行反馈修改后产生最终方案。

### 11.1.7 主要物流节点功能配置要求

1. 物流园区与物流枢纽

物流园区具备仓储、运输、配送、转运、货运代理、加工等基本物流服务,物业、停车、维修、加油等配套服务以及工商、税务、报关、报检等政务服务,以及供应链设计、管理咨询、金融、保险、贸易会展、法律等商务服务功能。

物流枢纽除了具备物流园区的功能以外,更为注重物流组织、区域分拨、国际中转、转口贸易、保税监管等物流服务,以体现物流活动组织中心地位。

2. 配送网点

配送网点布局大多依托已有节点网络建设,例如,农村配送网点多依托乡镇连锁超市、邮政营业场所、客货运站场、快递网点、农资站等,起到上接县、下联村的作用;商贸配送网点注重与综合运输大通道、大型专业市场衔接,提升区域性商贸物流节点集聚辐射能力。配送网点应具备共同配送、集中配送等集约化配送功能,前置仓配送、自助提货等末端配送功能,配送资源协同共享功能,以及与生产制造、采购销售、农产品生产等环节协同衔接等功能。考虑到配送网点在满足城乡消费和民生保障方面的重要作用,如能纳入政府统一规划,或者制定统一的规划技术标准,将有助于提高配送网点覆盖能力,减少重复建设。

3. 冷链物流节点

冷链物流节点具有明确的布局条件、功能配置和服务对象,主要依托农产品优势区、重要集散地和主销区,围绕服务农产品产地集散、优化冷链产品销地网络建设,要求与相关产业融合发展,提升协同化、平台化服务水平。冷链物流节点主要为肉类、水果、蔬菜、水产品、乳品、速冻食品,以及疫苗、生物制剂、药品等提供冷链服务,具备仓储、运输、流通加工、分拨配送、寄递、提供信息等功能。

## 11.2 物流节点选址方法

关于选址问题,目前在理论研究上已形成了多种方法,常用的方法一般有总量控制法、重心法、数学规划法、仿真技术等。

### 11.2.1 定性方法

定性方法主要包括经验法、多方案比较法以及总量控制法,但这些方法中也多包括定量的内容。对于单一物流节点选址,定量方法使用较普遍,但在城市物流规划中,由于受需求的分布、用地条件的限制等因素制约,采用较多的是总量控制法。

总量控制法是根据需求预测的物流总量和主要分布特征,计算物流节点的总规模,然后根据可能的选址位置初步定出节点的位置。可按以下四个阶段进行节点选址。

(1) 计算总量。按照物流节点规模确定的方法,计算物流节点总规模。

(2) 分区布置。通过计算各区域的物流分布量,确定物流分布量较为集中的区域和物流节点的数量,分区域地布置物流节点。

(3) 总量平衡。根据物流节点之间物流通道的分布,将邻近通道的其他区域的物流量向物流量集中的区域进行聚集,节点的物流处理总量不能超过各方向上物流通道的最大负荷,以达到物流处理量的平衡。

(4) 调整布局。根据城市与区域社会经济发展、物流运输通道分布以及用地条件等再对物流节点的布局进行调整。

### 11.2.2 定量方法

1. 重心法

重心模型是选址问题中最常用的一种模型,可用来解决连续区域直线距离的单点选址问题。利用重心法进行选址时,有两个基本假设:

(1) 运输费用只与物流中心和需求点的直线距离有关,不考虑城市交通状况。

(2) 选择物流中心时,不考虑物流中心所处地理位置的用地价格。

运输费用计算方法简述如下：设有 $n$ 个需求点，分布在不同的坐标点 $(x_i, y_i)$ 上，现假设物流中心设置在 $(x_0, y_0)$ 处。总运输费用 $H$ 可表示为：

$$H=\sum_{j=1}^{n} a_j w_j d_j \tag{11-1}$$

式中：$a_j$——物流中心到需求点 $j$ 每单位重量、单位距离所需运输费；

$w_j$——物流中心到需求点 $j$ 的运输量；

$d_j$——物流中心到顾客 $j$ 的直线距离，其计算公式为：

$$d_j=\sqrt{(x_0-x_j)^2+(y_0-y_j)^2}$$

物流中心在选址时，应当保证总运输费用最小，即 $H$ 最小。

为分析重心法存在的问题，必须研究重心法的数值计算公式推导过程。其推导过程如下：

对于式(11-1)，若令 $g_j=a_j w_j$，则式(11-1)表示为：

$$H=\sum_{j=1}^{n} g_j d_j \tag{11-2}$$

按重心法，将各需求点视为有重量的质点，$g_j$ 为各质点的等效重量，重心是到各质点距离最短的点。这样，寻求物流中心的地址问题转化为求重心坐标的问题。根据重心法的思路，可以容易求出重心坐标。

设各质点的等效重量为 $G$，即 $\sum_{j=1}^{n} g_j=\sum_{j=1}^{n} g_j d_j$ 。根据重心的特性可知，等效重量在重心对原点在 XOY 平面产生的力矩等于各质点对原点在 XOY 平面产生的力矩，用物理方程表示为：

$$Gd_0=\sum_{j=1}^{n} g_j d_j=\sum_{j=1}^{n} a_j w_j d_j \tag{11-3}$$

将力矩沿 $X$、$Y$ 轴分解，重心对 $X$、$Y$ 轴产生的力矩分别等于各质点对 $X$、$Y$ 轴产生的力矩，用下列两式表示：

$$Gx_0=\sum_{j=1}^{n} g_j x_j=\sum_{j=1}^{n} a_j w_j x_j$$

$$Gy_0=\sum_{j=1}^{n} g_j y_j=\sum_{j=1}^{n} a_j w_j y_j \tag{11-4}$$

最终得到重心坐标：

$$x_0=\sum_{j=1}^{n} a_j w_j x_j \Big/ \sum_{j=1}^{n} a_j w_j$$

$$y_0=\sum_{j=1}^{n} a_j w_j y_j \Big/ \sum_{j=1}^{n} a_j w_j \tag{11-5}$$

由式(11-5)得到的坐标点 $(x_0, y_0)$ 即是各质点的重心，该点便是物流中心坐标，且该点到各需求点的距离最近。

2. 数学规划方法

在选址问题上，包含线性规划方法、运输方法、混合整数规划方法等在内的数学方法，通称为数学规划法。数学规划方法在选址问题应用中，较为经典的是 1984 年 Sherali 和 Adams 建立的位置—配置模型。

该模型不仅要确定新设施数量及其位置，而且要确定新设施为哪些现有设施服务为最优。

它通常应用在物流网络的设计中，主要包括确定仓库的位置和服务于工厂或商店的仓库的分配，其数学模型如下：

$$\min Z=\sum_{j=1}^{n}\sum_{l=1}^{p}f_{jl}Y_{jl}+\sum_{j=1}^{n}\sum_{k=1}^{m}\sum_{l=1}^{p}C_{kjl}Y_{jl}x_{kj}$$

$$\left.\begin{aligned} s.t.\ \sum_{l=1}^{p}Y_{jl}&=1,\ \forall j\\ \sum_{j=1}^{n}Y_{jl}&=1,\ \forall l\\ \sum_{k=1}^{m}x_{kj}&\leqslant S_j,\ \forall j\\ \sum_{j=1}^{n}x_{kj}&=d_k,\ \forall k\\ Y_{jl}&\in\{0,1\},\ \forall j,l\\ x_{kj}&\geqslant 0,\ \forall k,l \end{aligned}\right\} \tag{11-6}$$

式中：$m$——顾客总数；

$n$——备选新设施数目；

$p$——备选地点的数目；

$C_{kjl}$——在 $l$ 点建的设施 $j$ 满足顾客 $k$ 需求的单位费用；

$d_k$——顾客 $k$ 的年需求量；

$f_{jl}$——在 $l$ 点建设设施 $j$ 的费用；

$S_j$——设施 $j$ 的能力；

$x_{kj}$——决策变量，从设施 $j$ 到顾客 $k$ 的运输总量；

$Y_{jl}$——如果在地址 $l$ 建设施 $j$，其值为 1，否则为 0。

上述目标函数是使修建设施的费用和满足顾客需求的费用之和最小。第一项表示修建设施的固定费用，包括每年土地使用费用、设施建设和运营费用，第二项表示满足顾客需求的总变动费用。第一个约束保证一个设施只能在一个地址修建，第二个约束保证每个地址只建一个设施，第三个约束为设施的能力约束，第四个约束为顾客需求约束，剩下的两个约束分别为变量的 0~1 约束和非负约束。此模型可用 1964 年 Cooper 提出的迭代算法求解。

### 11.2.3 仿真方法

仿真是设计一种真实系统的模型的程序，并在一系列系统运行准则的约束中，对以了解系统行为或评价各种战略为目的的模型进行实验。当被用来帮助确认最佳的物流网络时，在仿真中典型的程序必然包括了所有可能的物流节点的坐落位置。客户目的地根据最低总物流成本被分配到最佳的节点上。

亨氏公司为解决基本的仓库选址问题（仓库数量、地点、仓库的需求分配等），开发了一个经典的选址模拟模型，该模拟模型可以涉及多达 4 000 个客户、40 个仓库、10~15 个工厂。

与许多算术模型相比，该模型的适用范围广。主要的参数包括：

(1) 客户,包括客户的位置和年需求量、客户购买产品的类型和订单大小的分布。

(2) 仓库,包括公司对自有仓库的固定投资,年固定运营和管理成本,存储、搬运、库存周转和数据处理方面的可变成本。

(3) 工厂,包括工厂的选址和各工厂的产品供应能力。

(4) 运输成本。

(5) 配送成本。

在运行模拟模型时,输入数据的处理过程分为两部分:首先,预处理程序把通过仓库就能履行的客户订单与那些货量足够大、由工厂履行更经济的订单分开来;其次,测试程序计算出从客户到仓库和工厂到仓库的距离。

选择向客户供货的指定仓库时,需要先检验最近的五家仓库,然后选择从仓库到客户的配送成本、仓库的搬运和储存成本、工厂到仓库的运输成本最低的仓库。接着,在仓库系统产品流向已知、测试程序读入地理信息的条件下,用计算机运行必要的计算来评估特定的仓库布局方案,还要利用线性规划法求解工厂生产能力的限制。需要评估多少个仓库布局方案,就需要重复进行多少次的测试。

## 11.3 物流节点规划设计方法

针对规划设计内容的不同,物流节点规划设计选用的方法不同,以下重点就物流功能区布置、作业流程优化、设备选型、交通组织优化等,介绍几种常见的规划设计方法。

### 11.3.1 物流功能区布置

物流功能区布置是指确定物流节点内部的主要物流作业区域的具体位置摆布。物流功能区布置的主要方法有系统布置设计、相互关系法、计算机辅助设施布置设计等。

#### 11.3.1.1 系统布置设计

自 20 世纪 50 年代以来,西方国家的很多专家对工厂布置和物流展开了系统的分析与研究,提出了很多定性和定量的工厂布置方法,其中最著名的和最具有代表性的是美国工厂布置专家理查德·缪瑟的系统布置设计(system layout planning,SLP)。图 11-3 所示为 SLP 的基本程序。按照该程序,系统布置一般经过如下步骤。

1. 准备原始资料

在系统布置设计开始时,首先必须明确给出基本要素的原始资料。这些要素主要是指产品(production)、数量或产量(quantity)、生产路线或工艺过程(routing)、辅助服务部门(supporting service)、时间或时间安排(time)五要素。同时也需要对作业单位的划分情况进行分析,通过分解与合并,得到最佳的作业单位划分情况。对这些资料的收集整理是系统布置设计效果的关键。

2. 物流分析与作业单位相互关系分析

针对某些以生产流程为主的工厂,物料移动是工艺过程的主要部分时,如一般的机械制造

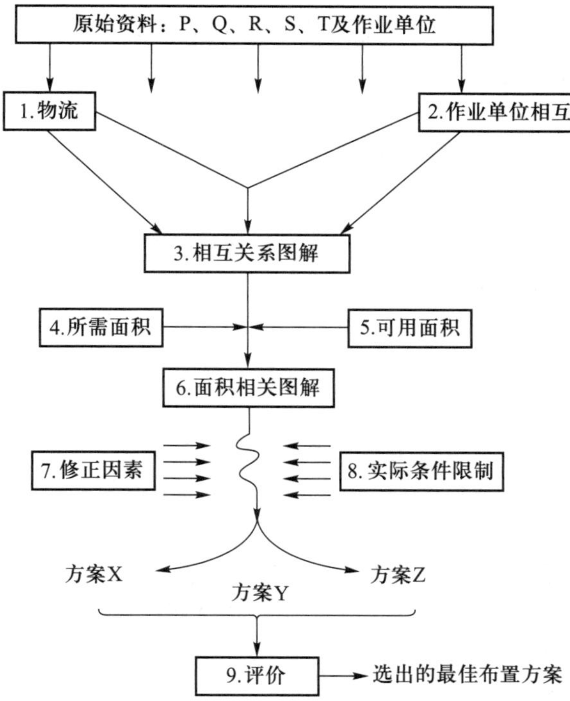


图 11-3 SLP 的基本程序

厂，物流分析是布置设计中最重要的方面；对某些辅助服务部门或某些物流量小的工厂来说，各作业单位之间的相互关系（非物流联系）对布置设计就显得更重要了；介于上述两者之间的情况，则需要综合考虑作业单位之间的物流与非物流相互关系。

物流分析的结果可以用物流强度等级及物流相关表来表示。作业单位间的相互关系可以用量化的关系密级及相互关系表来表示。在需要综合考虑作业单位间物流与非物流的相互关系时，可以采用简单加权的方法将物流相关表及作业单位间相互关系表综合成综合相互关系表。

3. 绘制作业单位位置相关图

根据物流相关表与作业单位相互关系表考虑每对作业单位间相互关系等级的高或低，决定两作业单位相对位置的远或近，得出各作业单位之间的相对位置关系。这时并未考虑各作业单位具体的占地面积，从而得到的仅是作业单位相对位置，称为位置相关图。

4. 作业单位占地面积计算

各作业单位所需占地面积与设备、人员、通道及辅助装置等有关，计算出的面积应与可用面积相适应。

5. 绘制作业单位面积相关图

把各作业单位占地面积附加到作业单位位置相关图上，就形成了作业单位面积相关图。

6. 修正

作业单位面积相关图只是一个原始布置图，还需要根据其他因素进行调整与修正。此时需要考虑的修正因素包括物料搬运方式、操作方式、储存周期等，同时还需要考虑实际限制条件，如成本、安全和职工倾向等方面是否允许。考虑了各种修正因素与实际限制条件以后，对面积图进行调整，得出数个有价值的可行工厂布置方案。

7. 方案评价与择优

针对得到的数个方案，需要进行技术、费用及其他因素评价，通过对各方案比较评价，选出或修正设计方案，得到布置方案图。

利用 SLP 的布局方法，可对规模大、涉及功能多的物流园区、物流中心的功能区进行布置，布局涉及的要素主要包括服务对象或客户（entry）、商品种类（item）、商品数量或库存量（quantity）、物流路径（route）、服务（service）水平或内部服务单位划分、交货时间（time）、物流成本（cost），简称为 E、I、Q、R、S、T、C。

#### 11.3.1.2 相互关系法

相互关系法主要通过研究部门间的相互关系来进行工厂布置。工厂间各部门之间的关系有以下三种情况：① 生产部门之间的关系；② 生产部门与辅助、服务部门之间的关系；③ 辅助、服务部门之间的关系。

缪瑟对上述三种关系提出了接近度的分级法，分为 A、E、I、O、U、X 六个级别，如表 11-1 所示。确定上述接近度的理由是：① 使用公共记录（信息流）；② 共享同样人员（人员关系）；③ 共享同一地点（物流）；④ 人员联系频繁（人员关系）；⑤ 文件报表联系频率（信息流）；⑥ 工艺流程的顺序（物流）；⑦ 进行类似工作（人员关系）；⑧ 使用同一设备（物流）；⑨ 有噪声、异味、振动等。

**表 11-1 评级和评价类型**

| 评价等级和评价尺度 | 元音字母 | 数值 |
| --- | --- | --- |
| 绝对必要，近于完美无缺，特优 | A | 4 |
| 特别必要，特别好，优 | E | 3 |
| 重要，获得重要效果，良 | I | 2 |
| 一般，获取一般效果，中 | O | 1 |
| 不重要，获得不重要效果，劣 | U | 0 |
| 不能接受，不能令人满意 | X | -1 |
| | X X | -2，-3，-4 |

在此基础上，依据业务之间的接近度高低，可进行功能区的具体布局。该方法可用于各类物流节点的功能区布置。

#### 11.3.1.3 计算机辅助设施布置设计

随着信息技术的发展，利用计算机辅助进行设施布局成为研究和应用的热点。常见的计算机辅助求解的布局方法有 CRAFT（computerized relationship facilities technique）、CORELAP、ALDEP 以及 MultiPLE 等。这类方法大致可以分为两大类：构建型及改进型。前者由物流和非物流信息出发，从无到有，生成布置图，如 CORELAP、ALDEP；后者则是在已有布置的基础上改进寻优的方法，如 CRAFT、MultiPLE；基于关系图的方法，如 ALDEP、CORELAP。

计算机化布置方法一般分为 3 个步骤：选择、放置、评估。首先选择各个部门进入布置图的顺序，即确定布置顺序矢量；其次将各个部门放置在布置图中；最后对各种布置结果进行评估，评价何种布置方案最好，从而得到最优或相对合理的方案。

CRAFT 的布置特点如下。

（1）CRAFT 采用的是启发式算法，其评价决策使用的规则是：“每次互换两个车间的位置，如果布置的总成本降低了，则互换两个车间。”这个规则甚至对分析中等规模的布置问题也非常必要。

（2）CRAFT 并不能确保得到最优方案。

（3）CRAFT 严重依赖于初始状态：初始状态（也就是说最初布置）在一定程度上决定了最终的布置方案。

（4）CRAFT 从一个合理的方案开始有可能产生一个成本更低的方案，但并不总是这样。这就意味着使用 CRAFT 时最好提出几种不同的初始布置以得到不同的结果。

（5）CRAFT 最多能解决具有 40 个车间的布置问题，迭代不到 10 次就能得到最终结果。

（6）CRAFT 车间由标准的方块组成（典型的为 10 英尺×10 英尺①），车间允许多种构形，但经常会得到奇形怪状的车间，为了得到一种理想的布置必须人为改变车间形状。

（7）CRAFT 经过修正后的软件成为“SPACECRAFT”，该软件已经可用来解决多层布置问题。

（8）CRAFT 假设可以使用叉车等路径可变的物料搬运设备。因此当使用计算机控制的固定路径搬运时，GRAFT 的应用可能性就大大降低了。

### 11.3.2 作业流程优化

物流作业流程优化的目的是对现有的业务流程进行革新，减少非增值流程，降低流程之间的交叉与重复，缩短作业时间，提高作业效率，降低库存水平，实现顾客价值的最大化。常见的作业流程优化方法有 DMAIC 模型、ESIA 分析法等。

#### 11.3.2.1 DMAIC 模型

DMAIC 模型是实施六西格玛（6 sigma）的一套操作方法，由通用电气公司提出，并被广泛接受。DMAIC 是指由五个阶段构成的过程改进方法：定义、测量、分析、改进、控制。

1. 定义（define）

界定关键的顾客需求范围，站在顾客的立场找出与其利益相关联的多项事项，确定需要改进的产品或流程，决定项目大目标以及所需资源，将改进项目界定在合理的范围内。包含四个子步骤：发起项目；定义流程；确定客户需求；定义关键流程输出变量。

2. 测量（measure）

收集有关数据，通过对现有过程的测量，确定过程的基线以及期望达到的目标，找出关键测量准则，为流程中的缺陷建立衡量基本步骤。包含四个子步骤：了解流程；评估流程输入风险；建立并评价测量系统；测量初始流程绩效。

3. 分析（analyze）

分析所收集的数据，探究误差发生的根本原因。运用统计分析，检测影响结果的潜在变量，

---

① 1 英尺 = 0.304 8 米。

找出瑕疵发生的最重要根源。所运用的工具包含各类统计分析工具等。其步骤有:分析数据;区分关键输入变量优先顺序(重要性);识别浪费。

4. 改进(improve)

寻找最佳解决方案,提升关键指标和质量特性,然后拟定行动计划,确实执行。可进行循环测试以减少错误,完善方案。包含三个子步骤的循环:使用计划实验检验关键的输入;设计改进;试行新流程。

5. 控制(control)

确保改善方案的持续性。不断测量,才能避免错误再度发生。在过去许多流程改善方案里,往往忽略了控制的观念;而在六西格玛改进中,控制是长期改善品质与成本的关键。包含两个子步骤的循环:最终确定控制系统;验证长期流程能力。

DMAIC 方法最初是作为一种质量绩效的测量方法引入六西格玛的。它以 PDCA 循环法[计划(plan)、执行(do)、检查(check/study)、处理(act),又称戴明循环]为雏形,然后演变成一种定义清晰改革路径、降低运营成本、提高产品/服务质量和改进经营流程的管理模式。运用 DMAIC 模型对物流中心流程进行设计,可消除非增值活动,减少流程负担,建立规范化标准,注重以客户为导向,实现流程的精准化和高效化。

**11.3.2.2 ESIA 分析法**

重新设计流程以替代原有流程的目的是以一种新的结构方式为顾客提供价值的增加。反映到具体的流程设计上,就是尽一切可能减少流程中非增值活动,调整流程中的核心增值活动。其原则就是 ESIA,即清除、简化、整合、自动化。

1. 清除(eliminate)

主要指清除企业现有流程内的非增值活动。非增值活动中,有一些是不得已而存在的,而另一些则是多余的,所清除的应该是多余的非增值活动。这些非增值活动主要体现为:

(1) 过量产出。超过需要的产出对于流程而言就是一种浪费,因为它无效地占用了流程有限的资源,在一定意义上,它带来的问题是增加库存和掩盖问题。

(2) 活动间的等待。指流程内任何时刻由于某种原因导致的对人或物的等待。带来的问题是造成待处理文牍和库存物品的增加,通行时间加长,追踪和监测变得更加复杂,却几乎未增加顾客价值。

(3) 不必要的运输。任何人员、物料和文牍移动都要花时间,浪费了员工时间,增加了成本。

(4) 反复的加工。在公司运营流程的实际运作中,很多产品或文件会被多次处理。那么这些处理工作增值吗? 如不增值是否由于产品设计不佳或流程不完善?

(5) 多余库存。不但指物品的库存,还包括流程运营过程中大量文件和信息的堆积。

(6) 重复的活动。如信息需要重复地录入,而运用了数据库共享技术就可以在整个价值链的任何一点上输入,被整个价值链共享。

(7) 活动的重组。是指相似的活动在处理上有部分不同时,为了适应某些特定的习惯就采取不同流程方式,造成流程资源的浪费。这种活动应进行清除与重组。

(8) 反复检验。有些检验、监视与控制已成了一种官僚作风和形式主义,已不具有它本来的意义,甚至成了设置管理层次和管理岗位的理由。应将部分检验、审核工作进行授权,不要事无巨细地都上报,造成审核的形式化和上层领导工作的繁重与低效化。

(9) 跨部门的协调。跨部门的协调已经成了本位主义、官僚作风的一个代名词。应加强流程的整体观，进行职责的重新定义。

2. 简化(simplify)

在尽可能清除了非必要的非增值环节后，对剩下的活动仍需进一步简化。一般来说可从下列各方面进行考虑。

(1) 表格。许多表格在流程中根本没有实际作用，或表格设计上有许多重复的内容。根据重新设计表格和IT技术的介入，可以减少许多工作量，减少很多环节。

(2) 程序。在原来设计流程时，通常认为流程内员工的信息处理能力非常有限，因而一个流程通常被割裂成多个环节，以让足够多的人来参与完成流程任务。通过运用IT手段，信息处理能力得以加强，可以简化流程的程序，整合一些工作内容，提高流程结构性效率。

(3) 沟通。简化沟通，避免沟通的复杂性。

(4) 物流。虽然大部分物流的初始设计都是自然流畅且有序的，但在使用过程中为了局部改进而进行的零敲碎打式的变动，在很大程度上使流程变得低效。有时，调整任务顺序或增加一条信息，就能简化物流。

3. 整合(integrate)

对分解的流程进行整合，以使流程顺畅、连贯，更好地满足顾客需求。

(1) 活动。授权一个人完成一系列简单活动，将活动进行整合，从而可以减少活动转交的发错率和缩短工作处理时间，实现流程与流程之间的"单点接触"。

(2) 团队。合并专家组成团队，形成"个案团队"或"责任团队"。这样使得物料、信息和文件"旅行"距离最短，改善同一流程上工作的人与人之间的沟通。

(3) 顾客(流程下游方)。面向顾客，和顾客建立完全的合作关系，整合顾客组织和自身的关系，将自己的服务交送于顾客组织的流程。

(4) 供应商(流程上游方)。消除企业和供应商之间的一些不必要的官僚手续，建立信任和伙伴关系，整合双方的流程。

4. 自动化(automate)

对于流程的自动化，不是简单以自动化完成就可以了，事实上，过多地使用计算机会反而使得流程更加复杂和烦琐，因而要在对流程任务的清除、简化和整合基础上应用自动化，同时，任务的清除、简化和整合也要依靠自动化来解决。自动化工作的主要内容包括：

(1) 脏活、累活与乏味的活。

(2) 数据的采集与传输。减少反复的数据采集，并降低单次采集的时间。

(3) 数据的分析。通过分析软件，对数据进行收集、整理与分析，加强对信息的利用率。

运用ESIA分析进行流程优化，可消除非必要作业流程、减少流程之间的交叉与重复，提高流程的自动化与标准化水平，实现流程价值的最大化。

### 11.3.3 物流节点的设备和系统选型

物流节点中所需的设备主要包括储存、搬运、拣货、装卸搬运、流通加工、管理与办公等设备。储存设备用于储存货物，主要包括各种货架、储运箱、托盘等。搬运、装卸与拣货设备用于移动和拣取货物，主要包括手推车、拖车、叉车、输送机、升降机、堆垛机、起重机、板台、滑台等。流通加工设备用于货物的分装、切裁、混装、包装等,主要包括裹包机、装盒机、钉箱机、打带机、条形码打印机、钢印设备、拆箱机、称重机、地磅等。管理与办公设备包括计算机、通信设施、文件数据处理与保管设施(复印机、装订机、文件柜等)、办公桌椅等。随着智能物流技术的普及应用,智能化物流节点所需的设备和系统日渐增多。从作业环节来看,收货和缓存环节需要智能化月台调度系统、自动装卸系统、智能缓存系统等;存储环节需要托盘自动化立体仓库、多层穿梭存储系统、垂直提升柜、密集存储系统等;拣选环节需要语音拣选系统、货到人拣选系统、货到机器人拣选系统等;分拣环节需要交叉带分拣机、滑靴式分拣机、机器人分拣系统等;包装环节需要自动打包机、自动装箱机、自动拆码垛系统等。

物流节点设备选型主要包括确定货架的类型及层高、行数、长度和宽度等相关参数,以及叉车、输送机、吊车等设备的具体类型、规格、型号及主要性能参数等。在选择设备的过程中,需要考虑服务产品的特性、储存要求、物料单元、搬运和加工要求、出入库数量、设备之间的匹配、建筑结构、投资成本等,注重设备和系统的兼容,促进上下游高效衔接,有利于标准化和信息化建设。

设备选型为管理中常见的决策问题,一般分为以下 8 个步骤。

1. 识别决策问题

依据需求,确定决策的问题,进行决策问题的约束条件和相关性、适应性条件分析,将问题具体化、特定化。例如,为满足货物在运输、搬运和储存过程的需要,提高物流作业效率,某公司拟采购一批数量不超过 1 000 个,总价值不超过 300 万元、规格型号为 1 200 毫米×800 毫米、具有四个方向通路的塑料平板式托盘。

2. 制定决策标准

依据具体化、特定化的问题,制定决策的主要依据。例如,综合考虑托盘的载重量、自重、使用寿命、挠度、质量保修等作为决策时的参考标准。

3. 为决策分配权重

通过专家打分等方法,对确定的决策标准进行打分。一般情况下,将最重要的指标赋予 10 分,其他指标的分值在 1~9 之间。例如,依据产品的实际需要及公司对于塑料托盘的使用需要,将载重量分值确定为 10、自重为 6、使用寿命为 8、扰度为 5、质量保修为 3。

4. 开发备选方案

通过各种形式,收集满足决策问题需要的具体厂商及产品,一般情况下,可以选择 8~10 种供应商的产品作为备选方案,并依据产品的性能参数,形成不同产品在不同决策标准上的得分。

5. 分析备择方案

在备选方案确定的基础上,对每一个方案进行评估,并将第四阶段的得分与第三阶段得到的权重相乘,再逐项相加,得到每个备选方案的总分。

6. 选择备择方案

将总分排名前五名的方案作为优先方案,分析五类三种产品的市场占有率、用户满意度等因素,选择三个供应商作为邀请投标方。

7. 实施备择方案

按照公司招投标的有关规定,采取邀标方式进行产品招标,确定最终方案,提交给公司高层决策层讨论通过,并交由具体的采购部门进行产品采购。

8. 评估决策结果

在产品使用一段时间后，将该产品的实际使用性能与产品标示性能进行比较，以评估决策效果，为下一次采购提供决策参考。

运用程序化的决策方式，有利于提高物流节点设备的决策效率，提高决策效果。

### 11.3.4　内外部交通组织

物流节点的建设及运作会产生大量的交通需求，从而对周边的交通系统产生影响。物流节点交通组织优化的目标在于评估物流节点引发的客流、货流量及其时间特征，为物流节点内部道路的技术等级确定、交叉口设置、标示标牌设置以及外部道路开口、外部道路交通管理提供决策依据。物流节点的内外部交通组织的主要手段有交通影响分析（traffic impact analysis，TIA）和交通需求管理（transportation demand management，TDM）。

1. 交通影响分析

交通影响分析是在开发项目规划建设之前，分析其对交通系统的影响范围和影响程度，制定确保交通服务水平不降低的对策，将项目或方案对城市交通的影响限制在确定的限度内。交通影响分析的工作内容主要包括研究范围确定、现状的分析、道路设施规划、交通需求预测、影响程度确定、改善措施制定和结论 7 个方面。

理论研究与实践表明，上述 7 项研究内容中，研究范围确定、交通需求预测、影响程度确定和改善措施制定 4 项为城市建设项目交通影响分析工作中的重点也是难点所在。此外，进行交通影响分析首先需要明确什么样的项目需要进行交通影响分析，即交通影响分析的阈值问题。因此，交通影响分析的关键问题为 5 项：阈值确定、研究范围确定、交通需求预测、影响程度确定以及改善措施制定，而对这 5 项关键问题的顺次解决也正是一个城市建设项目交通影响分析的主要工作程序，如图 11-4 所示。

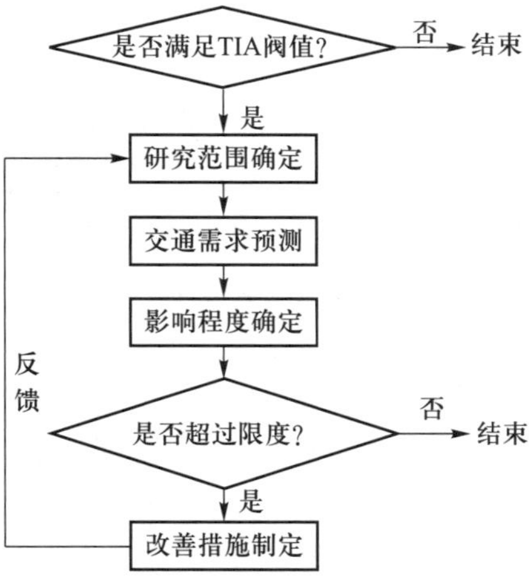


图 11-4　交通影响分析的主要程序

TIA 思想方法用于物流节点的交通组织能够了解物流节点货运、客流量及其时空变化规律，为道路路网及相关设施的建设、外部出入口的设置提供科学依据，为交通管理措施的制定提供科学依据。

2. 交通需求管理

国内外关于交通需求管理的定义和理解不一,代表性的认识有:

(1) 交通需求管理,是政府采用控制交通行为方法,促使出行者合理选择交通方式、线路与时间,以消除或缓解交通拥挤的行为。这种说法偏重于对交通出行者行为管理和引导。

(2) 交通需求管理是指运用经济和法规等手段对交通需求量进行科学的控制与调节,削减不合理的交通需求,分解、转移相对集中的交通需求,从而使供需达到相对平衡,以保证城市交通系统的有效运行,缓解交通拥挤,改善城市生态环境和生活环境质量。

(3) 交通需求管理就是根据交通出行产生的内在动力,出行过程中所表现出来的时空消耗特性,通过各种政策、法规、现代化信息设备、合理开发土地使用等,对交通需求进行管理、控制、限制或诱导,减少出行的发生,降低出行过程中时空消耗,建立平衡可达的交通系统。

交通需求管理的最终目的是在满足资源(土地、能源)和环境容量限制条件下,使交通需求和供给达到平衡,促进城市的可持续发展。以前这种平衡主要由提高交通设施的供给能力来满足,交通需求管理策略的出现,改变了这种被动的供需平衡调节关系。传统方法与交通需求管理方法的不同之处如图 11-5 所示。

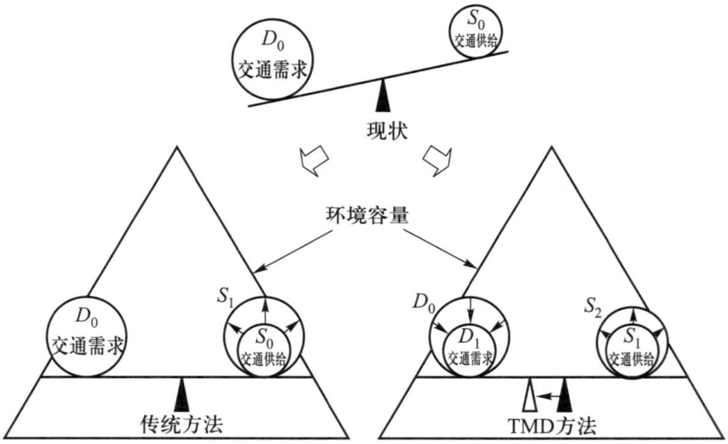


图 11-5 传统方法与交通需求管理方法对比图

从图 11-5 可以看出,传统的解决供需矛盾的方法是单方面地提高交通供给能力,而交通需求管理方法是在适度的交通建设规模下,控制交通需求总量,削减不合理的交通需求,即通过减少或分散需求,使供需平衡,保证系统有效运行,让客货出行迅速,安全地到达目的地,缓解交通拥挤,改善城市生态环境和居民生活环境质量。

当现有交通需求 $D_0$ 高于交通供给 $S_0$ 时,交通系统的平衡被打破,此时交通拥挤出现,交通污染严重,交通出行环境恶化等诸多交通问题就会暴露。依传统的方法,会通过各项措施,比如投资新的建设项目、改扩建交通基础设施等方式提高交通供给(使供给由 $S_0$ 提高到 $S_1$),以此满足日益增长的交通需求,但该种方法是被动的,某些情况下甚至是“饮鸩止渴”的行为,在实际中,盲目增建道路设施,以至于“修一条路,堵一条路”的情况屡见不鲜。不仅如此,盲目地增加供给会破坏环境容量的限制,引发新的环境问题,给社会造成更大的负担。

与传统方法不同,交通需求管理考虑了在环境容量的限制之下,使交通需求和交通供给达到一个新的平衡,所使用的策略是在适度增加交通供给(供给由 $S_1$ 提高到 $S_2$)的同时,更加强调对交通需求的管理和控制,降低交通需求(需求由 $D_0$ 降低到 $D_1$),并且使制度性框架向交通需求方向偏移,以此采用更为经济有效的方法解决交通问题。

交通需求管理的思想用于物流节点的交通组织具体体现在:合理安排物流节点的进出货流,错开现有外部道路的高峰交通时间,减少对现有道路路网的影响;通过优化物流组织方式,运用直拨运输、甩挂运输等减少车辆对道路的占用时间;通过采用 RFID、GPS、GIS、传感网技术,提高运载工具的利用效率,减少车流量。

## 11.4 物流节点建设项目的技术经济评价

物流节点建设项目的技术经济评价主要包括财务评价和国民经济评价。

### 11.4.1 财务评价

财务评价是在国家现行会计制度、税收法规和市场价格体系下,预测估计项目的财务效益与费用,编制财务报表,计算评价指标,进行财务盈利能力分析和偿债能力分析,考察拟建项目的获利能力和偿债能力等财务状况,据以判别项目的财务可能性。财务评价指标体系如表 11-2 所示。

**表 11-2 财务评价指标体系**

| 评价内容 | 基本报表 | | 评价指标 | |
|---|---|---|---|---|
| | | | 静态指标 | 动态指标 |
| 盈利能力分析 | 融资前分析 | 项目投资现金流量表 | 项目投资回收期 | 项目投资财务内部收益率<br>项目投资财务净现值 |
| | 融资后分析 | 项目资本金现金流量表 | | 项目资本金财务内部收益率 |
| | | 投资各方现金流量表 | | 投资各方财务内部收益率 |
| | | 利润与利润分配表 | 总投资收益率<br>项目资本金净利润率 | |

续表

| 评价内容 | 基本报表 | 评价指标 | |
|---|---|---|---|
| | | 静态指标 | 动态指标 |
| 偿债能力分析 | 借款还本付息计划表 | 偿债备付率<br>利息备付率 | |
| | 资产负债表 | 资产负债率<br>流动比率<br>速动比率 | |
| 财务生存能力分析 | 财务计划现金流量表 | 累计盈余资金 | |
| 外汇平衡分析 | 财务外汇平衡表 | | |
| 不确定性分析 | 盈亏平衡分析 | 盈亏平衡产量<br>盈亏平衡生产能力利用率 | |
| | 敏感性分析 | 灵敏度<br>不确定因素的临界值 | |
| 风险分析 | 概率分析 | NPV≥0 的累计概率 | |
| | | 定性分析 | |

财务评价常用的指标有：

1. 总投资收益率(return on investment,ROI)

表示总投资的盈利水平，指项目达到设计能力后正常年份的年息前税前利润或运营期内年平均息税前利润($EBIT$)与项目总投资($TI$)的比率，总投资收益率按下式计算：

$$ROI=\frac{EBIT}{TI}\times 100\% \tag{11-7}$$

总投资收益率高于同行业的收益率参考值，表明用总投资收益率表示的盈利能力满足要求。

2. 项目资本金净利润率(rate of return on common stockholders' equity,ROE)

表示项目资本金的盈利水平指项目达到设计能力后正常年份的年净利润或运营期内年平均净利润($NP$)与项目资本金($EC$)的比率；项目资本金净利润率按下式计算：

$$ROE=\frac{NP}{EC}\times 100\% \tag{11-8}$$

项目资本金净利润率高于同行业的净利润率参考值，表明用项目资本金净利润率表示的盈利能力满足要求。

3. 利息备付率(interest coverage ratio,ICR)

指在借款偿还期内的息税前利润($EBIT$)与应付利息($PI$)的比值，它从付息资金来源的充裕性角度反映项目偿付债务利息的保障程度，按下式计算：

$$ICR=\frac{EBIT}{PI}\times 100\% \tag{11-9}$$

利息备付率应分年计算。利息备付率高，表明利息偿付的保障程度高。利息备付率应当大于1，并结合债权人的要求确定。

4. 偿债备付率(debt service coverage ratio, DSCR)

指在借款偿还期内，用于计算还本付息的资金(*EBITDA*-*TAX*)与应还本息金额(*PD*)的比值，它表示可用于还本付息的资金偿还借款本息的保障程度，按下式计算：

$$DSCR=\frac{EBIDA-TAX}{PD}\times 100\% \tag{11-10}$$

式中：*EBITDA*——息税前利润加折旧和摊销；

*TAX*——企业所得税。

如果项目在运行期内有维持运营的投资，可用于还本付息的资金应扣除维持运营的投资。偿债备付率应分年计算，偿债备付率高，表明可用于还本付息的资金保障程度高。偿债备付率应大于1，并结合债权人的要求确定。

### 11.4.2 国民经济评价

按合理配置资源的原则，采用影子价格、影子汇率、社会折现率等国民经济评价参数，从国家整体角度考察项目的效益和费用，分析计算项目对国民经济的贡献，评价项目的经济合理性。国民经济评价指标包括经济内部收益率、经济净现值等。

1. 经济内部收益率(economic internal rate of return, EIRR)

经济内部收益率是反映建设项目对国民经济净贡献的相对指标，是建设项目在计算期内各年的经济净效益流量的现值累计之和等于零时的折现率。它的隐函数表达式为：

$$\sum_{t=0}^{n}(B-C)_t(1+EIRR)^{-t}=0 \tag{11-11}$$

式中： *B*——效益流入量；

*C*——费用流出量；

$(B-C)_t$——第 *t* 年的净效益流量；

*n*——计算期年数。

经济内部收益率大于或等于社会折现率时，表明项目对国民经济的贡献超过或达到了要求的水平，此时应认为项目是可以考虑接受的。

2. 经济净现值(economic net present value rate, ENPV)

经济净现值是反映建设项目对国民经济净贡献的绝对指标，它是指用社会折现率将项目计算期内各年的净效益流量折算到建设期初的现值之和。其计算表达式为：

$$ENPV=\sum_{t=0}^{n}(B-C)_t(1+i_s)^{-t} \tag{11-12}$$

式中：$i_s$——社会折现率；

其余符号的含义同前。

$ENPV\geqslant 0$ 表示国家为拟建项目付出代价后，可以得到符合社会折现率要求的社会盈余，或者还可以得到超额的社会盈余，并且以现值表示这种盈余的量值。因此，当 $ENPV \geqslant 0$ 时表示项目的营利性达到了基本要求，这时就认为项目是可以接受的。

另外，根据建设项目可行性研究的有关要求，大型物流节点建设项目还应进行社会影响评价、环境影响评价等。

## 本章小结

物流节点的选址与规划是区域、城市、企业物流系统规划的关键。本章首先分析了物流节点选址与规划的影响因素、原则与基本步骤；其次，列举了几种常见的定性、定量物流节点选址方法；再次，重点阐述了物流功能区布置、作业流程优化、设备选型、交通组织优化的一般方法；最后，介绍了物流节点建设项目的技术经济评价的主要指标。

## 思考题

1. 简述物流节点选址的主要影响因素。
2. 论述物流节点选址的主要步骤。
3. 物流节点规划的主要内容有哪些？
4. 介绍一种常见的物流节点选址方法，并分析其基本原理。
5. 物流功能区布置的主要目的是什么？
6. 物流节点内部的主要作业内容有哪些？如何开展作业流程优化？
7. 物流节点内部配置的主要设备有哪些？如何开展设备选型？
8. 物流节点交通组织优化的作用是什么？
9. 交通需求管理与交通影响分析的差异体现在哪些方面？
10. 物流节点建设项目的财务评价指标有哪些？
11. 综合分析题：当前，物流行业正加速向智能化发展，京东、顺丰等企业均积极布局建设智能化物流中心、快递分拨中心等，请尝试给出智能化物流节点的内涵、建设内容。

即测即评

# 第 12 章 运输场站选址规划

**本章学习目的**

☞ 了解现代运输体系中，铁路、公路、水路、航空、管道五种运输方式的货物运输场站的概念，理解各种运输方式对物流节点选址的影响和作用，掌握其场站选址规划的基本方法。

当今世界各国都十分重视物流运输场站规划。因为货物运输场站是物流工程中的基础设施。铁路、公路、水运、航空等交通枢纽地区，是物流过程中货物集散和中转的主要基地，也是区域和城市物流基地(园区、中心)的首选地址。运输场站的场址选择是否恰当，直接影响到货物运输通道能否畅通和物流成本能否降低。因此，本章就铁路、公路、水路、航空、管道货运站场规划作一简单介绍。

## 12.1 铁路货运站(场)规划

### 12.1.1 铁路货运站概述

铁路枢纽中专门办理货物运输的专业站称为货运站。货运站应设在枢纽内与编组站联系便捷，同时又与城市公路交通衔接方便的地方。在一般车站内设置办理货运业务的场所，称之为货场。货运站、货场都是物流货源的集散地。

#### 12.1.1.1 货运站的作业

货运站的主要作业有运转作业、货运作业和装卸搬运作业。货运站的运转作业包括小运转的接发和调车作业，小运转列车负责本站作业(装、卸)车的取送，调车作业主要是向装卸地点将货位和取送装卸完了的本站作业车组织成小运转列车。货运作业通常有承运发送作业、到达交付作业和中转作业。装卸作业指按照作业计划把车辆上的货物卸下，搬运堆放至指定的地点、货位，或者相反。

#### 12.1.1.2 货运站分类

按照不同的分类依据，铁路货运站有如下类型。

1. 按办理货物的种类及服务对象分类

(1) 综合性货运站。即办理多种品类货物作业的车站。此类车站主要为工厂、企业、机关及城市居民服务,办理各种货物整车、零担发到作业,以及专用线作业。站内一般都有较大的货场。其设置地点要满足与编组站连接顺直且取送车辆便捷,与城市交通衔接好,场地宽敞,尽量靠近城市。

(2)专业性货运站。即只办理一种或几种相同门类货物作业的车站。办理的货物主要是大宗货物,如煤、木材、矿石、石油或危险品货物等。专业性货运站通常应设在货源的生产或集散地。

(3)集装箱站。指办理集装箱承运、交付、装卸、堆存、装卸箱、门对门作业,并组织集装箱专列等作业的车站或场所。2003年3月,发展改革委批复了《全国铁路集装箱中心站总体规划方案》,明确了全国铁路集装箱中心站的建设方案,提出在北京、上海、广州、深圳等18个重点城市规划建设18个集装箱中心站,以及40个左右靠近省会城市、大型港口和主要内陆口岸的集装箱专办站。2017年4月,发展改革委等联合印发的《"十三五"铁路集装箱多式联运发展规划》提出深化铁路集装箱场站布局研究,优化场站选址方案,形成一级集装箱场站(场站年作业能力不低于60万TEU,经济发达地区不低于80万TEU)、二级集装箱场站(场站年作业能力不低于20万TEU,经济发达地区不低于30万TEU)和三级集装箱场站(场站年作业能力不低于5 000TEU)。2018年5月,国家铁路局提出在33个一级铁路物流基地和175个二级铁路物流基地的基础上,继续协调规划建设铁路集装箱办理站,将符合条件的货场改造为城市配送中心,形成覆盖广泛的公铁联运节点网络。按照标准化、便利化、集约化、规模化的要求,优化集装箱场站布局,强化枢纽衔接配套,优化枢纽短驳作业流程,提高多式联运作业效率。根据中国铁路95306网站查询数据,截至2023年3月,全路共有集装箱办理站1 316个,未来将达2 000个以上。

2. 按办理货物装卸作业的性质分类

(1)装车站。此类车站装车作业大于卸车作业,经常需要大量空车。它常用于大宗货物的发送,如煤、木材、矿石、石油、矿物性建筑材料等。

(2)卸车站。此类车站卸车作业大于装车作业,经常排出大量空车。某些位于工业企业附近的车站及位于大城市的综合性货运站,大都属于此类。

装车站和卸车站通常是大宗货物的集散地,设置应该接近货源或卸车点,也可以专用线与编组站连接。

(3)装卸站。此类车站装、卸车作业车数大致相等,双重作业比重较大。位于中小城镇的中小型货场的装车作业与卸车作业一般相差不大,大都属于此类。

(4)换装站。此类车站以办理不同运输工具之间的货物换装作业为主。港口站、国际铁路联运的国境站、不同轨距铁路联轨站、集装箱中转站都属此类。

3. 按与正线连接的方式分类

(1)尽头式货运站。即车站到发场仅一端连接正线的车站。

(2)通过式货运站。即车站到发场两端都与正线连接的车站。

#### 12.1.1.3 货场

货场是铁路办理货运作业的基本场所,也是铁路与地方短途运输相衔接的地方。货场是货运站的主体设施,此外,在货运量较大的其他性质的车站,也都设有货场。

1. 货场的分类

(1)按办理货物品类可分为:① 综合性货场。办理多品类的货物作业的货场。② 专业性货场。办理一种或几种相近品类货物作业的货场。

(2)按办理货运作业的种类可分为:① 整车货场。仅办理整车货物作业的货场。② 零担货场。仅办理零担货物作业的货场。零担货场又分为到发零担货场,中转零担货场,到发与中转零担混合货场。③ 集装箱货场。仅办理集装箱货物作业的货场。④ 整车、零担与集装箱混合货场。既办理整车作业,又办理零担和集装箱货物作业的货场。

(3)根据货场作业量及货场所在城市的政治、经济、地理位置等因素,货场又可分为大、中、小型货场。一般位于大中城市及工业企业地区车站的货场,多为大、中型货场。中间站货场一般多为小型货场。在货运量较大、货物品类较多的车站,为避免作业过分集中和便于管理,可分设几个货场。当在同一车站设有几个货场时,可按货物运输种类或办理货物品类,或按货流方向进行合理分工。根据中国铁路 95306 网站查询数据,截至 2023 年 3 月,全路共有办理货运业务的车站 3 642 个。

2. 货场主要设备

根据车站货运量的大小及办理货物的种类,货场内设置下列设备:

(1)配线。包括装卸线、存车线、牵出线、轨道衡线等。

(2)场库设备。包括仓库、雨棚、货物站台、堆货场等。

(3)办理冷藏车加冰的车站设有加冰所,应配置制冰、储冰设备和加冰、加盐设备。

(4)装卸牲畜较多的车站应设置牲畜装卸及饮水设备。

(5)货车洗刷及消毒设备。

(6)各种装卸机械及检修设备。

(7)检斤设备。包括磅秤、汽车衡(地磅)、轨道衡、电子秤等。

(8)货场用具。包括装卸作业和货物保管所需的各种用具,如跳板、防湿枕木、防湿篷布等。

(9)房舍。包括货运室、装卸工人休息室、装卸机械修理所、门卫室及其他生活用房。

**12.1.1.4 铁路物流中心**

2011 年,《铁路"十二五"物流发展规划》发布,在全路层面上明确提出了我国铁路物流中心总体布局方案。2013 年 6 月 15 日,正式实施铁路货运组织改革,以客户需求为导向、注重市场营销、发展现代物流等理念才真正受到铁路系统的普遍重视,零担业务全面回归铁路,各个路局相继成立了货运营销中心,18 个路局(公司)三大铁路专业公司也相继成功申报了 5A 级物流企业。

2015 年,在既有铁路物流中心规划、建设、运营的基础上,中国铁路总公司根据新形势新变化,对全路铁路物流中心布局进行了优化调整,出台了《铁路物流基地布局规划及 2015—2017 年建设计划》,提出了新建、改扩建一级铁路物流中心 33 个,二级铁路物流中心 175 个,并于 2016 年 2 月 4 日出台了《铁路物流中心设计规范》,规范铁路物流中心的规划、建设与运营。至 2017 年年底,全路 208 个一级、二级物流基地将基本建成。2020 年,中国国家铁路集团有限公司发布《铁路物流基地发展规划及 2020—2022 年建设计划》,确定一、二级铁路物流基地 262 个。

铁路物流中心与传统货场的一个主要区别是服务功能的不同。传统货场的服务功能以货运业务为主,较少进行存储、加工等活动,而铁路物流中心在规划建设阶段就融入了现代物流服务理念，不仅具有货物的到发、中转、装卸等基本服务，还能够提供仓储、配送、加工、设备租赁、货运代理、保税、仓配、物流解决方案等增值服务及工商税务、银行、海关、餐饮住宿等配套服务。

### 12.1.2 铁路货运站的合理布局

#### 12.1.2.1 设置铁路货运站的原则

货运站是铁路办理货运作业的基本生产单位，货运站在路网上的设置数量、地点及其合理布局，对方便货主、提高铁路运输效率有直接的影响。

铁路设置货运站应考虑下列原则。

（1）车站吸引范围内应有充足的货运量，能保证开设货运站的总支出。货运站的总支出指包括必要的货运设备的投资回收和运营费用。

（2）为了合理利用各种运输方式的优点，发展联合运输，可设置货物换装站，以便于组织和集结货物，提高各种运输工具和利用效率。

（3）为了保证货物运输安全，对某些性质特殊的货物，设置一些专业性的车站，比如危险货物办理站、石油货物办理站等。在这类车站上，应根据货物的特点，配置相应的设备和专业运输人员。设置专业性车站，不仅对运输安全有好处，而且可以节约投资，提高运输效率和运输质量。

（4）与铁路枢纽内的编组站有便捷的通道，以便取送货物车辆迅速高效。

（5）有较为宽阔的场地，除满足货运作业量本身要求外，要尽量减少对城镇居民的影响。

（6）与城市道路、城市交通紧密衔接，以便货物运输汽车出入。

#### 12.1.2.2 铁路枢纽内货运站的场址选择和合理布局

根据实际需要和可能，一个铁路枢纽可以只设置一个货运站，也可以设置若干个货运站。大城市枢纽内往往有多个货运站，这些货运站在枢纽内的位置、相互间的合理分工，对城市规划、人们生活、地方短途搬运及铁路枢纽综合能力有十分密切的关系，必须认真研究，合理布局。

对枢纽内货运站的布置，具体来说应考虑下列因素。

（1）位于货物集散处。货运量是设置货运站的基本依据，位于城市枢纽内的货运站，担负的货运量通常都比较大。为便于货物运输，专为办理某些品类货物的专业性货运站，应设置在相应的工业区。办理一般货运作业的综合性货运站，在枢纽内应尽可能地均匀分布（分设若干个货运站），以减少市内短途运输的负担。

（2）货场出入口应设置在城市货运道路系统内。货运站的设置应考虑与市内短途搬运工具之间的衔接，与城市交通系统必须很好地配合。避免布置在客运干道附近，以减少客货交通相互干扰。与城市主要干道交叉处，尽量修建立交，以提高交叉点的通过能力，并确保安全。

（3）货运站与编组站应该分设（有的小枢纽内有两者合设一处的情况），其间应按货物的主要流向配列，并与编组站之间有方便的联系。这样设置可减少货物车辆在枢纽内的迂回、折返行驶，缩短车辆取送行程。在大的货运站能组织整列直达列车和整列空车时，应组织在货运站直接到达和出发，以减轻编组站作业和提高枢纽的综合通过能力。

（4）货运站应设置在其服务区域的适当地点，既要考虑近期运输的方便，又不妨碍城市的发展,为此要与城市规划密切配合。根据工业区、居民区的分布状况、城市发展的远景规划,确定货运站服务半径,合理规划其吸引范围。

(5) 货运站应设置在符合安全和环境保护要求的处所。特别是有特殊运输与保管要求的货物,如办理危险货物作业的车站,按照安全防火等要求,必须远离市区;办理粉状货物(例如煤、石灰、水泥等)及牲畜装卸的车站应远离居民区,设在市郊常年风向的下方。

(6) 应有适当的发展余地。新建货运站时,应按照"全面规划,分期发展"的原则,进行总体规划,考虑到城市的发展规模和货运量的增长,保证将来有发展的余地。同时也应考虑到改扩建时,不会造成大量废弃工程。

此外,还应考虑地形、地貌、风向、地质条件等因素。

根据上述要求,大城市枢纽的货运站一般宜分布在城市外围,以减少对城市的干扰,同时也有利于为物资单位服务和满足车站用地要求。

图 12-1 是某铁路枢纽内货运站布局示意图。在图 12-1 中,围绕城市设有五个办理货物运输作业的车站,其中一个大型尽头式综合性货运站,一个有四条专用线深入城市或工业区的尽头式货运站,三个中间站有通过式布置的货物线及专用线深入城市或工矿区装卸作业点。在这些地点布置相应的物流中心,效益是明显的。

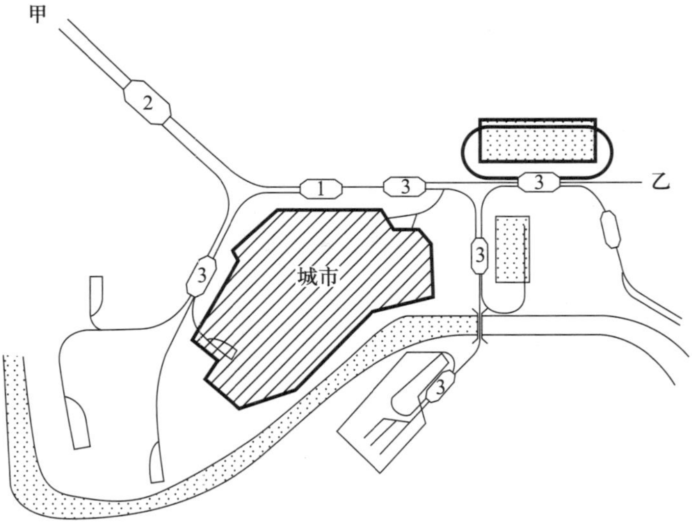


1. 客运站;2. 编组站;3. 货运站

图 12-1 铁路枢纽内货运站布局示意图

### 12.1.3 枢纽内确定铁路货运站最有利配置地点的数学方法

近年来国外铁路运输的实践表明,对铁路货运作业实行集中化是合理的。在大多数枢纽内,只设置一个有大型综合性货场的货运站。但是,在大城市枢纽内如只设置一个货运站,作业过于集中,不仅不能全部负担该枢纽内的货运业务,而且增加了短途搬运距离。因为在一定的货源货流条件下,如在枢纽内设置两个及其以上的货运站,可以节省地方短途运力,减少运输费用和更好地为发收货人服务。

显然，货运站在枢纽内的设置地点，吸引区域的大小和车站类型，在很大程度上取决于货物品类、数量，城市用地规划，枢纽内货运站工作组织方法及投资额的大小等因素。

在定性判断的同时，应用数学方法求算枢纽内货运站最有利位置，可以供决策参考。用数学方法计算时，通常是以货物送达距离和送达时间作为考虑的依据。

下面介绍以货物送达距离最短为目标，确定货运站最有利位置的方法。

在一定的货源货流条件下，可以用求算二次可变函数极限值的方法来确定枢纽内货运站最有利的配置地点。由这样的配置地点进行地方货流集散，可使其搬运距离达到最小。

如果求得的最有利地点由于地理条件的限制不能设置货运站时，可以把这个货运站移至距其最近的地点。

1. 枢纽内只设一个货运站时，其最有利位置的确定

如图 12-2 所示，设 $P_1,P_2,\cdots,P_k$ 为枢纽内到达货物的收货点(或消费点)，在平面里任选一个坐标系，相应于各收货点的坐标为$(x_1,y_1),(x_2,y_2),\cdots,(x_k,y_k)$，则在此坐标系里可找出一个点 $M$，其坐标为$(x,y)$，由 $M$ 点至各收货点的距离平方与各收货地点运量的比例系数之乘积的总和 $S$ 为最小，则 $M$ 点即为该货运站最有利的配置地点。由此可得：

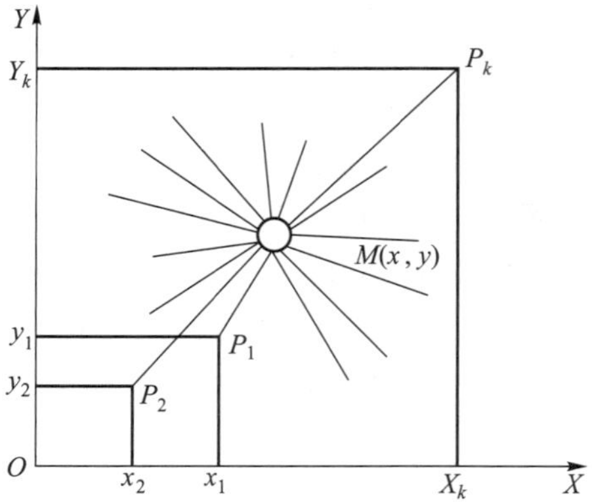


图 12-2 铁路货运站最有利位置选择

$$S=(MP_1)^2a_1+(MP_2)^2a_2+\cdots+(MP_k)^2a_k \tag{12-1}$$

式中，$MP$——由 $M$ 至 $P$ 点的距离，$i=1,2,\cdots,k$；

$a_i$——到达该收货点的运量占枢纽总货运量的百分比。

由坐标图可知：

$$(MP_1)^2=(x-x_1)^2+(y-y_1)^2,\cdots,(MP_k)^2=(x-x_k)^2+(y-y_k)^2$$

代入公式(12-1)得：

$$S=\sum_{i=1}^{k}a_i[(x-x_i)^2+(y-y_i)^2] \tag{12-2}$$

为了求得极限值，分别进行计算：

$$\frac{\mathrm{d}s}{\mathrm{d}x}=\sum_{i=1}^{k}2a_i(x-x_i),\frac{\mathrm{d}s}{\mathrm{d}y}=\sum_{i=1}^{k}2a_i(y-y_i)$$

令上面二式等于 0，可得：

$$\sum_{i=1}^{k}2a_i(x-x_i)=0,\sum_{i=1}^{k}2a_i(y-y_i)=0$$

或者

$$x\sum_{i=1}^{k}a_i-\sum_{i=1}^{k}a_ix_i=0,y\sum_{i=1}^{k}a_i-\sum_{i=1}^{k}a_iy_i=0$$

由于 $\sum_{i=1}^{k}a_i=1$，因此，货运站最有利配置点 $M$ 的坐标$(x,y)$可按下式来确定：

$$x = \sum_{i=1}^{k} a_i x_i, y = \sum_{i=1}^{k} a_i y_i \tag{12-3}$$

用上述方法求得的是货运站理论上最有利设置点,其函数 $S(x,y)$ 具有唯一性的最小值。在此情况下,货物送达的平均距离为:

$$L_{均} = \sum_{i=1}^{k} a_i \sqrt{(x - x_i)^2 + (y - y_i)^2} \tag{12-4}$$

货物送达平均距离 $L_{均}$ 的值是变化的,它随距离平方和 $S$ 值的变化而变化,即按抛物线法则而变化。

当货运站的设置地点由所求出的最有利配置地点需要移动时,其计算方法是不变的,只要在原先的坐标系中换成新的坐标值 $x'$,$y'$(即把新坐标值 $x'$,$y'$ 代入上列公式中的 $x$、$y$)进行计算即可。

上述计算方法对不同的收货点分布情况都适用。对于发送货物由汽车运输向铁路货运站集中时,上述原理同样也适用的。事实上,当枢纽内只设有一个货运站时,这个货运站必定既办理到达业务,又办理发送业务。因此,在此情况下,可以把货物发送点看作与收货点一样,合在一起进行计算。

2. 铁路枢纽内设置两个及其以上货运站时,其最有利位置的确定

当枢纽内设置一个货运站不能满足运输需要时,可以根据枢纽内收货点、发货点的分布情况,划分为若干个运量吸引区,在每一个运量吸引区设置一个货运站为该区的发收货人服务。每一个运量吸引区货运站最有利位置的确定方法与枢纽内只设一个货运站确定最有利位置的方法完全一样。

经由汽车运输进行货物的分送与集中时,有某些具体条件的限制,可能不是直线路径,因此,计算所得的最有利的距离会有一些偏差。对每一种个别情况都必须进行计算,并对原先的计算作一些小的修正。

如果在新建或改建枢纽内的货运站时,已有若干个设置货运站的位置,为了比选一个较优的设置点而不是求最优设置点,在这种情况下,可计算各个方案货物的平均送达距离,以其小者为优选方案。

### 12.1.4 铁路货运站的布置图

货运站是由车场和货场所组成,按其与枢纽内铁路线的衔接位置不同,可分为尽头式和通过式两类;根据其货场与车场的相互位置又有横列式和纵列式之分。

(1) 车场与货场横列的尽头式货运站布置图,如图 12-3 所示。横列尽头式货运站布置图的优点是:站坪长度短、用地经济、货物搬运作业跨越线路较少。缺点是转线、调车与取送车作业都有折返走行,增加车辆的走行距离;对车站横向发展不利。

(2) 车场与货场纵列的尽头式货运站布置图,如图 12-4 所示。纵列式货运站的优点是往货场取送车辆流水性好,节省车辆周转时间,货场横向发展条件好。缺点是货场进口咽喉区作业干扰严重,占地较长。

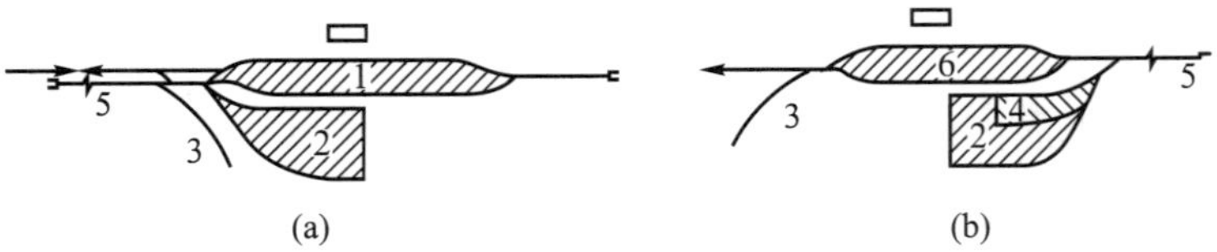


1. 到发及调车场;2. 货场;3. 专用线;4. 调车场;5. 牵出线;6. 到发场

图 12-3 车场与货场横列的尽头式货运站

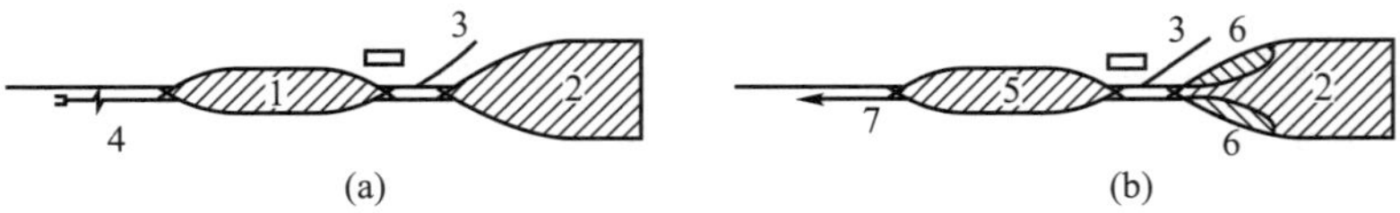


1. 到发及调车场;2. 货场;3. 专用线;4. 牵出线;5. 到发场;6. 调车场;7. 机待线

图 12-4 有尽头式货场的纵列式货运站

(3) 直通式货运站布置图,如图 12-5 所示。这是作业量较大的货运站布置图,正线贯通,车场与货场设在正线的一侧,这样正线与货物车辆取送、装卸互不干扰。与尽头式货运站相比,作业分散在车站两端咽喉办理,作业能力较大。缺点是不易深入城市中心。

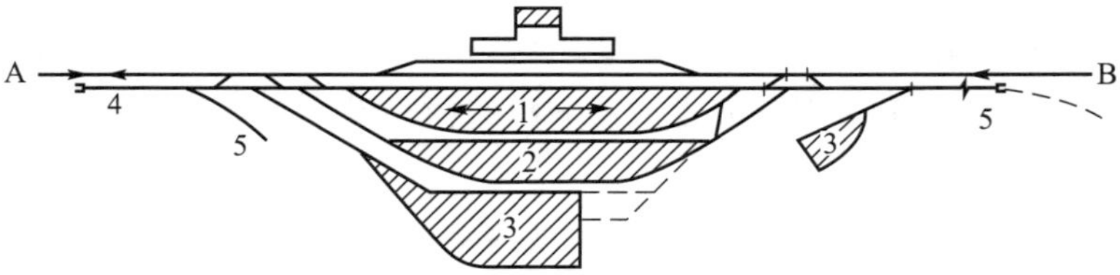


1. 到发场;2. 调车场;3. 货场;4. 牵出线;5. 专用线

图 12-5 直通式货运站布置图

(4) 地方货物作业量较小的中间站,通常设置 1~2 条货物线及仓库、堆场,办理货运作业。货物线可以是通过式布置,根据需要也可以是尽头式布置。

(5) 货场布置图。货场的货物线是尽头式的布置图如图 12-6 所示。大中型货运站的货场布置多为此类布置。

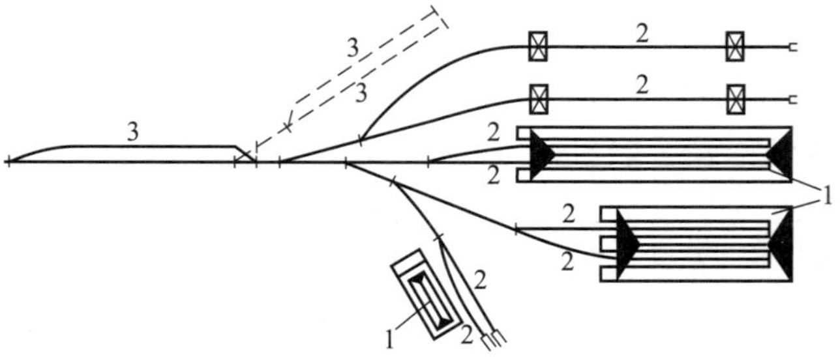

1. 货物站台及仓库;2. 货物装卸线;3. 存车线

图 12-6 尽头式货场布置图

# 12.2 公路货运场站规划

公路货运场站是办理公路货物运输业务及保管、保养、修理车辆的场所,是汽车运输企业的技术基地和基层生产单位,是构成公路运输网的重要组成部分。

## 12.2.1 公路货运场站的作用、分类和场库布置图

### 12.2.1.1 公路货运场站的作用

1. 货物的集散、换装

运输场站对于待发的货物具有集中、疏散、分类、换装的职能。它首先将处于各点的品种繁杂、数量很多、流向不一的货物集中起来,然后根据货主的要求,按照合理线路、货物的运输条件,进行分类、换装等作业,统一进行运输调度,从而节约运力,提高运输的效率。

2. 取货上门、送货到家

凡货主需要运送货物,经货主填写运单后,由运输场站(兼营收货和配送业务)根据运量大小、货物运送的要求,调派适宜的车辆,按照运输场站确定线路、发车时间、上门取货。运输场站到达的货物汇集起来,按照货物发送的去向、运输要求进行分类和换装,再按运输场站确定的线路及发、到时间,送货到家,交付收货人。对于运输场站由铁路、水路、航空等运输方式接运的货物(包括集装箱),不管是衔接转运的或者是需要送货到家的,同样按照货物的去向及运输要求进行分类和换装,再按运输场站确定的线路和发车的时间,送货到家。

3. 衔接多种运输方式

公路货运场站特别是公路主枢纽,起着把不同运输方式连接起来,共同完成同一运输任务的纽带作用。随着我国联合运输业务的发展,运输场站的这种作用将更加显著。

4. 车辆调度和停放

为了完成货物的集散运输任务,必须有足够数量的各种型号的载重汽车、三轮车等运载工具,以及装卸货物的附属设备(如吊车、铲车等)。因此,运输场站应设有专门的场地,作为停放车辆调度业务使用。并且定期对站内车辆进行维修、养护。

### 12.2.1.2 公路货运场站的分类

公路运输场站有多种分类方法,通常按业务性质或者按业务量大小分类。

1. 按业务性质分类

按业务性质分有专业站、代办站、停靠站。

(1) 专业站。由汽车运输企业直接领导的基层单位,固定办理各种货运业务。在货运量较大、运输业务稳定的地区一般均设有专业汽车运输站。

(2) 代办站。设在运量不大、尚不具备建站条件,但仍有一定货运业务的地点如县城、乡镇代办的运输站。代办站由所在地政府派人负责,运输业务由附近运输场站或业务部门代管。

(3) 停靠站。根据临时性的货流需要或季节性的特殊要求,在汽车运输的沿线,临时增设停

靠站。停靠站仅设置场站标志或简单站棚,停靠有定时或不定时两种。有的地区停靠站不设站务人员。停靠站一般分为固定站、临时站和招手站三种。主要任务是为方便用户和分散部分货流。

2. 按主要业务功能分

按照《公路货运站站级标准及建设要求》(JT/T 402—2016),按照承担的主要业务功能划分为综合型、运输型、仓储型、信息型货运站。不同类型的货站,按照占地面积和处理能力的不同,又划分为一级、二级和三级站。

(1) 综合型货运站。主要业务功能应体现运输和仓储等物流多环节服务的功能,符合以下要求:从事物流多环节服务业务,可以为客户提供运输、货运代理、仓储、配送、流通加工、包装、信息等多种服务,且具备一定规模;按照业务要求,自有或租用必要的装卸设备、仓储设施及设备;配置专门的机构和人员,建立完备的客户服务体系,能及时、有效地提供服务;具备网络化信息服务功能,应用信息系统可对服务全过程进行状态查询和监控。

(2) 运输型公路货运站。主要业务功能应体现以运输服务为主的中转服务功能,同时符合以下要求:以从事道路货物运输业务为主,包括公路干线运输和城市配送,并具备一定规模;可以提供门到站、站到门、站到站的运输服务;具有一定数量的装卸设备和一定规模的场站设施。

(3) 仓储型公路货运站。主要业务功能应体现以道路运输为主的仓储服务功能,同时符合以下要求:以从事货物仓储业务为主,可以为客户提供货物储存、保管等服务,并具备一定规模;具有一定规模和数量的仓储设施及设备。

(4) 信息型公路货运站。主要业务功能应体现以道路运输为主的信息服务功能,同时符合以下要求:以从事货物信息服务业务为主,可以为客户提供货源信息、车辆运力信息、货流信息及配载信息等服务,并具备一定规模;具有网络化的信息平台,或为客户提供虚拟交易的信息平台;具有必要的货运信息交易场所和一定规模的停车场所;具备网络化信息服务功能,应用信息系统可对交易过程进行状态查询、监控。

#### 12.2.1.3 公路货运场站停车场(库)布置图

停车场是公路货运场站的主要设施之一。无论何种场(库)都要满足营运要求,保证安全、迅速、方便地出入车辆,并应布置紧凑,减少占地。车辆在场(库)内出入可分为尽头式和贯通式,如图12-7所示。图中(a)、(b)仅一侧有通道,称为尽头式布置,该布置形式用地较省,但进出口交叉严重,适合业务量较小的场库;图中(c)两侧都有通道,通过能力大,业务量较大的公路货运站停车场(库)应尽可能采用贯通式布置。

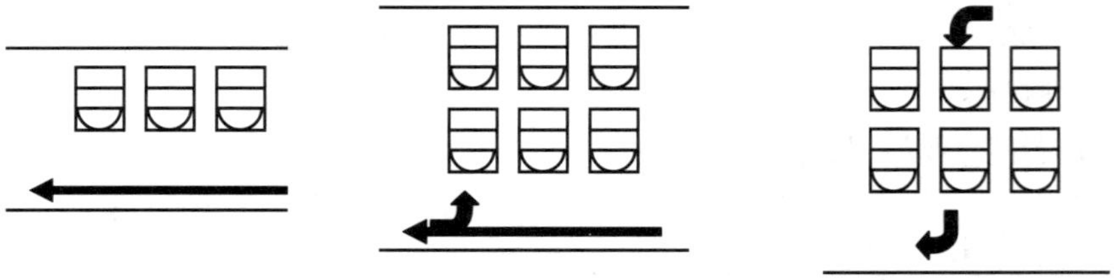

(a) (b) (c)

图12-7 公路货运站停车场(库)布置示意图

### 12.2.2　公路货运场站的选址

#### 12.2.2.1　确定公路运输场站地址的原则

公路货物运输场站担负着繁重的货物装、卸、取、送作业和汽车运营组织工作。运输场站通过对货物的分类、倒装、搬运等一系列的站务作业，使物资流通过程中的运输业务有条不紊地完成。因此，运输场站的合理布局，不仅直接关系到运输企业的本身业务，而且对于方便货主，服务社会，有着密切的关系。在确定运输场站地址时，应注意以下几个问题。

（1）定性分析和定量分析相结合的综合决策。影响运输场站地址选择的因素很多，在确定场站地址时，首先要对一些主要因素进行定性和定量的分析。公路货运站站址选择应符合国家公路运输枢纽总体布局规划或所在地区货运站发展规划要求。

（2）场址的地理位置应该便于铁路、港口、公路干线和大宗用户的衔接、联系，与公路网、城市道路网和综合运输网合理衔接。同时，要尽量避开繁荣闹区，具备良好的给排水、电力、道路、通信等条件。

（3）节约用地。场址和规模主要取决于运输量大小及与运输有关的其他要求，在不占或少占良田的前提下，应适当留有发展的余地。

（4）对用户服务要经济、迅速、安全、便利。经济是指运输场站在完成运输作业的全过程中，用户所支付的运杂费越少越好；安全是指在运输的全过程中货物的破损丢失系数越小，越安全可靠；便利是指场址的地理位置及运输场站的管理工作、服务质量都要从便利货主出发。对货主便利是个综合性指标。

运输场站的实际选址过程中，各种条件和原则要求往往是互相制约、不可兼得。例如，如果公路场址接近铁路、水路，则集散转运方便，但往往征地困难、地价高。如果征地容易、地价便宜的地点，又可能造成运输距离长、运输成本高等弊端。所以要统筹兼顾，根据实际情况进行多方案的综合论证比较，从中挑选出最佳的站址方案。

#### 12.2.2.2　公路运输场站选址的基本方法

在一个区域内，是否需要设置运输场站、需要设置多少个运输场站、每个运输场站的规模应当有多大、场址又应当选择在什么地点，这些都是选址时要解决的问题。

1. 公路运输场站选址时的基本程序

运输场站选址的基本程序中的每个环节都十分重要，不可忽视。例如，场址的地价，从全社会的经济效益来看，地价是关系到运输场站运营投产后经济效益的一个重要因素。如果地价十分昂贵，投资回收期就要加长，则意味着，要通过较长时期运营，才能以营利的增加量来补充地价的投资。运输场站地址的选择是一个多因素、多环节、多方案的比较问题，各方面都应予以重视。

2. 公路运输场站选址的基本方法

（1）相关分析法。运输场站地址的确定，是由运输量、运输距离、运输路线质量状况、运输成本、地价、养路费用、设备费用等多种因素决定的，这种关系可以认为是自变量（$x_i$）与因变量（$y$）的关系。它是可以用相关分析的方法寻求其内在的经济计量关系，从而确定出最佳的运输场站址方案。主要步骤有三个。

① 找出与运输场站选址有关的各因素，对新确定的运输场站地址进行系统的分析，定性地确定影响运输场站选址的有关因素（这些因素有时多达几十个），并从它们的相互关联中，确定

各个因素的相关程度。

② 对所确定的相关因素，要进行初步筛选，以便建立确定性的数学模型。例如，经过初步筛选后的自变量，有甲种货物运量（$x_1$）、乙种货物运量（$x_2$）、甲种货物运距（$x_3$）、乙种货物运距（$x_4$）、运价甲（$x_5$）、运价乙（$x_6$）、地价（$x_7$）、设备成本（$x_8$）、物流总成本（$x_9$）等。

③ 建立数学模型。如上筛选后的 9 个自变量，均与运输场站址选择有关。再通过采用逐步回归的数学方法，从众多的因素中，选择适当的变量，列出“最优”的回归方程——数学模型。譬如，从筛选后的 9 个自变量中最后优选出一个五元回归方程：

$$y=b_0+b_1x_1+b_2x_2+b_3x_3+b_4x_4+b_5x_5$$

式中：$b_0$ 为常数；$b_1,\cdots,b_5$ 为分别与 $x_1,\cdots,x_5$ 对应的权重；$b_0$ 与 $b_1,\cdots,b_5$ 可根据历史数据回归得到。

（2）成本分析法。设有 $n$ 个货源点（$a,b,c,\cdots,n$），对应于 $n$ 个货源点需要运输的货运量为（$W_1,W_2,W_3,\cdots,W_n$），设运输场站的待筛选点为（$P_1,P_2,P_3,\cdots,P_n$），假设单位吨公里成本（$F$）相等，其他条件相同，求运输场址最佳地点 $P$。

根据已知条件，可分别求出各货源点到场址筛选点的距离，然后分别乘以相对应的货运量，即可求出货物周转总量，再乘以单位吨公里成本，则可得出各筛选点的总运输成本（$C_1,C_2,C_3,\cdots,C_n$），从而求出最佳场址选点。

即：运输成本=运输周转总量×单位运输成本

$$C_1=(P_1aW_1+P_1bW_2+P_1cW_3+\cdots+P_1nW_n)\cdot F$$

$$C_2=(P_2aW_1+P_2bW_2+P_2cW_3+\cdots+P_2nW_n)\cdot F$$

$$C_n=(P_naW_1+P_nbW_2+P_ncW_3+\cdots+P_nnW_n)\cdot F$$

据上式，可以求出 $C_1,C_2,C_3,\cdots,C_n$ 中的最小值，就为所求最佳场站的选址方案。

## 12.3 水路货运码头规划

港口是一个国家或地区的门户，是水陆运输的衔接点，又是大宗货物的集散地，为了迅速、安全、优质、经济地完成运输任务，港口和各种工程建筑及设施应有合理的布局。

### 12.3.1 港址选择

港址选择是港口建设的首要环节。良好的港址，不但可节省建设投资，缩短建设施工期限，而且有利于港区的内部布置，使船舶运转安全、货物吞吐迅速、经营管理便利、维护工作量少、运输成本低，更好地促进腹地经济的发展。反之，港址选择不当，则会使港口建成后难以发挥其效能，给船舶运转及港口营运、管理带来极大不便。

影响港址的因素很多，要选一个良好的港址，应深入调查研究，根据港口的吞吐任务、船型、运输特点以及地形、地质、地震、水文、气象等自然条件，并考虑全国港口发展战略、海河岸线资源综合开发利用的要求，从政治、经济、技术上进行综合分析、论证，慎重确定。港址选择应满足《海港总体设计规范》(JTS165—2013)的要求,考虑腹地经济、国家综合运输体系建设、港城关系、自然条件、基础设施条件等因素,遵守国家现行资源利用、环境生态保护、经济和社会影响等有关规定。一个优良港址应满足下列基本要求。

(1) 要有足够货源及最省运费。有广阔的经济腹地,且港址位置适合于经济运输,即与其腹地进出口货物重心靠近,使货物的总运费最省。

(2) 与腹地有方便的交通运输联系。腹地与港口间的各运输线路,为港口货物吞吐之动脉,腹地进出港口的货物能经济、有效地通过港口集散,港口才能更好地为腹地服务。

(3) 与城市发展相协调,港口建设与城市发展有着密切关系。港口发展会逐步形成城市,城市的发展与繁荣,必将促使港口规模的扩大。港口总希望有城市为依托,但港口的发展,又必然给城市交通及居民正常生活带来干扰。出于环境的考虑,现代港口货运与城市居民正常生活分离的概念愈来愈被广泛采用。因此,客运码头除外,现代化港口不应位于被居民区包围的城市中心区附近的岸线,而应移至老城区的端侧,形成港口与城市发展互不干扰的城市用地结构和布局。

(4) 有发展余地。经济要发展,远景吞吐量预测的不确定性因素多,所以港口的发展必须留有较大的余地。一个优良的港址,既有合理的建设安排又近远结合,着眼于遥远的未来,至少要满足 30~50 年港口发展的需要。

(5) 满足船舶航行与停泊要求。这方面的问题有:① 进港航道和港池水深是否满足设计船舶吃水要求。天然港址一般很少能满足要求,大多需要采用疏浚的办法达到水深要求。② 应保证港航道稳定通畅,港内水域平衡及无严重淤积。③ 要有宽阔的水域,足够布置船舶的锚泊、回旋,港内航行、停泊作业和港池等的水域;水域受波浪影响少,水流、流冰等不致过分影响船舶作业。④ 地质最好是适宜船舶锚泊的细砂及黏土等的混合地质。

(6) 有足够的岸线长度和陆域面积,用以布置前方作业地带、库场、铁路、道路及生产辅助设施。这要求:

① 有足够的岸线布置不同作业区的码头泊位,对危险品及污染严重的货种,能保持与其他区域有足够距离。② 港区陆域宽度依货物种类、装卸工艺等而不同。③ 布置港口铁路车站及分区车场,除要求有足够的陆域面积外,还要考虑到适宜的地形、港外疏港道路能方便地与国家高速公路或公路干道相衔接,尽量避免穿越城市市区。

(7) 战时港口常作为海上军事活动的辅助基地,也常成为作战目标而遭破坏。在一般情况下,军港宜远离大、中城市,单独选址,但商港也要考虑到战时作为临时军事活动辅助港。故在选址时,应注意能满足船舰调动的迅速性,航道出口与陆上设施的安全隐蔽性以及疏运设施及防波堤的易于修复性等。

(8) 港口装卸作业与港区工业的发展,对附近水域生态环境和水陆域自然景观可能产生不利影响,因此建港时应尽量避免对附近名胜古迹、城市居民生活用岸线或其他大型文化设施等的影响。

(9) 尽量利用荒地劣地,少占或不占良田,避免使拆迁量和工程量大。尽量使总工程造价低,维修费用省、偿还期短等。

(10) 对于大型液体散货等危险品码头选址应结合液化天然气接收站选址,远离人口密集区域,考虑地质构造等问题,保证船舶、作业人员和周边地区的安全。未经专门论证,液化天然气码头严禁选在地质构造复杂和存在晚近期活动性断裂等抗震不利地段。

## 12.3.2 货运码头的布置

### 12.3.2.1 一般码头平面布置

码头前沿线的平面布置，取决于建设地点的自然条件及船舶靠离岸作业和陆上货物集疏、储存作业等营运要求，常见的布置形式有顺岸式、突堤式、挖入式和离岸式。

1. 顺岸式

码头前沿线大致与自然岸线平行，称为顺岸式布置，如图 12-8 所示。前沿线布置成锯齿形轮廓，是考虑到较多的泊位布置成一条直线时，码头前沿铁路线调车走行不便而采用的变形布置。图 12-8 中(c)、(d)是在河港中常见的顺应河道走向而采用的折线形布置。

2. 突堤式

突堤式码头突出天然岸线伸向水域，如图 12-9 所示。突堤式码头可与岸线垂直伸向水中，如图 12-9 中(a)、(b)所示。有时由于地形条件，铁路进线和方便船舶靠离等原因，与岸线斜交伸向水域(一般与岸线成 60°~70°交角，如图 12-9 中(c)所示。)

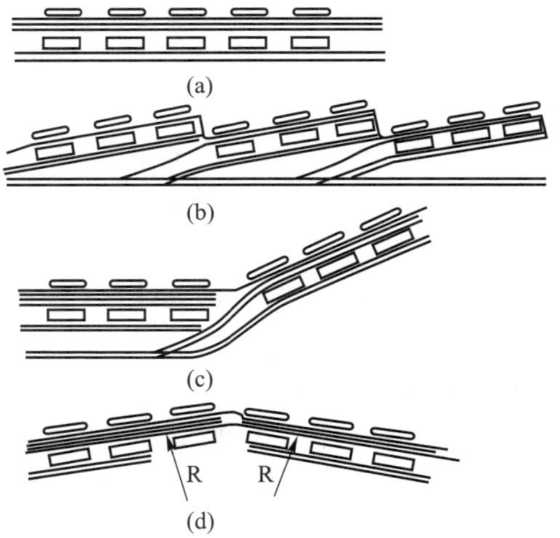


图 12-8 顺岸式码头的平面布置形式

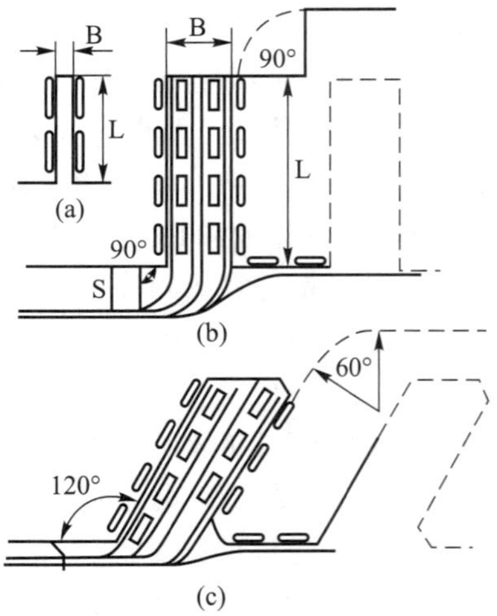


图 12-9 突堤式码头的平面布置形式

突堤式码头的优点是当岸线不足时，可以提供最多的泊位。

上述两种布置形式比较，各有特点。同样的泊位数，顺岸式占用自然线长，港区分散，且增加了为掩护码头岸线所需的防波堤长度，但占用水域较小，泥沙在码头前沉积较少，船舶靠离码头作业方便，陆域地区宽阔，有足够面积可布置库场等设施，铁路、道路交通衔接方便，必要时且可改建为突堤式码头以增加泊位数，故港湾吞吐量增加时，扩建较易。而突堤式码头与上述情况相反，它可以在较短自然岸线上，布置较多的泊位，但在一般情况下，和每一泊位相对应的水域、陆域面积比顺岸式布置少，对船舶靠离码头作业和陆域上库场道路的布置都不如顺岸式方便。

顺岸式码头靠近岸边水域，一般建筑费较省，突堤式码头伸入海中前端水深，陆域填筑工程量大，建筑费用昂贵。因此，当港湾为扁长形或在河川、运河沿岸设码头时，多用顺岸式布置。当港湾宽阔、港内海岸至港口航道间有相当长距离且需建更多泊位时，宜用突堤式布置。

3. 挖入式

挖入式码头布置形式指码头布置在由陆域内开挖的港池中，这种布置形式占用自然岸线较短，而可以布置较多的泊位，泊位比较紧凑集中。国外很多港口改变了过去建造港池群的形式，改为建造大型港池。挖入式港池适用在水域狭窄而有广阔陆域的地方。

4. 离岸式

为了适应现代大型油轮或散装货船靠泊而建设的码头，常布置在离岸较远的深水区，一般为开敞式，不设防波堤，遇大风浪天气，泊位停止作业，船舶暂时离开码头。

此外，在同一港中，可能几种布置形式并用，形成复合布置。

**12.3.2.2 综合性港口的专业区平面布置**

通常除了小港和专业化港口外，综合性港口常根据货物种类、数量、船舶类型、货物流向、集疏运条件、港口自然条件和码头平面布置，将港口码头划分为如图 12-10 所示的不同的专业区。

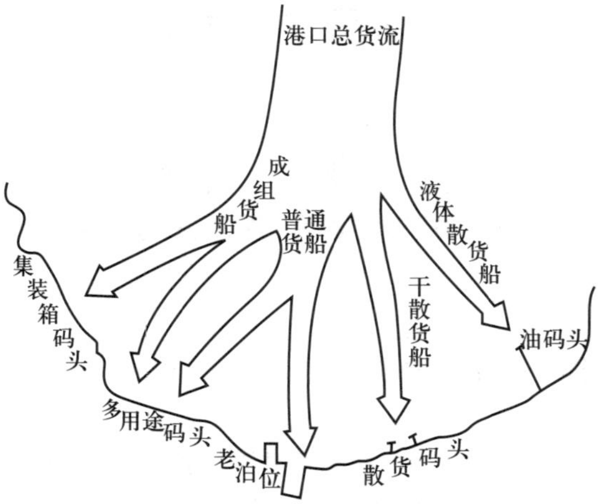


图 12-10 港口作业区划分示意图

因为我国绝大多数客运船舶为客货兼用船，所以客运码头可规划成客货兼用码头。客运码头一般靠近普通件杂货码头区，应尽可能使客运区与城市广场、滨海公园等结合起来，并与城市中心区以及铁路、公路、航空站间有方便的交通联系。

集装箱码头交通运输频繁，需要相当广阔的码头用地，所以要选择在能充分保证码头用地并与公路干线连接良好的地点，另外应注意到大型集装箱需靠泊深水泊位。

工业港区一般位于港区的尽头并和城市规划工业用地结合。散货港区由于大型散货船的停靠点须在深水区，一般设在船舶运向工业港的途中。并考虑到某些货物装卸区有粉尘及不良气味，应选择在对城市及其他装卸区的常风向的下侧。

木材多选择在具有广阔的水域且较僻静处贮放，在河港中一般位于港区的上游。

装卸石油的专用码头（或石油作业区）应尽量位于非油类码头常风向或强流向的下侧，并设置安全距离。

其他危险品,若数量大且货源稳定时,可设置专用危险品码头。仅当危险品数量较少时,其装卸作业才可与港区其他码头泊位混合使用,但应采用必要的安全措施,并尽量利用端部泊位;堆放危险品的库场应单独设于港区安全地带。

渔港区宜与其他港区隔离,并因渔港区的船型小,要求水域平稳。如果在出入港时间上有高峰出现,需单独设置小船航道和口门。

港口工作船、码头和停泊区多布置在靠近主要港区与港口有关系的办公区域口门附近的防波堤根部等处。

修船设施为任何大港必备之要件,一般与其他港区隔离,设于港湾端部水域平稳有足够水深之处。

划分专业区时,还应考虑不能将彼此间具有有害影响的货种相邻。

为了减小作业性质不同区域间的彼此干扰,可设置缓冲绿地,以起到防噪声、防粉尘、防火、防爆作用。

## 12.4 航空货运港站规划

随着世界经济的发展和大型运输机的不断投入,民用航空货运市场发展迅速。世界范围内航空物流的强劲发展,带动我国航空物流的发展。因此,在航空港规划中,货运作业区应占有相当重要的地位。

### 12.4.1 机场的功能、构成和分类

#### 12.4.1.1 功能

机场是供飞机起飞、着陆、停驻、维护、补充给养及组织所有活动的场所。机场应包括相应的空域及相关的建筑物、设施与装置。按服务对象区分,机场分为军用机场、民用机场和军民合用机场。民用机场又分为商业运输机场、通用航空机场及用于科研、生产、教学和运动的机场。大型民航运输机场又称为"航空港"。全国各类机场构成了国家机场系统。

机场、航路和机队构成了民航运输网络。机场是民航运输网络中的节点,是航空运输的起点、终点和经停点。从交通运输角度看,民航运输机场是空中运输和地面运输的转接点。它一方面要面向空中,送走起飞的飞机,迎来着陆的飞机;另一方面要面向陆地,供客、货和邮件进出。因此机场也称作航空站(简称为航站)。

民用运输机场的基本功能是为飞机的运行服务;为旅客、货物及邮件的运输服务以及其他相关方面的服务。

#### 12.4.1.2 机场的构成

机场主要由四部分构成:飞行区、航站区、机场的其他设施及进出机场的地面交通系统,如图12-11所示。

(1) 飞行区是机场内用于飞机起飞、着陆和滑行的区域,通常还包括用于飞机起降的空域在

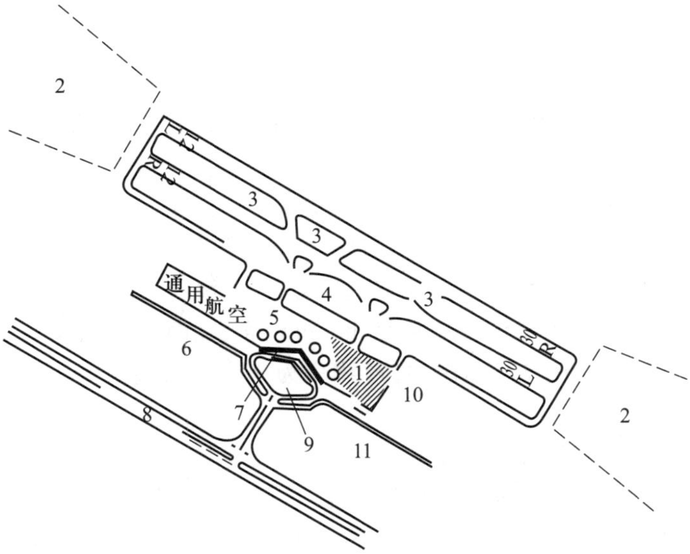


1. 航空货运;2. 到达/出发空域;3. 跑道部分;4. 滑行道部分;5. 机坪部分;6. 场内服务部分;
7. 航站楼;8. 通向市区的道路;9. 航站楼停车场;10. 储油库;11. 场内服务道路

图 12-11 机场构成平面示意图

内。飞行区由跑道系统、滑行道系统和机场净空构成。相应设施有:目视助航设施、通信导航设施、空中交通管制设施以及航空气象设施。

(2) 航站区是飞行区与机场其他部分的交接部。航站区包括:旅客航站楼、站坪(停机坪)、车道、站前停车设施(停车场或停车楼)等。

(3) 机场的其他设施还包括:旅客服务设施、货运区、保安设施、供电设施、应急救援设施、动力与电信系统、环保设施及航空公司区等。货运区通常设置在航站中场内服务区的一侧(端)。

(4) 进出机场的地面交通系统通常是公路,也包括铁路、地铁(或轻轨)和水运码头等。其功能是把机场和附近城市连接起来,将旅客和货邮及时运进或运出航站楼。进出机场的地面交通系统的状况直接影响空运业务。

民航机场与其他交通运输站相比,有一些不同,如占地面积、位置选择要求高,而且包括相应的空域。机场必须有足够的面积容纳飞行区和航站区,同时要求平坦开阔;由于噪声影响以及为长远发展考虑,机场应适当远离城市市区。机场的位置选择不仅应满足占地面积的要求,还应考虑周围地势、海拔高度、气象(尤其是风向)、相邻机场距离和方位、附近居民区和工业区状况、陆上客货运输工具进出机场的方便程度等。对净空区域的要求是机场特有的,是飞行安全和有序起降的基本条件。为此,民航机场在新建和扩建时,场址选择必须考虑上述要求。

### 12.4.1.3 机场类别划分

1. 按航线性质划分

按航线性质划分,可分为国际航线机场(国际机场)和国内航线机场。

(1) 国际机场有国际航班进出,并设有海关、边防检查(移民检查)、卫生检疫和动植物检疫等政府联检机构。国际机场又分为国际定期航班机场、国际不定期航班机场和国际定期航班备降机场。

（2）国内航线机场是专供国内航班使用的机场。我国的国内航线机场包括地区航线机场。地区航线机场是指我国内地城市与港、澳等地区之间定期航班飞行使用的机场，并设有相应的类似国际机场的联检机构。

2. 按机场在民航运输网络系统中所起作用划分

按机场在民航运输网络系统中所起作用划分，可分为枢纽机场、干线机场和支线机场。

国内、国际航线密集的机场称为枢纽机场（如北京、上海、广州）。干线机场是指各直辖市、省会、自治区首府以及一些重要城市或旅游城市（如大连、厦门、桂林、深圳等）的机场。干线机场连接枢纽机场，而支线机场则空运量较少，航线多为本省区航线或邻近省区支线，并为干线机场运送转线客流。

3. 按机场所在城市的性质、地位划分

按机场所在城市的性质、地位划分，可分为Ⅰ类机场、Ⅱ类机场、Ⅲ类机场和Ⅳ类机场。

（1）Ⅰ类机场，即全国性的大城市机场，是全国航空运输网络和国际航线的枢纽，运输业务繁忙，除承担直达客货运输外，还具有中转功能。北京、上海、广州三城市机场均属于此类机场，亦为枢纽机场。

（2）Ⅱ类机场，即省会首府、直辖市和重要的经济特区、开放城市和旅游城市，或经济发达、人口密集城市的机场，可以建立跨省、跨区域的国内航线，是区域或省区内民航运输的枢纽，有的可开辟少量国际航线，亦为干线机场。

（3）Ⅲ类机场，即国内经济比较发达的中小城市，或一般的对外开放和旅游城市的机场，除开辟区域和省区内支线外，可与少量跨省区中心城市建立航线，故也可称为次干线机场，如青岛、温州、三亚等机场。

（4）Ⅳ类机场，即省、自治区内经济比较发达的中小城市和旅游城市，或经济欠发达但地面交通不便城市的机场。航线主要是在本省区内或连接邻近省区。这类机场也可称为支线机场。

4. 按旅客乘机目的划分

按旅客乘机目的划分，可分为始发/终程机场、经停（过境）机场和中转（转机）机场。

（1）始发/终程机场中，始发和终程旅客占旅客的大多数，始发和终程的飞机或掉头回程架次比例很高。目前国内机场大多属于这类机场。

（2）经停机场往往位于航线的经停点，没有或很少有始发航班飞机，只有比例不大的始发/终程旅客，绝大多数是过境旅客，飞机一般停驻的时间很短。

（3）中转机场中，有相当大比例的旅客下飞机后，立即转乘其他航线的航班飞机飞往目的地。

5. 按照飞行区指标进行划分

按照航空民航标准《民用机场飞行区技术标准》（MH 5001—2021），飞行区等级指标Ⅰ根据使用该飞行区的最大飞机的基准飞行场地长度确定，共分 4 个等级；飞行区等级指标Ⅱ根据使用该飞行区的最大飞机翼展确定，共分 6 个等级，如表 12-1 所示。通常情况下，我国机场使用飞行区等级来作为机场等级划分标准。例如，满足 4F 的机场能起飞空中客车 A380 等四发远程宽体超大客机，满足这一条件的机场包括北京首都国际机场、上海浦东国际机场、广州白云国际机场、重庆江北国际机场、成都双流国际机场等。

表 12-1 飞行区等级指标标准

| 飞行区代码 | 代表跑道长度(米) | 飞行区代号 | 翼展(米) |
|---|---|---|---|
| 1 | L<800 | A | WS<15 |
| 2 | 800≤L<1 200 | B | 15≤WS<24 |
| 3 | 1 200≤L<1 800 | C | 24≤WS<36 |
| 4 | L≥1 800 | D | 36≤WS<52 |
| | | E | 52≤WS<65 |
| | | F | 65≤WS<80 |

### 12.4.2 影响航空港位置的因素

航空港地址的选择,影响因素多,其中主要有如下因素。

1. 周围地区的发展类型

这是一个非常重要的因素,因为一个机场的活动,特别从噪声的角度,对机场的周围居民干扰很大而不受欢迎。因此,研究机场邻近地区现在和将来对土地的使用情况,是很重要的。与机场活动最相容的场地应予优先考虑。应尽可能避免靠近住宅区和学校。

机场是公共交通运输体系的组成部分,因此,它和社会其他组成部分一样,受相应的原则和政策的规划管理,而且必须与其他组成部分的现有情况和发展计划协调一致。在跑道、滑行道、机坪和机场边界之间,最好有一个缓冲区域,以方便机场活动。

2. 大气条件

烟和雾霾的存在会降低能见度,从而降低机场的交通容量。在很少有风的地方,雾有停留的趋势。很少有风,可能是由于周围地形造成的。同样,烟和雾霾出现在大工业区的附近。

3. 进出机场的交通情况

从旅客的起点到达机场的交通时间是一个主要考虑的问题。在许多情况下,在地面交通花费的时间往往超过空中飞行花费的时间。对相隔约 400 千米的两个大城市之间,其进出港站的地面交通花费时间能达到空中花费时间的两倍。

随着空中交通工具的日益发展,旅客数将增多到必须使用诸如轻轨交通的专用交通工具来往返机场的程度。在大城市区域内当正常车辆高峰交通量时间同机场高峰交通量时间相重合时,尤其如此。因此,做好通往机场的公路规划和机场的停车场规划是很重要的。

4. 留有扩建余地

对于航空这样活跃的事业,必须预先获得或能在将来获得足够的土地,以备机场扩建之用。从历史来看,随着飞机的体积和交通量的增大,必须加长跑道,扩充航站设施,并提供更多辅助设施,从而必须有足够的土地来容纳这些新设施。

5. 区域内其他机场的存在

当选择新机场,或在现有机场增加跑道时,必须考虑有关地区内其他机场的存在。机场与机场之间必须相隔有足够距离,以防止在一个机场上空作着陆操作的收音机等仪表干扰其他机场上飞机的活动。机场与机场之间的最小距离完全取决于交通量和交通类型，以及机场是否有在能见度差的情况下飞机运行的装备。

在一个城市区域内有几个机场时，其位置合理与否可能极大地影响它们各自的容量。如果机场与机场之间相隔太近，在能见度差的情况下，它们可能会互相妨碍到两个机场的容量之和并不比一个机场的容量大的程度。

6. 周围障碍

所选择的机场位置应使场址的最终发展所需的进近区没有障碍，或即使有障碍也能予以清除。为了提供和保护机场适当的进近区，需要在机场转弯地区和跑道延长线地区设高度限制。在规划阶段，必须采取步骤以排除将来建立妨碍使用该机场的收音机的障碍的可能性。场址一经选定，就应采取分区划定高度限制的措施，以确保飞行安全。

7. 建设的经济性

显然，如果可供选择的一些场址都是同样适用的，那就应考虑到建造起来比较经济的那个场址。

8. 获得供应和公用设施的可能性

一个机场，特别是大型机场，需要大量水、天然气或油、电力和飞机与地面车辆用的燃料。选择机场场址时，必须考虑到提供这些供应的能力。这些供应中的大多数要靠卡车、火车、轮船或管道运送至机场。必须考虑的另一个因素是污水的处理。在不靠近污水管道的新场址上，可能还须建造污水处理场，至于电力，多数大型机场必须有自己的发电装置，以便在商业电源中断时应急使用。

9. 接近需要航空服务的地点

在选择新的机场场址时，十分重要的是地面交通时间要尽可能缩短。特别是对短途航班，来往机场所需要地面时间是十分重要的。旅客更关心的是(出发)门到(到达)门所需的总出行时间，而不仅是在空中的那部分时间。机场离人口中心区的距离过远，抵消了运输飞机的速度优势，会失去旅客和货源。

### 12.4.3　影响航空港规模的因素

机场必要的规模取决于下述主要因素。

(1) 预期使用该机场的飞机的性能和大小。飞机的性能直接影响跑道的长度。机场设计者通常不直接接触有关各种类型的运输机的性能资料。为了给机场设计提供他们所需要的有关跑道长度的资料，国际民用航空组织(ICAO)调查研究了许多类型飞机的性能，并颁布了关于跑道长度的文件。确定跑道长度时应尽可能同航空公司和机场的其余使用单位一起进行协商。

(2) 预计交通量。交通量及其性质对所需的跑道数目、滑行道的构形和停机坪的大小有直接影响。

(3) 气象条件(风和温度)。影响机场大小的重要气象条件是风和温度。温度影响跑道的长度，温度越高，跑道需要越长。风向影响跑道的数目和构形。

(4) 场址的标高。

### 12.4.4　货物行李处理系统

通常，对于货运量很大的大型机场，旅客航站与货物航站分开设置。但由于大型喷气式飞机的出现,导致客货混合作业的增长。这是由于大型喷气式飞机在为运载旅客和行李所必需之外,还具有很高的货物运载量。所以,在规划机坪—机位区时,有必要考虑货物的处理系统。

货物包括空运货物和航空邮件。航空邮件通常是由车辆运送至机场航空邮件中心。空运货物在飞机和货物航站之间由货运车辆或由航空货物运送装置运送。

由运载旅客的飞机载运的到站空运货物通常必须在机位卸货,然后转运至货物航站(区)。发出的航空货物在出站航班离去前从货物航站(区)运出,必须存放在指定的区域以利于方便快速地装上飞机。此项作业要求机位附近的机坪上有大块场地。有关货物处理的另一要求是要有运货车辆在机坪—机位区与货物航站区之间行驶的车行道路。在航空货物运货车交通量很高的大型机场上,有时给运货车规定专用的车行道路,以便将其与在机坪上行驶的其他服务车辆分开。

客机带运货物的装卸,必须使用效率高的装卸设备,避免耽搁客运作业。已经研制出的先进装卸设备,主要的是装卸—运输联合机,这种联合机具有减少机坪上的设备数量的优点。升降式装卸机可用来配合机舱门槛高度不同的各种飞机。

对空运货物处理方法有影响的另一发展趋势是研制了适用于不同类型飞机的底舱集装箱。集装箱的优点是可以在机场以外装箱并准备好,直接运上飞机,并且容易装货和卸货。

行李被交运后,便开始自己的流动路线。首先由皮带输送机输送到出港行李房,按航线和目的地进行分拣,而后以散装或集装箱形式,由小车或平板拖车分别运到有关飞机前,装送到机舱。

提取行李区应设在接近航站楼出口的地方。行李从飞机上卸下,由小车或平板车运到行李提取处的卸货地段,卸在传送和陈列设备上,供旅客认领。

## 12.5 管道输送站规划

自 1865 年美国宾夕法尼亚州建成第一条原油输送管道以来,管道运输已有 150 多年的历史,在各主要工业国均已成为独立的技术门类,形成庞大的工业体系,与铁路、公路、水路、航空运输等并列为五大运输方式之一。目前,管道运输货物主要是原油、成品油、天然气、油田伴生气、矿砂、煤浆及其他化工流体,大都是能源物资。故管道运输与能源开发的关系密切。管道运输多在生产点与主要消费点之间设置,流向与运输品种单一是其特点。

### 12.5.1 输油站规划设计

输油管道是连接油田、炼油厂、油库或其他用油单位的输送原油或成品油的管道。原油管道的起点大多是油田,终点则可能是炼油厂,或转运原油的港口、铁路枢纽。成品油管道的起点常是炼油厂或成品油库,沿途常有较多的支线分油点或集油站。其终点和分油点则是转运油库或分配油闸,在该处用铁路油罐车或汽车油罐车将各种成品油送给城镇的加油站或用户;也有用支线将油品直接送给大型用油企业的,如将轻油送给化工厂,或将燃料油送给发电厂;或有沿途接入其他炼油厂或油库的进油支线，以构成地区性的产、运、销管网系统。

不论输送轻油或重油，输油管道都是由输油站（包括首站、末站、若干个中间泵站、中间加热站等）和管道线路工程两大部分组成，其概况示意见图12-12。由于油品在沿管道向前输送过程中会损失压力能，如输送的是热油，则还有热能的损失，故必须在沿途设置若干个输油站，以供给油流压力能和热能。

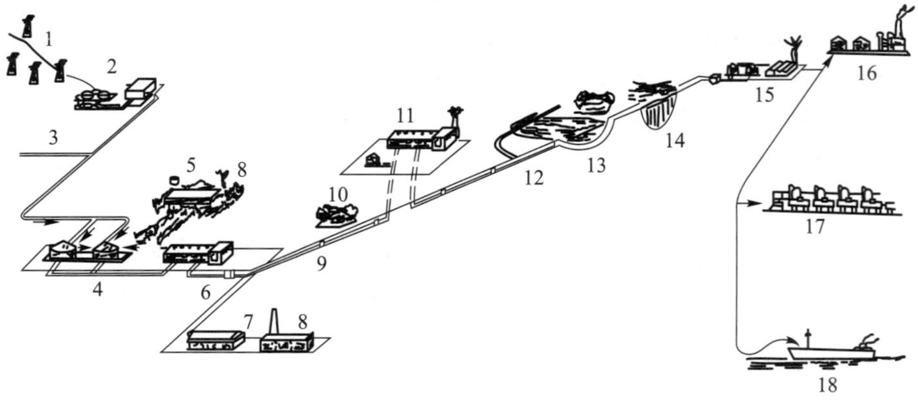


1. 井场；2. 转油站；3. 来自油田的输油管；4. 首站的罐区和泵房；5. 全线调度中心；6. 清管器发放室；7. 首站的锅炉房、机修厂等辅助设施；8. 微波通信塔；9. 线路阀室；10. 管道维修人员住所；11. 中间输油站；12. 穿越铁路；13. 穿越河流；14. 跨越峡谷；15. 末站；16. 炼油厂；17. 火车装油栈桥；18. 油轮装油码头

图12-12 管道运输组成示意图

沿管道干线为输送油品而建立的各种作业站场，统称为输油站。按其所处的位置不同可分为首站（起点站）、末站（终点站）和中间站，中间站按其任务不同又可分为中间泵站、加热站、热泵站、分（合）输站和减压站等。

1. 首站

首站是输油管道的起点，通常位于油田、炼油厂或港口附近。其任务主要是接收来自油田或海运的原油，或来自炼油厂的成品油；经计量、加压（有时还加热）后输往下一站。此外还有发送清管器、油品化验、收集和处理污油等辅助作业。有的首站还兼有油品预处理任务，如原油的脱盐、脱水、脱机械杂质、加添加剂或热处理等。

首站的主要生产设施有：油罐区、泵机组、阀门组（包括清管器发送装置）、油品计量及标定装置、油品加热装置（如有加热任务）等，还有与主要作业配套的水、电、燃料、消防等辅助作业系统。

首站的输油流程一般包括：① 接收来油经计量后储于油罐中；② 向下游站输油，由辅助增压泵抽取罐中的存油，经计量后再由输油主泵增压后输入出站干线，如需加热，则常在计量后经加热装置加热后再进主泵；③ 向下站发送清管器，有时还要接收油田来油管道送来的清管器；④ 站内循环和倒换油罐；⑤ 管道的超压保护和出站压力调节。

2. 末站

位于管道的终点，往往是收油单位的油库（如炼油厂的原油库）或转运油库，或两者兼而有之。接收管道来油，将合格的油品经计量后输送给收油单位；或改换运输方式，如转换为铁路、公路或水路继续运输。

末站的主要任务之一是解决管道运输和其他运输方式(转运)之间输量的不均衡问题。为保证管道能连续地按经济输量运行,作为转运油库的末站,需设置足够容量的油罐。油罐区容量的大小要根据转运方式的运转周期、一次运量、运输条件及管道输量等综合考虑,如转换区,输送单一油品的首末站罐区容量一般不少于 3 天的管道最大输量。

多种油品顺序输送的管道首末站的罐区容量,还取决于油品的种类多少,顺序输送的每批批量、循环周期等。为便于收发计量,每种油品的储罐应不少于两个。

末站除设有庞大的油罐区外,还有计量、化验和转输设施,如铁路装油栈桥、水运装油码头及与之配套的泵机组、阀门组或加热装置等。

3. 中间输油站

在管道沿线设置中间输油站的地点,是根据输油工艺中水力和热力计算,及沿线工程地质建设规则等方面的要求来确定的。中间输油站的任务,只是给油流提供能量(压力能、热能),它可能是只给油品加压的泵站,也可能是只给油品加热的加热站,或者是既加热又加压的热泵站。

设有分输功能的中间(热)泵站应具有油品分输、调节及计量功能;设有注入功能的则应具有收油、调节、计量、注入的功能,具体要求可见《输油管道工艺设计规范》(GB 50253—2014)等最新规范、标准。

### 12.5.2 输气管道

天然气从气田的各井口装置采出后,经由矿场集气网汇集到集气站,再由各集气站输往天然气处理厂进行净化后,送入长距离输气管道,送往城市和工矿企业的配气站,在配气站上经过除尘、调压、计量等作业后,由配气管网送给用户。输气系统就是从井口装置开始到用户之间一切输配气管网和装置的总称,其流程示意见图 12-13。

输气站,可按其作用不同分为压气站、储气库和调压计量站三种。

压气站是给天然气提供压力能的,可按其主要管道沿线的位置分为起点压气站、中间压气站及终点充气站(储气库)。起点站除提供压力能外,还兼有气体净化、混合、计量、压力调节和清管器发送等作业。

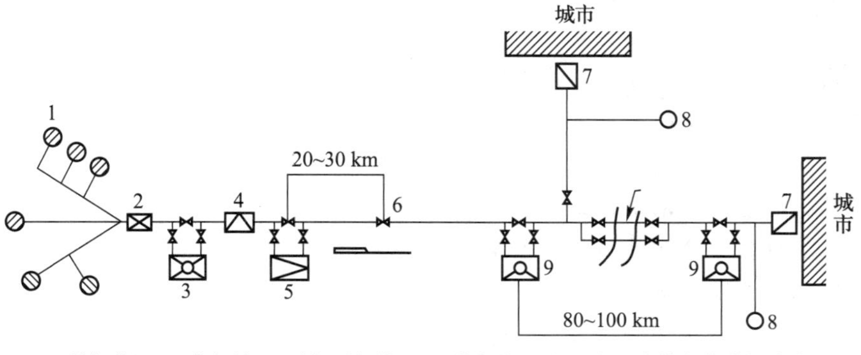


1. 井场装置;2. 集气站;3. 矿场压气站;4. 天然气处理厂;5. 长距离输气管道的首站;
6. 截断阀;7. 调压计量站;8. 地下储气库;9. 中间压气站

图 12-13 输气系统流程示意图

中间压气站主要是给沿线消耗了压力能的气体增压，其工艺流程的主要部分与中间输油站类同，除输送时的增压外，还包括越站旁通、清管器接收及发放、安全汇压等，不同的是其压气机机组的控制和辅助系统，要比输油泵机组复杂得多。

设于管道沿线或终点的储气库，是用于解决管道均衡输气和气体消费的昼夜及季节不均衡的矛盾而建立的。为确保管道能经常在高效率的最佳输量下运行，及当管道发生故障时仍能连续给用户供气，常须在城市配气站或大工业用户附近建储气库，以便在用气负荷低峰时储存管道输来的多余的气体，在用气负荷高峰时补充管道来气量的不足。

除液态储存外，储存天然气的方式有地下储气、埋地高压管束储气和利用长输管道的末段储气等，地下储气库有用枯竭的油、气田构造、含水地层和人工盐岩穴等三种，其中以利用枯竭的油气田构造储气最为经济。

地下储气库的地面设施，分注气及采气两部分。长输管道的终点充气站就是储气库的注气站，由充气站的压气机将气体加压注入地下储气库中；用气时利用同一套管道将天然气从储气库中采出，经加热脱水后进入输气管道。

调压计量站一般都在输气管道的分输处和末站，任务是调节气流压力和测量气体流量，以给城市配气系统分配气量及分输给储气库。有时还需监测气体的质量。调压计量站的主要设备有压力调节阀、流量计量装置和机械杂质分离器等。

## 本章小结

物流过程中的重要干线活动基地是铁路、公路、水路、航空、管道等交通场站，为了保证货畅其流，货运场站的规划至关重要。本章简要阐述了铁路货运站(场)、公路货运场站、水路货运码头、航空货运港站、管道输送站的含义、分类、构成，并从选址、布置图形选择等方面分析了布局规划的基本方法。

## 思考题

1. 按办理货物的种类及服务对象分，铁路货运站可分为哪几类？
2. 铁路货场内有哪些主要设备？
3. 铁路枢纽内铁路货运站合理布局应考虑哪些因素？
4. 确定公路货运场站地址的原则有哪些？
5. 简述一种公路运输场站选址的基本方法。
6. 水路港址选择的基本要求是什么？
7. 水运综合性港口的专业区的划分原则是什么？
8. 影响航空港位置主要有哪些因素？
9. 影响航空港规模主要有哪些因素？
10. 输油管道系统的输油站分为几类？各自的功能是什么？
11. 输气管道系统的输气站分为几类？各自的功能是什么？

12. 综合分析题：为推进运输结构调整，提高铁路物流竞争力，完善多式联运体系，国家铁路局提出在33个一级铁路物流基地和175个二级铁路物流基地的基础上，继续协调规划建设铁路集装箱办理站，将符合条件的货场改造为城市配送中心，形成覆盖广泛的公铁联运节点网络。请从铁路货站和城市配送中心选址的基本要求出发，分析铁路货场改造为城市配送中心应具备哪些条件？

即测即评

# 第 13 章 物流运作综合案例

## 13.1 我国国家物流枢纽布局和建设规划分析:以成都为例

2018 年,发展改革委、交通运输部联合印发《国家物流枢纽布局和建设规划》,提出在全国选取 127 个具备一定条件的城市,布局建设 212 个国家物流枢纽。作为陆港型、空港型、生产服务型、商贸服务型国家物流枢纽布局承载城市,2021 年,成都社会物流总额约 8 000 亿元,交通运输邮政仓储业增加值 1 016.7 亿元,同比增长 9.9%,高标仓总面积 693.5 万平方米,全年航空货邮吞吐量 64.9 万吨,成都国际铁路港开行国际班列 4 250 列,中欧班列联通境外节点城市 68 个,空铁公立体口岸开放格局基本形成。

自 2005 年成都市提出建设以"一网两平台、三园区四中心、若干个物流服务站"为主要内容的现代物流业发展框架体系以来,到"十四五"时期,成都已形成"四港六中心"为核心的物流节点体系,主要包括双流航空物流港、青白江铁路物流港、天府航空物流港、蒲江铁路物流港;新津铁路物流中心、龙泉公路物流中心、金堂铁路物流中心、龙泉产业物流中心、高铁动货物流中心、简阳产业物流中心。在政府规划的物流集中发展区内聚集了 UPS、FedEx、TNT、DHL、中远洋、中外运、中国物流等国内外知名物流企业,以及川航物流、顺丰航空、圆通、菜鸟、京东等第四方物流企业共 140 余家,落户了阿里巴巴、京东等大型电商平台区域总部。

依托青白江铁路物流港建设的成都陆港型国家物流枢纽,以及双流航空物流港、天府航空物流港建设的空港型国家物流枢纽建设方案已分别纳入 2019 年、2022 年国家物流枢纽建设名单。编者以成都陆港型和空港型国家物流枢纽规划建设方案为基础,形成本案例。

### 13.1.1 成都陆港型国家物流枢纽

成都陆港型国家物流枢纽布局于成都金青新大港区内的成都国际铁路港。该铁路港是四川自贸试验区青白江铁路港片区所在地,也是成都国际铁路港经济技术开发区的核心区域,港区总占地面积 32.33 平方千米,是中欧班列(成渝)的始发站之一,拥有亚洲吞吐量最大的铁路集装箱场站（成都铁路集装箱中心站）、四川地区唯一的临时对外开放铁路口岸（成都铁路口岸），重点发展国际商品集散转运分拨展示、保税物流仓储、国际货代、整车进口、特色金融等口岸服务业和信息服务、科技服务、会展服务等现代服务业。

1. 基础设施建设情况

成都陆港型国家枢纽已经建成铁路场站、口岸与保税、集装箱物流、多式联运、公路集散分拨、供应链服务、商贸物流、综合服务 8 大基础设施，具体如表 13-1 所示。

（1）铁路场站设施。成都铁路集装箱中心站，位于达成线上，是成都枢纽内的一级物流基地，也是亚洲最大的集装箱中心站，设计年吞吐能力为 250 万 TEU/年，总用地 2 020 亩①。车站既有到发线 8 条，已建成 3 条集装箱装卸线，其中中铁联集装卸线 2 条、城厢集装箱中心站 1 条；建成怕湿货物装卸线 3 条，其中车站货物分拨中心现有 2 条，特货装卸线 1 条。新增的国际集装箱功能区主要开办国际箱业务，合计初期集装箱作业量为 38.5 万 TEU，近期作业量 57 万 TEU，远期 84.5 万 TEU。

大弯镇站，位于成都枢纽北部北环线上，总用地面积 1 178 亩，主要办理成都枢纽北部的集装箱货物（国内）、怕湿类货物和长大笨重类货物（钢铁）到发业务。

成都国际铁路港智慧无人港，位于铁路集装箱中心站南侧，用地面积 690 亩，项目建设贯通式集装箱作业线 2 束 4 条，打造国内首个自动化铁路集装箱装卸作业区。项目投运后，将新增集装箱年处理能力 85 万标箱。

（2）口岸与保税设施。成都铁路口岸总用地面积 322 亩，是四川唯一的货运型铁路口岸，获批汽车整车进口口岸、进口肉类指定口岸，多式联运海关监管中心，进境粮食指定监管场地完成正式验收，正积极申报中欧班列运邮试点。2022 年依托整车口岸共进出口整车 8 965 台，在全国率先落地保 B 平行进口车保税政策，签发全省首张平行进口车关税保证保险并与多家保险公司拓展品类至木材、棉纱实现“先通关，后缴税”，通过中欧班列及海铁联运方式进口运输肉类 3 247 吨。

成都铁路保税物流中心（B 型），总用地面积约 238 亩，由主卡口、查验区、内卡口、保税仓库、堆场、巡逻通道和围网、卡口办公楼、报关大厅组成，仓储面积 6.5 万平方米，海关查验仓库建筑面积约 1 500 平方米，堆场面积为 6 195 平方米，可提供保税仓储、国际物流配送、流通性简单加工、进出口贸易和转口贸易等服务功能。

（3）集装箱物流设施。成都陆港型国家物流枢纽内紧邻集装箱中心站北侧建设完成包括中国物流、四川物流、易捷物流等超过 6 个提供集装箱交接、堆存、保管、理货等服务的集装箱物流服务功能设施以及提供空箱还箱、调度、检测维修、跟踪监控服务的集装箱共享中心，总用地面积 884 亩。

（4）多式联运设施。成都国际铁路港多式联运设施包括位于大弯镇站南侧的公铁转换中心和智慧无人港南侧的国际多式联运中心，分别占地 200 亩，提供集装箱拆装箱、集装箱堆放、仓储管理、城市配送、共享集装箱、甩挂运输等服务，全方位服务于多式联运的物资运转需求。

（5）公路集散分拨设施。枢纽内区域分拨配送设施分别位于青白江大道东西两侧，以及铁路集装箱中心站东侧，建设有公路信息交易中心、标准化仓储设施、公路货物集散中心等设施，总

① 1 亩 = 666.67 平方米。

用地规模约 837 亩,主要提供公路干支线运输、城市配送、汽车零配件配送及其他特种货物分拨配送服务。

(6) 供应链服务设施。当前已经落户怡亚通、宝供、深国际、香港新华集团等多家供应链服务商,为客户提供全球采购和全球分销服务,与之相关的基础设施分别位于宝成线南侧和兴业大道北侧,总用地规模约 1 270 亩,提供供应链仓储、加工、分拨、配送以及信息金融服务。

(7) 商贸物流设施。成都陆港型国家物流枢纽内聚集了冷链、木材、钢材、建材、装备等产品类别的仓储配送和商贸设施,服务于国际国内相关产品的仓储、配送、交易和展示展销总用地面积超过 2 000 亩,当前建成设施包括银犁冷链、中铁物资、博川钢材、青龙国际建材、文传物流等。

(8) 综合服务设施。综合服务设施位于铁路集装箱中心站北头西侧、铁路口岸的东侧、香岛大道南侧,总用地 69 亩,主要提供政务、商务、海关和检验检疫以及跨境商品展示展销等服务,见表 13-1。

**表 13-1　成都陆港型国家物流枢纽设施布局情况**

| 设施分类 | 设施名称 | 用地规模(亩) | 备注 |
|---|---|---|---|
| 铁路场站设施 | 成都铁路集装箱中心站 | 2 020 | 建成 |
| | 大弯镇站 | 1 178 | 建成 |
| | 智慧无人港 | 805 | 拟建 |
| 口岸与保税设施 | 成都铁路口岸 | 322 | 建成 |
| | 成都铁路保税物流中心(B 型) | 311 | 建成 |
| 集装箱物流设施 | 集装箱仓储配送区 | 765 | 建成 |
| | 集装箱共享中心 | 119 | 建成 |
| 多式联运设施 | 公铁转换中心 | 200 | 建成 |
| | 国际多式联运中心 | 200 | 拟建 |
| 公路集散分拨设施 | 公路枢纽港 | 185 | 建成 |
| | 特种产品分拨配送中心 | 602 | 建成 |
| | 城市配送中心 | 50 | 拟建 |
| | 其他分拨配送区 | 765 | 拟建 |
| 供应链服务设施 | 供应链物流设施 | 964 | 拟建 |
| | 供应链信息金融服务设施 | 307 | 建成 |
| 商贸物流设施 | 大宗商品物贸一体化设施 | 1 985 | 建成 |
| | 冷链物流设施 | 458 | 建成 |
| | 建材商贸物流设施 | 1 273 | 建成 |
| 综合服务设施 | 综合服务中心 | 69 | 建成 |
| 合计 | | 13 091 | |

2. 主要业务情况

（1）“干支配”业务。成都陆港型国家物流枢纽通过面向国际（重点为泛欧泛亚）国内两个市场的广泛合作，已搭建起以“国内外铁路为骨干、公路、水路和海运为补充”的覆盖全球的物流网络。基于轴辐式布局理念，构建以成都陆港型国家物流枢纽为核心，形成一级节点干线直达、二级节点分拨中转、三级节点配送，实现“腹地范围全球覆盖，重点区域加密覆盖”的全球分拨节点网络，提升境内外货运分拨集散能力。

干线：重点瞄准共建“一带一路”国家和地区，选择欧洲、俄罗斯、中亚、南亚、东南亚、国内的重要物流枢纽（国际换轨站、中转站等）作为一级节点，进行货运分拨集散，通过“铁路直达、铁海联运直达”构建 7 条国际干线、11 条国内干线。

支线：基于一级节点的重要产业腹地、物流枢纽，构建多个国际国内物流二三级节点，通过与一级节点的联通构成支线，进行中转集结。四川省内，通过成都陆港型国家枢纽与 4 个国家物流枢纽承载城市连接形成 4 条铁路支线，进行班列的货源组织和通道开发。

配送：通过与二三级节点的当地物流资源合作，开展铁路专列、公路班车等货物分拨配送业务，服务新零售、智能制造、电子商务等新兴业态。四川省内，通过枢纽内多个公路港和集装箱物流区以及合作的一级节点属地公路资源，进行公铁多式联运分拨配送。

（2）供应链集成业务。成都陆港型国家物流枢纽已初步构建以铁路港为核心的供应链集成化组织运行体系，服务于国际、国内和区域三个市场。成都国际铁路港供应链集成化组织运行体系以产业互联网为基础，大型供应链管理企业为核心，物流服务商、金融服务商、铁路运输服务商、通关集成服务商以及客户群体等多方参与，由订单服务平台、铁路服务平台、通关服务平台、物流服务平台、金融服务平台、国际贸易服务平台六大平台构成，可为国际贸易型企业、制造业、商贸型企业提供跨境全程物流、金融、通关、港区库存管理等供应链服务。

（3）国际物流服务业务。成都陆港型国家枢纽依托铁路场站、口岸与保税、集装箱物流、多式联运、公路集散分拨、供应链服务等基础设施开展包括口岸和保税、集装箱国际中转、国际集散分拨和国际运输的国际物流服务业务。

口岸和保税业务方面，依托成都铁路口岸和保税物流中心（B）型，实现港口功能前置，吸引相关货代、船公司设立分支机构，为客户提供包括进出口货物仓储、缓缴关税、出口退税、保税展示、贴标、包装、分类及分拨配送、集装箱集散、存储、箱营、代理报关报检、铁路运输到发办理、海运订舱、接取送达、堆存转运等综合供应链物流服务功能。

集装箱国际中转方面，依托快速的铁路衔接、高效的转运设施和低成本作业优势，成都国际铁路港已初步建成了“亚—蓉—欧”中转枢纽，可为泛亚泛欧地区的客户提供快捷高效低成本的集装箱国际中转业务。

国际集散分拨方面，重点发展铁海、铁公等国际多式联运业务，主要服务西南，承接中西部地区的国际国内铁路物流集散分拨需求。未来将进一步发挥发展国际贸易“单一窗口”和“陆港物流公共信息平台”内外双平台效应，加强国际集散分拨运营体系，提升国际国内物流衔接协同能力，构建国际物流信息协同平台。

国际运输方面，依托中欧班列（成渝）、中亚班列，从成都国际铁路港发车直达波兰、德国、荷兰、中亚五国，实现欧洲境内、重要国家全覆盖；海运通过“蓉欧+”战略，联通国内 14 个沿海城市主要港口，提供至欧洲基港、美洲基港、日韩基港的海洋运输。公路方面，基于国际班列的集散分拨需求，依托进驻铁路港的各类型运输公司，使用集装箱车辆或平板货车往返于成都、重庆、广州等全国各地主要城市的公路运输。

3. 建设成效

自 2019 年纳入陆港型国家物流枢纽建设名单以来，2020 年 7 月，成都入选首批全国中欧班列集结中心示范工程建设节点城市。2021 年 6 月，国务院批复同意成立成都国际铁路港经济技术开发区，成都国际铁路港作为其三个产业功能区之一。2022 年 11 月，商务部、发展改革委、财政部等八部门在全国增设 29 个国家进口贸易促进创新示范区，成都市青白江区成为四川省唯一入选。目前，成都国际铁路港已建立起西进欧洲、北上蒙俄、东联日韩、南拓东盟的国际班列线路网络和陆海货运配送体系，连接境内外 100 余个城市，累计开行国际班列超 2 万列，其中，成都中欧班列累计开行超 1 万列。截至 2022 年年底，成都铁路口岸整车进出口累计总量为 2.6 万余台，青白江区实现货物进出口总额 300 亿元。

### 13.1.2 成都空港型国家物流枢纽

成都空港型国家物流枢纽由双流空港和天府空港两大片区构成，分别位于双流机场东侧和天府机场北侧，毗邻国家级临空经济示范区，总用地 9.83 平方千米。双流空港片区以双流航空物流港为核心，周边建设有绕城、第二绕城、成雅、成乐和机场高速 5 条高速公路，双新、五环、成浦 3 条快速路，成绵乐、成昆、地铁 10 号线 3 条轨道线路，已形成“5 高 3 快 3 轨”的综合交通集疏运网络。天府空港片区以天府航空物流港为核心，周边建设有机场高速北线、机场高速南线与成都经济区环线高速 3 条高速，成简、金简仁、成资、金简黄 4 条快速路，成自客专、成都外环铁路、成渝客专、地铁 18 号线 4 条轨道线路，形成“3 高 4 快 4 轨”的综合交通集疏运网络。

双流航空物流港是成都临空经济示范区所在地，处于中国（四川）自由贸易试验区范围内，拥有航空口岸、空港保税物流中心（B 型）和空港快件中心等国际物流功能设施，能够提供空港货物干线运输组织、集散分拨、区域中转、保税物流、口岸物流、卡航基地、城市配送等服务。天府航空物流港是天府国际机场临空经济区所在地，拥有航空口岸、天府国际空港综合保税区等重要设施，能够提供航空货物集散分拨、区域中转、保税物流、口岸服务、空铁联运、卡航基地、城市配送等服务。

1. 基础设施建设情况

成都空港型国家物流枢纽布局 15 个功能区，已建成航空货站、口岸保税、城市配送、冷链物流、快件处理、供应链集成服务等物流设施，其中，航空干线运输组织、区域分拨配送、多式联运转运、国际物流服务、冷链物流、快递物流、供应链集成服务实行两片区运营，具体如表 13-2 所示。

（1）双流空港片区。

① 航空干线运输组织功能区。功能区占地规模 820 亩，包含停机坪、国际国内货站、货运中转作业区等存量设施，是成都空港型国家物流枢纽核心支撑功能区域，已建成货运停机坪用地 16 万平方米，航空货站设施占地规模 260 余亩。

② 区域分拨配送功能区。功能区占地约 1 440 亩，主要包括国内分拨配送中心、城际分拨配送中心、城市共同配送中心等存量设施，提供公共仓储、国内和城际分拨、城市共同配送、库存管理等服务。

③ 空陆多式联运功能区。功能区占地约 365 亩,主要包括多式联运作业区、堆场、停车场等设施,实现航空干线到发和公路分拨配送无缝衔接,串联枢纽周边德阳、绵阳等成都平原经济区城市,并通过卡车航班串联西部物流资源,打造西部共享机场。

④ 国际物流服务功能区。功能区占地 545 亩,包括成都航空口岸、成都空港保税物流中心(B 型)和成都空港国际快件中心等存量设施。其中,空港保税物流中心(B 型)用地约 9 万平方米,仓储面积达 5 万平方米。

⑤ 航材物流功能区。功能区占地 127 亩,包括服务于航空维修、飞机改装、航材贸易的航材仓储库、备件库、航材管理库等存量设施,主要为双流空客飞机的全生命周期项目提供航材保障。

⑥ 应急保障物流功能区。功能区占地 122 亩,包括国家储备中心站等存量设施,重点提升空港型国家物流枢纽的社会保障服务能力,发挥国家物流枢纽网络功能、多式联运和干线运输优势,构建应对突发情况能力强、保障效率和可靠性高的应急物流服务网络。

⑦ 冷链物流功能区。功能区占地 503 亩,包括气调库、冷冻库、冷藏库等存量冷链物流设施,提供冷链仓储配送、流通加工等服务。依托冰鲜水产品、水果和肉类等指定监管场地,满足成都周边地区对冷链产品需求。当前,已入驻康路、汉莎、松冷、郑明现代、顺丰等企业从事冷链仓储配送业务。

⑧ 快递物流功能区。功能区占地约 245 亩,包括国际快件中心、快件分拣中心、快递配送中心等存量设施,重点面向内地和港澳台地区航空快件的分拨集散与中转集拼业务。

⑨ 供应链集成服务功能区。功能区占地约 442 亩,主要包括汽配供应链运营中心等存量设施,以及以消费品服务为主的智慧供应链信息中心。

⑩ 国际临空产业交往功能区。功能区占地 179 亩,主要包括国际会议会展中心、亚蓉欧国家(商品)馆聚落和国际创新孵化中心等商务服务设施以及政务服务、总部办公等配套设施,强化国际商务交往、高端产业集聚、会议会展、文化商贸交流、科技创新等方面功能,吸引人才、技术、资金、信息等高端要素集聚,打造亚欧临空产业交往聚集区。

(2) 天府空港片区。

① 航空干线运输组织功能区。功能区占地规模 2 607 亩,包含天府国际机场货运作业区、国航货站、川航货站、停机坪、货运中转作业区等存量设施,是成都空港型国家物流枢纽核心支撑功能。

② 区域分拨配送功能区。功能区占地 458 亩,主要包括国内分拨配送中心、城际分拨配送中心、城市共同配送中心等在建设施。当前,已引入普洛斯和中远海等企业。

③ 空铁多式联运功能区。功能区占地 621 亩,包括天府机场北站、空铁多式联运物流港等新建设施,重点提供空铁多式联运服务。

④ 国际物流服务功能区。功能区占地 388 亩,包括天府国际机场口岸和天府国际空港综合保税区保税物流区等设施,其中口岸设施已建成,保税物流设施正在建设。

⑤ 医药物流功能区。功能区占地 148 亩,包括服务于药品和医疗器械的温控库与常温库等新建设施,并依托药品和生物制品等指定口岸提供医药进出口服务。

⑥ 智慧工业物流功能区。功能区占地 177 亩,包括服务于集成电路与汽车制造(锂电池、高端零部件)的全球分拨配送中心等新建设施,联动高新区、龙泉驿区等产业园区,提供全球配送、

中转集散等物流服务。

⑦ 跨境电商功能区。功能区包括天府国际空港综合保税区首开区 5 万平方米的保税仓库，以及区外的公共标准仓，总用地 384 亩，以中国(成都)跨境电子商务综合试验区建设为契机，叠加自贸试验区政策，开展“B2B2C”保税备货进口、B2C 直接进出口等跨境电商业务，打造 O2O 跨境电商展示体验中心，促进跨境商贸发展。

⑧ 冷链物流功能区。功能区占地 349 亩，包括规划的冷链分拨中心、冷链仓储中心等冷链物流设施。依托成都冰鲜水产品、水果和肉类等指定监管场地，满足西部地区对冷链产品的需求，助推成都国际消费中心城市建设。当前，已引入远洋成都天府国际航空经济产业园项目。

⑨ 快递物流功能区。功能区占地 757 亩，包括国际快件中心、快件分拣中心等，主要提供国际国内航空快件的中转分拨服务，开展国际航空快件中转集拼业务。

⑩ 供应链集成服务功能区。功能区占地 601 亩，主要包括供应链贸易中心、供应链物流运营中心、供应链金融服务中心和智慧供应链信息中心等设施，依托天府国际机场，重点聚焦电子信息、汽车制造(高端零部件、锂电池)等临空指向性制造业，提供全球采购分销、供应商管理库存、加工、分拨、配送等产业供应链集成服务。

⑪ 赛事物流功能区。功能区占地 290 亩，主要包括器材备件库器材配送库等新建设施，为大运会、世乒赛、汤尤杯、足球亚洲杯和世运会等大型赛事提供运输、仓储配送等物流服务，为成都打造赛事名城提供物流保障。

⑫ 保税展示交易功能区。功能区占地 61 亩，主要包括天府国际空港综合保税区内网外规划的展示交易大厅、商务办公楼等设施，主要为跨境电商产品、智慧无人装备、医疗器械等产品提供展示交易，与保税仓库联动，打造“前店后仓”的物贸融合模式，见表 13-2。

**表 13-2　成都空港型国家物流枢纽设施布局情况**　　单位：亩

| 功能区 | 双流空港片区 | 天府空港片区 | 合计 |
|---|---|---|---|
| 航空干线运输组织 | 820 | 2 607 | 3 427 |
| 区域分拨配送 | 1 441 | 458 | 1 899 |
| 多式联运转运 | 365 | 621 | 986 |
| 国际物流服务 | 545 | 538 | 1 083 |
| 航材物流 | 127 | — | 127 |
| 医药物流 | — | 148 | 148 |
| 智慧工业物流 | — | 177 | 177 |
| 跨境电商 | — | 384 | 384 |
| 应急保障物流 | 122 | — | 122 |
| 冷链物流 | 503 | 349 | 852 |
| 快递物流 | 245 | 757 | 1 002 |

续表

| 功能区 | 双流空港片区 | 天府空港片区 | 合计 |
|---|---|---|---|
| 供应链集成服务 | 442 | 601 | 1 043 |
| 赛事物流 | — | 290 | 290 |
| 保税展示交易 | — | 61 | 61 |
| 国际临空产业交往 | 179 | — | 179 |
| 交通及绿化设施用地 | 810 | 2 064 | 2 874 |
| 合计 | 5 599 | 9 055 | 14 654 |

2. 主要业务情况

(1) 干支配业务。成都空港型国家物流枢纽实现干支仓配一体化运作主要是整合货物干线、支线、分拨配送运输服务和货物装卸、仓储、分拣等配套服务。干支配业务运作的核心在于依托枢纽物流综合信息平台、干支仓配一体化服务平台和多式联运公共服务平台,实现运输与仓储业务之间的无缝衔接,通过信息共享、手续简化等方式提高整体物流运作效率。

干线:主要选择欧洲、中亚、南亚、东南亚和国内主要物流枢纽作为一级节点,依托 20 条国际(地区)航空货运干线通道,提供国际航空直达中转、国际空铁联运等干线运输服务。

支线:面向国内,依托 23 条航空货运航线和辐射全国的高铁网络,提供国际国内空空中转、空铁联运、空公联运等支线运输和国内应急保障服务;开通成都至拉萨、阿坝、甘孜等地区的货运航线,保障特殊时期应急物资中转调运和民生物资及时供应。

配送:依托既有成渝、西成和成贵高铁,规划建设的成都至昆明、西宁等地的高铁线路,构建与航空货运干线业务密切联动、一体化运行的区域高铁分拨集散网络。基于京昆、成乐、成渝、成南、成绵第二复线、成都经济区环线高速公路以及成德大道、成雅快速路、成资快速路连接德阳、绵阳、眉山、乐山、资阳、遂宁、雅安等成都平原经济区城市,构建成都空港型国家物流枢纽区域公路分拨配送网络,助力成渝地区双城经济圈协同化、成德眉资同城化发展,带动区域内电子信息、航空制造、生物医药、新能源等航空紧密相关性产业的发展。

(2) 供应链集成业务。成都空港型国家物流枢纽已初步构建以成都航空枢纽为核心,重点针对电子信息、装备制造、医药健康、新型材料和绿色食品等生产制造型产业和跨境电商等商贸类型产业,聚焦电子终端、集成电路、机电、药品、生鲜、生活消费品等产品,面向欧洲、东南亚、南亚、北美和澳新国家市场的"亚蓉欧"现代供应链集成化组织运行体系。枢纽通过提供覆盖采购、物流运输组织、库存管理、分拨配送、循环回收等全链条的一体化供应链集成服务,以实现产品设计、采购、生产、销售、服务等全过程高效协同,实现上下游各环节资源优化整合和高效组织协同,主要业务环节如下。

采购服务:国际国内联合采购、采购合同管理、采购外包、采购咨询、采购代理、招投标管理、询价报价、合同谈判、供应商筛选等与采购紧密相关的活动。

物流服务:提供国内国际航空运输、公路运输、国内国际邮件快件运输、多式联运(空铁/空公)、整车发运、零担、冷链仓储和运输等物流业务,满足干支仓配业务需求,以及国际物流相关需求。为应急物资流通提供高效完整的干支仓配条件,保障其高效运转。

通关服务：提供报关、海关查验、进出口环节征税、放行等通关服务，多式联运和国际快件海关监管服务。

保税服务：提供保税仓储、跨境电商保税备货、跨境电商展销、国际保税分拨与配送、保税展示等保税物流相关服务。

商贸服务：以提供国别特色产品和服务为载体，促进“亚蓉欧”国家商贸交流与合作；依托临空总部办公基地提供各类商贸服务。

金融服务：提供包括融资租赁、单证质押、商业保理、订单融资等供应链金融服务。

3. 预期建设成效

通过空港型国家物流枢纽建设，不断完善物流网络和通道，打造“枢纽+通道+网络”的现代化物流体系，提升物流业发展水平、提高航空货运规模，支撑产业规模化发展，驱动产业结构升级，满足人民群众对美好生活的向往，促使成都经济实现绿色、协调、开放、共享的高质量发展，建成国际性航空物流枢纽城市。具体指标如表 13-3 所示。

**表 13-3 成都空港型国家物流枢纽预期建设成效**

| 建设目标 | 建设成效 | 2025 年具体指标 |
| --- | --- | --- |
| 完善区域物流体系 | （1）完善国际（地区）航空服务网络<br>（2）建设辐射全球的国际全货机服务网络<br>（3）完善国内航空服务网络<br>（4）完善区域支线航空网络 | （1）国际（地区）航线增至 140 条<br>（2）全货机航线增至 20 条<br>（3）国内航线增至 280 条<br>（4）公路网络辐射周边 160 千米，高铁网络辐射周边 600 千米 |
| 提升区域物流发展水平 | （1）全面提升航空运输规模<br>（2）持续提升航空货运量占西部地区比重<br>（3）提高多式联运运输规模 | （1）航空货运量实现 190 万吨<br>（2）枢纽航空货物运输量占西部地区比重提升至 40%以上<br>（3）枢纽多式联运货运量增至 20 万吨 |
| 支撑相关产业发展 | （1）促进国际贸易规模增长<br>（2）支撑航空制造产业发展 | （1）带动“亚蓉欧”国际中转贸易额达到 640 亿元<br>（2）成都市跨境电商贸易额达到 850 亿元<br>（3）航空运输方式占全省进出口贸易总额的比例增至 80%<br>（4）带动成都航空制造产业总产值达到 1 500 亿元 |
| 促进经济社会发展 | （1）提升临空产业经济产值<br>（2）降低单位 GDP 要素投入 | （1）带动成都临空经济产业生产总值实现 1 000 亿元<br>（2）社会物流总费用占 GDP 的比率降至 12%左右 |
| 满足人民美好生活 | （1）降低物流费率，满足人民消费需求<br>（2）发展冷链物流，保障消费安全舒适<br>（3）塑造绿色低碳的生产生活方式 | （1）物流费率降至 5%以下<br>（2）成都市综合冷链流通率提升至 60%以上<br>（3）货运碳排放较 2021 年下降 5% |

## 13.2 应急物流规划分析

应急物流体系是我国现代物流体系的重要组成部分，是应对各类突发事件的重要保障。《中华人民共和国国民经济和社会发展第十四个五年规划和2035年远景目标纲要》提出要加快建立储备充足、反应迅速、抗冲击能力强的应急物流体系。各级地方政府在"十四五"物流业规划中，均将应急物流体系建设作为重点内容。编者以发表在《城市交通》杂志的应急物流研究论文和主持的应急物流体系建设科研课题为基础，形成本案例。

### 13.2.1 物流业在疫情抗击中的作用与短板

依托专业化、现代化和富有弹性的网络体系，中国物流业充分发挥动员能力强、智能技术与装备应用领域广的优势，通过政府、企业和社会大众的共同参与和团结协作，既为疫情紧急区域的应急医疗和生活物资提供了高效保障，也有效支撑了全国其他地区的物资采购、运输与配送任务。

由于疫情暴发正值2020年春运期间，大多数物流企业员工处于休假状态，物流园区、物流中心、大型仓库多处于低频率运行状态，这对疫情应对造成巨大挑战。在国务院应对疫情联防联控机制统一部署下，交通运输部联合有关部门成立了物资保障组物流保障办公室，充分考虑不同地区的物资优先级、需求特征和高效运输方式的差异，采取差异化的应对策略，克服了关键瓶颈因素(图13-1)。例如，对于当时疫情中心的湖北省武汉市，通过在周边设立5个应急物资运输中转站，保障湖北省特别是武汉市的应急物资运输周转的需要，落实绿色通道政策，确保物资运输车辆"不停车、不检查、不收费"，优先便捷通行等措施，有效应对了物流网络运行中的通道不畅问题，并实现了线上线下一体化保障。

在疫情期间，中国的应急物流体系呈现出一些短板，集中表现在三个关键环节、两个保障系统和一个重点领域(图13-2)。

三个关键环节指物资的储备、运输与分配环节。现有储备以政府为主，与关键企业联动不足，家庭医疗储备制度尚未普及，导致储备成本高，企业和家庭储备意愿不足；在运输过程中，航空货运班机数量和网络覆盖不足致使短时快速调拨困难，而临时调配的物流企业缺乏经常性的应急物流演练，专业防护器具配备不足，难以安全高效完成物资运输任务；在物资分配过程中，诸如红十字会等慈善机构不具备满足大批量应急物资管理的专业人员、信息系统和预案，难以满足复杂多样的分配要求。

两个保障系统指实体设施载体与信息平台。当前，中国应急物流设施建设集中在粮食、水利等领域。物流园区、物流中心等大型公共物流节点规划建设中，对应急功能和设施配置的系统考虑不足；在公共物流信息平台和应急物流系统建设过程中，尚未形成生产、运输、储存、分配、需求全流程信息的采集、处理与发布功能，平台之间的协同不足。

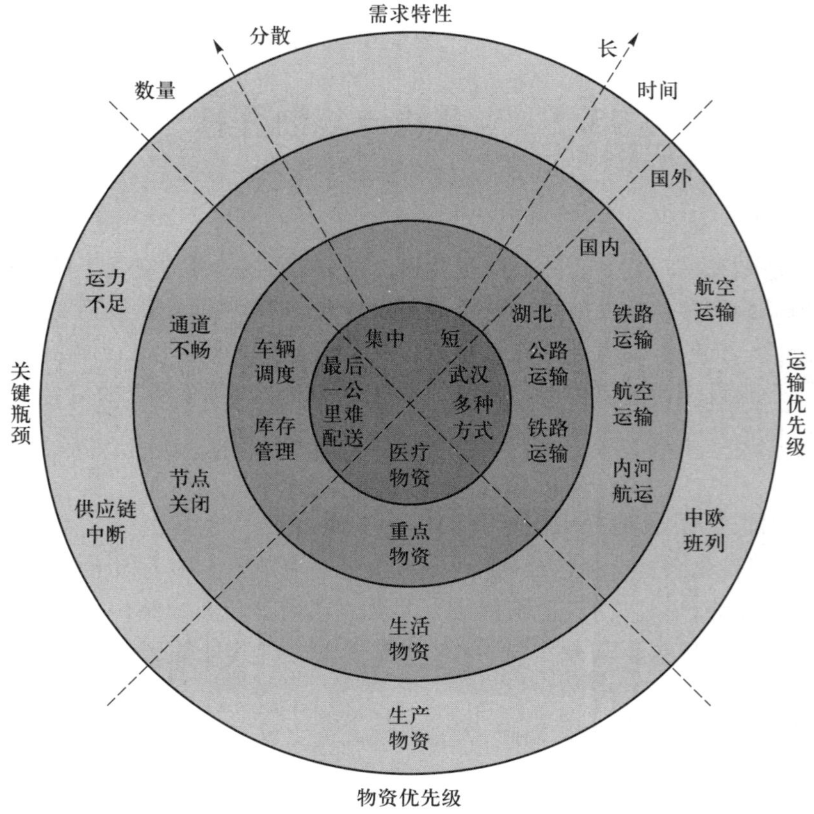


图 13-1 疫情下不同区域层次的物流特征和瓶颈因素

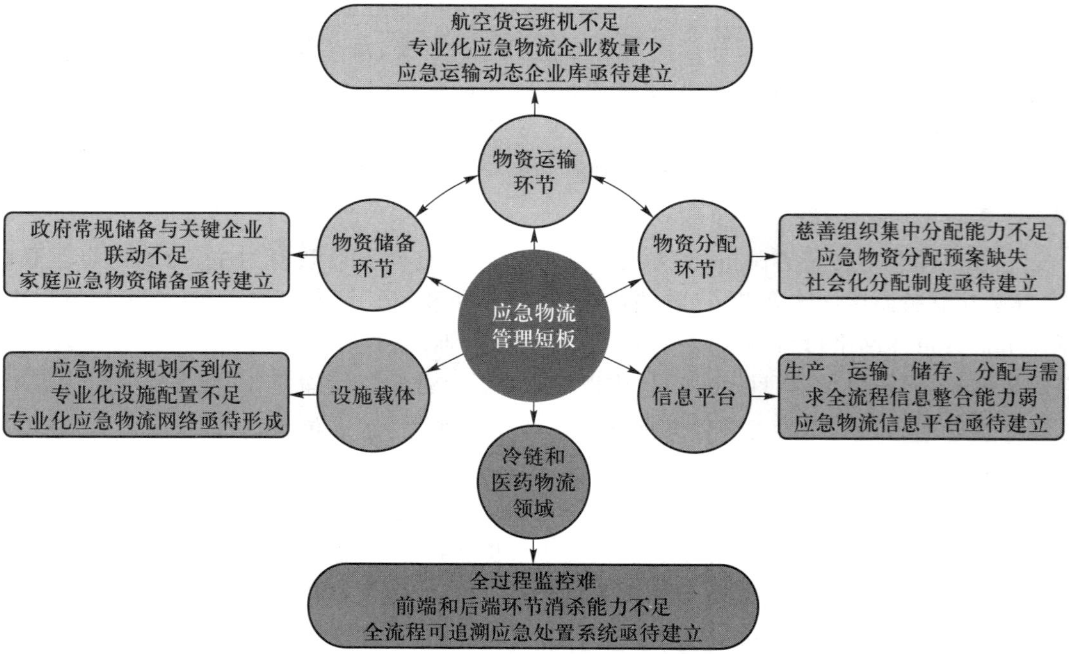


图 13-2 中国应急物流体系在疫情中暴露的问题

一个重点领域指冷链和医药物资领域。2020年5月以来，北京、山东等地疫情均与冷链环节相关，这表明中国应急物流全过程监控系统尚未完全形成，前端和后端环节消杀能力不足。

### 13.2.2 物流网络快速响应策略

在疫情流行期间，物流网络的高效运作依赖于运输政策制定者、物流公司以及供应链中其他众多参与者的密切合作。中国政府出台了一系列涉及节点、通道、企业、物资以及物流仓储、配送与信息智能化等全方位的政策方案与技术保障措施。物流网络中的核心组织主体（如重点企业、园区管理组织）在政策支持下，充分发挥应急积极性，保障物流网络不间断运作，提高供应链响应速度。通过采取高效组网策略和智能化策略，及时满足不同类型应急物流需求（图13-3）。

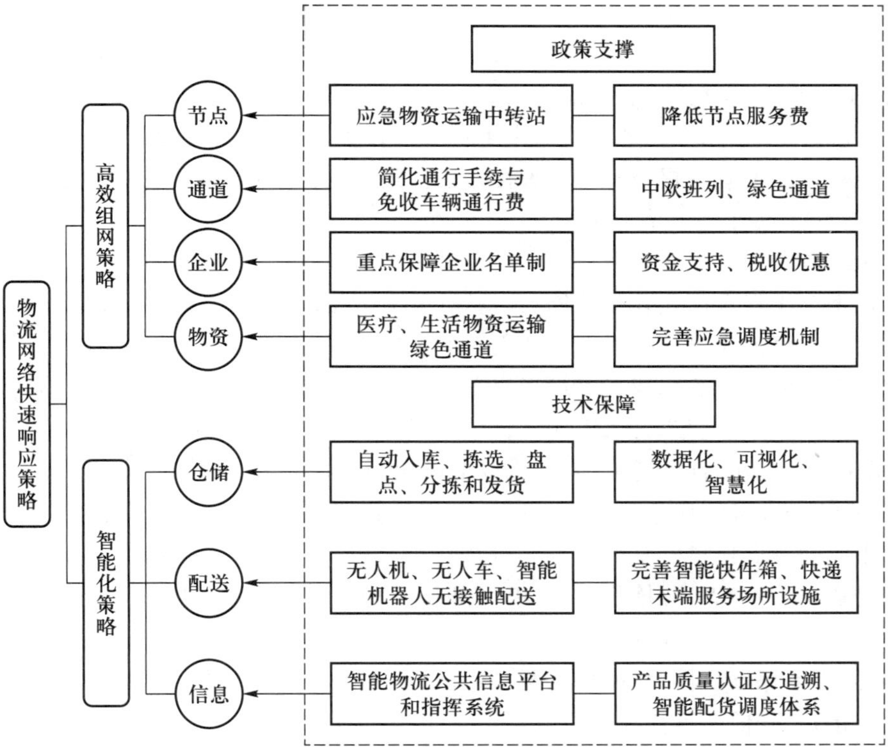


图13-3 物流网络快速响应策略

1. 高效组网策略

为了与武汉等当时疫情较严重的地区保持联系，各级运输管理部门与地方政府有效协调，围绕核心节点，打通主要通道，依托关键企业，保障重点物资，实现了高效组网。主要举措包括：

（1）围绕核心节点，降低服务费，保障各类运输网络密集的配送中心、物流园区正常运行，增设应急物资中转站，由外地车卸货后，疫区内的本地车运回市区，双方无接触可降低驾驶员感染风险，减少运力流失。

（2）对于主要通道，采取简化通行手续与免收车辆通行费策略提高物资运送车辆的通行速度，将中欧班列集装箱运输车辆纳入应急运输“绿色通道”，保证防疫物资进出口畅通，增强物流网络的物资大量集中与高效供应能力。

(3) 建立重点保障企业名单制，并向经营必需品流通相关业务的物流公司提供补贴、支持性融资和退税，这为企业的疫情防控工作与复工复产提供了良好制度环境。

(4) 对疫情防控应急物资、重要生产生活物资实施绿色通道政策，优先保障绿色通道车辆快速通行，完善应急调度机制，保证抗疫工作有序进行。

在高效网络的支撑下，制造、交通服务、物流平台、快递配送、供应链管理、电子商务和仓储设施等多类企业协同运行，从前端采购、干线运输、末端配送、质量控制等方面全力提高物资需求满足率，增强物流网络协调与优化控制能力，提高需求响应速度和准确性。

因此，疫情背景下的物流供应链重构与物流网络重组是一个涉及多部门、多渠道、多模式和多行业的复合式过程，在公共部门的支持和协调下，通过市场需求的引导和推动，形成一条具有结构韧性和模式弹性的特殊供应链，建成一张集约调度与快速响应的应急物流网络。其中，公共部门的定位需要界定清晰。为保证组网在有限时间内完成，需要公共部门充分利用组织能力，完成资源配置、平台沟通、部门协同的统筹工作。特别是要依托跨部门和多渠道的信息采集、汇总与处理能力，保障统一信息平台的建立。由平台负责收集、处理和发送信息，并下达协同指令，信息渠道的畅通对于组网效率提升有着关键性作用。最后，要将应急组网策略进行制度化建设，形成统一的行动指南，及时更新操作规程。

2. 智能化策略

疫情危机促成了许多产业和行业创新，物联网、大数据以及人工智能等新技术的应用为防止疫情的传播提供了有力支撑。物流行业从创新的运输方式、先进的仓储设备、新颖的商业模式以及智慧化物流数据流中受益匪浅。政策制定者也着眼于智能化的物流发展策略，从仓储、配送以及信息等多方面布局疫情应急物流供应链，以保证物资供应效率，提高应急物流响应速度。仓储数据化、可视化与智慧化，推动智能标签、无线射频识别等自动识别标识技术，自动或快速分拣技术，货物跟踪系统等在疫情应急仓储中的广泛应用，同时为自动化立体仓库、自动输送分拣系统以及自动化车库的发展提供资金与技术支持，通过人、机、环境、系统的相互链接与相互作用，仓库自动完成货物入库、盘点、分拣和发货，极大提升了生产力与运作效率。例如，在菜鸟广东仓库中，搬运机器人(Automated Guided Vehicle，AGV)接收订单后将货物运至库位，操作员只需在集货台等待即可，订单拣选后再由 AGV 运至打包区，减少大量无价值位移，工作效率提升至 3 倍，同时减少人员接触、降低病毒传播风险。

疫情防控的隔离措施催生“无接触配送”模式，大型配送企业采用新一代机器人、无人机和自动驾驶车辆进行货物交付。例如，顺丰速运派出无人机在包括武汉市在内的 5 个城市分发医疗物资，这些无人机飞行超过 1.3 万千米，在 32 天内完成了 3 000 多次交付服务。为推广“无接触配送”模式，政府积极完善智能快件箱、快递末端服务场所设施，为相关快递、外卖配送企业提供服务经营补贴，同时为配送机器人、无人机等提供场地规划与研发试运行保障，全力打赢疫情“最后一公里”配送攻坚战。

大数据是物流政策制定的重要数据采集工具以及物流公司预测物流需求并做出最佳决策的关键。通过数据收集与智能化运作建立应急物流公共信息平台和指挥系统，同时完善各类产品质量认证及追溯、智能配货调度体系，提高了政府掌握信息的完整度与决策的高效性。为了精确把握需求并迅速做出响应，大型物流公司在其已建立的供应链网络中进行搜寻，并从线上线下数据来源中收集数据，例如苏宁物流创建的仓储空间共享计划，涉及全国100多个物流中心，其在大数据驱动的智能物流基地——苏宁云仓库的支持下，在疫情期间向地方政府、医院和慈善组织免费提供其全国仓储资源，并提供转运和存储的专业服务。

### 13.2.3 应急物流体系框架设计

通过总结物流网络快速响应和恢复策略的应用效果，从应急物流的供需网络系统性重构视角出发，提出应急物流体系设计框架（图13-4），以完善应急物流体系，提高突发事件应急物流保障能力和响应效率。

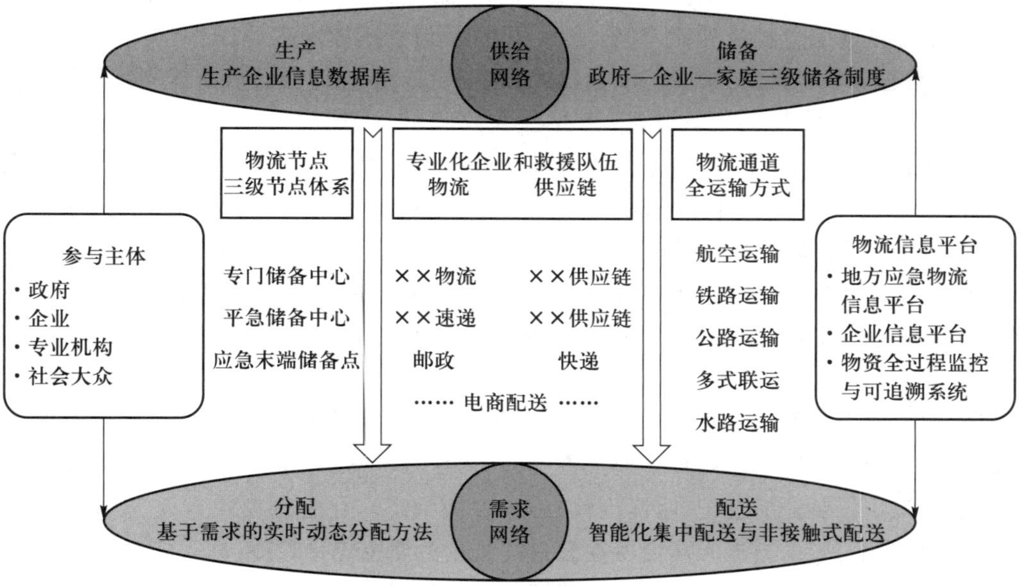


图13-4 应急物流网络体系架构

在供给网络建设方面，完善生产企业信息数据库，健全"政府—企业—家庭"三级物资储备制度，形成物资储备与消耗的良性循环系统，在实施过程中，注重生产企业信息的动态更新，合理确定参与储备企业的政策性补贴，并及时向社会公布家庭储备物资清单，调动社会大众参与储备的积极性。

在需求网络建设方面，加快建立基于需求的实时动态分配方法，提高物资采购与调配效率；完善智能化集中配送与非接触式配送模式；健全机器人、无人机运营条例与规范；完善智能快件箱、快递末端服务场所等非接触式服务设施，促进物流配送的智能化发展。

在实施过程中，地方政府依托公共物流信息平台参与信息采集，借助共同配送中心参与应急物资采购与调配，并出台非接触式设施的规范与改造升级政策，鼓励因地制宜的建设差异化服务设施。

为实现供需网络的无缝衔接和协调运行，亟须构建应急运输与物流企业库，提高应急运输与物流队伍专业性，开展库内企业常态化应急演练、专业物资储备和专业人员建设；完善应急物流枢纽体系，形成专业化应急物流网络，注重与常规网络的高效切换，提高网络的利用效率；加快物流通道体系化建设,推动多式联运发展,注重解决运输方式的换装瓶颈和能力限制,提高联运疏解效率;建立全流程可追溯应急处置系统,提高冷链物流服务质量,实现关键医疗物资的物流全程透明化;促进现代信息技术与应急物流体系建设深度融合,构建统一应急物流信息平台,实现国家应急物流统一指挥平台、地方应急物流信息平台和各类企业物流信息平台的有效衔接,建立物流节点以及企业间综合信息的互联互通机制;加强干线运输、支线运输、城市配送的一体化衔接,增强供、需、运整合能力。

### 13.2.4 应急物流体系规划建议

在基础设施建设方面,需综合运用并完善国家物流枢纽、物流园区、港口、车站、机场、高速公路服务区等基础设施应急物流功能,分别从国家、省、市、县不同层次范围,调整优化应急物资储备仓库、道路交通等各要素体系布局,以及物资分拨、中转、配送站点等全流程网络布局,直达“最后一公里”“最后一百米”。

在市场主体建设方面,应建立应急物流资源台账和应急物流动员补偿机制。努力营造做大做强物流企业的政策环境,由政府统筹,为物流企业通行提供政策保障,出台鼓励试点的具体措施,加快研究制定配送企业、配送网点、配送车辆、配送人员、无接触配送等方面的技术标准、服务标准。要注重建立应急物流企业能力评估标准及配套支持政策,评选储备应急物流企业资源库,并运用政府财政税收政策,对评级企业予以相应的支持和奖励,引导应急物流体系建设。

在专业力量建设方面,要加强应急物流专业队伍建设,制定国家和地方物流(快递)行业专业应急救援人员选拔标准。按照自下而上方式,以区县为单位,由政府相关部门开展人员选拔工作和队伍组建工作。要造册登记,明确定位,强化专业演练。在管理模式方面,根据平急结合的原则,在平常状态下,应急救援人员由所在公司按照相关规范统一管理;进入应急状态时,根据政府指令实施统一管理,制定特殊时期物流人员行为规范。要为相关人员配置专业救援和防护设备以及给予补贴或支付薪酬。

## 13.3 农村物流体系建设分析

农村物流以邮政、快递、交通、商贸、供销等网点为核心载体,高效衔接城乡生产和消费,在释放农村消费潜力、拓宽农民增收渠道、促进农业产业规模化发展和支撑青年人才返乡创业等方面具有重要作用。在《关于全面推进乡村振兴加快农业农村现代化的意见》《关于新时代推进西部大开发形成新格局的指导意见》《关于加快农村寄递物流体系建设的意见》《快递进村三年行动方案(2020—2022 年)》等政策深入实施背景,农村物流体系建设成效显著。编者以国家相关部委发布的农村客货邮融合发展典型案例和全国农村公共服务典型案例为基础,形成本案例。

### 13.3.1　浙江嵊州：三级服务网络打通农村公共物流最后一公里

1. 需求为引，夯实农村物流基础

嵊州全市常住人口67.52万人，村（居）总数为255个，总户数25.37万户，其中农户数21.27万户，农村劳动力38.19万人。受制于自然地理条件，大多农村地区交通不便，物流基础设施不足。为满足农民物流服务需求，嵊州市坚持需求导向，从配套政策、基础设施、运营机制保障等多方面夯实农村物流服务基础。

一是政策先行，为农村物流提供制度保障。2018年，嵊州市出台《嵊州市高水平建设"四好农村路"三年（2018—2020）行动计划》，将农村物流作为"四好农村路建设"的重要内容，提出要新建、改造、提升村级农村物流服务点280个，整合农村物流资源，创新发展城乡货运公交、农村物流班车、小件快运等农村物流模式。2021年初，嵊州市政府办公室出台《嵊州市电子商务进农村综合示范工作方案》，将完善物流配送体系列入嵊州市电子商务进农村专项资金重点支持方向，并明确农副产品物流仓储中心、冷链体系、快递智能投递终端等建设给予"以奖代补"。为此由嵊州市交通强市办公室牵头，邮政、商务、农业、供销等部门紧密配合，制定出台相应的扶持政策，在农村物流网点资源共享、主体合作、政策协同等方面加强协作，推广共同配送模式，建设了交邮农村物流结合网点90余个，推进了运输服务站、村邮站、丰收驿站、农村电商服务站等融合发展，实现了"一站多能、一网多用、多站合一"。

二是补足短板，实现公路、公交"村村通"。基础设施不足是制约农村物流服务的关键短板，对此，嵊州市实施农村公路提升改造三年行动和城乡公交一体化改造行动。通过建立交通项目信息数据库，结合农村交通建设改造规划，构建交通需求模型。同时，开展"路见不平你来评"农村道路建设项目网络征集活动，汇聚民智民意，形成乡镇、行政村、自然村"一镇一手册""一村一图"农村公路建设需求、公交服务需求两个档案，为科学规划基础设施建设提供依据。截至目前，该市已投入资金40.8亿元，提升改造农村公路750千米，实现农村公路、公交"村村通"，为农村物流的发展奠定了良好的基础。

三是市场主导、政府引导，推动农村物流发展。为了提升城乡公交客运系统的运营管理效率，嵊州市积极整合运输资源，组织对原有城乡公交车辆进行国有化收购，并引进社会资本嵊州长运集团，充分发挥"村村通公交"的便捷优势，有效地解决了城乡公交车辆利用率不高、末端配送成本高等难点问题，引导其将农村物流发展作为重要业务之一，为"公交带货"模式的顺利实施提供了基础保障。

2. 资源整合，完善三级物流服务网络

在快递体系方面，农村地区路程远、业务量偏小、成本居高不下，导致快递企业"不愿下""下不去"，下去了"稳不住"，物流服务只延伸到大型乡镇，无法为农村居民提供良好的物流配送服务，农村居民追求便捷购物卖货服务的要求难以被满足。为此，嵊州市以"村村通公交"为基础，持续加强各类资源整合，构建了"分拨中心——配送中心——农村物流服务网点"三级城乡物流服务网络，成为连接城乡生产和消费的重要纽带，实现了全市行政村快递覆盖率100%。2020年，嵊州农村地区快递收发量已达40多万件，同比上涨85%。

一是整合快递资源，强化合作。2018年6月以来，嵊州市持续对"四通一达"、邮政等快递资源进行整合，强化合作。在嵊州市区内建立了一级分拨中心1个，二级配送中心3个，在农村建立物流服务网点295个。以下行件的配送为例，快递由各快递企业运送至分拨中心，经分拨中心分拣后，按照区域分配至汽车东站、汽车西站、汽车北站三个配送中心，配送中心根据货物量，通过城乡公交车辆，免费送至各农村物流服务网点。

二是“公交带货”客货线路资源共享。嵊州市以252辆城乡公交车辆为载体，设置公交带货专用储物箱，配置物流包装循环袋，做到快递不占座、不接触乘客；确定公交带货线路班次，结合快递到达时间，安排上午、下午各自一趟上行和下行运输，免费将货物及时送到各农村物流服务网点。同时，加快农村运力线路资源整合，通过设施共用、线路共用、车辆共用、人员共用，降低运营成本，提高物流准确性、及时性。

此外，结合地方特色农产品电商销售需要，嵊州市以8辆农村物流配送专车为载体，积极推进农村物流专线开辟。例如2021年5月9日贵门乡茶旅文化节，嵊州市开通了第一条农村物流辉白茶专线，在贵门乡的白茶集中上市期间，通过白茶专线将白茶运送到市区配送中心，助力白茶电商销售。

三是整合资源扩展农村物流服务网点。嵊州市根据农村交通需求档案和农村人口分布数据，科学规划农村物流服务网点选址，积极整合现有的乡村客运站、商超便利店、农资服务站、金融服务点等各类资源，推动快递服务网点下沉。例如，北漳农村物流服务站依托已有的客运服务站建成，服务站员工负责快递寄递，目前已成为集客运、停车装卸、仓储配送、快递寄递等多种功能于一体的综合性乡村运输服务示范站点；雅璜村物流服务站则是依托原有的农资商店建立，农资商店经营者负责快递寄递，并向村民收取少量的寄递服务费。

3. 服务升级，推动农村物流可持续发展

在农村物流建设发展过程中，嵊州市主要借助农村原有便利店、小卖部、农资店等承接快递代收功能，方便了农村群众在家门口收发快件。但是，相关从业人员没有经过正规培训，管理规范化程度较低，且并非以物流配送费用为主要的收入来源，这导致物流网点存在潜在的不稳定性，只有不断探索市场化运营，提高基层网点服务的积极性，才能形成可持续的运营模式。嵊州市通过规范网点运营，提高数字化服务水平，积极开展跨领域合作，不断提高农村物流服务网点的自我造血功能，推动农村物流系统化、规范化、可持续发展。

一是规范化运营，打造星级服务网点。嵊州市建立了城乡公交农村物流件托运流程、农村物流件取货托货流程、农村物流件服务标准等规范流程、城乡公交带货线路流程示意图、快递价格表等，并在每个农村物流网点醒目位置悬挂，实现明码标价、规范服务。在农村物流服务网点配备货架、称重设备等，实现快递整齐摆放、有序管理。同时，创设星级农村物流点评价体系，从站点设施、站点功能、服务水平、运营能力、顾客满意度5个维度开展星级评定，规范物流网点建设标准、服务内容和服务流程，提升农村物流点的服务水平和能力。截至目前，全市已建设三星级农村物流点2个、二星级农村物流点6个，一星级农村物流点30个。

二是数字化管理提高运营效率。嵊州市搭建“快快城乡配送”物流信息平台，根据物品运输情况及时向农村物流服务网点及收件人自动发送提示信息，实现运输环节、到站情况、签收状态等信息全程可视可查，为农村居民提供“一键下单、不出远门”式收发服务。支持网点应用电子运单、射频识别等技术提升数字化管理水平。截至目前，平台已接单90余万件，实现城乡物资48小时内双向流动。

三是跨领域合作提升末端网点可持续性。嵊州市通过“功能拓展、资源互换、连锁加盟”等方式,不断扩展农村物流服务网点的服务功能,增强末端服务网点自我造血能力。例如,通源村物流服务网点集金融服务、快递寄取、社区团购等多种功能于一体。该服务网点的站长作为社区团购平台的团长,一个月在社区团购平台上的成交订单量近 1 000 件,既方便了村民购物,也增加了站长的收入。

嵊州市依托农村物流服务网点以及“乡村云”本地电商平台,不断完善农产品上行机制。该市从运输服务站员工、本地村民中择优聘任“乡使”,承担物资集散、信息传送、农产品宣传、民情采集等职责,为农户入驻、使用电商平台提供“全面数字化导航”服务。

### 13.3.2 四川乐至:“金通工程”惠民生促发展

乐至县隶属四川省资阳市,下辖 2 个街道、19 个乡镇、602 个行政村,县域面积 1 425 平方千米,总人口 87 万。乐至县按照四川省“金通工程”统一部署,努力探索适合本地发展的可持续、高质量乡村运输发展模式,加速农村客货邮融合发展进程,提升县域运输服务水平,带动民生改善,促进产业发展。

1. 建立协同机制,推动融合试点新品牌

一是交通运输部门与邮政部门建立会商机制,联合印发指导意见,加强常态化考核、补助、监管、宣传等,全力推进农村客货邮融合发展。二是县交通运输部门和邮政公司联合成立工作专班,建立联席制度,发挥部门与企业合力,统筹协调各类资源。三是在童家镇先行先试,“金通工程”驾驶员“兼任”邮政揽投员,利用农村客运“小黄车”富余空间运送邮件快件、下乡工业品和出村农产品,按照省交通运输厅统一张贴“金通工程 · 天府交邮通”标志、统一场站建设标准和服务管理标准的要求,打造具有本地特色的农村客货邮融合发展品牌。

2. 加强交邮联合,拓展站点建设新思路

充分整合邮政综合便民服务站、村邮站、乡村便利店等资源,按照统一标准打造五星级、四星级、三星级三类“金通 · 邮快驿站”,开展邮件快件收投、代销代购、客运票务等便民服务,兼具客运招呼站功能,客运车辆将邮件快递直投到驿站,农村群众在驿站候车、乘车,实现两站合一、客货共享。截至 2021 年年底,已有 234 个行政村建成“金通 · 邮快驿站”。

3. 整合运力资源,探索快递进村新模式

精准匹配客运线路和农村物资运输需求,最大限度采用客运车辆代运邮件、快件和农村商品,推进农村运力资源共享,打通农村群众收发快递“最后一公里”。实现全县所有乡镇邮件快件包裹、党报党刊均由“小黄车”代运代投,解决了过去农村群众到乡镇取货的不便,实现了送货上门,同时带动当地就业 280 人,驾驶员月均收入增长近 2 倍。

4. 强化政策保障,探索建立管理新体系

一是充分利用国家农村客运燃油补贴、四川省“金通工程”补助资金和资阳市农村客运运营补助资金,对“小黄车”车辆购置、保险购买、营运亏损等给予补助,支持农村客运可持续发展,为客货邮融合提供资金保障。二是采取“政府扶持监管、企业化运行”的市场管理模式,对“小黄车”实行统一人员聘用、统一考核奖惩、统一运行调度、统一运价管理、统一营收核算“五统一”,有力提升了农村客货邮融合发展规范化水平。

## 13.4 日本物流业发展分析

据世界银行 2018 年最新发布的《世界银行物流绩效指数(2018 年)》,日本物流绩效水平位居第五,得分为 4.03 分,在亚洲处于第一位,仅次于德国、瑞典、比利时和奥地利等国,较 2016 年的第 12 位显著提升,但在 2023 年发布的物流绩效指数中,日本下降至第 14 位。编者以日本国土交通省和有关物流协会发布的年度报告为基础,编写本案例。

### 13.4.1 日本物流业发展水平

根据日本物流系统协会发布的统计数据,日本 2019 财年(2019 年 4 月至 2020 年 3 月)的宏观物流成本为 48.8 万亿日元。宏观物流成本在 2007 年达到顶峰,此后一直在减少,从 2011 财年开始增加并保持稳定,如图 13-5 所示。从销售额来看,日本物流成本占销售额比例在 2005 年为 4.83%,2011 年为 4.90%、2019 年为 4.91%、2022 年为 5.31%。受疫情影响,自 2020 年后增长明显,如图 13-6 所示。

受疫情影响,2020 年日本运输总货量为 41.32 亿吨,同比降低了 14%。从 2015 年至 2019 年疫情前的 5 年间总货运量来看,日本每年的总货运量稳定在 47 亿吨左右。日本公路运输占比达到 91.6%,约 37.8 亿吨,且从近 6 年的占比来看,公路运输占比稳定在 91.5%左右。2020 年日本总运输周转量为 3 861.1 亿吨公里,与 2019 年相比减少了 4.7%,疫情前总运输周转量稳定在 4 100 亿吨公里。其中,公路运输周转量为 2 134.2 亿吨公里,占总运输周转量的 50%,与疫情前相比基本持平。

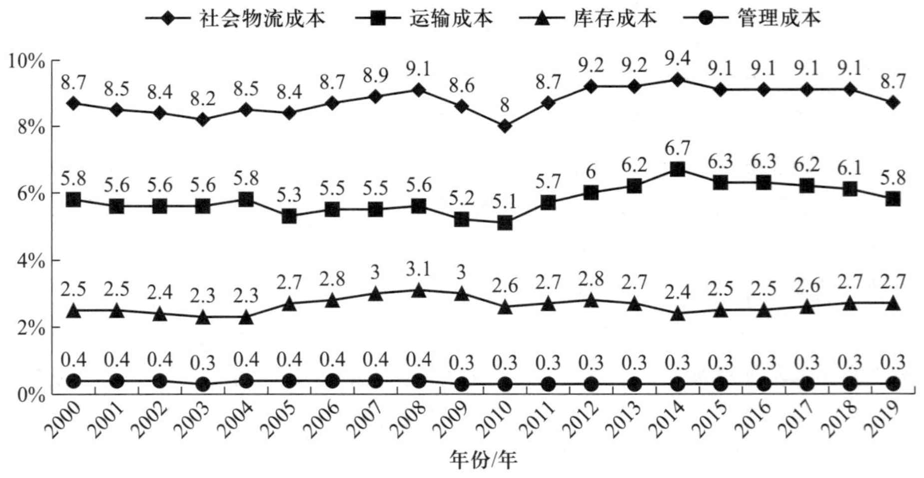


图 13-5 日本宏观物流成本比率(占 GDP 的百分比)

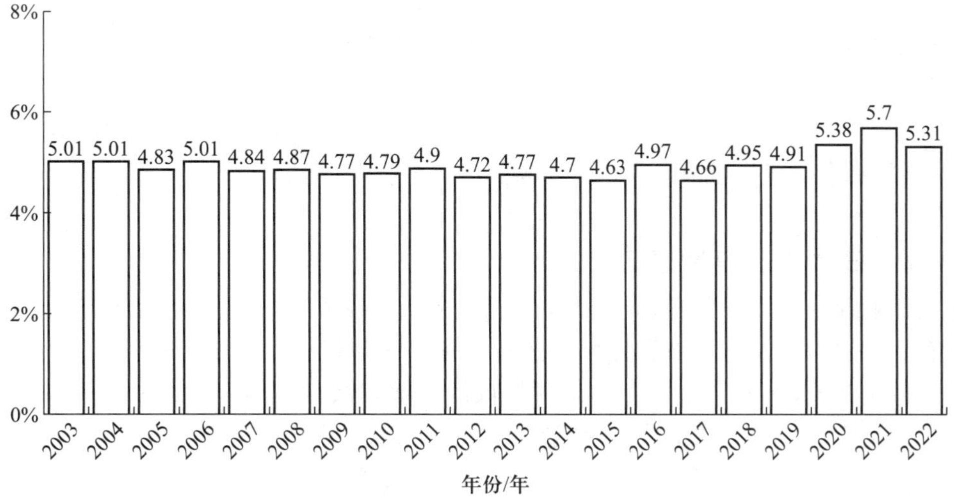


图 13-6 日本全行业物流成本与销售额的比率

根据日本第十一次全国货物流动(物流普查)调查结果,2020 年日本净货物流量 23.2 亿吨比 2014 年的净货物流量 25.3 亿吨减少约 8.2%。从环节来看,仓储业增加了 15.4%,采矿业、制造业和批发业分别减少了 13.4%、9.6%和 13.6%。从产品结构来看,化工产品所占份额最大,为 35.1%,其次是矿产品(21.0%)和金属及机械产品(16.9%),这三种产品占年度净货物流量的 73.0%。从空间分布结构来看,77.1%是区域内流动,22.9%是区域间流动。

日本物流产业主要包括卡车运输业、铁道运输业、内航海运业、外航海运业、港口运输业、航空运输业、铁路货运代理业、外航货运代理业、航空货运代理业、仓储业和卡车货运集散中心业等行业。据统计,截至 2019 年,日本物流产业规模超过 23.6 万亿日元,超过了电力、钢铁、石油等产业,从业人员高达 125 万人,其中卡车运输业占据市场主体地位,企业超过 6 万家,从业人员超 100 万,且绝大多数为中小企业。1990 年货物自动车运送事业法实施,20 年间卡车运输公司数量增加 1.5 倍。但由于运输量减少、竞争激化,2009 年后新成立的运输公司数趋于稳定,从 2008 年起退出行业的运输公司多于新成立的运输公司。而且这些企业中 90%的是中小企业,企业拥有车辆数不足 30 台。

日本的仓库大致分为用于存储日用品的普通仓库,用于存储颗粒和液态状的筒仓、罐仓,以及冷库和露天货场。据统计,截至 2014 年,日本普通仓库面积为 5 993 万平方千米,从事仓储业的企业 5 677 家,其中,一般仓库面积为 3 879 万平方千米(4 506 家)、露天货场为 327 万平方米(169 家)、贮藏槽仓库 80 万立方米(119 家)、危险品仓库面积为 983 万平方米(282 家)。日本冷库,按使用性质划分,可分为营业冷库和自营冷库,冷链物流企业自营仓库占有的比例较小,大部分为营业用的公共仓库。冷库可根据不同温度带,划分为 F4 级、F3 级、F2 级、F1 级、C1 级、C2 级、C3 级,根据日本冷藏协会的统计,截至 2015 年 4 月,冷库规模约 3 400 百万立方米,共计 2 800 座。

近十年来,外资仓库业进入日本,带来 REIT 不动产证券化的概念,引进低廉的金融资本,投资兴建完全符合国际物流与电商物流的现代化仓库,有更大的作业面积,高跨距的柱间,回旋式车道让高楼层都能拥有独立的码头作业空间。

日本知名企业三井不动产与三菱地所,也顺应现代化发展朝全球物流仓库业转型。此外,伴随电商物流需求旺盛,外资的现代化仓库需求日增,现代化仓库数量急剧增加,而传统老旧仓库则面临改造问题。日本大和房屋从传统房屋兴建转型至现代化仓库,2017 年度完工使用的仓库面积达 966 万平方米,较前一年增加 15%。在东京都圈内的土地再开发,成为物流地产业的新目标,生鲜冷链物流仓库成为主流。

### 13.4.2 日本物流业发展政策

日本物流业属于跨部门管理,涉及的中央机构主要有经济产业省、国土交通省、农林水产省、厚生劳动省、财务省,以及直接隶属首相的公平交易委员会等,主要由经济产业省和国土交通省牵头负责。其中,经济产业省主要负责流通领域的商业发展,商业环境改善,商业信用交易,钢铁、有色金属、化学品、生物、住宅建材、产业机械、汽车、航空器、纺织、造纸以及文化生活用品等的生产、流通和消费等;国土交通省主要负责日本国土资源开发利用和保护、水资源利用以及交通运输政策的制订和管理,流通领域相关物流设施管理。

为加强政府对物流业的规划和指导,日本政府从 1997 年开始颁布《综合物流施政大纲》,基本以五年为一个周期,梳理上个五年大纲实施情况及存在问题,对下个五年的发展形势做出预判,并提出相应实施举措。第七次的《日本综合物流施政大纲(2021—2025)》提出从推进物流数字化和标准化,优化整个供应链;解决劳动力短缺问题和推进物流结构改革,建立有弹性和可持续的物流网络三个方面开展工作。

### 13.4.3 日本物流技术装备水平

根据美国 MMH 杂志 2022 年 5 月发布全球 20 大物料搬运系统供应商,日本大福、丰田先进物流集团(TALG)旗下的范德兰德(Vanderlande)、村田机械以 43.9 亿美元、26 亿美元、17.8 亿美元位居第 1、第 5 和第 7,充分体现了日本物流技术装备的综合实力。

大福株式会社于 1937 年在日本成立,从一开始做锻压机械设备到港口搬运设备,再到成长为不同领域中的物料搬运设备集成商。大福在日本经济高速发展阶段,为丰田汽车生产线提供了搬运系统。随着市场需求的变化,大福不断拓宽新的应用领域,并相继研发出堆垛机、分拣机、穿梭小车等自动化核心设备。公司主要业务领域分布在物流中心、仓库、汽车制造厂、医院、加油站、半导体车间、机场、平板显示器工厂。

村田机械集团同样创立于 1935 年,在全球有 34 家子公司,公司业务遍布世界 80 多个国家。主营工作机械(钣金设备及车床设备)、纤维机械、无尘搬运系统、自动化物流系统、网络信息设备等,是一家集研发、制造于一体的综合性制造企业。村田机械的物流工厂自动化(FA)系统是在 1962 年与 Wiedemann 公司(瑞士)进行技术合作,从生产工厂内部工具机柜开始启动的。此后,陆续开发出了各种组合无人驾驶搬运系统与自动仓库的生产工程内部自动化技术。目前,正在面向以通信销售等流通业界为首的医药品、食品、出版、面料、运输业等广泛领域,提供集硬件、软件、机械力量为一体的自动化物流系统。

根据日本物流系统协会(JILS)定期发布的《物流系统设备生产和出货统计报告》,2021 财年,日本物流系统设备的总销售价值从 2020 财政年度的 5 714.03 亿日元下降到 2021 财政年度的 5 393.01 亿日元,减少约 5.6%。此外,销售数量从 2020 财政年度的 138 262 个下降到 2020 财政年度的 129 712 个,减少约 5.6%。

### 13.4.4 日本物流运作模式:共同配送与联合运输

1. 共同配送

(1) 共同配送产生的背景。共同配送是日本物流链条中的主要组成部分,是日本城市群运转系统不可或缺的支撑要素之一。日本推动共同配送的实践由需求因素、交通因素、生产因素和社会因素等多因素综合激发和促成。

第一,日本实行自由竞争的市场经济,同业竞争导致资源无法合理分配和利用,资源利用效率低下。尤其在商品流通领域,存在多家物流配送企业通过投资建设自己的物流设施网络用于开辟自己专属的市场和渠道,这样容易出现在用户密集地区设施不足,而在用户稀少地区设施过剩,以及不同配送企业重复建设的状况。随着市场的发展和公众需求的变化,传统的独立配送的流通方式受到冲击,以共同配送为代表的物流共同化成为企业兴利除弊的最佳方法。

第二,配送车辆不断增加与城市基础设施建设相对落后产生矛盾,引发交通拥挤、环境噪声及车辆废气污染等问题。而采用共同配送,用一辆车代替原来的几辆或几十辆车,有利于缓解上述问题。

第三,随着生产规模的不断扩大,货物运输量的迅速上升要求商品流通的规模也要相应扩大,运输能力相应提高,这为共同配送的产生提供了可能。生产企业、流通企业不设置仓库等物流设施,而是将物流业务外包给专业物流企业,以达到减少非生产性投资降低成本等目的,进一步激发了企业采用共同配送等物流共同化方式提高服务水平。

第四,日本的商业惯例是按照不同行业、不同制造商来分特约经销商的,即制造商特约经销制度,这为共同配送的产生提供了制度基础。零售商无法选择供货商,或要求一个供货商提供跨行业的全部商品。这就是"多次、少量配送"与行业纵向分割的流通结构之间的矛盾,只有开展共同配送,提高配送车辆装载率才能有效解决上述矛盾。

第五,发展城市共同配送也是适应日本人口变化趋势的要求。在这种背景下,提供适应集约型城市功能的共同配送体系至关重要。

第六,共同配送信息化的应用取得进展。众多物流企业通过建立 EDI 系统进行信息的传递与处理,也有物流企业利用计算机进行辅助决策以及计算机与其他自动化装置的操作控制,如无人搬运车、配送中心的自动分拣系统等为共同配送的发展提供了硬件支撑。

(2) 共同配送的类型。百货店、量贩点、自由连锁及特许连锁等零售业态为了提高店铺的进货及验货效率,将发货者的商品先集中到配送中心再共同配送到各店铺,这种物流共同化的方法大体上可分为以下三种类型。

第一,大型连锁超市式配送终端。大型商业企业自设配送中心,既为本企业系统终端配送,也为社会上其他中小企业提供配送物流服务。这些配送中心一般由资金雄厚的商业销售公司或连锁超市公司投资建设,通过企业自身的"规模"扩大而产生集聚,进而降低流通费用,增加公司资产财务上的优势。目前,该模式在社会配送业务的占比呈现稳步上升的态势。

第二,批发商投资小型零售商加盟。以批发商为龙头并投资、零售商加盟的联盟合作,实质是商品的社会化配送,既解决小型零售商因规模小、资金少而难以实现低成本物流的问题,也提高了批发商自身的市场占有率,实现了充分利用物流设施的社会效益。日本300多家小零售企业的3 000多个门店自愿组合起来,由批发商CGC集中进货和配送,如CGC的枥木中心负责配送周围30千米以内的7个株式会社的37家店铺,其中为5个株式会社的19家店铺配送25种商品,一方面便于工厂送货且工厂愿意让利给配送中心几个百分点,另一方面各零售店铺不必再购置新的配送设备。

第三,专业第三方专为便利店配送。物流企业接受委托作为连锁超市的配送中心,构成了供应链的专业第三方物流配送模式。专业第三方物流企业并不是自己操作一切业务,许多第三方物流企业的运输车辆因考虑投资和降低成本等因素也是根据需要向社会租用的。

2. 联合运输

(1) 联合运输的发展。早在1967年,日本运输经济会议中首次提出了“协同一贯运输”(后改为综合运输)的概念。1981年,运输政策审议会发表了回答咨询报告《综合交通政策基本方向的长期展望》,从“在不断加大的约束条件下,物流主体如何改进、充实物流活动”出发,提出了两个主要问题:① 旧国铁货物运输的重新编组;② 节约资源、降低环境负荷物流体系的形成。1990年运输政策审议会物流部发表回答咨询报告《物流业劳动力问题的对策》,为提高运输效率,再次提出联运问题,指出“如何积极推进干线运输的联运、确保运输畅通,缓解矛盾已成为亟待解决的重要课题。为顺利推进干线联运,道路运输业应积极开展与铁路、海运协同的一贯运输,充分发挥道路运输和火车、船舶等大宗货物运输各自的优势,建立综合性的干线运输体制”。

1984年,日本采用背驮运输的联合运输方式,初期是在3个区间,每天以16辆背驮货车载运32辆载货卡车。1997年,日本的背驮运输已经发展到26个区间,每天以300多辆背驮货车载运700辆载货卡车。

此外,日本政府着力推进环境负荷较低的大容量输送工具——铁路货物运输和内航海运,提出到2010年,将长距离杂货运输中铁路、内航海运的利用率提高到50%的目标。复合运输的发展改变了过去偏重公路卡车运输的结构,在通过卡车单一运输工具的运输区间,增设“卡车+轮渡”或“卡车+飞机”的复合运输路线,以扩大货主企业的选择范围。

(2) 联合运输实践——川崎市废弃物的铁路运输。在日本,70%以上的垃圾采用焚烧处理。随着城市规模的不断扩张,导致垃圾收集运输范围的扩大,而垃圾收集运输费用在废弃物处理产业中占比极高。因此,为了提高垃圾收运的效率、削减运输成本,对于垃圾收集运输范围较大的城市,通常设立“垃圾中转站”把垃圾从小型车辆转载到大型车辆。一般,当运输距离超过18千米时,比较适合引进中转站。

川崎市在提高已有4个垃圾焚烧厂的运行效率的基础上,计划建造新的焚化厂代替老旧的北部废弃物焚化厂,将人口增长的城市北部的垃圾,一部分运往具有富余能力的临海地区的浮岛中心进行处理。由于浮岛中心位于南部临海区,所以用铁路将北部焚烧后的垃圾运送到南部进行填埋,为防止垃圾运输过程中污染环境,采用密闭性较高的集装箱运输,而运送垃圾的列车爱称为“绿色川崎号”。该列车由日本铁路货运公司组织,由16节车皮组成,每日往返一次。

导入联合运输后,较之前的公路运输,所需卡车的数量由原来的14台减少为7台,减少到原来的一半。此外,川崎市在垃圾焚烧和垃圾托运费上的总支出在导入前后也没有明显差异。并且,由于改善了汽车尾气的排放,还降低了二氧化碳的排放量,并从环境厅得到了补助金。

### 13.4.5 日本东京都市圈物流规划

东京作为都市圈的核心城市，是日本的政治、行政、经济、金融、文化、信息中心，以占全国面积的0.58%，承载了全国GDP的18%，约10%的就业岗位、45%以上的上市企业和30%以上的信息发布。第五次东京都市圈物资流动调查结果显示，2013年东京都市圈日均物资运输规模约440万吨，其中内部279万吨，输入80万吨，输出82万吨，内部、输入、输出比为3.5∶1∶1，输入输出相对平衡，内部流通量大。

伴随产业经济调整带动物流需求不断变化，东京都市圈物流设施建设大体经历三个阶段。

1. 第一阶段(1956—1973年)：政府主导、以区域物流设施为重点的布局规划

日本经济经过战后恢复阶段进入了以重化工业为支撑的高速增长阶段。物流业的发展主要呈现以支撑工业和建筑业的原材料和产成品运输。为了改善当时十分滞后的交通基础设施条件，同时也为缓解城镇化进程中带来的交通拥堵问题，这一时期物流规划的重点是“补齐设施短板，整治城市交通秩序”。

日本政府于1966年出台了《流通业务市街地整理法》，在全国八大区域按经济总量统一规划和布局物流园区，构建以物流园区为核心的国家物流网络。东京都在城市近郊建设了葛西、平和岛、板桥、足立和越谷5个公共性物流园区，引导区域性的物流设施向城市外围集中，并制定了重点改善港口和主要交通干线的政策，屏蔽通过性的货运交通，缓解交通瓶颈制约。总体来说，这一阶段体现了政府主导的、以区域性物流设施建设为核心的发展特征。

2. 第二阶段(1974—1990年)：向现代物流过渡阶段

受两次石油危机影响，日本经济进入稳定增长阶段：产业结构转型，以高能耗为特征的传统产业逐步向海外转移；日本进入消费时代，促进了多频次、短距离物流需求的增长。

此阶段，伴随经济环境的深刻调整，日本逐渐在流通领域进行放松管制的改革。一方面，由政府主导的公共性物流园区、港口码头、货运站等基础性设施已基本建设完成，政府逐步放宽对相关行业的限制，激发市场的活力，物流设施逐步私营化；另一方面，为了更好地指导物流业发展，着力推动物流统计工作，为物流的效率化和科学化提供了依据。东京都市圈从1972年起每10年组织都市圈货物流动调查，持续跟踪物流活动的变化。

3. 第三阶段(1991年至今)：以综合化和效率化为目标的引导型规划

随着日本经济进入新型调整期，并且伴随信息化和经济全球化，以《综合物流施策大纲》为标志，日本物流发展进入综合化发展阶段。东京都市圈物流发展的目标不仅追求物流的效率化，同时也考虑建设安全宜居的城市和对环境友好等，由关注区域性物流活动转向从城市交通视角审视物流发展。同时，为应对复杂变化的经济形势，更大发挥市场的主导作用，物流设施基本上呈私营化。

此阶段，政府更侧重于通过政策引导的手段促进物流设施的合理布局和效率化，通过多项政策、法律来促进物流设施的集中化，极大地促进了第三方物流和共同配送的发展，东京都市圈三级物流体系基本成型。

根据物流组织的层级关系，东京都市圈将物流设施分为三级。

(1) 区域物流设施。指送货范围超出东京都市圈(日本国内其他地区或国际)，或在都市圈内且平均送货距离超过40千米的物流设施。主要布局于城市外围，作为截流货车直接进入城市

内部的设施使用。

（2）城市配送设施。指送货范围在同一都县内，或在都市圈内部且平均运送距离小于 40 千米的物流设施，以组织城市配送功能为主。

（3）末端送货点。指货物配送至店铺或用户的过程中，供货车停放、装卸的地点或区域，通常可结合店铺或写字楼的停车场、路内停车场划定独立区域来实现，不作为独立的物流设施考虑。

# 主要参考文献


[1] 李京文,徐寿波.物流学及其应用[M].北京:经济科学出版社,1987.

[2] 中国物流与采购联合会,中国物流学会.中国物流发展报告(2012—2013)[M].北京:中国财富出版社,2013.

[3] 国家发展改革委等.全国物流园区发展规划(发改经贸[2013]1949号)[EB/OL].[2013-09-30].

[4] 李敏,高淑娴.国内外现代物流管理比较研究及其启示[J].物流技术,2013,32(9):129-131,143.

[5] 张宇平.基于DMAIC方法的YCG物流公司流程优化研究[D].兰州:兰州大学,2013.

[6] 王之泰.新编现代物流学[M].3版.北京:首都经济贸易大学出版社,2012.

[7] 李山赓.现代物流概论[M].北京:北京理工大学出版社,2012.

[8] 晏克非.交通需求管理理论与方法[M].上海:同济大学出版社,2012.

[9] 斯蒂芬·P.罗宾斯,玛丽·库尔特,管理学[M].11版.李原,译.北京:中国人民大学出版社,2012.

[10] 国家发展和改革委员会综合运输研究所.交通运输枢纽的概念与分类研究[EB/OL].[2012-10-26].

[11] 张敏.物流学[M].北京:清华大学出版社、北京交通大学出版社,2011.

[12] 尹晓水.基于国家中心城市的重庆物流枢纽规划布局研究[D].重庆:重庆交通大学,2011.

[13] 陈虎.物流配送中心运作管理[M].北京:北京大学出版社,2011.

[14] 刘常宝.现代物流概论[M].北京:科学出版社,2010.

[15] 崔介何.物流学概论[M].4版. 北京: 北京大学出版社,2010.

[16] 全国注册咨询工程师(投资)执业资格考试命题研究组.项目决策分析与评价[M].北京:机械工业出版社,2010.

[17] 吴承健,傅培华,王珊珊.物流学概论[M].杭州:浙江大学出版社,2009.

[18] 郭继孚,毛保华,刘迁,等.交通需求管理:一体化的交通政策及实践研究[M].北京:科学出版社,2009.

[19] 张锦.物流规划原理与方法[M].成都: 西南交通大学出版社,2009.

[20] 王长琼.物流运输组织与管理[M].武汉:华中科技大学出版社,2009.

[21] 吴承建,彭建良.运输与仓储技术[M].北京:中国物资出版社,2009.

[22] 鞠颂东.物流网络:物流资源的整合与共享[M].北京:社会科学文献出版社,2008.

[23] 徐杰.物流组织网络:结构与运作[M].北京:社会科学文献出版社,2008.

[24] 董雷,刘凯.物流枢纽的内涵与特性分析[J].综合运输,2008.(3):44-47.

[25] 周跃进,陈国华,等.物流网络规划[M].北京:清华大学出版社,2008.

[26] 王玉荣,彭辉.流程管理[M].3版. 北京:北京大学出版社,2008.

[27] 汤珏,孙有望.国外物流园区规划建设与发展的经验与借鉴[J].中外物流,2008(1):5.
[28] 朱炜.城市物流服务站交通影响分析研究[D].成都:西南交通大学,2007.
[29] 左庆乐,张志俊.公路运输统计理论与方法[M].西安:陕西科学技术出版社,2007.
[30] 罗建锋.共同配送模式分析及实施研究[J].中国市场,2007,36:96-97.
[31] 高凤莲,舒良友.物流学概论[M].徐州:中国矿业大学出版社,2006.
[32] 陶君成.中国物流经济发展研究[M].北京:中国财政经济出版社,2006.
[33] 郑连勇.城市交通影响评价[M].北京: 中国建筑工业出版社,2006.
[34] 齐二石.物流工程[M].北京: 高等教育出版社,2006.
[35] 国家发展改革委,建设部.建设项目经济评价方法与参数[M].3 版 . 北京: 中国计划出版社,2006.
[36] 刘联辉,彭邝湘.物流系统规划及其分析设计[M].北京:中国物资出版社,2006.
[37] 赵丽珍.关于综合运输枢纽概念及其分类[J].综合运输,2005(12):23-24.
[38] 王健.现代物流网络体系的构建[M].北京:科学出版社,2005.
[39] 王国才,王希凤.CDL 物流在零售连锁业中的应用初探[J].商业研究,2005(15):211-213.
[40] 德国弗劳恩霍夫物流研究院北京代表处.基于三个驱动的 MSFLB 物流园区的规划[J].物流技术与应用,2005(4):86-89.
[41] 汪再文.世界包装机械发展趋势[J].中国包装工业,2005(10):14.
[42] 潘安文.物流园区规划与设计[M].北京:中国物资出版社,2005.
[43] 黄晓英,张剑.物料装卸搬运系统分析及改善措施[J].商品储运与养护,2004,26(6):30-32.
[44] 蒋秀梅,林秀敏.装卸搬运及其合理化[J].中国物流与采购,2003(17):35.
[45] 王丰,姜大立,杨西龙.现代物流概论[M].北京:人民交通出版社,2002.
[46] Edward Frazelle. Supply Chain Strategy, McGraw-Hill, 2002.
[47] 刘志学.现代物流手册[M].北京:中国物资出版社,2001.
[48] 李军,郭耀煌.物流配送车辆优化调度理论与方法[M].北京:中国物资出版社,2001.
[49] 唐纳德 J.鲍尔索克斯,戴维 J.克劳斯.物流管理:供应链过程的一体化[M].林国龙,宋柏,沙梅,译.北京:机械工业出版社,1999.
[50] 姜大立,杨西龙,杜文,等.车辆路径问题的遗传算法研究[J].系统工程理论与实践,1999,19(6):40-45.
[51] 董千里.高级物流学[M].北京:人民交通出版社,1999.
[52] 沈志云.交通运输工程学[M].北京:人民交通出版社,1999.
[53] KASILINGAM R G. Logistics and Transportation[M]. London: Kluwer Academic Publishers, 1998.
[54] SIMCHI-LEVI B D. A New Generation of Vehicle Routing Research: Robust Algorithms, Addressing Uncertainty[J]. Operations Research, 1996, 44(2):286-304.
[55] 姜大立.基于神经网络的运输预测、决策模型研究[D].重庆:后勤工程学院,1995.
[56] BRAMEL J, SIMCHI-LEVID. A Location Based Heuristic for General Routing Problems[J]. Operations Research, 1995(43):649-660.
[57] 姚祖康.机场规划与设计[M].上海:同济大学出版社,1994.
[58] 马国瑜.管理科学的最优化方法[M].北京:化学工业出版社,1989.
[59] 太田正树.航空运输经济学[M].祁元福,译.北京:航空工业出版社.1988.
[60] 日通综合研究所.物流手册[M].吴润涛,靳伟,王之泰,等译.北京:中国物资出版社.1986.

[61] 太原刚玉物流工程有限公司．太原刚玉蒙牛乳业自动化立体仓库案例[J].中国物流与采购,2004(23):32-34.
[62] 王集合．生物包装材料前程远大[J].绿色包装,2018(1):76-78,83.
[63] 高珊．中国包装机械发展现状与趋势[J].河北农机,2018,(10):16.
[64] 姜旭．日本物流[M]. 北京:中国财富出版社,2018.
[65] 秦建国．日本物流管理[M]. 北京:中国经济出版社,2015.
[66] 尤西·谢菲.物流集群[M].岑雪品,王微,译．北京:机械工业出版社,2015.
[67] 王斌.智能物流:系统构成与技术应用[M].北京:机械工业出版社,2022
[68] 赵莉.东京都市圈物流设施规划历程及分级体系[J]. 城市交通,2020,18(4):87-92,119
[69] 袁泉,涂义欢,李国旗. 物流网络快速应对疫情的策略与体系设计[J]. 城市交通, 2021,19(2):46-54
[70]《物流研究》编辑部.应对突发事件物流保通保畅稳产稳链网络论坛观点综述[J].物流研究,2022,(2):5-56.